Droemer
Knaur®

Marianne Mehling (Hg.)

KNAURS KULTURFÜHRER IN FARBE HESSEN

Über 320 farbige Fotos und Grundrisse sowie 5 Seiten Karten

Droemer Knaur

Autoren: Gesine Salzmann, Prof. Friedrich Salzmann

Fotos: Prof. Friedrich Salzmann

Die Deutsche Bibliothek - CIP Einheitsaufnahme

Knaurs Kulturführer in Farbe Hessen:
Marianne Mehling (Hg.).
[Autor: Gesine Salzmann... Fotos: Friedrich Salzmann].
München: Droemer Knaur, 1992
ISBN 3-426-26622-9
NE: Mehling, Marianne [Hrsg.]; Salzmann, Gesine; Salzmann, Friedrich

© Droemersche Verlagsanstalt Th. Knaur Nachf. München 1992
Das Werk einschließlich aller seiner Teile ist urheberrechtlich geschützt
Jede Verwertung außerhalb der engen Grenzen des Urheberrechtsgesetzes ist ohne
Zustimmung des Verlags unzulässig und strafbar
Das gilt insbesondere für Vervielfältigungen, Übersetzungen, Mikroverfilmung und
die Einspeicherung in elektronischen Systemen
Für Hinweise auf Veränderungen und Ergänzungen ist die Redaktion dankbar
Zuschriften an Droemer Knaur Verlag, Postfach 80 04 80, 8000 München 80
Idee: Redaktionsbüro Harenberg (Schwerte)
Gestaltung und Herstellung: von Delbrück, München
Karten: Herbert Winkler, München
Stadtplan: Kartographie Huber, München
Grundrisse: Karl Schneider, Solms
Reproduktion: Repro Ludwig, Zell am See
Einbandgestaltung: Franz Wöllzenmüller
Umschlagabbildung: Römer und Gerechtigkeitsbrunnen in Frankfurt am Main
(Foto: Bildagentur Dia-Express, Grainau)
Texterfassung und Filmbelichtung: Appl, Wemding
Umbruch: Ventura Publisher im Verlag
Druck: Appl, Wemding
Aufbindung: Großbuchbinderei Sigloch, Künzelsau
Printed in Germany
ISBN 3-426-26622-9

5 4 3 2 1

Vorwort

Hessen, Bundesland im Herzen Deutschlands, wurde von alters her aufgrund seiner verkehrsgünstigen Lage als Nord-Süd-Route und Durchgangsland genutzt. Doch lädt es mit seinen großen Städten und zahlreichen kleinen Ortschaften, in denen bedeutende und reizvolle Sehenswürdigkeiten zu entdecken sind, auch zu längerem Verweilen ein. Einen weiteren Anziehungspunkt bietet die abwechslungsreiche Landschaft mit ihren Naturparks, waldreichen Zonen und Mittelgebirgsregionen.

Die wechselvolle Geschichte des hessischen Raumes, dem ein natürlicher Mittelpunkt fehlt, begründet auch die Vielfalt der Kulturdenkmäler. Die Kelten, die sich im Gebiet um Main und Rhein seit dem 5. Jh. v. Chr. niederließen, brachten die Latène-Kultur hervor. 58 v. Chr. eroberten römische Truppen unter Cäsar die Main-Gegend – der Limes wurde als Grenzwall errichtet. Um 260 n. Chr. zogen sich die Römer wieder zurück. In karolingischer Zeit eroberten die Franken Teile Hessens. Im Zuge der Missionierung – vor allem durch Bonifatius und seine Schüler – entstanden im 7. und 8. Jahrhundert zahlreiche Klöster: Amöneburg, Fulda Fritzlar, Lorsch, Hersfeld, Amorbach. Als kostbare Relikte der karolingischen Architektur sind die Lorscher Torhalle, die Fuldaer Michaelskapelle, die Einhardsbasiliken in Seligenstadt und Steinbach sowie die Hersfelder Stiftskirche zu nennen.

Mit der Krönung Konrads I. 911 begann die Entwicklung zum Reichsland – die Pfalzen in Gelnhausen, Frankfurt, Trebur und Ingelheim legen davon Zeugnis ab, Wetzlar, Friedberg, Gelnhausen, Frankfurt und Wiesbaden wurden Reichsstädte. Stattliche Reichsburgen waren Münzenberg, Falkenstein, Friedberg, Königstein und Eppstein. Zudem entstanden in jenen Jahrhunderten bedeutsame Bauten der Romanik wie der Westteil der Hersfelder Stiftskirche, die Klosterkirche Eberbach, die Dietkirchner Stiftskirche, die Klosterkirchen Arnsburg, Ilbenstadt, Lippoldsberg sowie der spätromanische Limburger Dom und die Gelnhauser Marienkirche.

Von 1198 an brach das Reichsgut auseinander, die Territorien wechselten häufig ihre Besitzer. Zur Zeit der Staufer (1138–1254) ist eine besonders rege Bautätigkeit zu verzeichnen: Burgen und andere wichtige Profanbauten entstanden.

Von großer Bedeutung war die hessische Baukunst auch in der gotischen Stilepoche: Die Elisabethkirche in Marburg, die Stiftskirche in Wetter, die Frankenberger Liebfrauenkirche, die Klosterkirche Haina und das Langhaus des Wetzlarer Doms beweisen es eindrucksvoll.

1274 wurde Heinrich I., Enkel der heiligen Elisabeth, Landgraf von Hessen. Den Siebenjährigen Krieg um den Herrschaftsanspruch zwischen Hessen und Mainzern gewannen die hessischen Landgrafen. Unter Philipp dem Großmütigen breitete sich die Reformation aus, die die Entstehung zahlreicher Profanbauten zur Folge hatte – darunter die

Schlösser Weilburg, Offenbach, Eisenbach, Hadamar, das Kasseler Ottoneum sowie das Rathaus von Melsungen.
Barocke Prunkbauten sind in Kassel, Fulda und Arolsen zu bewundern. Das Stadtbild von Darmstadt und Wiesbaden wird durch klassizistische Bauten des 19. Jh. geprägt. Um die Jahrhundertwende wirkte Darmstadt mit der Mathildenhöhe stilbildend in Deutschland.
Hessen zeichnet sich durch Gegensätze aus: Das Land der Brüder Grimm, der Märchen- und Nibelungenstraße, das reich an verfallenen Burgen und dörflichen Idyllen ist, besitzt mit dem Rhein-Main-Gebiet die zweitgrößte Industrieregion in Deutschland und mit Frankfurt die deutsche Bankenmetropole; neben dem typisch hessischen Fachwerkbau, der seit dem Mittelalter bis ins 19. Jahrhundert Ortschaften und Städte prägte, repräsentiert auch eine Stadt wie Frankfurt mit seiner Skyline und spektakulären Museumsneubauten hessische Kunst- und Kulturgeschichte.
Hessen – das sind neben unzähligen Baudenkmälern aus vielen Epochen natürlich auch seine Menschen mit ihrem je nach Region ganz unterschiedlichen, aber überall gleich deftigen, unverschnörkelten Dialekt und den oft recht derben Wortschöpfungen. Ebenso herzhaft wie die Mundart ist die Küche mit Rippchen in Kraut, mit der Frankfurter Grünen Soße, dem kurhessischen Weckewerk und dem in Osthessen so beliebten Schwartemagen.

Wie in den übrigen Bänden der Reihe stehen auch hier die Farbabbildungen gleichrangig neben dem Text. Von mehr als 350 beschriebenen Orten werden Burgen, Kirchen und Klöster, Schlösser, Rathäuser, Herrensitze, Theater und Museen vorgestellt. Über 320 farbige Fotos und Skizzen sowie 5 Seiten Karten illustrieren den Text. Und analog zu den Vorgängerbänden sind die Artikel alphabetisch nach Orten geordnet.
Die Brücken zwischen den Orten, die geographisch benachbart sind, in diesem Buch jedoch durch das Alphabet getrennt wurden, schlägt der Kartenteil auf Seite 352. Er führt alle behandelten Orte auf. Große Punkte kennzeichnen einen Hauptort, kleine Punkte der gleichen Farbe im Umkreis die dazugehörigen Umgebungsorte. Verschiedene Farben wurden verwendet, um deutlich zu machen, zu welchem Hauptort die betreffenden Umgebungsorte gehören.
Die Karte bietet so einen Überblick darüber, welche Orte in der Nachbarschaft eines Zielpunktes liegen und deshalb vielleicht zusätzlich in einen Reiseplan einbezogen werden können. Bei jedem Ort sind im Kopf des Artikels Einwohnerzahl und ein Hinweis auf die betreffende Karte (S. □ B 3 Seite 352, Planquadrat B 3) angegeben. Die einzelnen Sehenswürdigkeiten sind jeweils fett gedruckt. Im Anhang befinden sich ein Register der Fachausdrücke, ein Künstlerregister und ein Register aller behandelten Orte.

Folgende Seiten: >

Seite 7, Breuberg, Schloß Nauses
Seite 8, Blick auf den Hohen Dörnberg bei Kassel

6146 Alsbach
Darmstadt-Dieburg

Einw.: 7800   Höhe: 105 m   S. 354 □ C 5

Ev. Pfarrkirche: Auffallend breites, nahezu quadratisches Schiff v. 1604/05, rippengewölbter Chor, 2. Hälfte 15. Jh., Turm mit Spitzhelm. Bauernmalerei (1628) an den Emporen, Taufstein mit Holzdeckel (1614), Chorgestühl (17. Jh.).

Alsbacher Schloß: Um 1250 v. den Herren v. Bickenbach erbaut; nach einem Brand (1463) wieder errichtet, verfallen im 17. Jh. Erhalten sind Ringmauer, Bergfried, Kellerreste und Fenster der Wohnbereiche.

6320 Alsfeld
Vogelsbergkreis

Einw.: 18 000   Höhe: 268 m   S. 353 □ D 3

Die reizvolle Stadt liegt an der Schwalm in der Beckenlandschaft zwischen Vogelsberg und Knüll. Gegründet wahrscheinlich im 8./9. Jh., entstand hier – nach Grabungsfunden in der Walpurgiskirche – bereits im 9./10. Jh. eine romanische Kirche. 1069 ist Alsfeld erstmals erwähnt. Burg und Stadt wurden von den Thüringer Landgrafen zwischen 1180 und 1190 angelegt. Die Bezeugung des Städtestatus erfolgte 1222. Das seit 1247 hessische Alsfeld trat 1254 dem Rheinischen Städtebund bei. Seit dem 13. Jh. erlebte es einen raschen Aufschwung. Zeitweise war Alsfeld Residenz des Landgrafen Hermann II. von Hessen, der hier 1395 sein Schloß errichten ließ. 1521 verbrachte Luther in Alsfeld einige Zeit, 1525 schloß sich die Stadt der Reformation an. Die baugeschichtlich wichtigste Phase war das 16. Jh., als das Rathaus mit benachbartem Hochzeitshaus und Weinhaus entstand. – Der Dreißigjährige Krieg beendete den wirtschaftlichen und kulturellen Aufschwung Alsfelds: Von Plünderungen (1622), Hungersnot (1626), Pest (1635), Besetzung (1640 und 1643–46) und Zerstörung von 226 Wohnhäusern erholte sich die Stadt erst gegen Ende des 19. Jh. Eisenbahnbau (1870) und Industrialisierung bescherten der Stadt einen wirtschaftlichen Aufschwung. Der mittelalterliche Stadtkern – einst durch einen ellipsenförmigen Mauerring mit 4 Stadttoren umgeben – prägt mit Fachwerkbauten und repräsentativen städtischen Häusern das Bild der Stadt. Die Vielzahl der Fachwerkbauten zeigt die Entwicklung der Holzbauweise seit dem ausgehenden Mittelalter.

Dreifaltigkeitskirche (Mainzer Gasse/Ecke Roßmarkt): Der heutige Name für die ehemals zum 1244 gegr. Kloster der Augustinereremiten gehörende Kirche wurde erst 1664 gewählt. Der lange, wohlproportionierte Chor mit $^5/_8$-Schluß entstand im 3. Viertel des 14. Jh. 1435 wurde das Hauptschiff mit gleich hohem Seitenschiff hinzugefügt. 1527, im Zuge der Reformation, wurde das Kloster aufgelöst. Die Gewölbebemalung wurde 1960–62 restauriert. Innenausstattung: *Steinkanzel*, 1664, *Barockkruzifixus*, *Piscina* und *Dreisitz*, 2. Hälfte 13. Jh. – Ehem. *Klostergebäude:* Zwischen Kirche und Stadtmauer gelegen. Eine Mauerwand läßt noch die Aufteilung der Mönchszellen erkennen.

Walpurgiskirche (Kirchplatz, nö vom Marktplatz): Hauptkirche Alsfelds, die das Stadtbild bestimmt. Ältester Bau war eine roman. Basilika mit 3 Apsiden, deren Fundamente 1971/72 im Mittelschiff

10 Alsfeld

freigelegt wurden. Um sie herum setzte man einen frühgot. Chor und W-Turm. 1393 wurde der Chor ($^5/_8$-Schluß) erhöht und verlängert, die geplante Veränderung des Langhauses aber nicht mehr ausgeführt. Nach Einsturz (1394) des Turms errichtete man einen neuen über quadratischem Grundriß mit kreuzrippengewölbter Halle vor dem Mittelschiff. Die Haube mit Laterne und Aufsatz schuf 1542/43 Hans v. Frankfurt*. – Die Ausmalung des 15.Jh. wurde 1913 bis 1914 erneuert, Ergänzungen 1972. Pfeiler-, Gewölbe- sowie Chorbemalung; *Verkündigung* (1500) an der W-Empore; *Hl. Christophorus* (Anfang 15.Jh.) im n Seitenschiff. – Innenausstattung: *Spätgot. Schnitzaltar* (2. Viertel 15.Jh.) unterhalb der Empore, roman. *Taufstein,* spätgot. *Kreuzigungsgruppe* (1500), Rest eines geschnitzten *Chorgestühls* (1400), ehem. *Kanzel* (1618) v. Michael Fink* (nur Kopie erhalten), barocke *Epitaphe, Orgelprospekt* (1. Hälfte 18.Jh.).

Beinhaus (N-Seite des Kirchplatzes): Rechteckige spätgot. Kapelle v. 1510 (restauriert 1979–81). Heute: Stadtarchiv.

Friedhofskapelle (Frauenberg): 1365 erbaut, später verändert; einfacher rechteckiger Bau mit Außenkanzel v. 1610. *Grabsteine* aus dem 16. bis 19.Jh. in der Kapelle und auf dem umliegenden Friedhof.

Rathaus (Marktplatz): Das Steingeschoß wurde 1512–14 errichtet, die Fachwerketagen entstanden 1514–16. Die Schlankheit des Baukörpers, das steile Satteldach, die kleinen Türmchen sowie die offene Steinarkadenhalle entsprechen noch der spätgot. Formensprache. Beispielhaft für weitere Rathausbauten war die neuzeitliche Fachwerkkonstruktion mit symmetrisch angelegten, nach innen gebogenen Streben an den Eckständern, den sog. »Alsfelder Streben« (nach W.Meyer-Barkhausen); das nur leichte Überkragen des Obergeschosses läßt dieses klar gegliedert erscheinen. An der linken Ecke die »Alsfelder Ecke«, die den Händlern auf dem Markt als Maßeinheit diente. 1878 hatte der Gemeinderat über den Abriß des Baus abgestimmt – zum Glück ohne Folgen!

Hersfelder Gasse 10/12: Entstanden um 1375, restauriert 1959. Eines der ältesten deutschen Fachwerkbauten. Seine Konstruktion führte zu der Sonderbezeichnung »Alsfelder Ständerbau«. 2 × 7 Ständer tragen die Außenwände, die Vorderfront weist Hängepfosten, die Rückseite lange, verstrebende Schräghölzer auf. Hausteilung 1651.

Hochzeitshaus (sw Marktecke): Den fast quadratischen Renaissance-Steinbau errichtete 1564–71 Hans Meurer* als städtisches Tanz- und Festhaus. Die Marktecke betont ein zweigeschossiger Erker, 3 Seiten schließen mit hohen, v. Pilastern gegliederten Volutengiebeln ab. Die Portale sind v. Pilastern, flachen Giebelchen und Kugeln geschmückt. Die Balkendecke der Erdgeschoßhalle liegt auf 4 Rundpfeilern.

Markt 2: Das dem Rathaus benachbarte Bürgerhaus entstand 1352; es ist eines der ältesten Fachwerkbauten der Stadt.

Stumpfhaus (sw Marktseite): 1609 erbaut unter dem Bauherrn Bürgermeister Jost Stumpf, dessen Bild in den sö Eckpfosten geschnitzt ist. Es gehört zu den ältesten Fachwerkbauten mit Schnitzwerk.

Weinhaus (neben dem Rathaus): Das 1538 v. Hans v. Frankfurt* entworfene Steinhaus bezeichnet den Übergang v. der Spätgotik zur Renaissance. Die 1921 freigelegten Vorhangbogenfenster sind noch gotisch. Prächtiger getreppter Giebel mit aufgesetzten Halbkreisrosetten.

Außerdem sehenswert: *Amthof 13:* Großes, dreigeschossiges Fachwerkhaus (um 1500). Gekrümmte Streben wie am Rathaus. *Kirchplatz 10:* Fachwerkhaus mit Bauteilen des 15.–17.Jh. *Leonhardsturm:* Einziger erhaltener Baubestand der ehem. *Stadtbefestigung.* Runder Turm mit Zinnenkranz und Kegel. 27 m hoch. 1386 errichtet. *Obergasse 11:* Fachwerk-

Alsfeld, Rathaus >

< *Alsfeld, Neurath-Haus, Detail*

bau mit niedersächsischem Einschlag (1470; 1967 freigelegt). *Obergasse 26:* Dreigeschossiger Fachwerkbau v. 1480; stark verändertes Erdgeschoß. *Roßmarkt 2:* Gut erhaltener Fachwerkbau v. 1690; ein Zimmermeister war vermutlich der Erbauer des Neurath-Hauses. *Untere Fulder Gasse 15/17:* Urspr. ungeteiltes Fachwerkgebäude v. 1500. *Untere Fulder Gasse 2/4:* Fachwerk-Doppelhaus v. 1490; stark überstehendes Geschoß. *Untergasse 12/14:* Doppelhaus (17.Jh.) mit 3 Stockwerken; reizvoll das Schnitzwerk am Quergebälk. *Untergasse 22:* Bau des 17.Jh. mit hess. Türrahmung und ornamentierten Eckpfosten.

Regionalmuseum (Rittergasse 3–5; Öffnungszeiten Montag–Freitag 9.00–12.30 Uhr, 14.00–16.30 Uhr, Samstag 9.00 bis 12.00 Uhr, 13.00–16.00 Uhr, Sonntag 10.00–12.00 Uhr, 14.00–16.30 Uhr): Eingang des Museums, das in 3 Gebäuden (Ende 17.Jh.) untergebracht ist, im *Minnigerode-Haus* (1687). Exponate zur Vorgeschichte und Heimatkunde der Region sowie Werke oberhess. Maler. Mobiliar des 17. und 18.Jh., Biedermeiermöbel sowie Möbel aus der Schwalm und dem Bereich des Katzenbergs. In der *Neurath-Scheune* (1687) Zeugnisse der Steinmetz- und Zimmermannskunst sowie landwirtschaftliches Gerät.

Veranstaltungen und Brauchtum: *Maiblasen* auf dem Kirchturm im Mai. – *Akademischer Marktfrühschoppen* am Himmelfahrtstag. – *Silvesterwürfeln* in den Gaststätten der Altstadt (31.Dezember).

Umgebung

Altenburg (3 km s): *Ev. Schloßkirche* im Schloßhof; Innenraum mit dreiseitig umlaufenden Emporen, deren Brüstungsfelder bemalt sind. *Rokokokanzel, Orgel* v. 1754–57. – *Altenburg* (s v. Alsfeld): Bekannt seit 1178. Sitz derer v. Altenburg, später Riedeselsche Burg; Neubau 1744.

Altenstadt 13

Alsfeld, Portal des Neurath-Hauses

Romrod (Alsfeld), Ev. Pfarrkirche

Immichenhain (11 km nö): Frühgot. *ev. Kirche* (des 1173 gegr. Augustinerchorfrauen-Stifts), 2. Viertel 13. Jh.; roman. Taufbecken (1200), Grabmäler v. 1565 bis 1710.
Leusel (3 km w): *Ev. Kirche,* 1696/97 errichteter Bau mit got. und barocken Elementen. Bemalung der Emporenbrüstung aus der Zeit nach 1769, die Holztonne mit Himmelsdarstellung ist ebenfalls barock. – *Fachwerkhäuser:* Um 1800, noch teilweise mit Kratz- und Zierputz.
Romrod (5 km sw): *Ev. Pfarrkirche,* 1676 (v. Adelhard Henckel?) errichtet. 1694 fügte man den Turmhelm hinzu. Dreiseitig abschließender Saalbau mit Sakristei. Maßwerkfenster, Strebepfeiler und Gesimse mit got. Stilmerkmalen. Barocke Portale. *Orgel* (1685) v. Georg Heinrich Wagner* (aus Lich).
Die mittelalterliche *Burg* war Sitz des Geschlechts v. Romrod. Hohe Wehrmauer mit Turm im SO vollständig erhalten. Nordöstlich Mauerteil des spätstaufischen Wohnturms (spätestens Mitte 13. Jahrhundert). Haupttrakt mit viergeschossigem *Herrenbau* (mit seitlichem Treppenturm) und *Küchenbau,* ein an der N-Seite errichteter Steinbau mit 3 Geschossen.
Zell (9 km w): *Ev. Pfarrkirche.* Spätroman. Bau mit abgetrepptem W-Portal. Spätgot. *Altarschrein* mit Madonna im Strahlenkranz und 2 Heiligen. Bemalte *Emporenbrüstung, Kanzel* v. 1700.

6472 Altenstadt		
Wetteraukreis		
Einw.: 9400	Höhe: 130 m	S. 354 □ C 4

In dem am Limes gelegenen Ort fand man die Grundmauern eines röm. Kastells, das von 83 n. Chr. bis ca. 260 n. Chr. existierte; sie liegen z. T. unter Altenburg, z. T. unter den Feldern westlich der Stadt.

14 Amöneburg

Amöneburg, Ehem. Stiftskirche

3571 Amöneburg
Marburg-Biedenkopf

Einw.: 5000   Höhe: 365 m   S. 352 □ C 3

Seit etwa 450 v. Chr. beherrschten keltische Völker von der Bergstadt »Amanaburg« (an der »Amana«, der Ohm) aus das Umland. Sie bauten Amöneburg zu einer befestigten Siedlung mit Wällen und Gräben aus. Im 7. Jh. vergrößerten die Franken Reste der keltischen Anlage. 721 kam der angelsächsische Mönch Bonifatius* in den Ort, gründete ein Kloster und begann v. hier seine Nordhessenmission. 8.–11. Jh. administrativer Sitz der Ohm-Lahn-Grafschaft, um 1120 mainzisch; Burg und Stadt wurden weiter befestigt und ausgebaut. 13.–15. Jh. zahlreiche Fehden und Kriege, in denen mal Hessen, mal Mainz die Oberhand behielt. Schwere Verluste im Dreißigjährigen Krieg (1646), durch Truppendurchzüge im Siebenjährigen Krieg (1756–63), durch das Gefecht zwischen preußischen und französischen Truppen 1762 sowie die Napoleonischen Kriege. Danach fiel die Stadt an Hessen-Kassel.

Ev. Pfarrkirche: Kirchenschiff des schlichten Saals von 1718–20, der einfache W-Turm mit Schießscharten ist noch got.

Ehem. Zisterzienserinnenkloster Engelthal: Die Anlage – seit 1966 benediktinisch – war eine Stiftung (1268) der Herren v. Büches und eines Ritters v. Carben. – *Klosterkirche:* frühgot., einschiffiger Bau mit abschließendem Chor 1692 unter der Äbtissin Juliana Schmidt verändert. – Innenausstattung: Illusionistisches *Deckengemälde* v. 1730 (nach einem Stich v. D. Marot*). *Hochaltar* v. 1701, 2 *Seitenaltäre* des frühen 18. Jh. im Gästeoratorium. *Orgel* v. 1768. – *Klostergebäude:* Erhalten sind der sog. »Lange Bau« (Ostflügel) v. 1666, der spätgot. Keller, der Nonnenbau (Mitte 18. Jh.), das Torhaus (1740), der frühere Äbtissinnenbau (1750) sowie Wirtschaftsbauten v. 1707 und Jägerhaus (1718). Die gut erhaltene Mauer der Anlage wurde 1962 restauriert.

Kath. Pfarrkirche: Kirche des ehem. Kollegiatsstifts St. Johannes des Täufers (1360 gegr.; 1803 aufgehoben) v. Karl Schäfer nach Entwürfen v. G. G. Ungewitter* umgebaut. Dreischiffige Basilika mit Querschiff und dreiseitig geschlossener Chor mit frühgot. Formen. Der Turm (14. Jh.) ist erhalten. – Innenausstattung: Im s Querschiff befinden sich mehrere interessante Grabsteine. Der alte – vermutlich got. – Taufstein wurde aus dem Fuß einer Säule gearbeitet.

Wallfahrtskirche St. Maria Magdalena: Die auf halber Bergeshöhe gelegene ehem. Kirche wurde 1867 umgebaut.

Burgruine: Ehemals dreiteilige Schloßanlage auf dem höchsten Punkt des Stadtberges. Im 12. Jh. errichtet, später mehrfach zerstört und wiederaufgebaut,

Arnsburg, >
Ehem. Zisterzienserkloster, Kirchenruine, Mittelschiff

Arnsburg

Arnsburg, Kapitelsaal des Zisterzienserklosters

verfiel im 19. Jh. zur Ruine. Erhalten sind Teile der Ringmauer mit Schalentürmen und Kellerräumen. Der sog. *Burghof* (18. Jh.), früher Sitz der Rodenhäuser, weist verputztes Fachwerk auf.

Rathaus: Fachwerkbau v. 1687–90.

Fachwerkbauten: 17.–19. Jh.

Renterei (ehem. Propstei): stammt aus dem 15. Jh.; Neubau 18. Jh. Das Hoftor aus dem späten MA ist mit einem Wappenstein verziert.

Stadtbefestigung: Zu der großteils erhaltenen Wehrmauer gehören der Hainturm und das Brücker Tor (s Zufahrt zur Stadt), von dessen 2 Torhausanlagen nur noch ein Turmrest erhalten ist.

Außerdem sehenswert: *Brückermühle* unterhalb Amöneburgs. Davor die *Ohmbrücke* (1718–22) mit 7 Steinbögen. In der Nähe der 1762 zur Erinnerung an den Friedensschluß nach dem Siebenjährigen Krieg errichtete *Obelisk*.

Heimatmuseum (Schulstraße; Öffnungszeiten 15. April–15. November Mo–Fr 8.00–12.00 Uhr, 14.00–16.00 Uhr, So 14.00–18.00 Uhr): Untergebracht ist das Museum in einem Fachwerkbau (18. Jh.), dem sog. »Alten Brauhaus«; ausgestellt sind steinzeitliche und keltische La-Tène-Zeit-Funde sowie ma Lebens- und Wohnformen.

Naturpfad: Die Umgebung Amöneburgs zählt zu den ältesten hess. Naturschutzgebieten. Neben dem Basaltkegel, einem besonderen erdgeschichtlichen Monument, gibt es hier seltene Vogel- und Pflanzenarten, denen man auf einem Naturlehrpfad begegnen kann (Informationsbroschüren beim Heimat- und Verkehrsverein Amöneburg erhältlich).

Veranstaltungen und Brauchtum: Traditionelles *Bemalen von Ostereiern*.

Umgebung

Mardorf (3 km s): *Kath. Pfarrkirche St. Hubertus*, 1713–26 errichteter barocker Saalbau. W-Turm – ehem. Wehrturm mit 2 erhaltenen Pechnasen – aus der 2. Hälfte 13. Jh. Im Turmerdgeschoß (heute Sakristei) wertvolle *Wandmalereien* des 13. oder frühen 14. Jh.: Zyklus mit Barmherzigkeitsdarstellungen. – Prächtiger *Hochaltar* v. 1736, *Taufkessel* v. 1724.
Schloß Plausdorf (5 km nö): (Privatbesitz. Bei Besuch Absprache mit Besitzer): Seit 1583 ließ sich Konrad v. Schwalbach das Schloß bauen. Die heutige Anlage entstand im 19. Jh.

6302 Arnsburg
Gießen

Einw.: 65   Höhe: 165 m   S. 354 □ C 4

1151 gründete Konrad II. von Hagen und Arnsburg ein Benediktinerkloster in

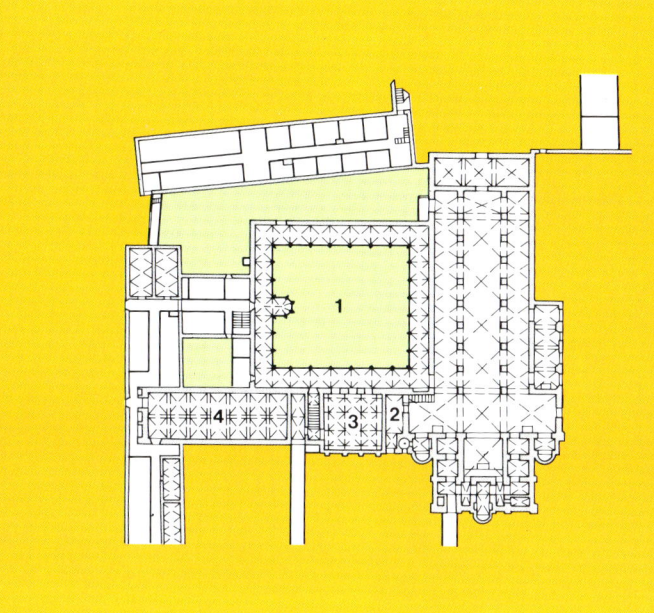

Arnsburg, Kloster 1 Kreuzgang 2 Sakristei 3 Kapitelsaal 4 Parlatorium

der Nähe des Limes (1893 fand man bei Dorf Güll Fundamente einer seit jenem Jahr entstandenen Klosterkirche), 1170/71 wurde es jedoch wieder aufgehoben. Kuno I., der Sohn Konrads, gründete 1174 ein Zisterzienserkloster. Mitte 13. Jh. wurde die Kirche fertiggestellt. In den folgenden 200 Jahren fiel dem Kloster riesiger Grundbesitz zu (über 253 Ortschaften sowie mehrere Stadthäuser). Nachdem man die durch die Reformatoren angedrohte Auflösung mit Hilfe von Abfindungen abwenden konnte, kam es im 18. Jh. nochmals zu kurzer Blüte. Die Auflösung des Klosters erfolgte 1803. Nach und nach verfiel die Kirche zur Ruine.

Klosterkirche: Arnsburg und seine Klosteranlage zählt zu den bedeutendsten deutschen Sakralbauten des MA. Der Bau erfolgte in 2 Abschnitten: bis 1220 und um 1250. Die kreuzförmige Basilika weist den für Zisterzienserbauten typischen Grundriß auf: einem langgestreckten Mittelschiff (4 $\frac{1}{2}$ jochig) mit 2 Seitenschiffen ist ein breites Querhaus mit ausgeschiedener Vierung und gerade abschließendem Chor (Chorumgang zerstört) vorgelagert. Die n und s dem Chor hinzugefügten Kapellen sowie die ö gelegenen Kapellenräume mit vortretenden Apsiden existieren nicht mehr. Im W liegt das Paradies mit einem Gewölbe aus dem 17. Jh. Das offene Mittelschiff, nur noch bis zur Sohlbank der Obergadenfenster erhalten, besaß urspr. ein Kreuzrippengewölbe, die Seitenschiffe waren kreuzgratgewölbt (z. T. noch erhalten). Die Kapitelle zieren kelchblockhafte, knospenhafte sowie kelchhafte Formen der Frühgotik.

Klostergebäude: Die Fundamente des *Kreuzgangs* mit dem s gelegenen fünfseitigen *Brunnenhaus* wurden 1958 ausge-

Arnsburg, Prälatenbau

Arolsen, Ev. Stadtkirche

graben; an den Außenwänden stehen seit 1959 *Grabsteine* (14.Jh.). Die an den Kreuzgang anschließende und in den Kirchbau ragende *Klausur* stammt aus der 2. Hälfte des 13.Jh. Die *Sakristei* mit Überresten v. Wandmalereien schließt an den s Querhausarm an. S v. der Sakristei befindet sich der 3 × 3-jochige *Kapitelsaal* der Frühgotik. Die Kreuzgratgewölbe liegen auf Vierpaßpfeilern mit schönen Knospenkapitellen auf. An der N-Wand die *Grabplatte* Johanns v. Falkenstein (gestorben 1365). Nach S hin verläuft das zweischiffige, siebenjochige *Parlatorium,* dessen ö Flügel als *Dormitorium* gedient hat. Im W liegt der *Bursenbau* (Ende 13.Jh.), der das *Laienrefektorium* und die Kellerei beherbergte. Die *Konventsgebäude* stammen aus dem 18.Jh., das *Abteigebäude* datiert um 1745. Den *Prälatenbau* mit schönem, schmiedeeisernem Treppengeländer (innen) schuf ab 1727 Bernhard Kirn, der wohl auch den *Küchenbau* mit stuckiertem Rokoko-Saal errichtete. W vom Kloster liegen die *Klostermühle* (Ende 17.Jh.), der *Treppenturm* (1696) sowie der imposante *Pfortenbau* von 1777, sw das *Gartenhäuschen* (1751) mit erhöhtem Mittelteil und Freitreppe. Die *Klostermauer* ist kaum zerstört.

3548 Arolsen		
Waldeck-Frankenberg		
Einw.: 14 900	Höhe: 290 m	S. 353 □ D 2

Im 12.Jh. war Arolsen Sitz eines Augustinerinnenklosters, seit 1692 stand es unter Waldecker Herrschaft. Fürst Anton Ulrich machte die Stadt zu seiner Residenz. Die Neuanlage erfolgte seit 1713.

Pfarrkirche (ev.): 1735 nach einem Entwurf von Johann Ludwig Rothweil erbaut, 1787 vollendet. Die einschiffige Kirche mit Holztonnengewölbe hat 2

Arolsen, Schloß

kurze, schmale Querarme, einen dreiseitig abschließenden Chor im W (aus städtebaulichen Gründen) sowie einen O-Turm. Die äußere Wand wird durch vorgelegte Pilaster gegliedert. Die Ausstattung markiert den Wendepunkt vom Spätbarock zur Frühklassik. 1778 entstand das Orgelgehäuse, das Orgelwerk fertigten die Gebrüder Heeren 1784 an. Am Altar stehen 3 Figuren (1842–44) von Christian Daniel Rauch, die Glaube, Liebe und Hoffnung darstellen.

Friedhof: Bedeutende klassizistische Grabmäler.

Schloß: 1711 erhielt J.L.Rothweil von Ulrich Anton von Waldeck den Auftrag, eine Schloßanlage in Anlehnung an Versailles zu bauen (die Grafen von Waldeck waren in den Reichsfürstenstand erhoben worden). Der aufwendige Bau führte fast zum Staatsbankrott. Der Hauptflügel der eindrucksvollen Barockanlage entstand zwischen 1713 und 1729, die Fertigstellung der Innenausstattung zog sich bis ins 19.Jh. hin. Ursprünglich wurde die Residenz v. einem Wassergraben umzogen. Die symmetrisch angelegten Bautrakte sind von vorne nach hinten eindrucksvoll gestaffelt. Den Hauptflügel ziert ein Mittelrisalit mit Kolossalpilastern und breitem Dreiecksgiebel. Die übereck gestellten Wachpavillons bilden den Eingang zum Ehrenhof, der beidseitig v. langgezogenen Seitenflügeln mit Segmentgiebeln flankiert wird. Diese sind mit der Dreiflügelanlage durch kurze Gänge verbunden. Alle Baukörper tragen mächtige Mansardendächer. – Innenräume (fast alle für Besucher zugänglich): Der Mittelbau des *Corps de logis* mit zweiläufiger Treppe von 1713 (Eisengeländer: 1810) ist von Deckenbildern (1721–22) v. Carlo Ludovico Castellis geschmückt. Zum Garten hin schließt der sog. *Steinerne Saal* an, dessen hervorragende Stuckierung A.Gallasini 1715–19 anfertigte. Darüber liegt der klassizistische *Weiße Saal* v.

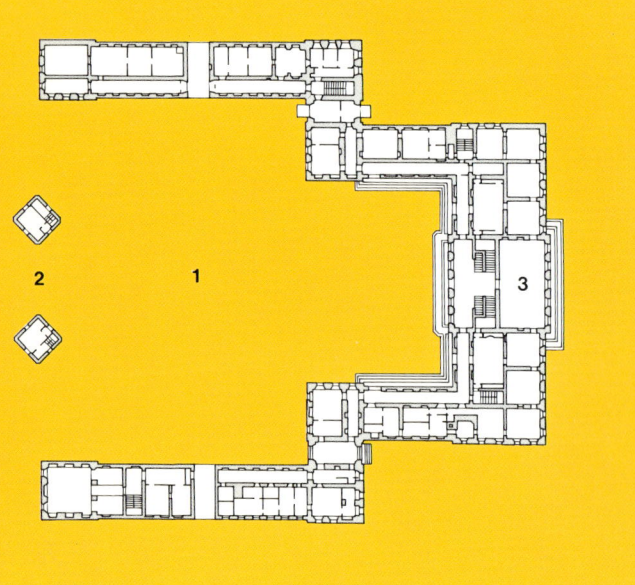

Arolsen, Schloß (Erdgeschoß) **1** Ehrenhof **2** Wachhäuschen **3** Steinerner Saal

1809–11 von Theodor Escher. Die Kolonnaden-Brüstung des Obergeschosses stammt noch von Rothweil. An den Seiten der beiden Festräume liegen die fürstlichen Gemächer, einige davon im Régence- und Rokokostil. – Die *Kapelle* befindet sich im s Pavillon des im O gelegenen Außenflügels (Stuckierungen von Gallasini, Deckengemälde von Castelli). – *Ausstattung:* Möbel des 18.Jh., Rokoko-Leuchter, niederländische Wandteppiche (18.Jh.); Skulpturen der Vier Tugenden von Christian Daniel Rauch, Büsten von Alexander Trippel; Goldschmiedekunst; Gemälde von Johann Heinrich und Wilhelm Tischbein, Heinrich Aldegrever u.a. – Der die Residenz dreiseitig rahmende *Schloßpark* ist nach dem Vorbild englischer Landschaftsgärten gestaltet. Den *Wirtschaftshof* am Ende der Hauptstraße errichtete Th. Escher 1819–24.

Halbrondell: Von der von J.L. Rothweil geplanten Anlage wurden nur *Marstall* (1749–58) und *Regierungsgebäude* (1755–61) ausgeführt.

Neues Schloß (Große Allee): Der nach Entwürfen v. Franz Friedrich Rothweil 1763–78 errichtete Witwensitz erfuhr Mitte des 19.Jh. eine völlige Neugestaltung.

Wohnhäuser: Von J.C. Rothweil an der Hauptstraße gebaute Prachthäuser.

Stadtmuseum (Prof.-Klapp-Str. 14; Öffnungszeiten Mai–September Mi und So 15.00 Uhr, Sa 10.00 Uhr; April–Oktober Mi und So 15.00 Uhr):
Das Museum umfaßt das Barockpalais Schreiber, das Kaulbach-Museum und die Rauch-Geburtsstätte. Das *Schreibersche Haus*, nach A. Schreiber (1813–96) benannt, entwarf Julius Ludwig Roth-

weil*. Später wurde es als Gästehaus aufwendig umgestaltet. Neben der Baugeschichte des Arolser Schlosses wird das Werk Rothweils dokumentiert. Die Entwicklung der Hofmusik zeigt das *Alkoven-Zimmer*.
Das *Kaulbach-Museum* zeigt die Werkstatt des berühmten Malers sowie Kaulbach-Möbel. Daneben sind Werke (Gemälde, Grafiken) und persönlicher Besitz der Familie zu sehen. – Im *Rauch-Geburtshaus* wurde 1777 der Bildhauer Christian Daniel Rauch geboren. In dem vor 1752 erbauten »Heppenhof« erinnern Reproduktionen einzelner Werke und persönliche Gegenstände an Leben und Schaffen des Künstlers.

A.-HELSEN
Ev. Pfarrkirche v. 1653–88 im Barockstil mit got. Formen von dem Holländer P.Jeanson errichtet. Hallenbau mit 3 Schiffen und W-Turm. Kanzelaufbau (1689) über dem Altar.

A.-MENGERINGHAUSEN
Ev. Pfarrkirche, erneuert 1347–1423, spätroman. Chor v. 1552. Got. Hallenbau mit 3 Schiffen. Kreuzrippengewölbtes Langhaus über Rundpfeilern. – *Ausmalung* (1527) im Renaissancestil v. Friedrich Thorwart im Chor; *Kreuzigungsrelief* (2. Hälfte 14.Jh.); barocker *Altaraufsatz* (1680) von Berthold Jost Tamm, *Kruzifix* aus Holz (spätgot.), *Steinkanzel* (1600), *Grabdenkmäler* der Familie v. Waldeck. – *Friedhof* mit Fachwerkkapelle (1653). *Grabmäler* des Frühklassizismus. – *Wasserburg* (heute Gaststätte) der Grafen v. Waldeck aus dem 14.Jh. – *Rathaus,* Fachwerkbau v. 1850. – Zahlreiche *Fachwerkhäuser* (16. bis 18.Jh.). – *Gut Leiborn,* ehem. Hof des Klosters Arolsen. Reste der 1492 datierten Marienkirche.

Umgebung

Twiste (7 km s): *Ev. Pfarrkirche:* Bedeutendste romanische Dorfkirche Waldecks. Basilika mit 3 Schiffen, Querschiff, Apsis und Apsiden an den Querhausarmen.

Babenhausen 21

6113 Babenhausen
Darmstadt-Dieburg

| Einw.: 14 600 | Höhe: 126 m | S.354 □ C 5 |

Um 1200 war die in einem Seitental des Mains liegende Stadt Münzenberger Besitz, 1255 ging sie an die Herren v. Hanau. 1736 fiel sie an Hessen-Kassel, 1810 an Hessen-Darmstadt.

Pfarrkirche (ev.): Der Chor mit $^5/_8$-Schluß und der Glockenturm mit Spitzhelm stammen v. 1382 (vom urspr. roman. Bau des 13.Jh. ist nichts mehr vorhanden). 1472 wurde der dreischiffige, flachgedeckte Hallenbau errichtet. Reiche Innenausstattung aus der Zeit vom 14.–17.Jh. Bedeutend ist der ungefaßte Schnitzaltar mit Riemenschneider- und Backoffeneinflüssen. In den Nischen des Mittelschreins posieren mächtige Skulpturen der Heiligen Nikolaus und Valentin und des Papstes Cornelius.

Schloß (heute Altersheim): Gegr. wurde die ehemalige Wasserburg um 1200. Der Grundriß des staufischen Baus entspricht südital. und -französischen Burgen. Veränderungen und Ausbauten 1460–75, 1560–80 und im 18.Jh. Der Innenhof weist Reste des ma Bergfrieds auf. Der ö Teil des N-Flügels und des n Teils des O-Flügels mit Fachwerkobergeschoß wurden im 15.Jh. hinzugefügt. Die spätroman. Halle im Erdgeschoß hat 6 zum Hof hin offene Arkaden. Der w Teil des

22 Bad Camberg

Babenhausen, Ev. Pfarrkirche, Flügelaltar von 1518 (oben); Mittelteil des Flügelaltars, überlebensgroße Figuren des Papstes Cornelius, des hl. Nikolaus und hl. Valentin (unten)

N-Flügels (verändert) stammt aus dem 13. Jh.; der n Teil des O-Flügels mit Treppenturm stammt von 1460. Die s Hälfte des O-Flügels und der gesamte s Gebäudetrakt werden um 1570 datiert. Den *Wandbrunnen* im Innenhof schuf Ignatius Materstock.

Amtshaus (Amtsgasse 29): 1560 erbautes Fachwerkhaus mit Zwerchgiebeln und Treppenturm (1602).

Außerdem sehenswert: *Amtskellerei:* Fachwerkbau v. 1595. *Adelshof der Geiling von Altheim:* 1555. Prächtiger Fachwerkbau. »*Burgmannenhaus*« (Hof derer v. Babenhausen): Steinbau mit Staffelgiebel v. 1544. *Fachwerkhäuser* des 16. bis 18. Jh., *Stadtbefestigung* v. 1295; erneuert 1445.

6277 Bad Camberg		
Limburg-Weilburg		
Einw.: 12 700	H.: 218–254 m	S. 354 □ B 4

Pfarrkirche St. Peter und Paul: Im Kern got. Turm v. 1580. Kirchenschiff v. 1777 im Zopfstil. – Deckenfresken, Medaillons und Stuckentwürfe von Giuseppe Appiani, Kreuzigungsbild im Chor (1835) von Philipp Veit. Seitenaltäre: »Mondsichelmadonna« (um 1525) aus der Backoffenwerkstatt, »Hl. Josef« (1750) v. Johann Thüringer. Rokoko-Bronzeleuchter (1748). Chorplastiken des 19. Jh.

Kreuzkapelle: Markantester Punkt des Goldenen Grundes (322 m hoch), 1681 bis 1683 erbaut, um 1725 kreuzförmig erweitert. Krypta auf Fels. Den Weg dorthin begleiten die sogenannten »Sieben Fußfälle« (1700) – Stationssteine mit Reliefdarstellungen der Leidensgeschichte Christi.

Obertorturm und Hohenfeldkapelle: An den 1380 erbauten Turm der Stadtbefe-

Babenhausen, Ev. Stadtkirche, >
Flügelaltar, Predella,
Heimsuchung der Maria

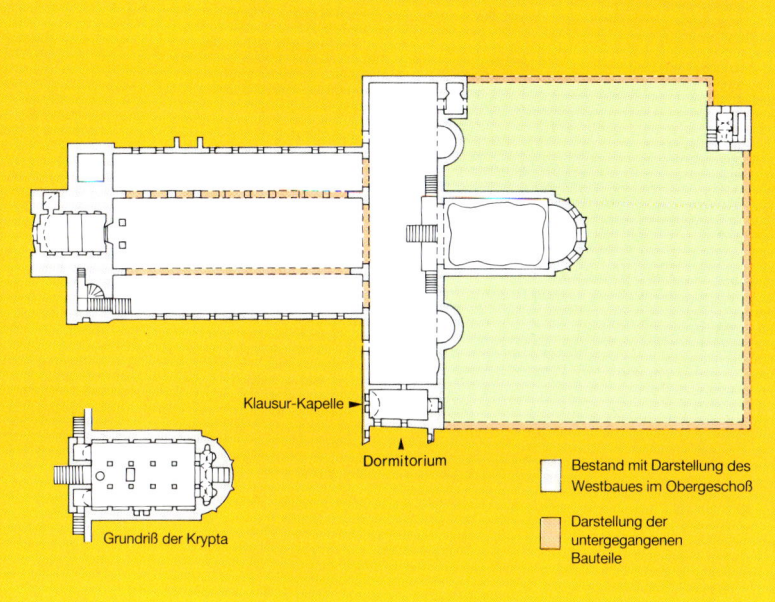

Klausur-Kapelle
Dormitorium
Grundriß der Krypta

Bestand mit Darstellung des Westbaues im Obergeschoß
Darstellung der untergegangenen Bauteile

stigung schließt sich die Hohenfeldkapelle an (nach dem Erbauer Achatius v. Hohenfeld). Heute sind hier *Turm- und Stadtmuseum* eingerichtet.

Alte Amtsapotheke: Als Burgmannenhaus derer v. Hattstein 1492 auf den Grundmauern v. 1330 erbaut. Seit 1663 Apotheke.

Amthof: Um- und Neubau des in seiner Frontlänge 140 Meter langen Fachwerkbaus erfolgte 1605; 1669 Erweiterung. Bestand urspr. aus 3 Einzelhöfen. Im Hofinneren der 1980 wiedereröffnete älteste *Brunnen* der Stadt.

Guttenberger Hof: 1336 erstmals erwähnt als Sitz der Familie Hattstein. Neuaufbau 1526.

Marktplatz: Schönes *Fachwerkensemble*.

< *Bad Hersfeld,*
Ruine der Klosterkirche, Westbau

Bad Hersfeld, Ruine der Klosterkirche (heutiger Bestand)

Haus »Sadony« (1592) mit reichen Schnitzereien; *»Der schiefe Turm von Bad Camberg«* v. 1365–80 (weicht bei ca. 22 m Höhe 1,44 m vom Lot ab).

Weißer Turm: Um 1889 auf einem historischen Turmrest v. Ernst Maria Lieber in neogot. Stil erbaut.

Bad Hersfeld
Hersfeld-Rotenburg

| Einw.: 30 000 | Höhe: 209 m | S. 353 □ E 3 |

Der hl. Sturmius, Schüler des Bonifatius, gründete 736 eine Einsiedelei, die kurz darauf zerstört wurde. 775 veranlaßte der Mainzer Bischof Lull(us) die Gründung eines Benediktinerklosters, das

Bad Hersfeld

Karl d. Gr. zum Reichskloster erhob. Die umliegende Siedlung bekam 1170 Stadtrechte. In den Wirren der Reformation verlor die Abtei an Einfluß. 1648 fiel Hersfeld an die hessischen Landgrafen. Vom 17. Jh. an wurden die Heilquellen genutzt, seit 1963 hat die Stadt den Status eines Bades. Bekannt ist Bad Hersfeld vor allem wegen der seit 1951 alljährlich in der Stiftsruine stattfindenden Festspiele.

Abtei: Die Baugeschichte der Kirche und des **Benediktinerklosters St. Wigbert, St. Simon und Judas Thaddäus** blieb lange Zeit im unklaren. Neueste Forschungsergebnisse datieren die Anlage in karolingische Zeit. 831 erfolgte die Grundsteinlegung unter Abt Bun, 850 die Weihe. 1038 teilweise Erneuerungen nach einem Brand. Gesamtweihe 1144 aufgrund eines neuen W-Baus. Im Siebenjährigen Krieg wurde die Kirche endgültig zur Ruine. Während der Festspiele ist die Ruine leider nicht für Besucher zugänglich und wird zudem durch ein (Regen-)Netzdach verunstaltet. Der erhaltene salische Bau von 1037 ist eine ehemals flachgedeckte dreischiffige Basilika – Gesamtlänge 102,80 Meter – mit ausladendem Querhaus ohne ausgeschiedene Vierung und mit langgestrecktem Mönchschor mit Krypta, der in einer Halbrundapsis endet. Beide Querhausarme schließen jeweils mit einer Halbrundapsis ab. Charakteristisch ist der in den Bruchstein eingearbeitete rotweiße Schichtenwechsel der Hausteinglieder. Die äußere Erscheinung wird durch den ö Teil mit Chor und Querhaus bestimmt, deren einstige Höhe bis zum Dachansatz noch erkennbar ist. Erhalten sind im Inneren nur die Außenwände der Seitenschiffe mit großen, etwas abgeschrägten Fenstern sowie 9 Säulen der ursprünglichen Arkadenreihe mit Würfelkapitellen und Triumphbögen.

Der W-Bau besteht aus einer Doppelturmfront mit mittlerer Kapelle und tonnengewölbtem W-Eingang. Das vorgeschobene Portal sitzt in einer Nische mit einem von Säulen getragenen, in Schichtenwechsel verlaufenden Rundbogen; die darüberliegende abgerundete Kapelle mit einfacher Pilastergliederung hat 3 Fensteröffnungen. Dahinter ein von 3 Arkaden gestützter Giebelaufbau, an den sich der S-Turm mit Doppelturmfenstern und Blenden seitlich anschließt. Ö an den n Querhausarm fügte man Ende des 12. Jh. eine Vorhalle mit Fenstern und Portalen an.

Bad Hersfeld, Ostapsis der Klosterkirchenruine (l); Abteikirche, Katharinenturm (r)

Betritt der Besucher die Abteianlage vom Linggplatz aus, gelangt er zuerst zum *Katharinenturm,* einem aus dem frühen 12. Jh. stammenden frei stehenden, viergeschossigen Glockenturm; in die beiden mittleren Stockwerke sind Biforienfenster eingeschnitten. Im obersten Geschoß, das erst im 18. Jh. ausgebaut wurde, hängt die sog. Lullusglocke (Mitte 11. Jh.), die zu den ältesten in Deutschland zählt. *Klostergebäude:* Von den einstigen Klausurgebäuden (s der Kirche) sind der O-Flügel (im 16. Jh. erneuert), der sich urspr. zum Kreuzgang hin öffnete, erhalten. In dessen Obergeschoß waren Dormitorium und Abtskapelle (mit Wandmalereien des 11. Jh.) eingerichtet. Nördlich vom Kirchgebäude stehen die Fachwerkhäuser *Im Stift 8 und 9* aus dem 16. Jh. Daneben befindet sich das sogenannte *Abtsschlößchen* (Ende 16. Jh.), ein Steinbau mit reizvollem Spätrenaissancegiebel. *Im Stift 5 und 6* sind Fachwerkständerbauten des 16. Jh. Im N und W stehen gut erhaltene Teile der *Klostermauer.*

Stadtkirche (Kirchplatz): Durch ein Tor v. Marktplatz aus gelangt man zum Eingang des ev. Gotteshauses, das urspr. aus dem 10. Jh. stammt, doch größtenteils ein Bau des 14. Jh. ist. Das spätere Langhaus ist eine dreischiffige, breite Halle mit achtseitigen Pfeilern und aufwendig gearbeiteten Schlußsteinen in Chor und Langhaus. Die 2 unteren Geschosse des W-Turms wurden Anfang 14. Jh. begonnen, 3. und 4. Geschoß sind aus dem 15. Jh.; die beiden obersten Etagen (16. Jh.) haben spätgot. Maßwerkfenster. Die *Glasmalereien* (1953) im Chorschluß sind v. H. G. v. Stockhausen, 1953–54 wurden *Wandmalereireste* im Chor freigelegt.

Benediktinerinnenpropstei Frauenberg (heute Jugendheim): Ausgrabungen v. 1929 brachten in der Ruine der aus dem 16. Jh. stammenden Marienkirche Fundamente einer karolingischen Kapelle zutage.

Hospitalkirche: Rechteckiger Bau (2. Hälfte 14. Jahrhundert) mit Maßwerkfenstern. Ausstattung und Restaurierung v. 1891.

Benediktinerpropstei Johannesberg (außerhalb des Innenstadtbereichs, s von Bad Hersfeld): Gegründet 1024 v. Abt Arnold v. Hersfeld; die Kirche wurde 1647 zerstört. Erhalten sind die Giebel-

Bad Hersfeld, Rathaus, Intarsiengeschmückte Tür (l); Küsterhaus (r)

wand des s Querhausarms und das anschließende *Bruderhaus* (1. Hälfte 11. Jh.).

Grabmal (Friedhof/Frauenberg) mit gut gearbeitetem Relief eines Fuldaschiffers, das einen Lastkahn mit 2 Männern darstellt.

Rathaus: Der urspr. got. Bau wurde im späten 16. Jh. erweitert und ab 1607 durch den Anbau v. Turm, Giebel und Fenstern in einen an die Weserrenaissance erinnernden Bau mit Treppenturm umgewandelt. Im Innern sind eine prächtige Holzintarsientür sowie eine Stuckdecke erhalten.

Küsterhaus (Kirchplatz 5): 1464. Zweigeschossiger Unterbau, Obergeschosse deutlich vorkragend, in den Brüstungsgefachen Andreaskreuze und Vierpässe. Der ehem. spitzbogige Eingang seit dem 16. Jh. mit hölzerner Mittelsäule.

Marktplatz: Neben reizvollen *Fachwerkhäusern* stehen hier einige *Steinbauten* wie das frühgot. *Alte Kaufhaus* (Markt 29), Markt 8, 14, 15, 28 (Anfang 17. Jh.).

Bad Homburg v. d. Höhe, Schloß mit Weißem Turm

Städtisches Lyzeum (Neumarkt): Klassizistischer Bau, v. Landbaumeister Leonhard Müller 1836 errichtet.

Weitere Wohnhäuser: *»Hotel zum Stern«* (Linggplatz 11), spätmittelalterlicher Steinbau; *Klausstraße 34*, Renaissance-Fachwerkhaus v. 1609, *Weinstraße 11* (Anfang 17. Jh.) und zahlreiche Bauten des 18. und 19. Jh.

Museum der Stadt Bad Hersfeld (Im Stift 6 a; Öffnungszeiten Di–So 10.00 bis 12.00 Uhr, 15.00–17.00 Uhr): Regionale Handwerkskunst sowie die Entwicklung von Stadt und Abtei werden dokumentiert.

Umgebung

Schloß Eichhof (südwestlich v. Bad Hersfeld): Seit dem 14. Jh. besaßen die Äbte v. Hersfeld eine Wasserburg. Der Um- und Ausbau zum Renaissanceschloß erfolgte 1572–74 unter Abt Ludwig IV. Miteingegliedert ist der Bergfried des 14. Jh. Im Erdgeschoß befindet sich das *»Lutherzimmer«* v. 1582 mit reichen Intarsien und Wandvertäfelungen.
Unterhaun (2 km s): *Ev. Kirche* v. 1736, Saalbau mit flacher Tonne v. Adam Joh. Erdinger. – *Ruine der Kreuzkapelle* (Friedhof), 1937 wurden Fundamente eines Zentralbaus aus dem frühen MA über kreuzförmigem Grundriß ausgegraben.

6380 Bad Homburg v. d. Höhe
Hochtaunuskreis

Einw.: 52 000   H.: 137–250 m   S. 354 □ C 4

Die erste urkundliche Erwähnung stammt v. 782. 1320–30 erhielt der Ort Stadtrechte; 1622–1866 Residenz der Landgrafen v. Hessen-Homburg. Seit 1866 in preußischem Besitz. 1680–95 erfolgte der Bau des landgräflichen Schlos-

*Bad Homburg v. d. Höhe, >
Russische Kapelle*

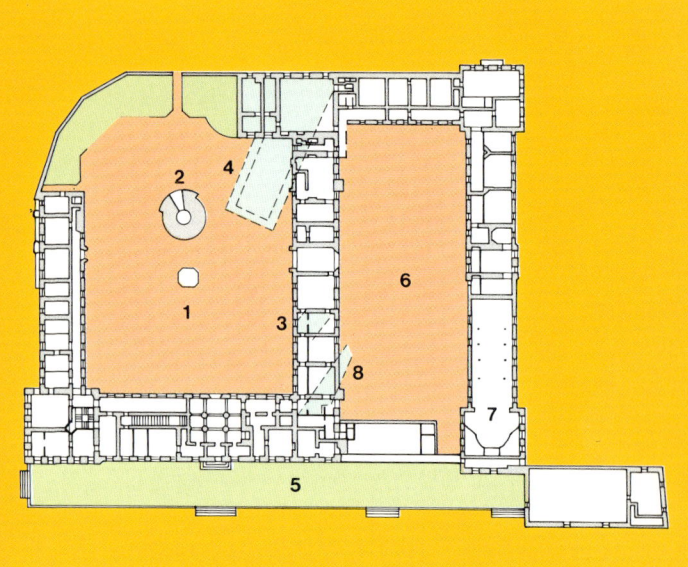

ses. 1685 Gründung einer Neustadt für die Hugenotten unter Landgraf Friedrich II. Nachdem 1809 und 1834 Quellen entdeckt worden waren, entwickelte sich ein lebhafter Kurbetrieb.

Bad Homburg v. d. Höhe, Schloß 1 Oberer Schloßhof **2** Bergfried **3** Romanischer Holzturm **4** Sog. Baukeller (ehem. Palaskeller) **5** Schloßterrasse **6** Unterer Schloßhof **7** Schloßkirche **8** Ehem. Burggraben

Erlöserkirche (Dorotheenstraße): 1902 bis 1908 nach Entwürfen v. Baurat Spitta begonnen, vollendet v. Franz Schwechten. Zentralkuppelbau mit neoroman., pseudobyzantinischen sowie jugendstilhaften Elementen.

Ev. Pfarrkirche (Oder-Eschbach): 1728 bis 1731 nach Entwurf Petters erbauter Rechteckbau mit Muldengewölbe. Sehenswerte Kanzel v. 1623.

Heiliggrab-Kapelle (Friedhof, Saalburgstraße): Urspr. 1490 in Gelnhausen erbaut; 1825 an den jetzigen Standort versetzt. Spätgot. Bau mit Grabkammer.

Marienkirche (Am Mühlberg): Die kath. Kirche wurde 1892–95 v. Ludwig Becker im neogot. Stil errichtet. Hölzernes *Triumphkreuz* v. 1500. *Homburger Pietà* (3. Viertel 14. Jh.), ein Vesperbild aus dem Rheinischen, in der ö Seitenkapelle. Hier steht auch eine *Kreuzigungsgruppe* (Kruzifix 15. Jh.).

Pfarrkirche St. Martin (Ober-Erlenbacher-Straße/Ober-Erlenbach): Großzügiger Saalbau von 1765. *Deckengemälde* (1925) von Eulogius Böhler. *Hochaltar* und 2 *Seitenaltäre* von Ende des 17. Jh., *Rokokokanzel* (Mitte 18. Jh.), *Orgel* v. 1839.

Bad Homburg v. d. Höhe, >
Schloß, Inneres Tor

32 Bad Homburg v. d. Höhe

Bad Homburg v. d. Höhe, Schloß, Portal, Haupteingang an der Nordseite

Bad Homburg v. d. Höhe, Kaiser-Wilhelm-Bad

Reformierte Kirche: Ma Bau mit Zwiebelhaube v. 1766–67. Inneres 1823–24 als Rathaus umgestaltet.

Russische Kapelle: An byzantinische Formen angelehnter Bau v. 1896–99.

Schloß: Von einer größeren Burganlage aus dem 3. Viertel des 14. Jh. steht noch ein Bergfried, der sog. *Weiße Turm.* Landgraf Friedrich II. v. Hessen-Homburg »mit dem silbernen Bein« ließ sich seit 1679 hier eine weitläufige Anlage errichten. Nach dem Entwurf v. Paul Andrich wurde sie 1686 vollendet. Neubauentwürfe v. 1722–24 v. Louis Remy Delafosse fanden nur zaghafte Ausführung. Georg Moller baute 1834–41 den O-Flügel um. Die Anlage setzt sich aus 5 Flügeln, die 2 Höfe umschließen, zusammen. Im oberen Schloßhof der Weiße Turm und ein barocker Brunnen. Bronzebüste Friedrichs II. am Portal des am S-Flügel des oberen Hofes gelegenen Archivraums v. Andreas Schlüter, 1704. In der *Schloßkirche,* 1830 v. Moller neugestaltet, befindet sich eine Orgel (1782 bis 1786) v. Joh. Konrad Bürgy. – Im Inneren des Schlosses sind das 1728 entstandene *Spiegelkabinett* mit wertvollen Einlegearbeiten, Antonio Canovas *Skulptur der Hebe* im Treppenhaus sowie Möbel, Gemälde und Kunsthandwerk (17.–19. Jh.) sehenswert.
Die *Orangerie* stammt aus dem 18. Jh., der *Schloßpark* im englischen Stil ist v. 1780. Bis zum Beginn des 19. Jh. war der Homburger Hof kulturelles Zentrum; Goethe und Hölderlin verkehrten dort.

Kaiser-Wilhelm-Bad (Kurpark): 1887–90 v. Louis Jacobi gebaute dreiflügelige historistische Anlage. Der Mittelbau ist durch eine Kuppel überhöht.

Kurpark: Begonnen 1854 v. Peter Josef Lenné, beendet 1867 v. Friedrich Jühlke. *Lenné-Denkmal* v. Christian Daniel Rauch* (1850); *Augusta-Victoria-Rundtempel* (1911); *Elisabethbrunnen* (1915

Bad Homburg v. d. Höhe, >
Elisabethbrunnen, Rundtempel und
Quellfassung

34 Bad Karlshafen

bis 1919) v. Hans Dammann; *Siamesische Halle*, gestiftet 1907 v. König Chulalongkorn v. Siam. – *Brunnen-Kursaal* (heute Spielkasino): 1838 v. Georg Moller gebaut.

Außerdem sehenswert: *Fachwerkbauten* (17.–19. Jh.), *Villa Trapp* (Kaiser-Friedrich-Promenade 4/6) v. G. Moller 1839/40 errichtet.

Museum im Gotischen Haus (Tannenwaldweg 102; Öffnungszeiten Di, Do, Sa 14.00–17.00 Uhr, Mi 14.00–19.00 Uhr, Fr 10.00–12.00 Uhr, 14.00–17.00 Uhr, So 10.00–17.00 Uhr): Schwerpunkt der Ausstellung im sog. »Got. Haus« (begonnen 1823), das einst als Jagd- und Lustschlößchen diente, ist die Kulturgeschichte des Hutes (Homburger Hut).

Limeskastell Saalburg (Taunus/Am Limes): Genutzt seit 120 n. Chr., verfiel es um 260 allmählich. Die Burg wurde 1898–1907 rekonstruiert. Eine mächtige Ringmauer mit 4 Toren umfaßt das Kommandanturgebäude (Principia) sowie einen ehem. Getreidespeicher (Horreum), in denen heute das *Saalmuseum* untergebracht ist. Die täglich v. 8.00 bis 18.00 Uhr geöffneten Ausstellungsräume enthalten Dokumente zur Ausgrabungsgeschichte und Funde. Anhand zahlreicher Modelle und Gebrauchsgegenstände wird die röm. Alltagswelt veranschaulicht.

Veranstaltungen und Brauchtum: *Laternenfest:* Ende August/Anfang September, *Altstadtfest:* Eine Woche nach Pfingsten.

Umgebung

Hessenpark (8 km w): Freilichtmuseum (Ausstellung historischer Fachwerkhäuser, Scheunen etc.).

3522 Bad Karlshafen
Kassel

| Einw.: 4740 | Höhe: 110 m | S. 353 □ D 1 |

Zwischen Solling und Reinhardswald, an der Mündung der Diemel in die Weser, liegt die in bürgerlichem Barockstil errichtete Stadt, 1699 durch Landgraf Karl gegründet. 1717 Umbenennung in

Bad Karlshafen, Rathaus

»Carlshafen«. Der Landgraf faßte den Entschluß, von hier aus einen Kanal nach Kassel zu bauen, um Zollzahlungen zu umgehen. Die ersten Siedler der Stadt waren aus Frankreich geflüchtete Hugenotten. 1730 wurde die erste Solequelle durch den Hugenottenarzt Galland entdeckt. Amtliche Bezeichnung »Bad Karlshafen« seit 1977.

Stadtanlage: Für die Planung war die Kasseler Oberneustadt vorbildlich. Es entstand eine symmetrische Stadtanlage. Um ein großes, rechteckiges *Hafenbecken* sind Häuserblöcke im repräsentativen Stil angeordnet. Stichkanäle führen zur Werra und Diemel.

Rathaus (ehem. Packhaus mit wahrscheinlich landgräflicher Unterkunft und Ratsstube): Mittelpunkt der planmäßig angelegten Barockstadt, die 1715 in Anlehnung an Schloßbauten von Friedrich Conradi errichtet wurde. Der Bau umfaßt 2 Außenflügel und den dreiachsigen Mittelbau mit Bogenöffnungen und Ovalfenstern im Erdgeschoß. Eingangsfront mit Risalitgliederung und Segmentgiebel. Walmdach mit achtseitigem Haubenreiter. – *Festsaal* des ersten Stocks mit *Stukkaturen* von Andreas Gallasini.

Invalidenhaus (Karlstraße): Südlicher »Eckpfeiler« der Stadt. 1704–10 von F. Conradi gebauter vierflügeliger Komplex mit rechteckigem Binnenhof. Eingangsrisalit (Kirchenflügel) des Hauptgebäudes durch Pilasterordnung und Segmentgiebel betont.

Thurn- und Taxisscher Posthof (Hafenplatz 7): 1768 errichteter, schlichter Bau mit 2 Stockwerken. Das 3. Geschoß stammt aus dem 19. Jh.

Wohnbauten: *Freihaus* (Karlstraße), 1723 v. F. Conradi errichtet. *Weserstr. 7, Hafenplatz 13, Haus zum Schwan* (Invalidenstr. 6) v. 1765 (1832 verändert).

Zollhaus (ehem. 2. Packhaus; Ecke Hafenplatz) v. 1766/67.

Deutsches Hugenottenmuseum (Hafenplatz 9a; Öffnungszeiten Di–So 15.00 bis 18.00 Uhr, vom 1.11.–28.2. Mi, Sa, So 15.00–18.00 Uhr): Dokumentation zur Geschichte Bad Karlshafens und zur Vertreibung und Neuansiedlung der Hugenotten.

B. K.-HELMARSHAUSEN
944 erstmals erwähnt.

Benediktiner-Reichsabtei St. Maria und Petrus: 997 durch Kaiser Otto III. gegründet; Aufhebung 1536. Blütezeit im 11. und 12. Jh.: Bedeutende Werke der Goldschmiedekunst (Roger v. Helmarshausen) und wertvolle Handschriften und Buchmalereien entstanden in der Zeit.

Klosterkirche: Anfang 11. Jh. erbaut, 1130–50 verändert. Bis auf einzelne Fundamentreste ist nichts erhalten. Die Bautrakte der *Klausur* verschwanden bis auf den um 1124 entstandenen O-Flügel der Johanniskapelle mit seltenen Tierkapitellen. Verändert 1670.

Stadtkirche (beim Kloster): Urspr. roman. Bau. Umbauten nach 1464 und 1799. Tonnengewölbtes Schiff, kreuzgratgewölbter Chor. Kanzel Mitte 17. Jh., Orgel (1732) von den Gebrüdern Heeren.

Ruine Krukenburg (oberhalb der Ortschaft): 1220 errichtet. Heute sind nur noch der hohe *Bergfried* (als Aussichtsturm genutzt) und einige Türme und Teile der Stadtmauer erhalten. In der Burg befindet sich die *Johanneskapelle* (Ruine). Anfang 12. Jh. ließ sich Bischof Heinrich II. – vermutlich nach dem Vorbild der Nyssaer Grabeskirche – einen Zentralbau errichten. Weihe 1126.

Rathaus: Historisches Fachwerkgebäude v. 1890.

Fachwerkhäuser des 16. bis 19. Jh. Typus des Dielenhauses mit Einfahrtstoren an den Giebelseiten; Fassadenschnitzwerk.

Museum an der Krukenburg (Krukenberg 1; Öffnungszeiten April–15. Oktober Di, Mi, Fr–So 10.00–12.00 Uhr, 15.00–17.00 Uhr und nach Vereinbarung): Ausstellungen zur Geschichte des Ortes Helmarshausen, des früheren Benediktinerklosters Helmarshausen sowie der Krukenburg. Goldschmiedekunst und Handschriften (u. a. Evangeliar Heinrichs des Löwen) des MA aus der Vergangenheit des Klosters.

6123 Bad König
Odenwaldkreis

Einw.: 8300　　Höhe: 183 m　　S. 355 □ D 5

Im 15. Jh. ging die Stadt an die Schenken v. Erbach. Seit Ende 19. Jh. Kur- und Badeort.

Ev. Pfarrkirche: Früher Wehranlage mit Turm v. 1479. Saalbau; Schiff v. 1750. Orgel (1750) mit Rokokokanzel v. Johann Georg Hugo.

Schloß: Die Anlage bildet zusammen mit der Kirche einen erhöht liegenden Baukomplex; ehem. Mainzer Burg. Veränderungen 1624 und um 1800. – *Neues Schloß* s angrenzend, 1900 verändert. Parktreppe des 18. Jh.

Bad Nauheim, Kur- und Badeanlagen, Sprudelhof

Schmiede (Alexanderstraße): Bau v. 1668. Hübsches schmiedeeisernes Aushängeschild des 18. Jh.

Umgebung

Kirch-Brombach (4 km w): Spätgot. *ev. Pfarrkirche* der 2. Hälfte des 15. Jh. mit Maßwerkfenster im Chor. Nach Brand Neubau 1715–19. Spätgot. *Wandmalereien* wurden 1923 und 1961/62 freigelegt (Darstellungen des Jüngsten Gerichts, einer Kreuzigung und eines Heiligen). *Flügelaltar* v. 1518, *Holzkruzifix* (um 1500), *Kanzel* v. 1726. – *Kirchhof* mit Pforte v. 1510. – *Pfarrhaus* (Anfang 16. Jh.) mit Fachwerkgeschoß (um 1800).

6350 Bad Nauheim
Wetteraukreis

Einw.: 28 000　　Höhe: 144 m　　S. 354 □ C 4

Seit 2500 Jahren sind die salzhaltigen Quellen Lebensadern von Bad Nauheim. Bereits in vorchristlicher Zeit wurde daraus Speisesalz gewonnen (Nutzung der Sole seit dem 5. Jh. v. Chr. durch Funde belegt). Urkundlich ist erstmals 1338 eine Saline Nauheim erwähnt. Die erste Nauheimer Södermeisterordnung stammt von 1459. 1592 ging die Saline in den Besitz der Grafschaft Haunau über und blieb seitdem in staatlicher Verwaltung. Erneuter Aufschwung unter dem seit 1736 zuständigen Kurfürsten von Hessen-Kassel. 1866 fiel die Stadt an Hessen-Darmstadt.

Kirche auf dem Johannisberg: 1255 erstmals erwähnt. Reste des Westturms erhalten.

Ehem. lutherische Reinhardskirche (Reinhardstraße): Der seit 1907 als russische Kirche genutzte Bau wurde 1732-33 v. C. I. Hermann errichtet. Im Innern 1907 umgestaltet; – Ikonostase aus dem 18. Jh.

Ehem. reformierte Wilhelmskirche (Wilhelmstraße): 1739–40 nach Plänen Christian Ludwig Hermanns erbauter Saalbau mit Glockenturm; heute Gemeindehaus.

Kur- und Badeanlagen: 1905–11 v. Mitgliedern der Darmstädter Künstlerkolonie unter Leitung v. Wilhelm Jost rund um den Sprudelhof mit Trinkkur- und Wirtschaftsgebäuden errichtete Anlagen. – *Sprudelhof* und *Trinkkuranlage* sind bei aller Funktionalität schöne Jugendstilbauten. – *Staatliches Kurhaus* (w vom Kurpark): Nur Reste der Anlage v. 1866 existieren noch. – *Kurpark:* 1857 von Heinrich Siesmayer (bekannt als Architekt des Frankfurter Palmgartens) angelegt, setzt sich ö v. Bahnhof fort in dem 1891 entstandenen *Goldsteinpark.* Das *Salzmuseum* am großen Teich dokumentiert die Geschichte der Sole- und Salzgewinnung.

Skulpturenpark (am Fuße des Johannisbergs in einer schönen Gartenanlage): Zahlreiche Arbeiten zeitgenössischer Bildhauer.

6482 Bad Orb		
Mainz-Kinzig-Kreis		
Einw.: 8900	H.: 200–250 m	S. 355 □ D 4

Das idyllische Bad, in einem Seitental der Kinzig gelegen, wird von sanften Hügelketten gerahmt, die mit ihren blühenden Obstbäumen im Frühling ein herrliches Bild bieten.

Pfarrkirche St. Martin (am Burgring): Der got. Bau des 14. und 15. Jh. ist 1983 vollständig niedergebrannt. 1983–85 Wiederaufbau der dreischiffigen, flachgedeckten Hallenkirche mit Achteckpfeilern, W-Turm und zweijochigem Chor (dreiseitig abschließend). Die *Peterskapelle* (am n Nebenchor) v. 1445 ist kreuzrippengewölbt. Außen Figurenschmuck aus der Mitte des 15. Jh. *Marienkapelle* (ö Teil des n Seitenschiffs) v. 1480. Der roman. Turm wurde Anfang des 15. Jh. erneuert. – Die *Wandmalereien* (1935–38 freigelegt) zeigen großangelegte Zyklen im Chor (2. Hälfte 14. Jh.), im s Seitenschiff (Mitte 15. Jh.), im s Nebenchor (1. Hälfte 15. Jh.), im n Seitenschiff (Anfang 15. Jh.) und in der Peterskapelle (1445).
Innenausstattung: Sogenanntes »*Orber Altarbild*« (Kopie); Triptychon mit räumlich-plastischer Darstellung der Passion sowie der Muttergottes und des Gnadenstuhls, 1440 v. »Meister der Darmstädter Passion«. *Kreuzigungsgruppe,* um 1500 (Christusfigur) und Ende 17. Jh. (Maria und Johannes). *Kanzel* (1684), *Rokoko-Orgel* v. 1772. *Grabmäler* 14.–19. Jh.

Burg: Neugestaltung Ende 16. und 19. Jh. Burg mit Burgring und Palas 1985–89, restauriert zur Einrichtung des **Museums** (informiert über die Entwicklung Orbs v. der ma Salzsiedlung bis zum heutigen Kurort).

Gradierwerk (Kurpark): 1806 v. Fürstprimas Karl Theodor v. Dalburg erbautes größtes hessisches Gradierwerk mit 2 parallelen Riesenwänden und breiter Überdachung.

Kurpark: 1900 im Stil eines englischen Landschaftsgartens angelegt.

Bad Orb, Pfarrkirche St. Martin

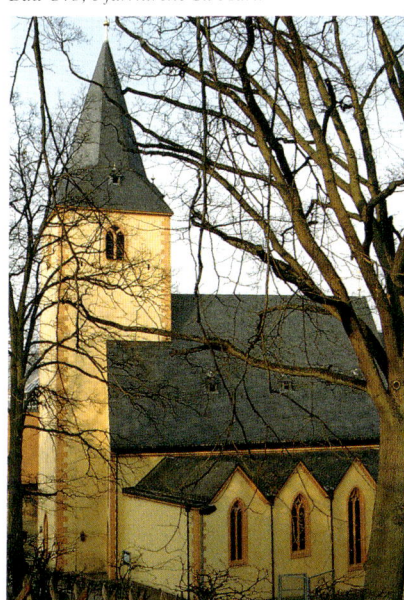

38 Bad Schwalbach

Bad Orb, Pfarrkirche St. Martin, Innenplastik

Rathaus: 1770 erbaut. Ein schmaleres Nebengebäude ist das sog. »Inspektorenhaus« (ehem. Dienstwohnungen der Salinenbauer).

Stadtbefestigung: Ende 13. Jh. mit einem eckigen und 11 halbrunden, nicht mehr vollständig erhaltenen Wehrtürmen erbaut.

Wohnhäuser: Zahlreiche malerische Fachwerkbauten, unter anderem *Henkershaus* (16. Jahhundert; Meistergasse 18), *Pfarrgasse 4* mit Portal von 1584, *Hauptstr. 28 und 30* (beide Anfang 17. Jahrhundert), *»Kleinstes Fachwerkhaus Hessens«* (1669; Kirchgasse), *Jöserstr. 9* (Torbogen von 1507), *Hauptstr. 54* (18. Jh.).

Brunnen: *Wendelinsbrunnen* (um 1770, einfacher Brunnensockel mit dem Schutzheiligen der Bauern). – *Marktbrunnen* in Form einer steinernen Säule (1858/59) mit Knabengestalt, die eine schmiedeeiserne Fahne hält.

Standbild »Peter v. Orb« (am Untertor): Einst berüchtigter Spessarträuber und sagenumwobene Gestalt.

6208 Bad Schwalbach
Rheingau-Taunuskreis

| Einw.: 10 000 | Höhe: 330 m | S. 354 □ B 4 |

1352 ist die Siedlung erstmals erwähnt. Sie fiel in der 2. Hälfte des 14. Jh. an die Herren v. Katzenelnbogen und wurde 1479 hessisch. Seit 1528 setzte sich die Reformation durch.
Der seit 1817 nassauische Ort wurde 1818 Stadt. Badebetrieb gibt es hier seit dem 16. Jh.

Martin-Luther-Kirche: Um 1471 erbaute spätgot. einschiffige Kirche mit einjochigem, sterngewölbtem Chor ($^5/_8$-Schluß). Westturm mit Maßwerkfenstern und Spitzhelm. Umgestaltung des Schiffs 1826–29. – *Kenotaph Joh. Gottfried v. Berlichingens*, Enkel des Götz v. B.; *Grisaillemalerei* (1651) nach Holzschnittpassion Dürers*.

Anglikanische Christuskirche: 1878 für die britischen Kurgäste errichtet.

Kath. Pfarrkirche St. Elisabeth: Jugendstilbau v. 1914. Neoklassizistische und neoromanische Elemente. Rokoko-Holzfiguren.

Ehem. reformierte Kirche: Saalbau v. 1729.

Rotenburger Schlößchen (am Kurpark; heute Katasteramt und Amtsgericht): Anfang 17. Jh. unter Landgraf Moritz v. Hessen-Kassel erbautes »Verwaltungsschlößchen«. Hauptbau mit Fachwerkobergeschoß. Besonders reizvoll ist der malerische Innenhof.

Altes Rathaus (Adolphstr. 103–105): Fachwerkhaus von 1610 mit Schnitzereien.

Alleesaalgebäude (heute Konzertsaal und Kurverwaltung): 1820/21 v. der Familie Grebert als exklusives »Hotel de la promenade« erbaut. Seidenmalereien, üppige Stukkaturen.

Kurhaus: 1878 eröffnet. Wohlproportioniertes Gebäude im Neorenaissance-Stil, erbaut von Philipp Hoffmann.

Marmorbadehaus: 1903–05 v. der preußischen Staatsregierung im Jugendstil erbaut.

Kohlensäure-Stahlbadehaus: Klassizismusbau v. 1826, den Heinrich Jacob Zengerle errichtet hat; um 1800 und 1927 umgestaltet.

Außerdem sehenswert: *Fachwerkhäuser* in der Adolphstraße aus dem 17. und 18. Jh.

Veranstaltungen und Brauchtum: *Frühlings- und Schwalbenfest:* Mai, *Weinfest:* Juli, *Martinimarkt:* November.

B.S.-ADOLFSECK
Kapelle v. 1500 mit Chor und 2 Glasfenstern des frühen 16. Jh.; *Taufstein* Ende 15. Jh., *Kanzel* 1692.

Burgruine: Neubau Mitte 14. Jh. unter Graf Adolf I. v. Nassau-Idstein.

| Umgebung |

Bleidenstadt (6 km östlich): *Ehemaliges Benediktinerkloster St. Ferrutius:* Gründung des Mainzer Erzbischofs Lullus. 778 erstmals genannt. Weihe einer 1. Kirche 812. 2. Kirchweihe: 1258. Umgestaltungen um 1500. 1711–12 Barockisierung. Doppelte Zwiebelhaube als Turmbekrönung. Portal v. 1718. – *Ehem. Stiftsgebäude* des 18. Jh. – *Ev. Pfarrkirche:* Roman. W-Turm noch vorhanden. Klassizistisch-neoroman. Langhaus v. 1849–55.
Wehen (9 km w): *Museum im Wehener Schloß:* Bau des 18. Jh., der eine Sammlung zur Stadt- und Regionalgeschichte umfaßt.

Bad Soden-Salmünster, Klosterkirche St. Peter und Paul mit Ortsbild

6483 Bad Soden-Salmünster
Main-Kinzig-Kreis

| Einw.: 12 527 | H.: 157–450 m | S. 355 | D 4 |

In der Zeit der Völkerwanderung haben sich germanische Stämme wegen des kostbaren Salzes in **Bad Soden** angesiedelt. Kämpfe und Streitigkeiten um die Sole zogen sich bis ins MA hin. Ende 18. Jh. wurden die zwei Siedlungen Salza und Soden – als »Sodin« 1190 erstmals erwähnt – vereinigt. 1296 erfolgte die Erhebung Sodens zur Stadt, ihre Befestigungen stammen aus dem 14. Jh. Ende 16. Jh. kam der Niedergang der Salzsiedestätten. Seit 1875 besteht der Kurbetrieb. Im 9. Jh. soll der Mönch »Salucho« in **Salmünster** eine Siedlung gegründet haben. Kurz darauf hieß der Ort »Salechenmunster«. 1320 wurde er durch Kaiser Ludwig den Bayern zur Stadt erho-

Bad Soden-Salmünster, Klosterkirche

ben. Seit 1974 existiert der heutige Name der Stadt.

BAD SODEN
Kath. Pfarrkirche St. Laurentius: Neogot. Kirche (1893–96) an der Stelle eines kleineren ma Vorgängerbaus. Im Chorraum Holzschnittfiguren.

Rathaus: 1703 erbaut. Umbauten erfolgten 1866 und 1924/25. Barocker Fachwerkbau mit Doppelwalmdach und Zwiebelturm.

Huttenschloß (am Fuß des Berges): 1536; erweitert 1594. Got. Bau mit Erkern, Staffelgiebeln und Treppenturm, errichtet durch Lukas v. Hutten. 1875 wurden hier die ersten Badezellen eingerichtet. Heute Privatbesitz. Daneben der *Marstall* von 1599, 1969 renoviert. Got. Sandsteinbau mit Staffelgiebeln v. Johann v. Hutten (heute Gaststätte).

Burgruine Stolzenberg: Einstige Wehranlage mit Bergfried und Wällen zum Schutz der Salzquellen und Siedereien. Die zu Beginn des 13. Jh. zerstörte Burg wurde 1252 neu aufgebaut. Der Bergfried dient heute als Aussichtsturm.

SALMÜNSTER
Franziskanerkloster: 1691–94 und 1737 bis 1744 gebaut. Die 1649 aus Gelnhausen vertriebenen Franziskanermönche waren seit 1665 Herren des Klosters.

Pfarr- und Klosterkirche St. Peter und Paul: 1737 begonnen nach Plänen des Hofbaumeisters Andreas Gallasini. 1745 Weihe der Barockkirche durch Fürstabt Amandus v. Buseck. *Hochaltar* mit Kreuzigungsdarstellung von Emanuel Wohlhaupter, Bilder der Seitenaltäre und Kreuzwegstation von Andreas Herrlein. Die *Kanzel* zählt zu den schönsten Beispielen des Fuldaer Barock.

St.-Franziskus-Kirche (Romsthal): 1805 bis 1809 in barockem Stil erbaut. Pietà (vor 1750), Beichtstuhl mit Intarsien.

Pfarrkirche St. Peter (Mernes): 1666–71 auf Vorgängerbau errichtet. 1934 Erweiterung. *Hochaltar* (1713) mit berühmter spätgot. Kreuzigungsgruppe von 1505 aus der Riemenschneider-Werkstatt. *Pietà* (1500), *Marienaltar* (1685), *Herz-Jesu-Statue* (20. Jh.).

Wallfahrtskirche Zum Hl. Kreuz und den 14 Nothelfern (Ahl): 1443 erste Erwähnung. Diente den Herren von Hutten als Begräbnisstätte.

Versöhnungskirche (ev.): 1887 im neogotischen Stil errichtet.

Huttenschloß (heute Amtsgericht): 1562–64 erbaut durch Ludwig v. Hutten und Margarete Riedesel v. Bellersheim. Seit 1748 wurde der Besitz der Stadt Fulda überlassen.

Badehaus: 1712. Bemerkenswertes Wappen des Erbauers v. Schleifras.

Schloß Hausen (Stadtteil Hausen): 1540 ging der Besitz an den Erzbischof und Kurfürsten von Mainz, Albrecht von

Bad Sooden-Allendorf, Ehemaliges Salzamt

Bad Sooden-Allendorf, Gradierwerk

3437 Bad Sooden-Allendorf
Werra-Meissner-Kreis

| Einw.: 8900 | Höhe: 160 m | S. 353 □ E 2 |

Ende des 8. Jh. entstand unter Karl d. Gr. eine erste Siedlung aufgrund der Salzquellen. 1212–18 wurde die Stadt Allendorf unter den Thüringer Landgrafen angelegt. Im Dreißigjährigen Krieg (1637) brannten kroatische Söldner Allendorf nieder. Die Doppelstadt ist durch die Werra getrennt.

BAD SOODEN
Ev. Pfarrkirche (am Berghang): Außenwände des Langhauses aus dem 15. Jh. Im 17. und 18. Jh. Brand und Wiederaufbau. 1699 Bau des Westturms. Barocke Innenausstattung: *Kanzel* mit Einlegearbeiten, 1702; *Orgel* von 1756.

Ehem. Salzamt (heute Kurverwaltung): 1782 errichteter Bau mit Rokokotür. – In der Nachbarschaft liegt die *Pfennigstube* (heute Stadtbücherei) v. 1631.

Außerdem sehenswert: *Fachwerkhäuser* des 17. Jh. *Gradierwerk* v. 1638. *Södertor,* 1704/05 errichtet, 1784 erneuert. Heute *Salzmuseum.*

ALLENDORF
Kreuzkirche: Erstmals 1218 genannt. Zweischiffige Hallenkirche des 15. Jh.,

Brandenburg. Nach 1734 Zerfall der Anlage.

Schleifrashof: Torhaus 1707–08; Turmgebäude und Längshaus vor 1500. 1822 wurde hier der Dichter Friedrich Hornfeck geboren.

Stadtbefestigung: 1344–1404 Errichtung der Wehranlage. Reste erhalten.

42 Bad Vilbel

Bad Vilbel, Ruine der Wasserburg, Torturm

Turm v. 1424. Nach 1637 erbautes ungegliedertes flachgedecktes Langhaus mit polygonalem Chor. *Kanzel* v. 1684, *Orgel* (im Chor) v. 1871/72.

Kapelle des Heiliggeisthospitals: Im 14. Jh. erbaut, Chor bereits im 15. Jh. abgebrochen. Beeindruckende *Wandmalereien:* Mitte 14. Jh. »Kluge und törichte Jungfrauen« (Nordwand). 1. Drittel 15. Jh.: »Kreuzigung« (Triumphbogen) und Legenden der Heiligen Martin und Elisabeth, Jüngstes Gericht (Westwand).

Kirchstraße: Hier stehen die schönsten Fachwerkhäuser von Allendorf, darunter das *Bürgersche Haus* (Kirchstr. 29), 1639 für Jacob Oderwaldt errichtet (Fassade mit engstehenden Ständern und nur wenig vorkragenden Geschossen). Das Haus **Kirchstr. 59** von 1642–44 besitzt ein schönes Hausportal des 18. Jh.

Rathaus: Der Bau wurde 1603 in Sooden errichtet und 1637 an die heutige Stelle gesetzt. Schöner Fachwerkbau mit 3 Geschossen und Dachreiter. – Daneben das *Hochzeitshaus* von 1667.

Stadtbefestigung: Sie stammt aus der 1. Hälfte des 13. Jh. Auf der Anhöhe weithin sichtbar der *Diebsturm* (2. Hälfte 13. Jh.).

Burg Rothestein (Anhöhe sö des Ortes): Seit 1891 von Kegel für Adolf von Gilsa erbaut.

B.S.-A.-KLEINVACH
Michaelskirche: V. 1598 mit Holzepitaphien der Familie Hombergk.

Herrenhaus: Nach 1596 v. Tobias v. Hombergk errichteter Renaissancebau mit geschwungenen Giebeln und halbrundem Treppenturm.

B.S.-A.-OBERRIEDEN
Ev. Pfarrkirche: Schlichtes Gebäude, v. Reutel 1786 im Zopfstil erbaut. *Orgel* v. Georg Peter Wilhelm, 1798/99.

6368 Bad Vilbel
Wetteraukreis

Einw.: 25 000   H.: 105–195 m   S. 354   ☐ C 4

---

774 wird der Ort erstmals erwähnt. 1816 fällt er an Hessen-Darmstadt. Seit der Jahrhundertwende ist er ein beliebter Kur- und Badeort.

Ev. Auferstehungskirche: Spätgot. Turm und Kreuzigungsgewölbe (Ende 15. Jh.). Ma Schiff, das im Dreißigjährigen Krieg umgebaut wurde. *Orgelprospekt* mit Ohrmuschelmotiv, 1753.

St.-Nikolaus-Kirche: Saalbau v. 1719, entstanden unter Kurfürst Erzbischof Lothar von Schönborn.

Vilbeler Burg (ehem. Wasserburg): Einst Wohnsitz der Ritter v. Vilbel. Älteste Bauteile aus dem 12. Jh. 1399 vergrößert und wiederaufgebaut, seit 1796 Ruine. Im Turm und in den Seitengebäuden befindet sich das *Brunnen- und Heimatmuseum* mit örtlichen vorgeschichtlichen und ma Funden.

Rathaus: 1573 in fränkischer Bauweise errichtet. Reichverzierte Balkenecken, Freitreppe.

Außerdem sehenswert: *Frankfurter Straße:* Fränkische Häuser des 17. Jh. mit z. T. freigelegtem Fachwerk.

Veranstaltungen und Brauchtum: *Burgfestspiele* Ende Juni–Mitte August auf der Wasserburg.

3590 Bad Wildungen
Kreis Waldeck-Frankenberg

| Einw.: 16 600 | Höhe: 300 m | S. 353 □ D 2 |

Das Dorf Wildungen war seit dem 9. Jh. im Besitz des Klosters Hersfeld. Im 12. Jh. wurde die Burg angelegt. 1242 kam es zur Gründung der Stadt Niederwildungen. Seit 1319 gibt es die Stadtbefestigung. Die Heilkraft des Wassers nutzte man seit Ende des 15. Jh., die Inbetriebnahme der Bade- und Kuranlage begann erst in der Neuzeit. Seit Mitte des 19. Jh. kam der wirtschaftliche Aufschwung. 1906 wurde Wildungen offiziell Badestadt.

Ev. Stadtkirche (höchster Punkt der Altstadt): Seit 1300 entstand der dreischiffige Hallenbau mit Kreuzgewölbe. Über den Seitenschiffen querliegende Satteldächer mit Steingiebeln. Hoher W-Turm mit Wendeltreppenaufgang. Chor um 1306. An der s Langhausseite Vorhalle mit Doppelportal v. 1380. Im Langhaus stehen Rundpfeiler mit achteckigen Kämpfern und hohen Scheidbögen. Im Chor Schlußstein mit Waldeckschem Wappen, Christusbüste und -initialen A und O. – Hauptattraktion ist der *Flügelaltar* des Konrad v. Soest von 1403. Die Innenflügel zeigen 12 Bilder aus dem Leben und der Passion Christi, die Außenflügel stellen Heilige dar; reiche Farbgebung mit dominierendem Rot und Gold in der Art französischer Buchmalerei um

Bad Wildungen, Ev. Stadtkirche

1400. – Darüber hängt ein spätgotisches *Kruzifix* von 1518. Die *Sakramentsnische,* getragen von einer Mönchsstatue, stammt aus der 2. Hälfte des 14. Jahrhundert, der *Taufstein* aus derselben Zeit. Im Chor *Barock-Epitaphien* der Familie v. Waldeck. Ein *Renaissance-Epitaph* des Grafen Samuel v. Waldeck, das Georg Schellenberg schuf, steht im n Seitenschiff.

Ev. Pfarrkirche, 1729 v. Julius Ludwig Rothweil errichteter Saalbau.

Schloß Friedrichstein (n Bergkuppe gegenüber der Stadt; Jagd- und Militärabteilung der Staatlichen Kunstsammlungen Kassel): Barockbau (begonnen 1663) für Graf Josias II. v. Waldeck. Vom urspr. geplanten dreieckigen Gebäudekomplex ist nur der w Längsflügel, der als Hauptbau genutzt wird, ausgeführt (Emanuel Brand). Kleinere Seitenflügel 1707–14. – *Stuckdecken* (1715–19) v. Andreas Gallasini, *Deckengemälde* v. Carlo

44 Battenberg

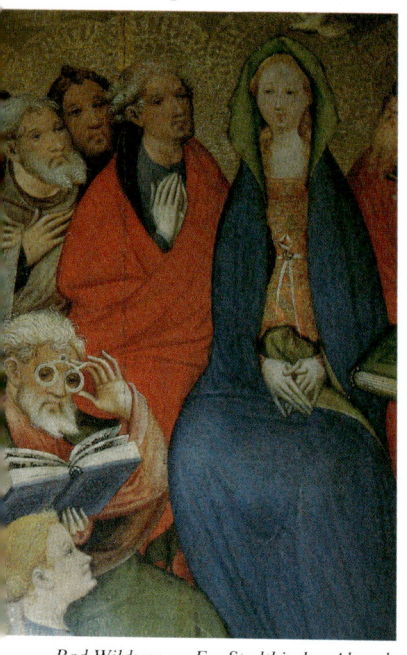

Bad Wildungen, Ev. Stadtkirche, Altar des Konrad von Soest, rechter Außenflügel: lesender Apostel (l); Schloß Friedrichstein (r)

Ludovico Castelli; *Rokokoausstattung* (1751, 1757) v. Markus Christoph Kran.

Kurhaus Fürstenhof (Kurbereich): Schloßähnliche historische Anlage mit Ecktürmen v. 1911/12.

Wohnhäuser: *Fachwerkhäuser* des 16. Jh. in der *Brunnenstraße* (Haus Nr. 7, 9, 11, 38). An *Haus Nr. 40* wurde um 1905 ein eingeschossiger Jugendstil-Laden angesetzt. Löwenapotheke (Ecke Lindenstraße/Marktplatz): 1551 errichtetes Fachwerkhaus mit polygonalem Erker. *Münzstr. 18* (Haustür im Zopfstil), *Waisenhof*, 1694 gestiftet, genutzt bis 1830. *Kornstr. 6 und 14* aus der Mitte des 16. Jahrhunderts.

Umgebung

Zwesten (9 km s): *Ev. Pfarrkirche*, ehem. Wehranlage v. 1506. – *Buttlarsches Herrenhaus*, Ende des 18. Jh. für Wilhelm Treusch v. Buttlar gebaut.

3559 Battenberg
Waldeck-Frankenberg

Einw.: 5100   Höhe: 349 m   S. 352 □ C 3

Die seit 1234 bestehende Stadt ging 1604 an Hessen-Darmstadt. Sie ist wunderschön über dem Edertal gelegen.

Ev. Pfarrkirche (Restaurierung 1958): Roman. Hallenkirche des späten 13. Jh.; Seitenschiffe mit Halbrundnischen, Kreuzgewölbe auf Rundpfeilern. *Bemalung* in den Seitenschiffen vom Ende des 13. Jh., *Taufstein* v. 1608.

Ehem. Burgmannensitz v. 1768, ein schlichtes Fachwerkgebäude.

Neuburg, Schloß; heute Amtsgericht und Forstmeisteramt, ein einfacher Barockbau mit Freitreppe v. 1732, als Jagdschloß errichtet.

Rathaus (Marktplatz): Imposanter dreigeschossiger Fachwerkbau des 17. Jh. mit freistehenden Holzpfeilern, die das Obergeschoß stützen.

B.-LAISA
Ev. Kirche: Dreischiffige Hallenkirche mit roman. Formen aus dem späten 13. Jh. *Renaissance-Kanzel* v. 1610; *Orgel* (1. Hälfte 18. Jh.).

Umgebung

Allendorf (Eder)-Battenfeld (2 km nö): *Ev. Pfarrkirche:* Pfeilerbasilika in gebundenem System mit Wehrturm (2. Hälfte 12. Jh.). Chor mit Kuppelgewölbe, Querarme tonnengewölbt. *Holzkruzifix* v. 1420–30. *Inschrift-Epitaph* im Rokokostil. *Steinplastiken.*
Außerdem sehenswert: *Ev. Pfarrkirche* von 1496. *Fachwerkhäuser* des 18. Jahrhundert (in Allendorf).

6440 Bebra
Hersfeld-Rotenburg

Einw.: 15 400   Höhe: 205 m   S. 353 □ E 3

Wird 768 erstmals erwähnt, seit 1935 hat Bebra Stadtrechte.

Ev. Kirche: 1642 erbaut, verändert im 18. Jh.

B.-BLANKENHEIM
Ehem. Nonnenklosterkirche (ev. Kirche): Urspr. einschiffige Basilika über kreuzförmigem Grundriß, v. der der O-Teil erhalten ist. Rundbogige Querhausfenster, die Chorfenster sind spitzbogig. Frühgot. Kapitelle an Säulen des n Querhausportals.

B.-WEITERODE
Ev. Pfarrkirche: Frühgot. früherer Chorturm, im 15. Jh. verändert; Helm v. 1827. Das Schiff wurde mehrfach umgebaut, erhielt 1719 dreiseitige Emporen und Tonnenwölbung. *Orgel* (1739) v. Johan Weyer. *Ausmalung* zwischen 1719 und 1739.

Umgebung

Ronshausen (6 km sö): *Ev. Pfarrkirche:* Im Kern ma. Neugestaltung 1715. Doppelte hölzerne, dreiseitig umlaufende Empore. Die Decke, eine Holztonne, 1719 bemalt mit Sternenhimmel über Baumlandschaft. Emporenstützen durchstoßen die Decke. – *Kanzel* v. 1658 (Schalldeckel v. 1675); *Orgel* 1716 v. Joh. Eberhard Dauphin.

6140 Bensheim
Kreis Bergstraße

Einw.: 37 000   Höhe: 98 m   S. 354 □ C 5

Von 765 stammt die 1. urkundliche Erwähnung; 1320 bekommt Bensheim Stadtrechte. 1461 erfolgt die Verpfändung an die Pfalz. 1555 setzt sich die Reformation durch, 1623 Rekatholisierung, die Stadt wird wieder Mainzer Besitz. Die Weinstadt liegt inmitten einer hügeligen Landschaft.

Franziskanerkloster (Klostergasse): 1653 bis 1662 v. Franziskanermönchen errichtet. 1945 durch Bomben zerstört, bald nach dem Krieg wiederaufgebaut. Heute leben hier wieder Franziskaner.

Friedhofskirche St. Crescens: 1618. Chorraum und Turm v. Ende des 19. Jh. – Interessante Grabsteine.

Stadtpfarrkirche St. Georg (oberhalb des Marktplatzes): Nach Abbruch der alten got. Kirche 1826 v. Georg Moller geplant. 1945 ausgebrannt. Beim Wiederaufbau Einbeziehung der alten Mauern und Säulen. Außenfassade: Löwenrelief (13. Jh.) und Schlußstein mit nimbiertem Lamm (14./15. Jh.).

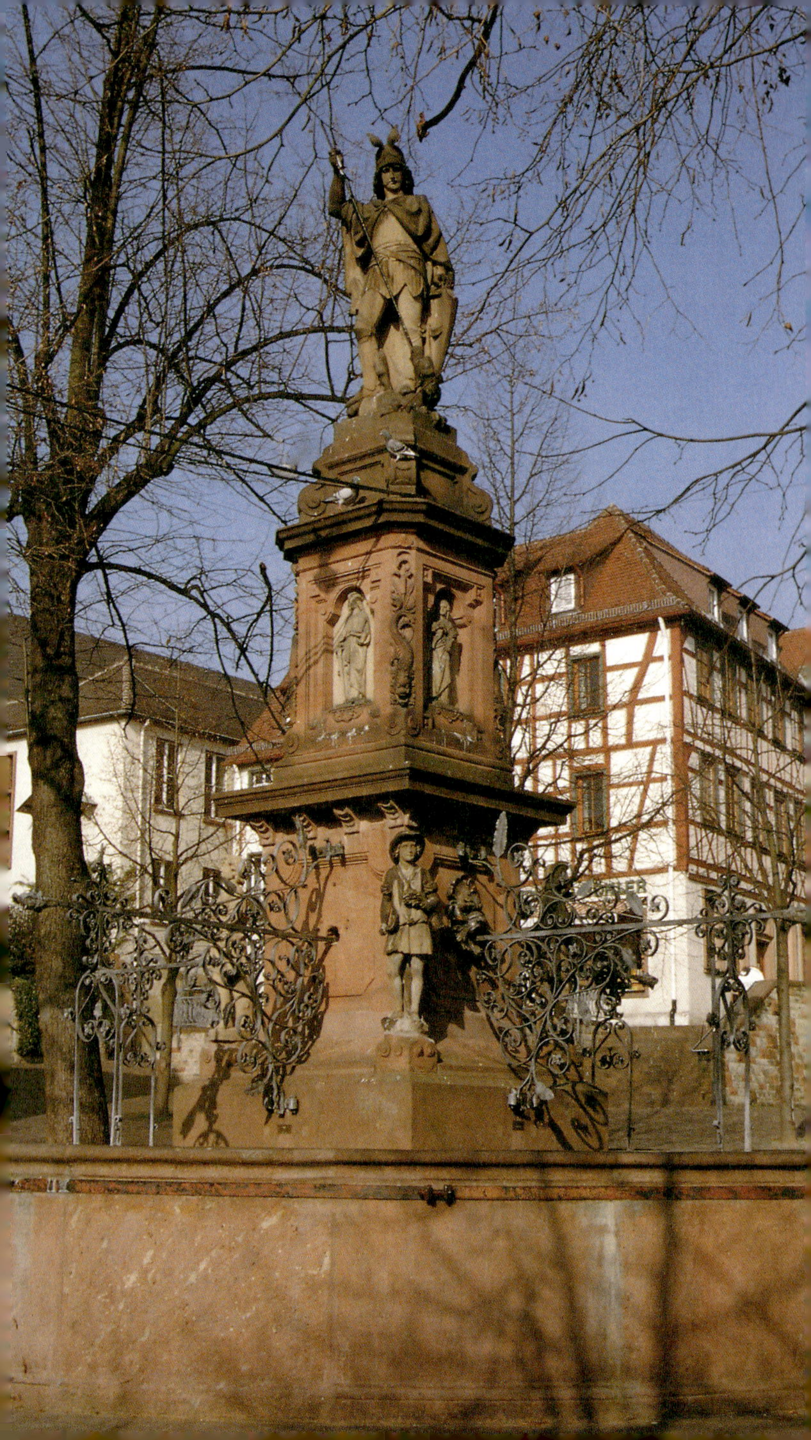

< Bensheim, Marktbrunnen

Hospitalkirche St. Josef: Im 15. Jh. erbaut, stark verändert 1872. Grabplatte des Priesters Henricus (gestorben 1342), Vesperbild (Ende 17. Jh.). Hospitalgebäude v. 1812, 1870 aufgestockt.

Brunnen: Marktbrunnen (1895) mit dem hl. Georg, Kirchen- und Stadtpatron v. Bensheim, und allegorischen Jahreszeiten-Darstellungen.

»**Fraa-vun-Benshem**«-Brunnen (Josef-Stoll-Platz, 1934). *Bürgerwehrbrunnen* (Bürgerwehrplatz) mit Säule v. altem Marktbrunnen. *Lammertsbrunnen* (Hauptstraße).

Rodensteiner Hof (Darmstädter Str. 5): 1732 v. der Familie Überbruch v. Rodenstein erworben, um- und neugebaut im 18. und 19. Jh. An der Südwestecke des heutigen Stadtparks entstand um 1830 ein *Biedermeier-Gartenhäuschen*.

Stadtbibliothek (ehem. Domkapitelfaktorei): Massivbau v. 1737, 3. Stockwerk v. 1874.

Walderdorffer Hof (Obergasse 18): 1470. Bau mit ma Fachwerkkonstruktion mit offenem Laubengang unter dem Dach. Hof im Norden v. der Stadtmauer begrenzt.

Wohnhäuser: *Marktplatz 2*, Fachwerkbau des 17. Jh.; *Marktplatz 22* v. 1615; *Schlinkengasse 7* v. 1575, *Hauptstr. 79* ein stattlicher Fachwerkbau v. 1597, *Marktplatz 16–18* v. 1681/82, Hausgruppe mit geschnitzten Eckpfosten.

Außerdem sehenswert: *Dalberger Hof:* Teilweise 18. Jh., ältester Teil der quadratische Turm. *Hochzeitshaus:* Spätgot. Fachwerkbau des frühen 16. Jh.; Rokokofigur des hl. Josef. *Honecker Hof* (Am Bürgerhaus 8): 18. Jh., Rückfront in Neo-Backsteingotik. *Mittelbrücke* (über den Winkelbach): Nach 1732 neu errichtet. Brückenheilige Johannes v. Nepomuk und Franziskus Xaverius. *Rinnentorturm:* Das Rinnentor war Teil der Stadtbefesti-

Bensheim, Rodensteiner Hof

Bensheim, Roter Turm

Auerbach (Bensheim), Auerbacher Schloß

gung. Bis auf den Turm 1885 abgerissen. *Roter Turm:* Um 1300, Backsteinbau mit Zinnenkranz. *Wambolter Hof:* Winkel-Barock-Bau v. 1743. S-Flügel mit Fachwerk-Obergeschossen. 10 m tiefer Brunnen.

Museum der Stadt Bensheim: Gebäude v. 1589. Heimatkundliche Exponate.

Veranstaltungen und Brauchtum: *Winzerfest* in der 1. Septemberwoche.

B.-AUERBACH
Ev. Pfarrkirche: Schiff mit spätroman. Teilen aus dem 13. Jh. W-Turm und Turmhalle v. 1479.

Fürstenlager: Einst Kuranlage der hessisch-darmstädtischen Aristokratie. Begonnen 1738. Landschaftspark mit exotischem Baumbestand. 1790–95 *Damenbau, Prinzenbau, Wachhaus, Weißzughäuschen, Herrenhaus* u. a.

Auerbacher Schloß: Die Ruine ist heute beliebtes Ausflugsziel an der Bergstraße. Das Schloß wurde im frühen 13. Jh. errichtet (wahrscheinlich v. den Grafen v. Katzenelnbogen). Umbau Mitte 14. Jh., im 17. Jh. zerstört. Restaurierungen im 19. und 20. Jh. Der Grundriß entspricht einem fast gleichseitigen Dreieck mit polygonalem Teil an der O-Spitze; an der Südwest- und Nordwestecke stehen Rundtürme. Den äußeren Burghof betritt man durch Rundbogen der Außenmauer. Ummauerung mit Resten eines alten Rundbogenfrieses. Die Rampenbrücke führt in einen engen hofartigen Raum, ein 3. Tor in den Burghof. Teile des *Palas* erhalten. *Schachtbrunnen* (75 Meter tief).

6843 Biblis		
Bergstraße		
Einw.: 8000	Höhe: 90 m	S. 354 □ B 5

Kath. Pfarrkirche St. Bartholomäus: 1872–76 nach einem Entwurf v. Joh. Chr. Horst errichtete dreischiffige kreuzförmige Basilika. Dreiportalige Doppelturmfassade mit Fensterrose. Innenraum mit Arkadenreihe; Pfeiler mit Blattkapitellen. – *Hochaltarrelief* v. Meister von Leutstetten, um 1490.

Rathaus: Klassizistischer Bau aus der Mitte des 19. Jh. – **Fachwerkhäuser** in Kniestockbauweise*.

6301 Biebertal		
Gießen		
Einw.: 10000	Höhe: 190 m	S. 352 □ C 3

B.-Vetzberg: Erstmals 1152 genannt. Der Ort bildet mit der gleichnamigen *Burg* eine Einheit. Diese war Sitz eines gleibergischen Vogtes. Seit 1765 Verfall zur Ruine. Im O erhebt sich ein hoher Bergfried (2. Hälfte 12. Jh.), Reste eines Palas sind noch vorhanden. Die im S anschließende *Ringmauer* zeigt Überreste v. 5 Schalentürmen.

Vetzberg (Biebertal), Burgruine

3560 Biedenkopf
Marburg-Biedenkopf
Einw.: 14 400   Höhe: 271 m   S. 352 □ C 3

Kurz nach 1180 errichteten hier die thüringischen Landgrafen eine Burg, um die eine Siedlung entstand. Seit 1254 Stadt. Seit 1335 entwickelte sich die Neustadt.

Ev. Pfarrkirche: Hallenkirche aus der Mitte 13. Jh., 1891 durch neogotischen Neubau ersetzt. Erhalten sind an der N-Seite des neuen Chores die *Nothgottes-Kapelle* von 1415 sowie die südlich gelegene Sakristei. – *Grabplatte* von 1520; *Taufstein* 1682; *Kanzel* Anfang 17. Jahrhundert.

Ehem. Hospitalkapelle: 1414–18 errichtet. Veränderungen 1617 und im 19. Jh. Prachtvolle Kapitelle im Chor. – *Malereien* aus dem 16. Jh.; *Kanzel* 1. Hälfte 17. Jh.

Burg: 1296 zerstört, Erneuerung 1360 bis 1365; restauriert durch Georg Moller. An dem rechteckigen Bering der romanische Bergfried. Wohnbau mit Sechseckturm.
Im Schloß ist das *Hinterlandmuseum* untergebracht; Exponate zur Religionsgeschichte und hessischen Volkskunst.

Altes Rathaus von 1719: Fachwerkbau mit zwei Geschossen und Mansarddach. – Ma Rathausbrunnen mit barocken Löwen, die ein Wappen halten.

Fachwerkhäuser des 17. Jh.

6943 Birkenau
Bergstraße
Einw.: 10 500   Höhe: 110 m   S. 354 □ C 5

Ev. Pfarrkirche: Entwurf 1816 v. Georg Moller. Klassizistischer Saalbau.

50 Birstein

Kath. Pfarrkirche St. Mariä Himmelfahrt (Schloßpark): 1817–19 errichtet. Saalbau mit Tonne in der Eingangsnische.

Schloß: Zwischen 1663 und 1672 errichteter zweigeschossiger Bau mit Mittelrisalit der Freiherrn Wambolt v. Umstadt. *Barockgarten,* 1789 durch Friedrich Ludwig v. Sckell zum »Englischen Garten« umgestaltet.

Rathaus: 1552 v. Hans Stainmiller erbaut.

6484 Birstein
Main-Kinzig-Kreis

| Einw.: 5900 | Höhe: 220 m | S. 355 □ D 4 |

Ev. Pfarrkirche: Neubau v. 1920. *Grabplatten* des 17. und 18. Jh.

Fürstlich-Ysenburg-Birsteinisches Schloß: Weitläufige Anlage des 14. bis 18. Jh. Nur *Küchenbau* und *Bergfried* stammen noch aus der frühen Zeit. - *Neues Schloß,* 1763–68 unter Johann Wilhelm Faber errichtet. Innenausstattung: Freitreppe mit Geländer. *Grüner Rokokosaal* und Kabinett v. Chr. G. Schütz. Festsaal mit Stukkaturen. *Grüner Salon* mit ähnlicher Stuckdecke. – *Rentkammer* (Schloßstraße) v. 1744.

Braunfels, Schloß >

Umgebung

Unterreichenbach (2 km nö): *Ev. Pfarrkirche* v. 1742–50. Saalbau (quergelagert) mit imposantem Mansardendach. *Doppelgrabstein* der Greta v. Weilnaus (gestorben 1362) und Margarete v. Weilnaus (gestorben 1364). – *Pfarrhaus* v. 1737.

6339 Bischoffen
Lahn-Dill-Kreis

| Einw.: 3300 | Höhe: 250 m | S. 352 □ B 3 |

Ehem. Wallfahrtskirche St. Maria (ev. Pfarrkirche): Langhaus und Chorturm des 14. Jh., 1498 Umbau zur zweischiffigen Halle. Innenraum mit Kreuzgewölbe, Achteckpfeilern und Säulen. –

Birkenau, Schloß

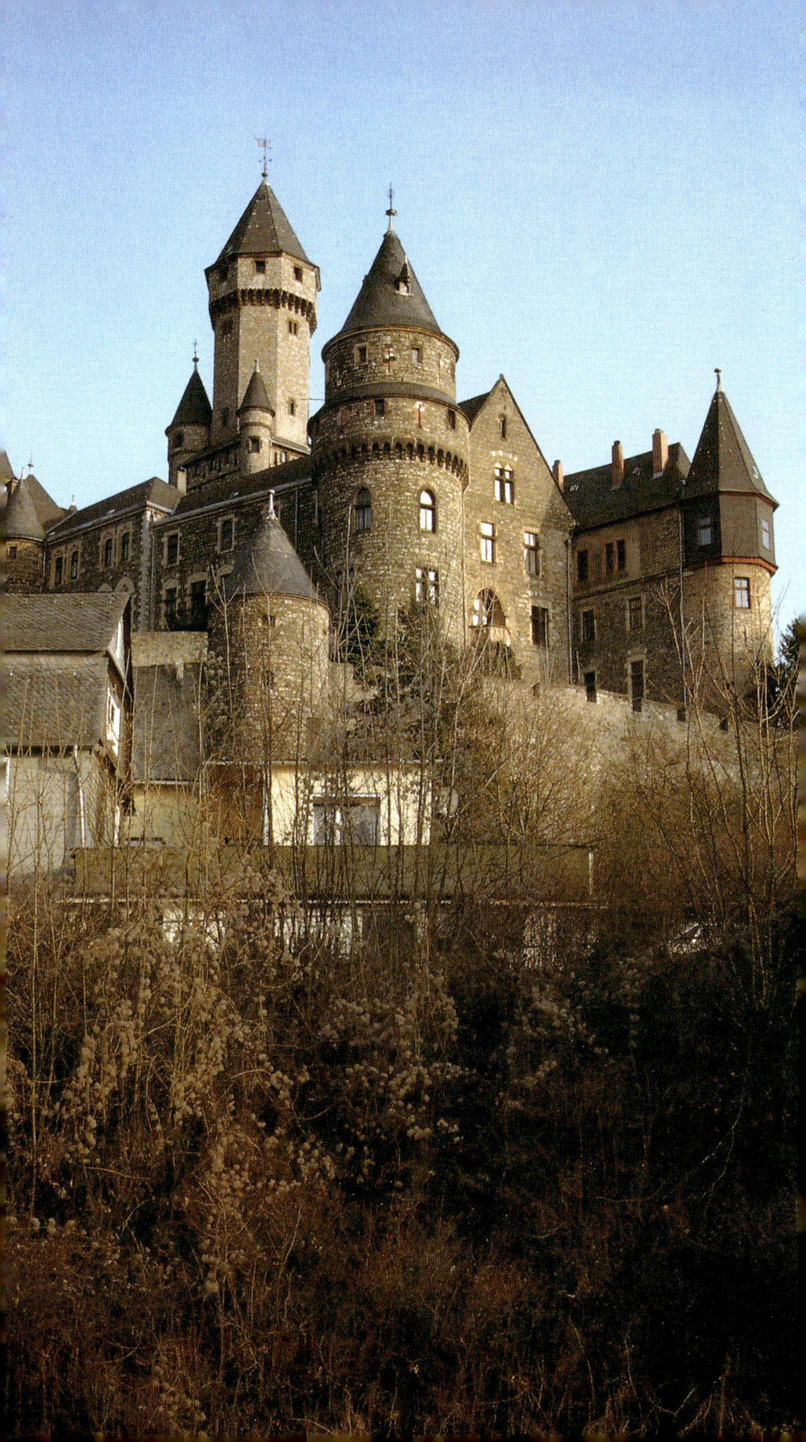

52 Braunfels

Hochaltar des frühen 16. Jh. (Mariendarstellung); *Kanzel* v. 1568; Bemalung der *Emporenbrüstung* v. 1608.

Außerdem sehenswert: *Fachwerkhäuser* des 18.–19. Jahrhunderts – **B.-Oberweidbach:** *Ev. Kirche:* Roman. Chorturmanlage.

6333 Braunfels
Lahn-Dill-Kreis
Einw.: 10200   Höhe: 236 m   S. 352 □ B 3

Der Ort wird 1246 erstmals erwähnt. Die Reformation setzte sich unter Graf Philipp im 16. Jh. durch. 1693 machten die Greifensteiner Braunfels zu ihrem Sitz. Bis heute ist die Burg im Besitz der Fürsten v. Solms.

Ev. Friedhofskirche (St. Georgen): Spätroman. Kirche mit flachem Schiff. – *Taufbecken* (roman.), *Grabsteine* (1764 und 1778).

Schloß: Weithin sichtbar liegt es auf einer Basaltkuppe. Der Gesamteindruck wird durch Veränderungen des 19. Jh. bestimmt. Um 1260 wurde an einem spätroman. Wartturm die Kernburg der Solmser Grafen angelegt. Barocke Veränderungen 1679 nach den Zerstörungen des Dreißigjährigen Krieges. Neoroman. und neogot. Umgestaltung um 1845. Historistische Gestaltung (1885) unter Fürst Georg. – Ein kleiner Vorhof und ein großer Innenhof werden von einem vielgestaltigen Gebäudekomplex gerahmt. Im S der *Kernburg* schließt der Palas (Mitte 13. Jh.) an. Im S des Haupthofs steht ein Saalbau (2. Hälfte 15. Jh.), nordwestlich davon der Hauptturm (1884). – *Schloßkirche:* Dreischiffige Halle v. 1501. Wandmalereien v. 1504.

Außerdem sehenswert: *Befestigung:* Teile des älteren inneren Berings sowie Türme erhalten. *Fachwerkbauten* des 17. bis 19. Jh. *Obermühle* (Heimatmuseum): 1450 erstmals genannter Bau des 15. bis 16. Jh.

Umgebung

Philippstein (3,5 km s): *Burgruine* v. 1390. Bis Anfang 16. Jh. bewohnt. Bergfried erhalten.

3565 Breidenbach
Marburg-Biedenkopf
Einw.: 6300   Höhe: 320 m   S. 352 □ B 3

Die Stadt gab dem sog. Breidenbacher Grund seinen Namen. Bereits 913 wurde hier eine Kirche gegründet. Seit 1496 ist der Ort hessisch. Der Burgsitz des Breidenbacher Geschlechts existiert nicht mehr.

Ev. Pfarrkirche: Mitte 13. Jh. errichteter Hallenbau mit sehr hohen, von einem gedrehten Helm bekrönten W-Turm und quadratischem Chor. Dreijochiges Langhaus mit schmalen Seitenschiffen (urspr. mit Nebenapsiden). Quadratische Langhauspfeiler mit kräftigen vorgesetzten Halbsäulen und einfachen Würfelkapitellen. 1954 Freilegung und Restaurierung ma *Malerei* in erdfarbenen Tönen. Im Schiff eine Christophorusabbildung (um 1300), St. Martin (um 1400) sind an der n Chorwand dargestellt. *Kanzel* (1628) mit Intarsien. *Orgel* (1767) v. Joh. Andreas Heinemann.

6431 Breitenbach am Herzberg
Hersfeld-Rotenburg
Einw.: 2000   Höhe: 250 m   S. 353 □ E 3

Ev. Pfarrkirche: Neoroman. Bau v. 1856–58.

Burg Herzberg: Auf einer hohen Basaltkuppel (508 Meter) über der Straße »durch die kurzen Hessen« (alte Heerstraße Hersfeld–Alsfeld) gelegen, diente die Burg wohl urspr. als Wehranlage. 1298 wird sie urkundlich erwähnt. 1477 fiel sie an Hans v. Dörnberg und wurde hessisch. Unter ihm erfolgte 1483–97 die von Hans Jakob v. Ettlingen ausgeführte neue Anlage. Der *Vorburg* wurde ein eckiger Kommandantenturm hinzugefügt. Gegenüber davon befindet sich das Portal zur sog. *Hochburg,* einer eckigen, unregelmäßigen Anlage mit 4 flankierenden Rundtürmen. Auf der Mitte der s Quermauer erstreckt sich der *Gerichtsturm* (1536), der durch einen Fachwerktrakt mit dem südöstlichen Wohnturm verbunden ist.

Neben den Fundamenten des *Bergfrieds* im Innenhof befindet sich die *Kapelle,* die 1661 und 1743 umgebaut wurde.

6127 Breuberg		
Odenwaldkreis		
Einw.: 7200	Höhe: 150 m	S.355 □ D 5

B.-NEUSTADT
Ev. Pfarrkirche: W-Turm v. 1480. Neues Schiff v. 1701. Flachgedeckter Saalbau mit Innenausstattung, frühes 18. Jh.

Burg Breuberg: Im 12. Jh. vom Fuldaer Kloster als Verwaltungsburg im Mümlingtal auf einem Bergkegel angelegt. Die hier herrschenden Vögte nannten sich ab 1229 v. Breuberg. Nach dem Aussterben des Geschlechts im 14. Jh. Aufteilung des Besitzes. Seit 1497 befand sich die Anlage im Besitz der Grafen v. Wertheim. Seitdem Wehrburg. Nach weiteren Wechseln der Eigentümer seit 1806 hessisch-darmstädtisch. Breit hingelagert erstreckt sich der gut erhaltene Gebäudekomplex, auf den man von S kommend den besten Blick hat. – Die *Vorburg* betritt man durch einen *Torbau* (1499) mit dem Wappen des Grafen v. Wertheim.

In der Vorburg-Ruine befindet sich der *Johann-Casimir-Bau* (1606–13; heute Museum zur Geschichte von Burg und Landschaft), der im Obergeschoß einen Festsaal mit herrlichem Stuckdekor der Spätrenaissance birgt. Urspr. war dieser Bautrakt direkt mit dem *Löwensteinschen Kanzleibau* (16. Jh.) verbunden. Die westöstliche Bergseite nimmt die *Hauptburg* mit ihrem mächtigen freistehenden *Bergfried* und einem roman. *Portal* des späten 12. Jh. ein. Im N des Tors steht der sog. *Altbau* mit der Brunnenhalle (1560). Daran schließt sich ö die *Kapelle* – ein schlichter Saal – an, über der ein Wohntrakt liegt. Nahe der Kapelle steht der *Obere Saalbau* (15. und 16. Jh.), in dem ein Festsaal v. 1553 mit

Neustadt (Breuberg), Burg Breuberg

54 Bromskirchen

hübschem Erker eingerichtet ist. Der »*Got. Palas*« südlich vom Bergfried stammt von 1568. Südwestlich des inneren Burghofes *Münze* und *Burgküche* aus dem 15. Jh.

Umgebung

Schloß Nauses (8 km sw): Sehenswerte Anlage, in der heute ein steinerner Torturm (15.Jh.) mit Fachwerkobergeschoß und das Herrenhaus (15. Jh.) mit nachträglich angebautem Treppenturm (1583) erhalten sind.

5789 Bromskirchen
Waldeck-Frankenberg

Einw.: 1600   Höhe: 390 m   S. 352 □ C 2

Ev. Pfarrkirche: Kernbau war eine dreischiffige Pfeilerbasilika des ausgehenden 12.Jh. 1626 bekam der Obergaden Vorhangbogen. Dachturm mit Spitzhelm v. 1644. Dreiseitig abschließender Chor mit Fachwerkhalle, um 1700. Das heutige

Büdingen, Blick vom Malerwinkel auf die Altstadt

Schiff hat eine Flachdecke. – Innenausstattung: *Emporen* mit verzierten Gesimsen v. 1580; *Kanzel* (1652); *Hochaltar* mit Gemälde v. 1893. *Orgel* v. 1704.

Rathaus: 1619 errichtet. Fachwerkbau mit Schnitzwerk v. Daniel Dornseif.

6470 Büdingen
Wetteraukreis

Einw.: 17 800   H.: 123–378 m   S. 355 □ D 4

1131 sind die Herren v. Büdingen erstmals erwähnt. Vor 1247 kam der Ort an die Geschlechter derer v. Breuberg, v. Ysenburg und v. Trimberg. 1258 erhielt Ludwig v. Ysenburg als Erbe Burg und Stadt (bis heute bewohnt die Familie das Schloß). 1330 verlieh Kaiser Ludwig der Bayer ihr Marktrechte. Im 17. Jh. litt Büdingen unter dem Dreißigjährigen Krieg, der Pest und dem Hexenwahn. Noch zu Beginn des 18. Jh. gab es verwüstete Stadtteile. 1816 kam Büdingen an das Großherzogtum Hessen-Darmstadt.

Marienkirche (Ev. Stadtkirche): 1377 Ersetzung einer um 1340 erstmals erwähnten Holzkapelle durch einen Steinbau (z. T. erhalten). 1456–95 Umbau zur heutigen quadratischen, dreischiffigen Halle. 1775–78 Aufstockung des Turms, der mit einer barocken Haube bekrönt ist. An den Schnittpunkten des Netzgewölbes im Chor befinden sich 36 Wappenschilder der Familie Ludwigs II. v. Ysenburg, der die Kirche bauen ließ. – *Grabdenkmal* der Grafen von Ysenburg-Ronneburg und des Ysenburger Geschlechts.

Remigiuskirche (seit 1495 Friedhofskapelle): Urspr. stand hier eine karolingische Holzkirche des 8.Jh. Der (heutige) Nachfolgebau ist durch 3 Bauabschnitte des 11.Jh. gekennzeichnet. Die einschiffige Kirche erstreckt sich auf T-förmigem Grundriß. Das Untergeschoß des W-Baus ist durch 10 bemerkenswerte, kleine Rundfenster charakterisiert. Im O kam anstelle einer Apsis ein Rechteck-

Altstadtmotiv mit steinernem Haus >

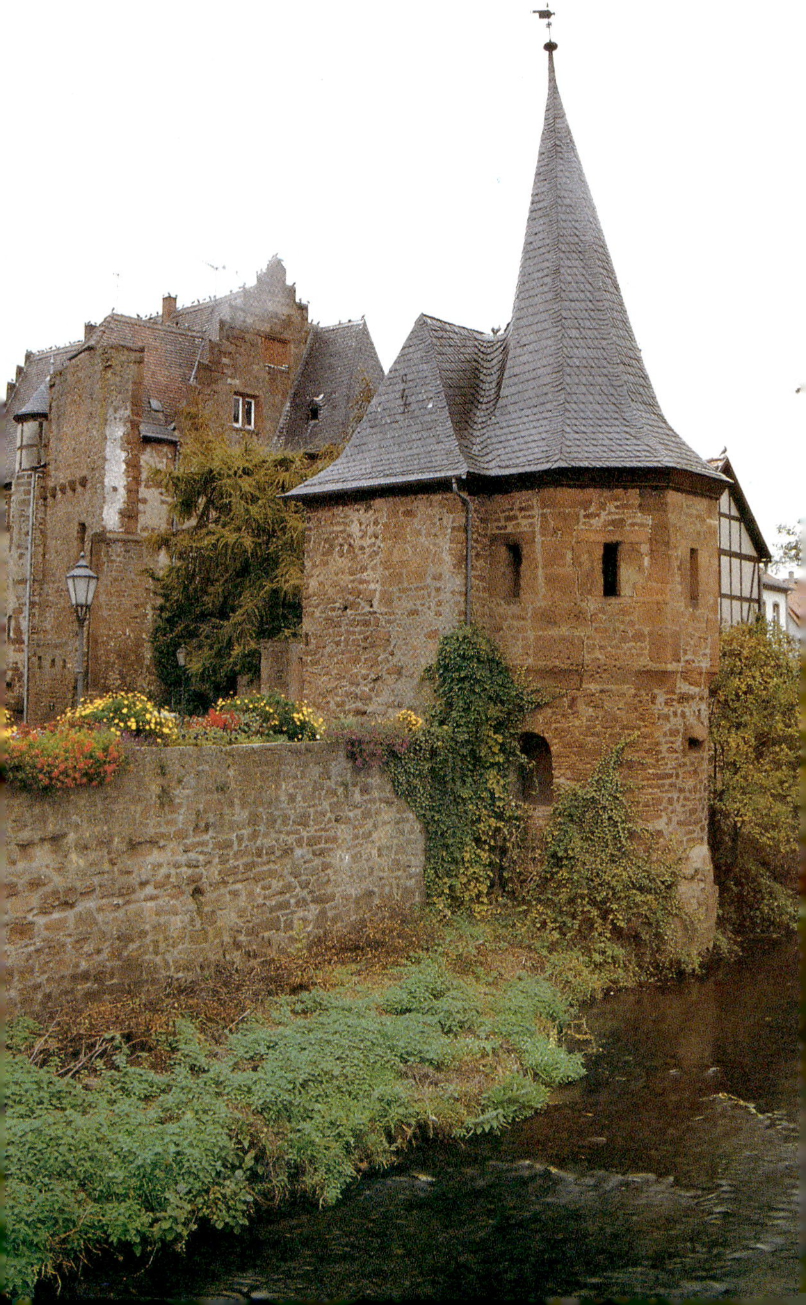

56 Büdingen

Büdingen, Schloß

Büdingen, Schloßkapelle

chor mit Kreuzrippengewölbe hinzu. – Spätgot. *Wandmalereien, Kanzel* (um 1650), *Grabsteine* des 16. Jh.

Schloß (Museum; Wohntrakte): Die einstige roman. Wasserburg (Ende 12. Jh.) zählte zum Befestigungssystem der Staufer in der Wetterau. Vermutlich wurde sie durch Hartmann v. Büdingen angelegt. – Aus der ersten Bauphase stammen Reste der *Wehrmauer* in der äußeren Front der *Kernburg*. In die Stauferzeit zu datieren sind der hübsche geschlossene *Burghof* mit *Bergfried, Palas* und *Kapelle*. Der früheste Bergfried wurde durch am Tor gelegenen Turm ersetzt. Ausbau der Anlage im 15. und 16. Jh. Der roman. *Palas* (N-Seite) ist leicht gewinkelt und weist eine Länge von 22 m auf. Das Kleeblattportal (restauriert) war früher der Zugang. Erdgeschoß und 1. Stock sind noch mit roman. Fenstern ausgestattet, am eindrucksvollsten im sog. »Byzantinischen Zimmer«. Die *Kapelle* (neben dem Palas) hat ein feingearbeitetes Säulenportal (Anfang 13. Jh.). Über ihrem Untergeschoß errichtete man 1495–97 eine got. *Schloßkapelle*, deren hoher Raum über ungleichmäßigem Grundriß ein reiches Netzgewölbe besitzt. 1530–55 erfolgte ein Umbau im Renaissancestil. – Geschnitztes *Chorgestühl* (1497–99) v. Peter Schanutz und Michel Silge. *Kanzel* (1610), *Doppelgrabmal* des Johann v. Ysenburg und seiner Gemahlin, 1400. Neben der Kapelle befindet sich der *Krumme Saalbau*. Aufstockung des *Küchenbaus* 1470.

Rundgang durch das *Schloßmuseum* (Öffnungszeiten: März–Oktober tägl. Führungen um 14.00, 15.00, 16.00 Uhr): *Herkulessaal* mit Wand- und Deckengemälden, *Gemaltes Zimmer* (u.a. Ritterrüstung, Waffen und ein Musikfresko), *Kemenate* mit Bemalungen und Kunsthandwerk, *Hofapotheke/Alchimistenküche* mit Foltergeräten, *Schloßkapelle*, *Graf-Dieter-Zimmer* mit Wandgemälden und Gobelins, *Hofstube* (Gewölbedecke,

Jagdszenen-Gobelins), *Wachtbausaal* (Jagdtrophäen, Glas- und Porzellansammlung u.a.).

Rathaus (Altstadt): 1458 unter Graf Dieter erbautes Fachwerkhaus mit Staffelgiebel.
Heute ist hier das *Karl-Heuson-Museum* (archäologische und heimatkundliche Sammlungen) eingerichtet.

Wohnhäuser: Die *Fachwerkhäuser* (Altstadt) stammen aus dem 2. Viertel des 15. Jh. *(Altstadt 11* und *Kronengasse 14). Schloßgasse* mit dem *Luckischen Hof* (1490), *Pfarr- und Rektoratshaus* (15. Jh.), *Haus Rothenberger* (16. Jh.), *Burgmannenhaus* (1609). *Markt 6* (zwischen Alt- und Neustadt), erbaut um 1700 und 1795.

Bollwerk: 1500 erbaut; mächtigster Wehrbau in Büdingen.

Folterturm (auch »Dicker Turm«): Stammt v. 1489. Hier preßte man durch Folter den Gefangenen Scheingeständnisse ab. Auf dem Sturz einer Schießscharte liest man noch heute: »Gott gnad der Seel«.

Hexenturm: 1390 erbaut; diente zur Zeit der Hexenverfolgungen als Gewahrsamsturm.

Oberhof: 1569. 1. Renaissancebau der Stadt.

Obertor: 1390 und 1500 erbaut.

Untertor: 1503. Das Haupttor, verziert mit Maßwerkband, wird auch »Jerusalemer Tor« genannt; heute Wahrzeichen der Stadt.

Veranstaltungen und Brauchtum: *Folklorefest/Altstadtfest* am Wochenende nach Pfingsten.

Umgebung

Ronneburg (7 km sw): Erstmals 1231 urkundlich erwähnt. Vermutlich Anlage derer v. Büdingen. Nach mehrfachem Wechsel seit 1476 in Ysenburgischem Familienbesitz. Wehrhafte Wohnburg, z.T. noch gut erhalten.

6842 Bürstadt
Bergstraße

Einw.: 15 000   Höhe: 90 m   S. 354 □ B 5

Kath. Pfarrkirche St. Michael: Die Entwürfe (1731–36) stammen v. J. J. Rischer. Weihe 1753. Die Decke des Saalbaus, dessen Äußeres durch Eckpilaster gegliedert ist, zeigt Bandelwerkstuck (1736), angefertigt v. Paul Löb. *Holzskulpturen* des 18. Jh.

Altes Rathaus: 1725–27. Ratssaal mit Bandelwerk-Stuckdecke (1728).

Fachwerkhäuser des 18. Jh.

Umgebung

Hofheim (6 km ö): *Kath. Pfarrkirche St. Michael:* Von Balthasar Neumann* entworfener Bau, mit dem erst nach dessen Tod, 1750, unter Mitwirken v. Joh. Seitz begonnen wurde. Saalanlage über fast quadratischem Grundriß. Klar gegliederte W-Fassade mit Turm, gestufte Wand mit Wappen über dem Eingang, geschmückt mit Obelisken, Voluten und Vasen. Der Turm wird v. einer Zwiebelhaube bekrönt. – Gut proportionierter Innenraum mit einfacher Ausstattung. Spiegeldecke ohne Stuck. 3 *Altäre* des 18. Jh.; *Intarsienkanzel; Beichtstuhl* mit Rokokoschnitzereien.

6419 Burghaun
Fulda

Einw.: 5800   Höhe: 245 m   S. 353 □ E 3

Der Stammsitz der Herren v. Haun wird 1253 erstmals genannt. 1692 wurde der Ort Fulda unterstellt.

Großen-Buseck (Buseck), Ev. Pfarrkirche

Evangelische Pfarrkirche: Großzügig war das Zugeständnis des katholischen Fürstabtes Adolf v. Dalberg, 1728 dieses Gotteshaus in direkter Nachbarschaft zur kath. Kirche den Protestanten zuzugestehen.
Saalbau (v. Andreas Gallasini?) mit Chorturm. – *Säulenaltar* der Barockzeit. *Grabdenkmäler* (16. Jahrhundert) derer v. Haun.

Kath. Pfarrkirche: Vermutlich stammen die Bauentwürfe v. Johann Dientzenhofer (Domneubau in Fulda). Zwischen 1707 und 1717 entstand der einfache Saalbau. Mächtiger Chorturm mit Zwiebelhaube.
Die W-Fassade über der Freitreppe wird v. den 2 Kolossalfiguren (Benedikt und Adalbert), die der Bildhauer Christian Josef Winterstein 1730 schuf, beherrscht. – *Hochaltar* (um 1730) mit Holzschnitzerei. – *Pfarrhaus* v. 1728.

Fuldaer Amtshof mit dem *Herrenhaus* v. 1613–19 und *Wirtschaftsgebäuden* v. 1566.

Umgebung

Rothenkirchen (3 km n): *Ev. Kirche* v. 1746. Das Schiff wird von einer bemalten Spiegeltonne überwölbt. 1957 Wiederaufbau (nur Turm erhalten). *Barockorgel* v. 1732, *Renaissance-Taufstein.* – *Totenkirche* (auch »Rote Kirche«; Alter Friedhof): Reste der Wehrmauer erhalten. Ehemalige Saalkirche des 13. Jh.

6305 Buseck		
Gießen		
Einw.: 11 200	Höhe: 180 m	S. 352 □ C 3

GROSSEN-BUSECK
Ev. Pfarrkirche (Ehem. St. Laurentius):

Butzbach, Rathausgiebel mit Marktbrunnen

Nieder-Weisel (Butzbach), Johanniterkirche

Einschiffige Anlage über kreuzförmigem Grundriß in 3 Bauphasen vom 12.–18. Jh. Turmuntergeschosse mit Rundbogenportal und Querhaus, Ende 12. Jh. Neuer Chor am Querhaus und Wölbung desselben im 14. Jh. Klassizistische Gestaltung des Langhauses v. 1763. Freilegung *got. Wandmalereien. Orgel* (1870) v. Joh. G. Förster.

Rathaus: Zweigeschossiger Fachwerkbau, um 1600. – In der Friedensstraße (beim Bahnhof) stehen Backsteinbauten von um 1910.

ALTEN-BUSECK
Ev. Pfarrkirche: Frühgot. Schiff mit W-Turm. Umgestaltung in der Spätgotik. – *Renaissance-Doppelgrabmal* Hans Philipp v. Busecks und A. v. Schwalbachs.

Ehem. Brandsburg (heute Zigarettenfabrik): 1490 Sitz der Herren v. Buseck; neues *Herrenhaus* v. 1735.

6308 Butzbach		
Wetteraukreis		
Einw.: 22 300	H.: 165–425 m	S. 354 □ C 4

Im 1. und 2. Jh. n. Chr. stand hier ein Limes-Kastell. Von 773 stammt die 1. Erwähnung des Dorfes Butzbach. 1321 verlieh ihm Kaiser Ludwig der Bayer Stadtrecht. Die Herren v. Falkenstein bauten eine Burg und gründeten die Stadt. Seit 1741 ist sie hessisch-darmstädtisch.
Landschaftlich reizvoll gelegen am Rand des Naturparks Hochtaunus.

Markuskirche (Evangelische Pfarrkirche): Gotische Hallenkirche des 15. Jahrhunderts anstelle eines Vorgängerbaus des 13. Jh.
Der ursprüngliche got. Turmhelm wurde 1606 durch einen barocken ersetzt. *Fürstengruft* von Landgraf Philipp v. Hessen-

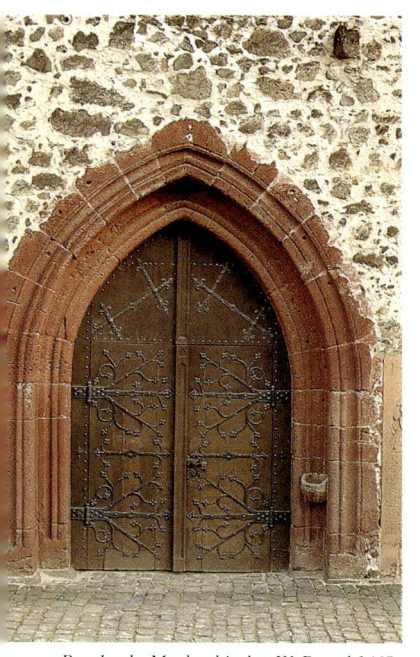

Butzbach, Markuskirche, W-Portal 1468

Butzbach, Fachwerkbau Kasernenstr. 4

Butzbach, 1622 erbaut. *Orgel* v. 1614. *Kanzel* v. 1617.

Michaelskapelle: 1433 errichteter Steinbau. Heute **Museum,** das Zeugnisse bürgerlicher und bäuerlicher Wohnkultur zeigt.

Wendelinskapelle: Fachwerkkirche mit Chor aus der Mitte des 15. Jh.

Marktplatz: Zählt mit seinem *Fachwerk-Rathaus* (1559/60), bedeutenden *Fachwerkhäusern* und dem *Marktbrunnen* (erstmals erwähnt 1435) zu den schönsten Plätzen Hessens.

Ehem. Landgrafenschloß (noch amerikanische Kaserne): Frühere Stadtburg der Herren v. Falkenstein (1321–1418), später landgräflich-hessischer Besitz. Nach Brand 1609–43 wiederaufgebaute Zweiflügelanlage.

»Solmser Schloß«: Im Kern spätgot. Steinbau (vor 1462), seit 1481 Stadtschloß des gleichnamigen Geschlechts. Prächtiges Renaissance-Treppenhaus v. 1588.

Wohn- und Gasthäuser: Gasthaus *»Zur Eule«* (1. Hälfte 16. Jh.); *»Weidig-Haus«* (Fachwerkhaus des 18. Jh.), sog. *»Feuerbacher Hof«:* Repräsentativer Fachwerkbau des 16. Jh.; *Wetzlarer Straße 11, 13, 15; »Gasthaus Werb«* (um 1400 errichteter Fachwerk-Ständerbau).

Stadtmauer mit Wehrgang und sog. »Schwibbogen-Häusern«.

B.-NIEDER-WEISEL
Johanniterkirche: 1245 erstmals genannte Doppelanlage. Interessanter Außenbau mit Lisenengliederung und Rundbogenfriesen.
Untergeschoß: Dreischiffige Halle mit 3 O-Apsiden. Pfeiler mit vorgelagerten Halbsäulen. *Obergeschoß:* Saal mit Holzdecke v. 1554, diente einst als Hospital.

Öffnungen im Boden ermöglichten den Kranken das Anhören der Gottesdienste.

Ev. Pfarrkirche: Imposanter Westturm (12.Jahrhundert) mit Kapelle im obersten Geschoß. Schiff mit Stuckdecke v. 1616.

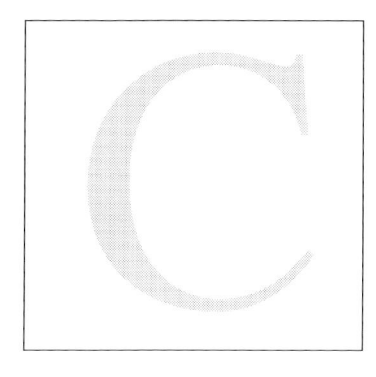

3553 Cölbe
Marburg-Biedenkopf

Einw.: 6200   Höhe: 192 m   S.352 □ C 3

C.-SCHÖNSTADT
Ev. Pfarrkirche: Neogot. Bau v. 1896–97. Rippengewölbte Halle mit dreiseitig umlaufender Holzempore. – *Kanzel* im Régence-Stil v. 1750; *Orgel* v. 1897; *Grabdenkmal* des Pfarrers Joh. Ruppersberger v. 1683 der sein Leben verlor, als er sein Enkelkind aus dem brennenden Pfarrhaus bergen wollte.

Schloß (ehem. Wasserburg): Besitzer war v. 14.–19.Jh. das Geschlecht v. Milchling v. Schönstadt. Achteckturm mit Fachwerkkonstruktion v. 1618. Hauptflügel v. 1749–51. – Festsaal mit geschnitzter *Wandvertäfelung* v. Christian Daniel Rauch (1790).
Neuere Bauteile wurden um 1900 hinzugetan. *Taubenhaus* (am Park): Fachwerkbau des ausgehenden 19.Jh.; Kratzputz.

6100 Darmstadt
Kreisfreie Stadt

Einw.: 139 000   Höhe: 146 m   S.354 □ C 5

Darmstadt – vermutlich leitet sich der Name von Dar-munde-stat, die »Siedlung am befestigten Durchgang« her – wird Ende des 11.Jh. erstmals erwähnt. 1330 erlangen die Herren v. Katzenelnbogen v. Kaiser Ludwig dem Bayern die Stadtrechte für Darmstadt; 1331 wurden um das Schloß Mauer und Graben gebaut, und Darmstadt wurde ihre zweite Residenz. Hauptsitz der Landgrafen v. Hessen-Darmstadt war es erst 1567. Großstädtischen Charakter bekam es unter Großherzog Ernst Ludwig. Im Zweiten Weltkrieg wurde die Stadt stark zerstört (bis zu 80%).
Heute ist sie Sitz des Rates für Formgebung und steht damit in der Bauhaustradition*. Hier haben der Deutsche Kunstrat, der PEN-Club, die Deutsche Akademie für Sprache und Dichtung sowie das Institut für Neue Technische Form ihren Sitz. Darmstadt hat ein internationales Musikinstitut, ein Theater und ein Landesmuseum.

Ev. Stadtkirche: Reste aus der an der Stadtmauer gelegenen, 1372 erstmals erwähnten Kirche sind in den Untergeschossen des Turmes zu erkennen. Um 1430 entstand der Chor mit spätgot. Netzgewölbe. Seit 1526 war die Kirche protestantisch. Landgraf Georg I. ließ ei-

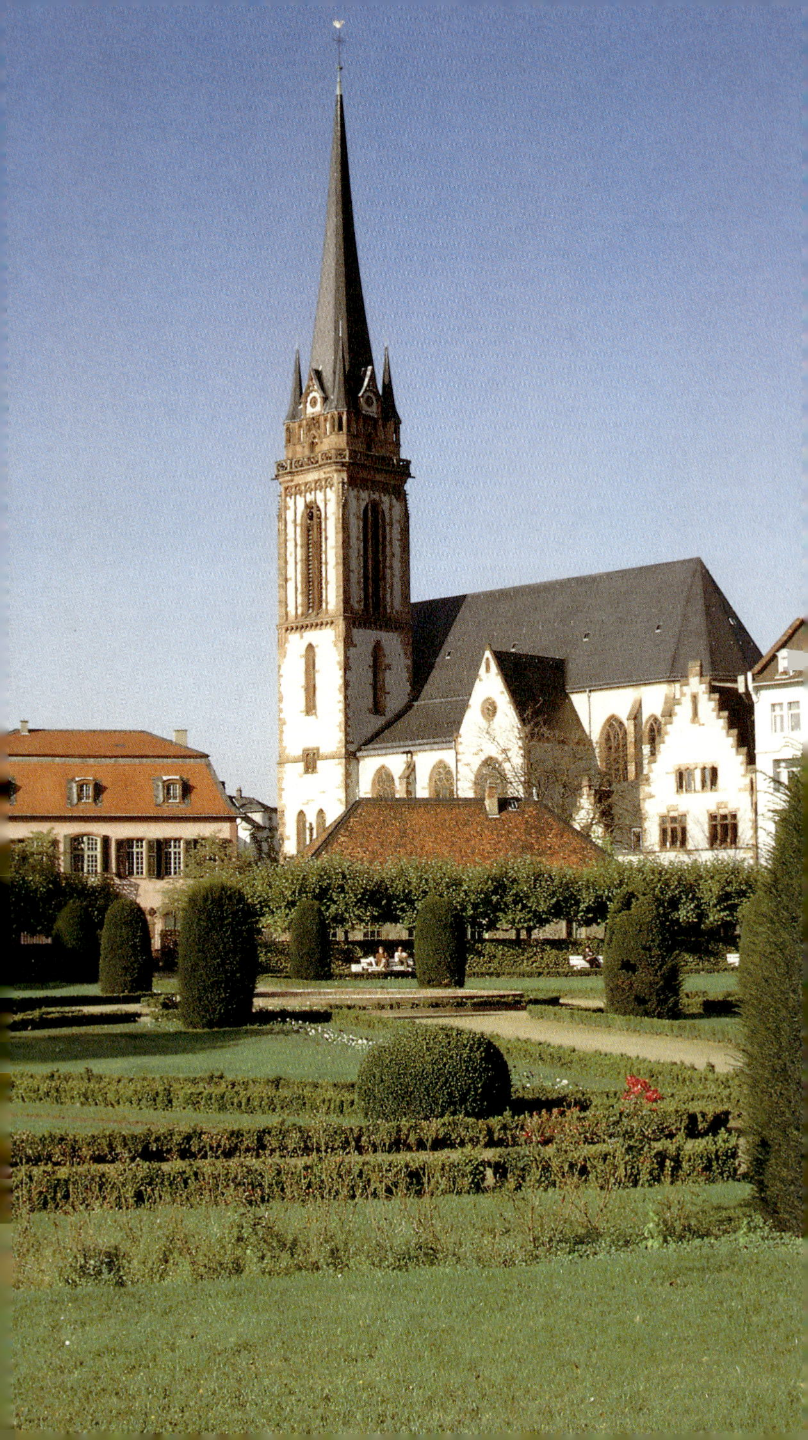

< *Darmstadt, Ev. Stadtkirche*

ne *Fürstengruft* als Grablege anlegen. 1631 Erhöhung des dreigeschossigen Turmes um 2 weitere Stockwerke, die von einer welschen Haube mit 4 Eckürmchen und umlaufender Galerie bekrönt wurden. 1685–87 Erweiterung der Seitenschiffe; 1845 nochmalige Vergrößerung des Langhauses nach Plänen G. Mollers im neogot. Stil. Umbauten erfolgten 1952–71. – Ausstattung: Im Chorraum steht der überladene *Alabaster-Epitaph* Landgraf Georgs I.; seine Gemahlin Magdalena hat ihn 1587 v. Peter Osten anfertigen lassen. Das viergeschossige, mit Schrifttafeln versehene Denkmal zeigt die Stifterfamilie in einer Kreuzigungsszene. Der Landgraf und seine Frau sind nochmals vollplastisch in Nischen abgebildet.

Weitere *Wandepitaphien* und Plaketten im Chor. In der Gruft, deren Gewölbe 1615 mit Stuckarbeiten von Philipp Uffenbach geschmückt wurde, stehen 17 Sarkophage der Landgrafen und Prinzen von Hessen.

Kath. St. Ludwigskirche (Wilhelminenplatz): G. Moller errichtete 1822–27 den klassizistischen Kuppelbau. Vorbild war das röm. Pantheon. 28 korinthische 15 m hohe Säulen tragen die Kuppel mit einem Durchmesser von 33 m. – *Innenausstattung:* Im Hochchor das v. C. Schack-Braun geschaffene Engelsmosaik (1969). Bemerkenswert auch das Grabmal der Großherzogin Mathilde (gestorben 1862) sowie das des Prinzen Friedrich (gestorben 1867).

Schloß: Hervorgegangen aus der im 14. Jh. v. Grafen v. Katzenelnbogen errichteten Wasserburg; ein Bautenkonglomerat aus 7 Jahrhunderten. Der nordwestlich gelegene *Herrenbau* ist der älteste Teil des Schlosses – 1512 gliederte man ihm den *Weiße-Saal-Bau* an. 1595 bis 1597 kamen die *Kirche* und der *Kaisersaalbau* hinzu, 1663–71 der *Glockenbau* (O-Seite des Glockenhofs); in dessen Laterne befindet sich ein Glockenspiel. Zwischen 1716 und 1727 wurde nach Entwürfen v. Louis Remy de

Darmstadt, Kath. St. Ludwigskirche

Darmstadt, Denkmal Ludwigs, Luisenplatz

Darmstadt, Residenzschloß, Marktseite

la Fosse ein Eingangsrisalit angegliedert. 1627 Bau des *Brückenhäuschens;* bildplastischer Schmuck: Löwen mit Wappen, Masken am Untergeschoß. Obelisken. Durch den *Prinz-Christian-Bau* (1678) w vom Glockenhof gelangt man zu den *Wallanlagen.*
In den barocken Räumen sind das Staatsarchiv und die Landesbibliothek untergebracht. Das *Schloßmuseum* befindet sich im Glockenbau. Bedeutendstes Exponat ist die 1526 v. Hans Holbein d.J. gemalte »Madonna des Bürgermeisters Jacob Meyer von Basel«, die sog. »Darmstädter Madonna«.

Rathaus: (Ehem. Altstadt): Monumentales Renaissancegebäude 1590 nach Plänen v. Jakob Wustmann erbaut. Nach den Zerstörungen des Zweiten Weltkriegs 1955 Wiederaufbau. Bemerkenswert die geschweiften Giebel mit 1676 Zacken, der vorgesetzte rechteckige Treppenturm und je 2 Zwerchhäuser auf den Längsseiten.

Luisenplatz: Die Entwürfe für den 14000 qm großen Barockplatz v. 1791 stammen v. H.J. Müller. 1944 Zerstörung der meisten Gebäude, doch konnte die Anlage bis heute ihre Eigenart bewahren.
Nicht zerstört wurde das 39 m hohe *Ludwigsmonument* (»Langer Ludwig«). 1842–44 war es nach Plänen G. Mollers angefertigt worden. Die Figur steht auf einer kannelierten Säule, die eine Wendeltreppe birgt, auf der man eine Aussichtsplattform (33 m hoch) erreicht. Die bronzenen *Brunnenschalen* schuf 1907 J.M. Olbrich. In der nordöstlichen Ecke steht das *Liebig-Denkmal,* 1913 v. H. Jobst angefertigt. – Das *Kollegienhaus* ist das einzige Bauwerk auf dem Luisenplatz, das nach dem Krieg originalgetreu wiederaufgebaut wurde. Es wurde von Fr. L. v. Cancrin entworfen. Der Mittelteil des 15 achsigen Gebäudes erhebt sich zu einem flachen Risalit. – *Moserscher Garten* (Heidelberger Straße): In dem 1772 v. Gärtner Siebert angelegten klei-

Darmstadt, Herrengarten, Prinz-Georg-Palais

nen Park steht das *Prinz-Emil-Schlößchen* (1775 bis 1778), ein Gartenpavillon für Fr. C. v. Moser, errichtet v. Martin Schuhknecht. Der zweigeschossige Mittelbau mit Pilastergliederung hat eingeschossige Flügel.

Alter Pädagog (Pädagogstraße): 1627–29 nach Plänen J. Mullers als Lateinschule errichteter Bau.

Hauptbahnhof: Empfangsgebäude mit Tonnengewölbe, 1910–12 v. Friedrich Pützer im Post-Jugendstil erbaut. Ein Teil des alten Speisesaals ist mit Kacheln der ehem. Großherzoglichen Keramikmanufaktur ausgelegt.

Neue Kanzlei (Mathildenplatz): G. Moller entwarf 1825–27 diesen schlichten klassizistischen Bau.

Marktplatz mit Brunnen: Anlage v. 1780.

Wallhäuschen: 1627 erbaut.

Weißer Turm: Überrest der im 14. Jh. erbauten Stadtmauer; seit dem 18. Jh. als Glockenturm genutzt.

Herrengarten: Garten im englischen Landschaftsstil, Übergang im nö Teil in den Prinz-Georg-Park, einen französischen Rokokopark mit dem Palais, einem Barockbau v. 1710. Hier ist heute die Großherzogliche Porzellansammlung zugänglich.

Mathildenhöhe: Auf der Anhöhe nahe der Stadt befand sich zu Beginn des 19. Jahrhunderts ein parkähnlicher Garten. Großherzog Ludwig II. (1830–48) machte daraus eine Parkanlage mit Platanenhain und benannte diese nach seiner Schwiegertochter Mathilde. 1898 stiftete Zar Nikolaus II. die *Russische Kapelle.* 1899 förderte Ernst Ludwig (1868–1937), der letzte hessische Großherzog, die Gründung einer Künstlervereinigung, von der wichtige Impulse für Kunst und Kunsthandwerk der Jahrhun-

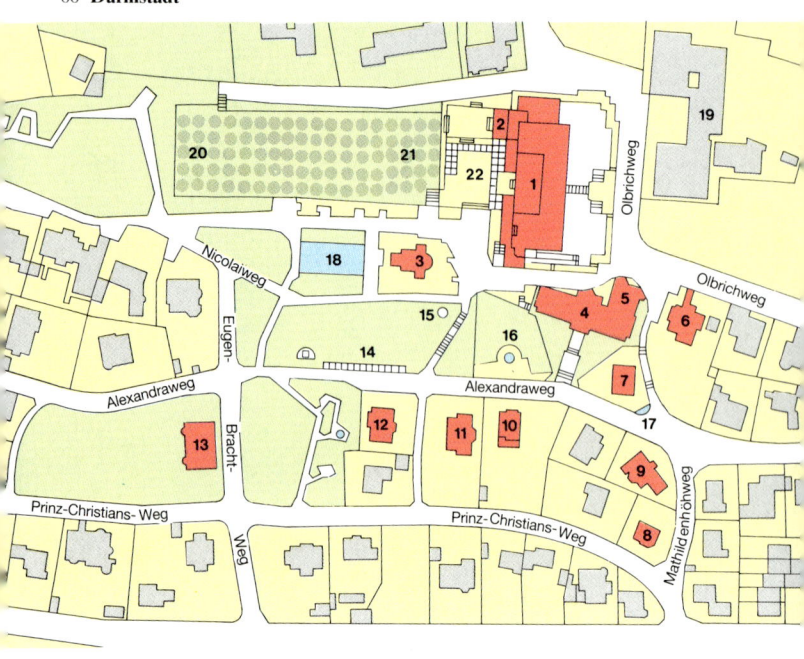

Darmstadt, Mathildenhöhe
1 Ausstellungsgebäude; Olbrich, 1908 **2** Hochzeitsturm; Olbrich, 1908 **3** Russische Kapelle; Benois, 1899 **4** Ernst-Ludwig-Haus; Olbrich, 1901 **5** Bildhaueratelier; Olbrich, 1904 **6** Oberhessisches Haus; Olbrich, 1908 **7** Haus Olbrich; Olbrich, 1901 (verändert) **8** Haus Deiters; Olbrich, 1901 **9** Haus Keller; Olbrich, 1901 (verändert) **10** Haus Glückert II; Olbrich, 1901 **11** Haus Glückert I; Olbrich, 1901 **12** Haus Behrens; Behrens, 1901 **13** Alfred-Messel-Haus; Messel, um 1908 **14** Pergola; Albinmüller, 1914 **15** Schwanentempel; Albinmüller, 1914 **16** Ernst-Ludwig-Brunnen; Hartung, 1958. Ursprünglich Standort des Hauses Christiansen; Olbrich, 1901 **17** Wandbrunnen; Habich, 1901 **18** Wasserbecken; Albinmüller, 1914 **19** Fachhochschule für Gestaltung; Mengler, 1971. Ursprünglich Standort der Miethausgruppe; Albinmüller 1914 **20** Skulpturen des Platanenhains; Hoetger, 1914 **21** Platanenhain; nach 1830 angelegt **22** Pergola-Architekturen; Olbrich, 1908

dertwende ausgingen. Darmstadt wurde neben Paris, Wien, Brüssel und Glasgow eines der Zentren des Jugendstils. 7 zu fördernde Künstler zwischen 20 und 32 Jahren wurden für die Kolonie ausgewählt: Joseph Maria Olbrich (Architekt), Peter Behrens (Maler und Kunstgewerbler), Patriz Huber (Innenarchitekt und Kunstgewerbler), Hans Christiansen (Maler), Ludwig Habich (Bildhauer), Rudolf Bosselt (Kleinplastiker), Paul Bürck (Dekorationsmaler). Sie bekamen finanzielle Zuwendungen.

Die Einheit v. Künstler und Handwerker, die Durchformung aller Lebensbereiche wurde zum Ziel erklärt. Ihre Idee war das Gesamtkunstwerk. 1900 kam es zur Grundsteinlegung des **Atelierhauses** v. Joseph Maria Olbrich. In einem Aufsatz aus dieser Zeit fordert er, Mensch, Architektur, Landschaft usw. zu einer »Einheit« zu verschmelzen und bezeich-

Darmstadt, Mathildenhöhe, >
Russische Kapelle

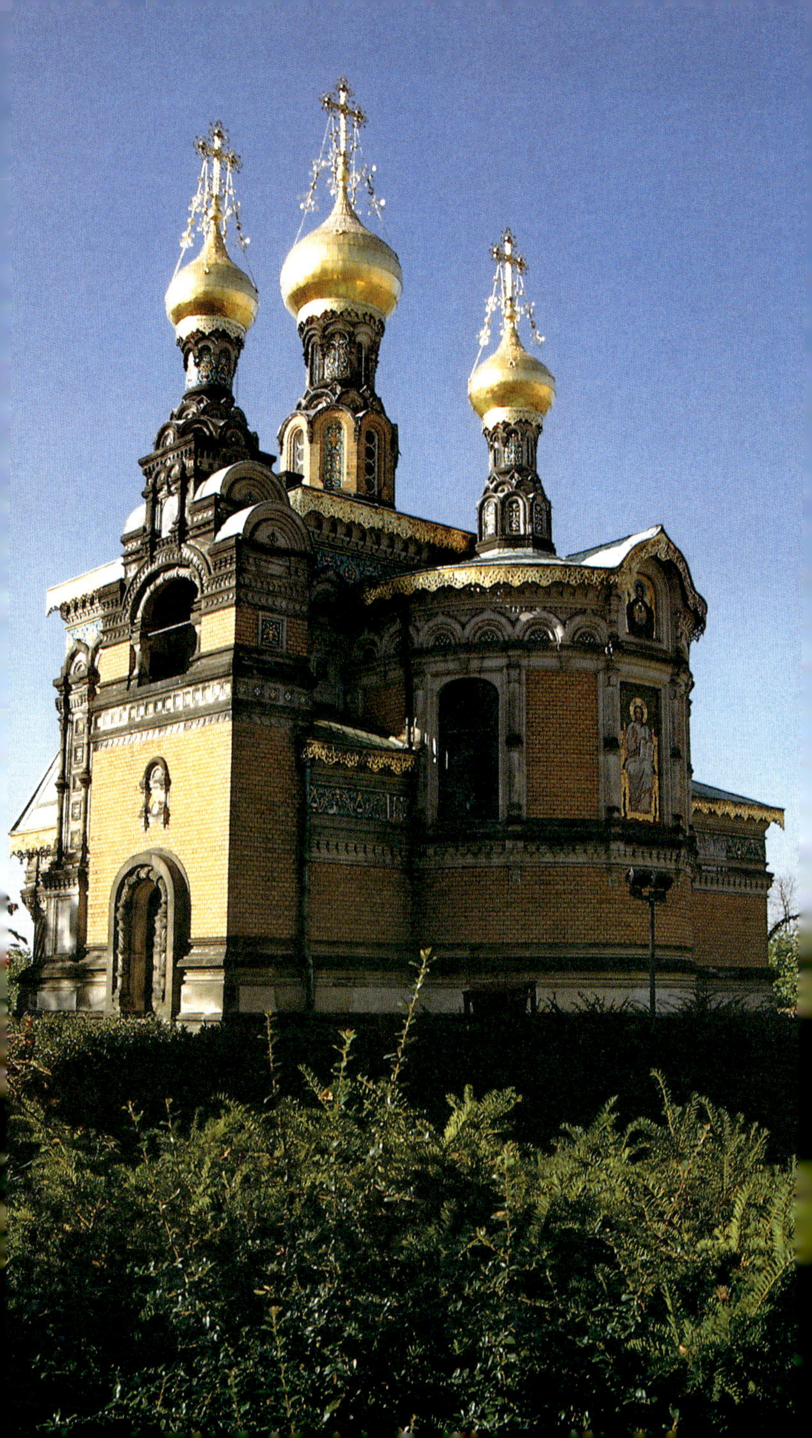

net das »Haus der Arbeit und des Lebens« als Tempel, was den Utopiecharakter seiner Ideen deutlich macht. Das Gebäude wurde 1950, nachdem es im Zweiten Weltkrieg schwer beschädigt wurde, wiederhergestellt; leider sind die Raumdispositionen sehr verändert. Es beherbergt seit 1990 das Museum der Künstlerkolonie Darmstadt. Markant der Omegabogen des Eingangsportals, dessen Nische Ludwig Habich mit vergoldeter Ornamentik aus geometrischen und vegetabilen Motiven schmückte. Habichs Kolossalskulpturen »Adam und Eva« flankieren den Eingang. 2 bronzene Kriegsgöttinnen (v. R. Bosselt) rahmen die Tür. Der Bogen trägt die von Hermann Bahr stammende Inschrift »SEINE WELT ZEIGE DER KÜNSTLER, DIE NIEMALS WAR UND NIEMALS SEIN WIRD«. Um diesen Achsenpunkt gruppierten sich die 7 Wohnhäuser, die Olbrich schuf. Gerahmt wurde das Ernst-Ludwig-Gebäude v. *Haus Christiansen*, das nicht mehr existiert (hier steht heute der halbrunde *Ernst-Ludwig-Brunnen* v. Hartung), und v. *Haus Olbrich* (heute Sitz des Deutschen Polen-Instituts, an dessen östlicher Gartenmauer ein reizvoller *Wandbrunnen* Habichs steht), das aber leider bis zur Unkenntlichkeit verändert ist. Das *Große Glückert-Haus* (ö von Haus Behrens gelegen) ist heute Sitz der Deutschen Akademie für Sprache und Dichtung (1965 restauriert) und weist die Schlichtheit und das typisch Blockhaft-Kubische jener Jugendstil-Bauten auf. Die n Seite überwölbt eine Halbtonne, die s ist flach gedeckt. Die in der Halbtonne gelegenen Dachräume sind durch Türen mit dem Flachdach verbunden, auf dem man eine fantastische Dacharchitektur mit Garten findet. Im Innern befindet sich eine prächtige Halle. Als großartige Leistung Olbrichs ist das für den gleichnamigen Bildhauer errichtete *Haus Habich* zu nennen (leider nicht mehr im Ursprungszustand!). An der Kreuzung von Alexandra- und Mathildenhöhweg liegen *Haus Keller* und s davon *Haus Deiters,* das den Krieg unzerstört überstanden hat. In diesem Bau, der an englische Landhausarchitektur erinnert, richtete man eine Galerie für regionale Künstler des 19. Jh. ein. Anders als die Bauten Olbrichs fand das von Peter Behrens für sich konzipierte, am W-Ende der Gesamtanlage liegende *Behrens-Haus* in der Öffentlichkeit begeisterte Zustimmung. Es hat die Zeit am besten überstanden. Grüne und rote Lisenen* aus Klinker gliedern die Fassade, ziehen sie optisch zusammen und haben, auch wegen der strengen Achsialität, fast sakralen Charakter. 1902/03 verließen Behrens, Bosselt, Christiansen, Bürck und Huber Darmstadt. Die neue »Besetzung« bildeten Johann Vincenz Cisbarz (Maler und Grafiker), Paul Haustein (Kunstgewerbler und Innenarchitekt) und der Grabmalplastiker Daniel Greiner. Mit ihnen zusammen konzipierte Olbrich die Ausstellung von 1904. Drei unterschiedliche, jedoch durch ineinandergreifende Dachstühle verbundene Häuser (Ecke Stiftstraße/Prinz-Christians-Weg) waren die Ausstellungsobjekte. 1905/06 erfolgte abermals ein Wechsel in der Künstlerkolonie (Habich, Cisbarz, Haustein und Greiner gingen; neu kamen Albinmüller als Architekt,

Darmstadt, Mathildenhöhe, Atelierhaus von J. M. Olbrich

Darmstadt, Hochzeitsturm >

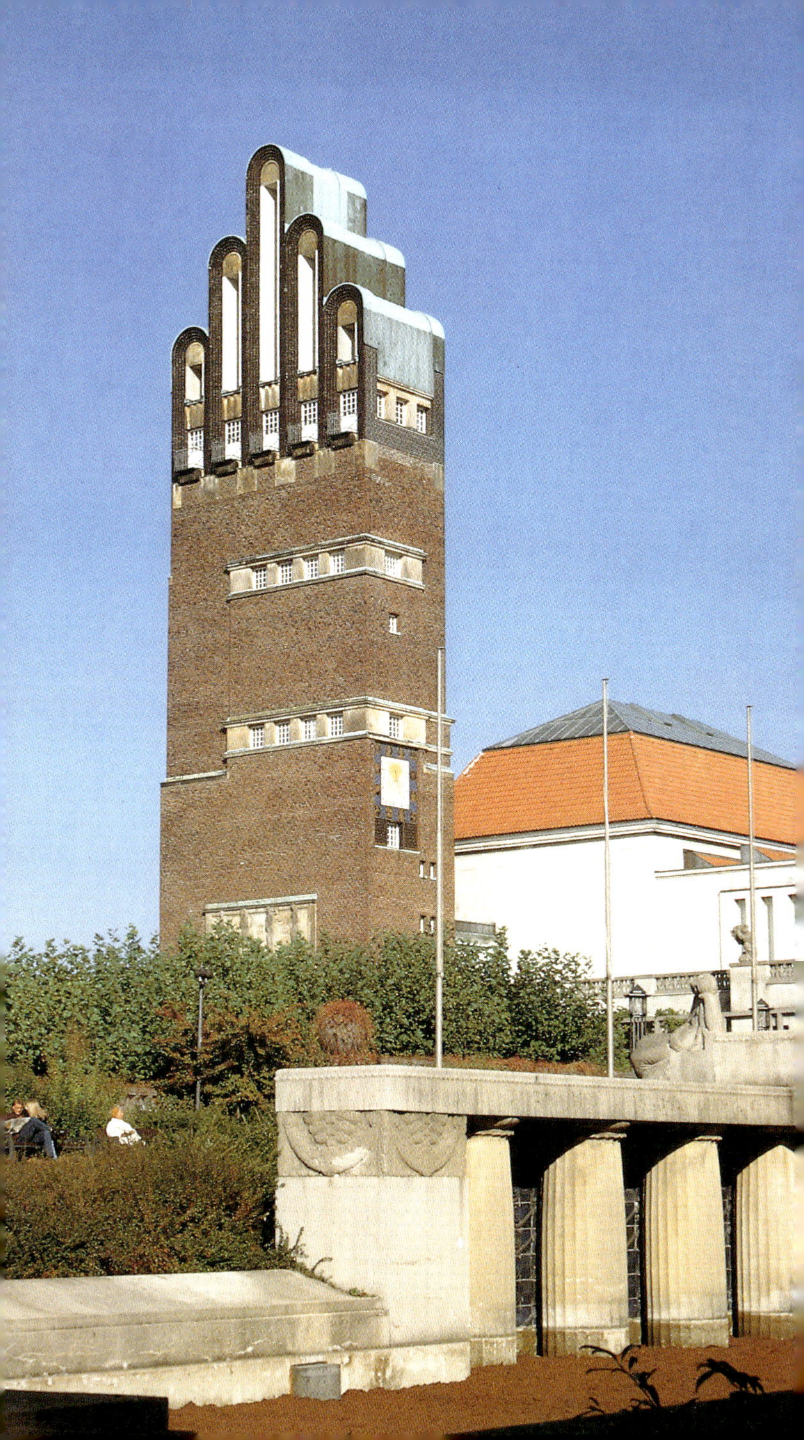

Darmstadt, Rosenhöhe, Mausoleum der Prinzessin Elisabeth

Heinrich Jobst als Bildhauer, der Goldschmied Ernst Riegel und der Typograph Friedrich Wilhelm Kleukens). Die nächste Bauausstellung wurde am 23. Mai 1908 eröffnet. Neben provisorischen Gebäuden entstanden Olbrichs *Hochzeitsturm* sowie die *Ausstellungshallen*. Die Ausstellungshallen setzen sich aus drei jeweils überdachten Trakten, die U-förmig um einen Hof gruppiert sind, zusammen. Die breit ausladende Gebäudegruppe wird von dem in sich symmetrisch angelegten Pavillon beherrscht. Gegenüber erstreckt sich der 48,5 Meter hohe Hochzeitsturm, der ein Geschenk der Stadt Darmstadt an den Großherzog zur Vermählung war. Auf einem in mehrere Stufen gegliederten Sockel mit dem Eingangsportal steht der gemauerte Turmkörper, den auf markante Weise übereck gesetzte Fensterbänder unterbrechen. Interessant der fünfzinnige, häufig mit Fingern verglichene Abschluß. 1908 starb Olbrich. 1911 wurden Bernhard Hoetger (Bildhauer), Hans Pellar (Maler), die Architekten Edmund Körner und Emanuel Margold aufgenommen, 1912/13 Fritz Osswald (Maler) und Theodor Wende (Goldschmied); sie waren für die letzte der 4 wichtigen Bauausstellungen verantwortlich. Die dabei entstandene Mietshausgruppe ist nicht erhalten. Vor der Russischen Kapelle entstand ein rechteckiges, farbig ausgekacheltes Wasserbecken, das das orthodoxe Gotteshaus ins Gesamtkonzept integrierte. Die Brüstungsmauer der zum Portal verlaufenden Rampe trägt die von Hoetger gestalteten Figuren »Maria und Joseph«. Zwischen dieser und dem Forum von 1901 steht der von Albinmüller 1914 entworfene *Schwanentempel* als Ende eines Treppenaufganges. Besonders sehenswert ist der von Hoetgerschen Skulpturen und Reliefs belebte Platanenhain.

Rosenhöhe: 1810 v. Landschaftsarchitekten Michael Zeyher (Gartenbaumeister des Schwetzinger Schloßparks!) auf ei-

Darmstadt, »Löwensäulen« vor Rosenhöhe

nem ehem. Weinberg angelegter Park mit klassizistischem *Lusthäuschen* – vermutlich vom Hofarchitekten Georg Moller – und *Mausoleum* (1826) der Prinzessin Elisabeth. Einen kleinen *Kuppelbau* (1870) baute Heinrich Wagner als Grabstätte für Ludwig I. und Prinz Emil. Das *Mausoleum* der herzoglichen Familie errichtete 1910 Karl Hofmann. Daniel Christian Rauch* schuf den *Sarkophag* (1827-31) mit der Plastik der kleinen Prinzessin. Das 1927 v. der Mathildenhöhe hierher gebrachte *Löwentor* war ein Gemeinschaftsprojekt: Hoetger schuf die Löwen (»niesende Igel«) und die Bronzetore mit Reiterreliefs, Albinmüller die Klinkersäulen. Hinter dem Portal entstand 1954-67 die neue Künstlerkolonie; moderne *Ateliergebäude* v. Heribert Hausmann, Rolf Prange, Rudolf Kramer, Bert Seidel und Reinhold Kargel. Sehenswert das urspr. v. Großherzog Ernst Ludwig 1900 angelegte *Rosarium*. Herkunft und Erbauer des *Spanischen Turms* sind nicht bekannt.

Museum der Künstlerkolonie (Öffnungszeiten: täglich 10.00-17.00 Uhr, montags geschlossen, Führungen nach Vereinbarung): Das Äußere des Ernst-Ludwig-Hauses wurde 1990 wieder in den Originalzustand versetzt, die Innenräume, ehem. Ateliers, richtete man als Museum ein. Die Sammlung gibt einen Überblick über das Schaffen der Darmstädter Künstlerkolonie v. 1899 bis zu ihrer Auflösung, gegliedert nach den Phasen um die 4 großen Bauausstellungen (1901, 1904, 1908 und 1914). Außer Architekturmodellen und historischen Aufnahmen sind Schmuck- und Goldschmiedearbeiten, Plakate, Malerei, Plastik sowie Wohn-Ensembles und Einzelmöbel, Textilien, Glas, Metall und Keramik zu sehen. Sie veranschaulichen die neue Formensprache des Jugendstils: Verzicht auf überflüssigen Dekor, einfache, klare Formen, geschwungene Linien, stilisierte Ornamente und Materialechtheit.

Hessisches Landesmuseum (Friedens-

Darmstadt

Darmstadt, Hessisches Landesmuseum

platz 1): Hervorgegangen aus dem 1780 v. Großherzog Ludwig I. von Hessen-Darmstadt gegründeten Kunst- und Naturalienkabinett, das 1820 Staatseigentum wurde. Das Museumsgebäude, 1896–1906 nach Entwürfen v. Alfred Messel errichtet, wurde nach dem Zweiten Weltkrieg original wiederaufgebaut. 1984 Neubau für die »Moderne Kunst«. – Mittelpunkt der Sammlung sind ma Sakralkunst und Meisterwerke der Tafelmalerei (z.T. gesammelt v. Johann C.A. Hüpsch), u.a. Altarbilder aus dem Wormser Dom (1260), Stefan Lochners »Darbringung im Tempel« (1447), Flügelaltar aus Ortenberg (um 1420/30). Evangeliare des 10.–13. Jh., ottonische und byzantinische Elfenbeinschnitzereien, wertvolles kirchliches Gerät (ein Turmreliquiar aus Köln v. 1190, das Darmstädter Kuppelreliquiar v. 1170/80) sowie bedeutende bildhauerische Arbeiten – u.a. von Tilman Riemenschneider* – sind zu besichtigen. Interessant ist auch die Glasgemäldesammlung; Werke wie die aus Lorsch stammende Abbildung eines Heiligen (1250) oder das Fenster der Ritterstiftskirche zu Wimpfen im Tal v. 1270/80 sind hier die Glanzstücke. Neben Beispielen der Renaissancekunst und des 17. Jh. sind die Jugendstilfenster von Hans Christiansen (1888) und die aus den Werkstätten der Künstlerkolonie stammenden Arbeiten zu nennen. Schwerpunkte der kunsthandwerklichen Sammlung bilden Goldschmiedearbeiten des 16.–19. Jh.: aus der Sammlung des Juwelenhändlers Citroen stammende Keramik-, Glas- und Silberarbeiten, wertvoller Jugendstilschmuck (u.a. von René Jules Lalique*), Glasarbeiten von Tiffany* und Emile Gallé*. Berühmte Werke wie Pieter Brueghels* d.Ä. »Die Elster auf dem Galgen« (1568), Peter Paul Rubens* »Dianas Heimkehr von der Jagd« (1620) oder Rembrandts* »Christus am Marterpfahl« (1650) krönen die Sammlung v. der Barockmalerei, das 19. Jh. ist durch Anselm Feuerbach* und Arnold Böcklin* vertreten.

Schwerpunkt in der Abteilung für Moderne und Gegenwartskunst ist – neben Werken von Andy Warhol*, den »Brücke«-Künstlern und den Malern des »Blauen Reiters« – die Beuys*-Sammlung. Zudem gibt es eine interessante archäologische sowie geologisch-paläontologische Abteilung.

Hessische Landes- und Hochschulbibliothek (Marktportal des Schlosses): Neben einem Bestand von 1,15 Millionen Bänden aus dem Zusammenschluß der *Hessischen Landesbibliothek* mit der *Bibliothek der Technischen Hochschule*, befindet sich hier eine *Handschriftensammlung* (4000 Exemplare) mit Kostbarkeiten wie dem *Hidda-Codex* (1020), dem *Lochner-Gebetbuch* (1450) und der *Pessah-Haggadah* (1420).
Außerdem ist hier die *Musik- und Theatersammlung-Hermann Kaiser* untergebracht.

Hessisches Staatsarchiv und Stadtarchiv Darmstadt: Zu dem Bestand v. Quellen zur hessisch-darmstädtischen Geschichte gehören das als Zeitzeugnis wertvolle *Großherzogliche Haus- und Familienarchiv*. Zudem sind hier das *Stadtarchiv*

Darmstadt sowie die *Hessische Familiengeschichtliche Vereinigung* eingerichtet.

Orangeriegarten (Stadtteil Bessungen): In 3 Terrassen verlaufende Anlage v. 1714 für Landgraf Ernst Ludwig. Statt eines für die obere Terrasse vorgesehene Schloßbaus entstand vor der untersten Terrasse 1719–21 die v. Louis Remy Delafosse errichtete *Orangerie*, ein elfachsiges Gebäude mit nach S geöffnetem doppelgeschossigem Saal und schmalen Risaliten.

Veranstaltungen: *Heinerfest*, größtes Volksfest Südhessens; das alljährlich am ersten Wochenende im Juli statt findet.

Umgebung

Jagdschloß Kranichstein (8 km nö): 1578 bis 1581 v. J. Kesselhut für Landgraf Georg I. errichtete reizvolle, dreiflügelige Anlage in Hufeisenform. An der Fassade Volutengiebel. Der linke Flügel erfuhr Umbauten in der 2. Hälfte des 18. Jh. 1859 fügte L. Weyland eine Säulenhalle vor dem Mittelrisalit hinzu. Heute Jagdmuseum und Hotel (bis 1992 wegen Renovierung geschlossen).

Ober-Ramstadt (9 km sö): *Ev. Pfarrkirche* v. 1716–17. Saalbau v. Louis Remy Delafosse. *Museum:* im »Alten Rathaus« v. 1732 eingerichtet. Funde aus Hügelgräbern der Bronze- und Römerzeit. Ausstellung über die hier ansässige Kammindustrie und den Physiker G. Chr. Lichtenberg.

3563 Dautphetal
Marburg-Biedenkopf

Einw.: 12 000   Höhe: 260 m   S. 352 □ C 3

D.-BUCHENAU
Ev. Pfarrkirche: Kreuzgratgewölbter Chorturm, wahrscheinlich aus dem 13. Jh., spätgot. Kirchenschiff.

Fachwerkbauten des 17. und 18. Jh. (teilweise mit Kratzputz verziert).

D.-DAUTPHE
Ev. Pfarrkirche: Roman. Langhaus mit 7 Rundbogenfenstern des 12. Jh. Im W des Schiffs schließt sich der aus dem 12. Jh. stammende Unterbau eines früheren Turmes an.
Der mit Maßwerk versehene Chorturm entstand Ende des 13. Jh. Die Spitztonne wurde 1959/60 hinzugefügt. – *Emporen* der W- und N-Seite spätgot. (1543) mit Schnitzwerk. *Kanzel* mit Einlegearbeiten, 1631.

D.-HOLZHAUSEN AM HÜNSTEIN
Fachwerkbauten mit dem für die Gegend typischen Kratzputz.

6110 Dieburg
Darmstadt-Dieburg

Einw.: 13 500   Höhe: 144 m   S. 354 □ C 5

Die Ortschaft entwickelte sich aus einem Etappenort des Limes im Mainbogen. 1926 entdeckte man in der Nähe der römischen Stadtmauer ein Mithras-Heiligtum mit Kultbild.
1169 wird eine Wasserburg, 1208 eine Siedlung erwähnt. 1310 war Dieburg Münzenbergischer Besitz. Danach blieb es bis 1803 dem Erzbischof von Mainz unterstellt. Seit 1803 ist es hessisch-darmstädtisch.

Kath. Wallfahrtskapelle St. Maria: Ein 1. Bau stammt aus karolingischer oder ottonischer Zeit. Eine dreischiffige Pfeilerbasilika entstand in der 2. Hälfte des 12. Jh., die Marienkapelle 1232. Zweijochiger Chor mit Fenstermaßwerk im 14. Jh.
Um 1700 Bau des Querschiffs. Barockisierung des Innenraums: 1831. – Ausstattung: *Hochaltar* (1749) mit Gnadenbild, Heiligen und Pietà v. 1420. Sogenannter »Ulmer Altar« (1604) mit Alabasterrelief.

Kath. Pfarrkirche St. Peter und Paul: Neogot. Hallenkirche mit 3 Schiffen v. 1890–93. Teil des Turms noch 13. Jh.

Ehem. Wasserburg: Im W der ma Stadt

Diemelsee

Adorf (Diemelsee), Pfarrkirche, Pfeilerbasilika

3543 Diemelsee
Waldeck-Frankenberg

Einw.:4800 Höhe: 340 m S. 352 □ C 2

D.-ADORF
Der Ort gehörte im Mittelalter zur Erzdiözese Paderborn. Landschaftlich reizvolle Lage am Rande des Naturparks Diemelsee.

Pfarrkirche St. Johannes: Seit 1231 Sitz eines Vizearchidiakons. Spätroman. Pfeilerbasilika v. Ende 12. Jh. Der Grundriß entspricht dem gebundenen System*. An die 3 Joche schließen der nahezu quadratische Chor sowie eine Nebenapsis am n Seitenschiff an (eine weitere s existiert nicht mehr). Das schlichte Äußere der Kirche wird vom W-Turm beherrscht. Der Obergaden hat zugemauerte Zwillingsfenster, die wegen der im 19. Jh. hinzugefügten Strebepfeiler nicht mehr sichtbar sind. In der Apsis befindet sich ein Rundbogenfries. Das Kreuzgratgewölbe des Mittelschiffs ist durch auf Wandpfeilervorlagen ruhende Gurtbögen gegliedert, Chor und Seitenschiffe sind einfach gewölbt. Kämpfer und Kapitelle zeigen reiche Verzierungen. Die Kanzel stammt von 1610, der Altar von 1670 (Abendmahlsdarstellung), die Bretter des Geländers der 1613 erbauten fachwerkähnlichen Westempore zeigen gemalte biblische Szenen.

gelegen. Ausgebaut im 15. Jh. zu einer quadratischen Anlage. 1809 Abbruch durch den Besitzer Freiherr v. Albin. Errichtung eines Herrenhauses.

Landschloß Stockau (der Freiherrn v. Großschlag): Nur noch Reste der berühmten Parkanlagen des 18. Jh. erhalten.

Rathaus 1828; **Kreisamt** 1834 v. Georg Lercher errichtet.

Wohnhäuser: Fachwerkbauten des 16. bis 19. Jh.

Kreis- und Stadtmuseum (Schloß Fechenbach): 1861 im klassizistischen Stil umgebauter (ehemals barocker) Herrensitz der Ulmer v. Dieburg; stadt- und regionalgeschichtliche Sammlung, darunter eine beidseitig skulptierte Reliefplatte des Mithras-Heiligtums aus der römischen Besiedlungszeit.

D.-FLECHTDORF
Ehem. Benediktinerkloster St. Maria: Gegründet 1101 durch Graf Erpho v. Padberg. Aufgehoben Ende 16. Jh. Die Kirche entstand in 3 Bauabschnitten: um 1150 die dreischiffige Pfeilerbasilika (gebundenes System); das w Querhaus mit Doppelturmfassade datiert um 1180; die Turmhallen erreichen nahezu die Höhe des Querschiffs, so daß der Eindruck eines Hallenbaus entsteht. 1220–30 Umbau des s Schiffes, durch den der Eindruck eines Hallenraumes im Langhaus entsteht. Die Ornamentik zeigt Parallelen zu westfälischen und rheinischen Bauten. Roman. *Drachentympanon* mit flachem Relief an der s Wand des Querschiffs.

D.-SCHWEINSBÜHL
Ev. Kirche: Kleiner roman. Bau mit Kreuzgratgewölbe, 2. Hälfte 12. Jh.

3549 Diemelstadt
Waldeck-Frankenberg

Einw.:5500   Höhe: 280 m   S. 352 □ C 2

D.-HELMIGHAUSEN
Ev. Kirche v. 1300.

Ehem. Wasserburg (heute Gutshof) der Herren v. Thülen und Milchling v. Schönstädt. Herrenhaus (um 1700) mit Barockportal.

D.-RHODEN
Im N der heutigen Stadt lag die älteste Siedlung (um Alt-Rhoden), die ehemals im Besitz des Klosters Corvey war. Seit 1021 kam sie unter Paderborner Herrschaft. Die hochgelegene benachbarte Burg fiel 1236 an die Grafen v. Waldeck. Eine neue Siedlung wurde unterhalb der Burg am Fuß des Berges 1244 angelegt. Seit 1681 war der Ort endgültig Waldekker Eigentum.
Ein Stadtbrand zerstörte 1735 die Altstadt. Wiederaufbau unter Julius Ludwig Rothweil.

Ev. Pfarrkirche: Der Brand v. 1735 erforderte einen Neubau, der 1735–54 unter J. L. Rothweil erfolgte. Einbeziehung der Mauern des got. Hallenbaus (16. Jahrhundert). Längssaal mit stichbogiger Holztonne. Dreiseitig umlaufende zweigeschossige Emporen. – Neoroman. Orgel (1852).

Kirchenruine (Alt-Rhoden): Schön gewölbte roman. Kirche (2. Hälfte 12. Jh.); seit der Schließung um 1817 dem Verfall preisgegeben.

Schloß (Altersheim): Anstelle der Burg ließ Graf Georg Friedrich v. Waldeck 1645–55 einen Neubau nach Plänen des Franzosen Belle-Roche errichten. Ausgeführt v. Peter Jeanson mit Hilfe v. Hans Degen. Nur teilweise fertiggestellt. 1787–95 richtete Johann Matthäus Kitz

Dillenburg, Schloß, Wilhelmsturm

für Prinz Georg v. Waldeck, der hier bis 1817 seinen Sitz hatte, die Anlage neu ein.
Gebaut wurden von der ursprünglich geplanten Vierflügelanlage mit Binnenhof ein kurzer, n gelegener Hauptbau mit W- und O-Flügel. Die Schloßfront, die durch Kolossalpilaster gegliedert ist, hat eine mit Doppelsäulen geschmückte Durchfahrt (1649). Diese wird von einem Dreiecksgiebel bekrönt, der das Doppelwappen von Waldeck und Nassau-Siegen trägt.
Nach hinten liegende Hoffront mit Pilastern. Mittelbau mit offener Halle und Galerie. Im *Park,* der nicht im urspr. Zustand erhalten ist, steht ein *Mausoleum* v. 1794.

Rathaus: 1734–36 v. J. L. Rothweil errichtetes zweigeschossiges Gebäude.

Wohnhäuser: *Fachwerkbauten* meist in »diemelsächsischem« Stil mit einer Diele in der Mitte.

6340 Dillenburg
Lahn-Dill-Kreis

Einw.: 25 000   H.: 220–590 m   S. 352 □ B 3

Im Schutz der Festung Dillenburg (1. Hälfte 12. Jh.) entstand die Siedlung. Seit 1290 ist die Burg Sitz der Nassauer. 1533 wurde dort Wilhelm »der Schweiger« v. Oranien geboren, der eine Führerrolle im niederländischen Freiheitskrieg übernahm. 1538 setzte sich die Reformation durch. 1635 und 1760 gab es Besitzkämpfe um die Stadt, 1524 und 1723 Stadtbrände. Das Dillenburger Geschlecht starb 1739 aus. Die Besiedelung des linken Dill-Ufers erfolgte in der 2. Hälfte des 19. Jh.

Ev. Pfarrkirche (St. Johannes): Neubau um 1489; Weihe 1491. Fertigstellung 1501. Schiff und W-Turm durch Conrad Rosbach 1594–97 verändert. Die *Fürstengruft* wurde um 1680 an den Chor angebaut. Spätgot. Chor mit Sterngewölbe und Portal v. 1630. W-Turm mit Spitzhelm. – Dreiseitig verlaufende Emporen (Ende 16. Jh.) mit Schnitzwerk. Neogot. *Kanzel* mit Schalldeckel des 17. Jh. Spätgot. Epitaph (im Chor) für das Herz des Grafen Johann v. Nassau (gestorben 1475).

Kath. Pfarrkirche: Die fünfschiffige Basilika v. Hans Busch wurde 1955–57 auf den Bau v. 1893 aufgesetzt. – *Altarwand* (1958; Gerichtsdarstellung) und Teil der Gesamtausstattung v. Joseph Jost.

Schloß: Beherrscht wird die Schloßruine vom 40 m hohen Wilhelmsturm (1872 bis 1875), heute Wahrzeichen der Stadt, der an Wilhelm v. Nassau-Oranien erinnert. Die 1240 errichtete Burganlage wurde nach und nach stark ausgebaut. Stützmauer zur Straßenseite v. 1535/36. 1760 Zerstörung durch französische Truppen. Verwendung der Steine für die Wilhelmstraße. Nach Einebnung des oberen Schloßhofes errichtete man den Wilhelmsturm, heute *Oranien-Nassauisches Museum* mit Ausstellung zur Geschichte des Hauses Oranien-Nassau und zur Baugeschichte des Schlosses.

Altes Rathaus: Zweigeschossiger, nach 1723 errichteter Bau mit Fachwerkgeschoß. Mansarddach mit bekrönenden Achtecktürmchen.

Ehem. Archiv: Spätbarockes Gebäude (1764–66) mit einem Uhrtürmchen v. 1787.

Fachwerkhäuser am *Wilhelmsplatz,* an der *Wilhelmstraße,* am *Kirchberg 24* (1595), an der *Marbachstraße 28* (1580).

Landgestüt (Ehem. nassauisch-oranischer Marstall; Wilhelmstr. 24–28): Faßt mehrere Barockgebäude zusammen. Die Reithalle v. 1768 ist ein großzügiger Saal. Seine Schauseite ist durch Stichbogenfenster mit darüberliegenden Okuli gegliedert. *Prinzenhaus* v. 1769–72. Eingeschossiges *Stallgebäude* mit Walmdach und Mittelrisalit.

Marktstraße: 1787–91 für Handwerker angelegt.

Stadtbefestigung: Mauerring um die Stadt seit 1588–1612. Erhalten sind 2 Türme. Das Untertor wurde 1737 verändert. Fachwerkspeicher am Dillufer stützen sich teilweise auf die Mauern.

Stadtschloß: 1737 unter Einbeziehung des Untertores gebaut.

Wirtschaftsgeschichtliches Museum (Schloßberg 3): Das Museum in einer Villa im Schloßpark informiert über die wirtschaftliche und strukturelle Entwicklung des Dillgebietes.

Umgebung

Ewersbach (14 km n): *Ev. Pfarrkirche:* Mauern und Rundbogenfenster sowie Malereien eines roman. Vorgängerbaus erhalten. W-Turm des 1. Drittels des 13. Jh. Umbau des Schiffs im 15. Jh. in eine spätgot. Halle. – *Kanzel* auf Säule v. Ende 15. Jh.

Frohnhausen (4 km n): *Ev. Pfarrkirche* mit got. W-Turm des 14. Jh. Schiff v. 1780–84. Dreiseitige Empore.

Nanzenbach (5 km nö): Einheitliche Anlage eines interessanten Straßen- und Häusersystems.

6072 Dreieich
Offenbach

Einw.: 38 700   Höhe: 130 m   S. 354 □ C 4

D.-DREIEICHENHAIN
Inmitten des Reichsforstes Dreieich gelegener Stammsitz der Herren v. Hagen. Aufteilung des Besitzes nach Aussterben des Geschlechts. Seit 1816 hessischdarmstädtisch.

Ev. Kirche (Burganlage): Nach Brand der Burgkapelle Wiederaufbau 1713–16.

Burgruine (ehem. Wasserburg Hain): Im 11.Jh. königlicher Jagdhof. Um 1170 Bau v. Bergfried und Palas der Anlage auf viereckigem Grundriß. Umbauten im 15. und 16.Jh. Ehem. Wassergraben erhalten. Verfall der Burg seit dem 16.Jh. Restaurierung der Palasruine 1938.

Fachwerkbauten des 16. und 17.Jh. innerhalb der *Stadtmauern*.

Dreieich-Museum (Fahrgasse 52): 1956 entstandenes Museumsgebäude im Burggarten. Ausstellung zur Geschichte v. Burg und Stadt. Daneben paläontologische und geologische Exponate aus der Region.

D.-GÖTZENHAIN
Ev. Pfarrkirche v. 1775–76. Saalbau mit W-Turm.

Umgebung

Langen (3 km s): W des Ortes liegt das *Jagdschloß Wolfsgarten*, nach Entwürfen v. Louis Remy Delafosse 1721–24 angelegt. An einer Schmalseite des v. Wohnhäusern gerahmten rechteckigen Hofes steht das Herrenhaus mit Terrasse und Freitreppe. Gegenüber ein dreigeschossiger Uhrturm. Der Hauptbau ist mit Ledertapeten, Öfen und Kamin eingerichtet. – Im *Park* das v. Josef Maria Olbrich* 1902 errichtete *Prinzessinnenhäuschen*. – *Museum der Stadt Langen*: Eingerichtet im ehem. Rathaus v. 1826; Dokumente zur Stadtgeschichte und moderne Glasmalereien.

Ebsdorfergrund

3557 Ebsdorfergrund
Marburg-Biedenkopf

Einw.: 8100   Höhe: 240 m   S. 352 □ C 3

E.-BELTERSHAUSEN
Ev. Kirche: Urspr. romanischer Saalbau, vielfach umgebaut.

E.-Ebsdorf: *Ev. Pfarrkirche:* Roman. Ursprungsbau (um 1200); Chor spätes 15.Jh. Aufstockung und Umgestaltung des Schiffs 1743–45. Roman. Turm Mitte 13.Jh. als Wehrturm umgestaltet. – Roman. *Grabstein* (um 1000).

D.-Hachborn: *Ev. Kirche:* Kernbau 13.Jh.; Veränderungen 1695 und 1838.

D.-Heskem: *Ev. Kirche:* Spätroman. Chorturm (vermutlich 13.Jh.); Schiff 1923–25 erneuert.

D.-Rauischholzhausen: *Ehem. Schloß* des Freiherrn v. Stumm (heute Universität Gießen): 1871–75 v. Karl Schäfer begonnene Neorenaissance-Anlage in Stein

Rauischholzhausen (Ebsdorfergrund), Schloß

und Fachwerk nach dem Vorbild englischer Landschlösser in bewußter Asymmetrie. – Großzügig angelegter *Park;* am unteren Eingang Mühlengebäude mit manieristischen Portal- und Fensterrahmungen. – *Gutshof* der Rau v. Holzhausen. Fachwerkherrenhaus (1492) mit 4 Ecktürmchen auf dem Dach. Anbau mit Rokokotür.

D.-Roßberg: *Ev. Kirche:* Fachwerkbau v. 1753. – Sogen. Kirchenstumpf (s der Försterei Roßberg): Früher Kirche des Dorfes Udenhausen, seit dem 14. Jh. Ruine; einstmals frühroman. Schiff mit hufeisenförmiger Apsis; Portal setzt sich aus 2 hochgestellten Monolithen zusammen.

E.-DREIHAUSEN
Ev. Kirche: Neogot. Bau v. 1857. – Fundamente eines Zentralbaus mit Apsis wurden 1974 ausgegraben.

»Höfe« (Karoling. Curtis; über der Straße nach Vordeck): Weit ausladende viereckige Anlage mit Vor- und Haupthof (8.–9. Jh.) und Umgebungsmauern.

Umgebung

Burg Frauenberg (5 km nw): 1125 auf Basaltkegel errichtet. Zerstört zwischen 1470 und 1489.

3593 Edertal
Waldeck-Frankenberg

Einw.: 6300 Höhe: 250 m S. 353 □ D 2

E.-BERGHEIM
Ev. Pfarrkirche: Zuerst erwähnt 1085 (aus dieser Zeit stammen wohl die Wür-

Bergheim (Edertal), Ev. Pfarrkirche, >
Zweischiffiges Hallenlanghaus

NOV: EXSTRVCT?

IVSTICIA

< Bergheim (Edertal), Ev. Pfarrkirche, Gewölbeausmalung

felkapitelle). Wiederaufbau nach einem Brand 1331. Zweischiffiges vierjochiges Hallenlanghaus mit Chorturm (14.Jh.). Langhaus mit Kreuzgratgewölbe, gleichbreiter Chor mit Kreuzrippengewölbe. Einfache Würfelkapitelle auf schlanken Säulen. Im Chor *Wandgemälde* (1460) mit der Darstellung des Jüngsten Gerichts. *Rankenmalereien* am Gewölbe, 1573, v. B. Seltzer. *Kanzel* v. 1685, *Taufstein* v. 1731, spätgot. *Flügelaltar.*

Schloß: Anstelle einer früheren Burg seit 1669 für Graf Christian Ludwig v. Waldeck errichtetes Schloß. Veränderungen und Ausbauten 1785–86 durch Simon Louis du Ry; *Wirtschaftsflügel* (um 1669). *Herrenhaus* mit verputztem Fachwerk, 1785–86 v. S.L. du Ry erbaut. Hoffront mit Freitreppe v. 1839. *Tapetensaal* (über Gartensaal) mit französischer Graudruck-Tapete (1815) v. Joseph Dufour.

E.-HEMFURTH
Eder-Talsperre für den Edersee, 1910–12 errichtet; 400 m lang, 50 m hoch.

6405 Eichenzell
Fulda

| Einw.: 8200 | Höhe: 285 m | S. 355 □ E 4 |

Schloß Fasanerie: Einst Sommerschloß der Fürstäbte v. Fulda, heute Besitz der hessischen Landgrafen und Museum.
Das Alte Schloß, auch »Adolphseck« genannt, wurde um 1710 (durch Joh. Dientzenhofer?) erbaut. Neubau als »Lustschloß Fasanerie« unter Fürstbischof Amand v. Buseck. Ausführung v. dessen Entwürfen seit 1739 durch Andreas Gallasini. Bepflanzung der Auffahrtsallee unter Heinrich v. Bitra. Umbauten 1825 bis 1827 durch Joh. Konrad Bromeis (vor allem im Innern). – 3 hintereinander gestaffelte Toranlagen, die jeweils von Wachtgebäuden, Kavalierhäuschen bzw. Torhäuschen und Pavillons flankiert sind. Über den inneren Ehrenhof, der zu beiden Seiten von einem dreigeschossigen Pavillon begleitet wird, kommt man zum Mittelpavillon. Dieser ist durch zweigeschossige Trakte mit weiteren Pavillons verbunden. Parallel zum Haupttrakt das »Alte Schlößchen«, elegant an die Seitenflügel des Neubaus gegliedert. Die ältere Anlage wird beidseitig von je

Eichenzell, Schloß Fasanerie

82 Eiterfeld

einem Turm mit Haubenhelm (S-Turm: ehem. Schloßkapelle) betont. Dahinter ein von Längsbauten der Wirtschaftstrakte gerahmter Hof, dem der äußere Wirtschaftshof angegliedert ist. Vor dem Corps de logis 2 *Wappenlöwen* von 1735. In den *Park* gelangt man vom mittleren Pavillon der S-Seite über eine barocke Freitreppe. Die Anlage nach Plänen v. Benedikt Zick (1779) wurde 1824–27 v. Wilhelm Hentz im englischen Stil ausgebaut. – Das *Treppenhaus* im Innern weist Pilastergliederung auf; *Deckengemälde* (1748; Darstellung der 4 Erdteile) v. Emanuel Wohlhaupter. Einige Zimmer mit schönem Stuck und weiteren Deckengemälden v. E. Wohlhaupter. 3 Räume des Mitteltrakts richtete Bromeis klassizistisch ein. Im sog.»*Reiher-Saal«* hängen 60 Ölgemälde Johann Heinrich Tischbeins d. Ä. Neben Möbeln, Tapeten u. a. **Antiken-** und **Porzellansammlung** mit qualitätvollen Stücken aus europäischen Manufakturen.

6419 Eiterfeld
Fulda

Einw.: 6900   Höhe: 260 m   S. 353 □ E 3

Kath. Pfarrkirche St. Georg: 1728–31 vermutlich v. Andreas Gallasini entworfener einschiffiger Saalbau mit eingezogenem Chor. Außen Lisenengliederung; dreiseitig vorspringende Fassade mit eingestelltem Frontturm. Seitlich vom Mittelportal in Nischen die Heiligen Georg und Sebastian, davor freistehend Joh. von Nepomuk und Augustinus. Schlichtes Inneres mit stuckierter Spiegeldecke. – Ausstattung: Der mächtige *Hochaltar* mit Stuckmarmorsäulen nimmt die gesamte Breite des Chors ein. »*Pfingstwunder«-Gemälde* v. E. Wohlhaupter. Seitlich davon Holzskulpturen der Heiligen Georg und Sebastian; der Aufsatz mit auferstandenem Christus. – Ornamentierter *Taufstein* v. 1551.

Burg Fürsteneck (2 km, heute Heimvolkshochschule): Vor 1330 erbaute, schon von weither sichtbare Rechteckanlage mit quadratischem Bergfried. Reste der Ringmauer erhalten. Spätgot. Palas und Zwinger. Veränderungen unter Fürstabt Adalbert v. Schleiffras 1708–09 und 1952–53 durch Otto Bartning.

E.-BUCHENAU
Stammsitz des Adelsgeschlechts von Buchenau von 1200–1816.

Ev. Pfarrkirche: Eine der ältesten nachreformatorischen Dorfkirchen in Hessen. 1568–73 in nachgot. Stil errichteter einfacher Saalbau mit von einer Haube bekröntem Chorturm. Chorraum vom Schiff durch einen spitzen Triumphbogen mit Laufgang getrennt. Dreiseitig umlaufende Barock-Emporen im Schiff. – *Grabmäler* des 16.–19. Jh. *Orgel* von 1787.

Schloßbauten: Auf einer Bergnase oberhalb des Ortes das *Alte Schloß* v. 1576. Fachwerkobergeschosse und Treppenturm; s davon die Vorburg (1572–75). »*Obere Burg«:* Fachwerkgebäude mit Turm, Mitte 16. Jh. *Schloß:* Prachtvoller Zweiflügelbau im Stil der späten Weserrenaissance v. 1611–18. Wappenstein (1583) des Vorgängerbaus erhalten. Renaissancetür. Vor dem Schloß ein Renaissancebrunnen des frühen 17. Jh.

E.-SOISDORF
Kath. Pfarrkirche St. Bernhard: Noch roman. Chorturm mit gekuppelten Arkaden. 1718–23 Umbau und Erweiterung des Schiffs (v. Andreas Gallasini?). Saalbau mit Spiegeldecke und Chor mit Kreuzgratgewölbe.

Umgebung

Oberstoppel (8 km w): *Burg Hauneck* (Stoppelsberg), gegr. v. den Herren v. Haun. Seit 1409 hess. Amtssitz. Wiederaufbau nach Brandstiftung 1498. Seit 1484 Wohnburg Hans Jakob v. Ettlingens. Erhalten sind Reste des Burgfrieds. Verfall zur Ruine seit dem 17. Jh.

Odensachsen (12 km nö): *Ev. Kirche:* Im

Eichenzell, Brunnen im Marstallhof >

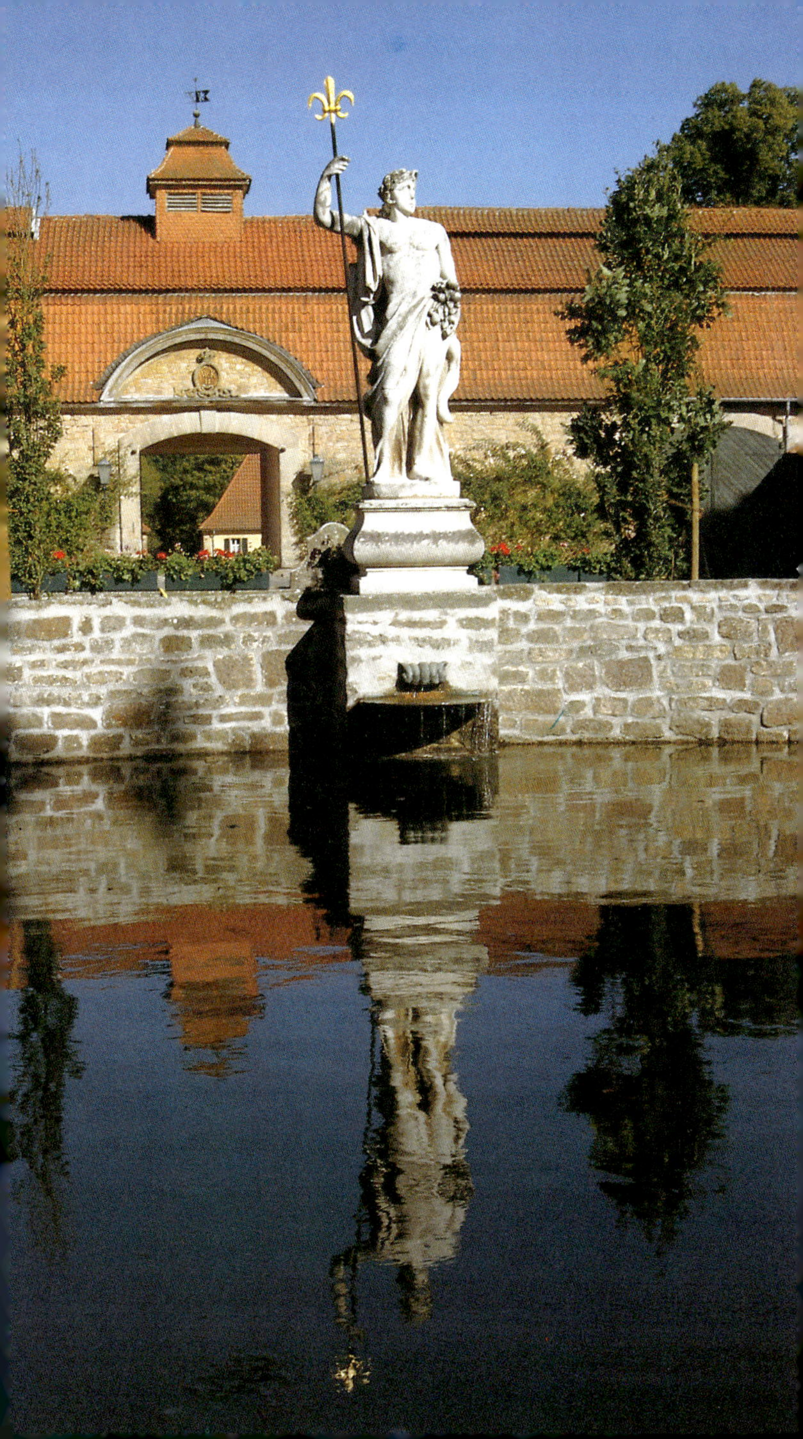

84 Elbtal

Eltville am Rhein, Kloster Eberbach

Innern aufwendig gegliedertes Schiff (1706–08), das an den spätgot. Chorturm mit Spitzhelm und Wachhäuschen angefügt wurde. Dreiseitig umlaufende zweigeschossige Empore; die Mitteltonne lastet auf hölzernen Pfosten. – *Kanzelaltar* (Chor) mit baldachinartigem Überbau (2. Hälfte 17. Jh.). Aus der Zeit stammt auch die *Orgel* (Knorpelornament). *Taufstein* v. 1582. Decken-, Emporen- und Kanzel*bemalung* v. Gustav Altmöller, 1741.

6251 **Elbtal**
Limburg-Weilburg
Einw.: 2200   S. 354 □ B 4

E.-DORCHHEIM
Alte kath. Pfarrkirche St. Nikolaus (heute Friedhofskirche): Schöne ma Anlage mit flachgedecktem Hauptschiff. Anfang 16. Jh. Abbruch des n Seitenschiffs; an der s Wand Spitzbogenfenster mit spätgot. Maßwerk. Neue Flachdecke auf 2 achteckigen Eichenpfeilern mit qualitätvollen Schnitzereien. *Wandgemäldezyklus* im Chor, Ende 15. Jh., mit Darstellung des Kreuzwegs, Christus als Weltenrichter, Apostel und Heilige.

Neukath. Pfarrkirche St. Nikolaus: Neogot. Hallenbau mit 3 Schiffen v. 1905–06. Innenraum mit quadratischem Mittelfeld (Zentralbau-Tendenz).

E.-ELBGRUND
Lehenhof Waldmannshausen (heute Landschulheim): Dreigeschossiger Steinbau mit Rundtürmen und Treppenturm. Umgestaltung der Innenräume und Obergeschosse um 1800. *Wirtschaftsgebäude* aus derselben Zeit. – Im *Park* westlich der Anlage Ruine einer ma Burg.

6228 **Eltville am Rhein**
Rheingau-Taunus-Kreis
Einw.: 16 000   Höhe: 89 m   S. 354 □ B 4

Der Name leitet sich von »alta villa« (hochgelegene Siedlung) her. Der französische Königshof fiel schon vor dem 10. Jh. an die Mainzer Erzbischöfe, die ihn zum Stützpunkt machten. 1332 Stadtrechte und Beginn des Burgbaus. Die Festung diente den Erzbischöfen im 14. und 15. Jh. als Residenz. Wahrscheinlich lebte hier 1465–68 Johannes Gutenberg. Seit 1866 preußisch. Bedeutende Wein- und Sektstadt.

Kath. Pfarrkirche St. Peter und Paul: Reste einer Basilika des 9. Jh. und eines Neubaus (12. Jh.) wurden freigelegt. Baubeginn des heutigen unsymmetrischen, zweischiffigen Hallenbaus, begonnen 1350. Aufbau des W-Turms ab 1400. Zweijochiger Chor mit $^5/_8$-Schluß. Portal und Obergeschoß des Turmes um 1420/30. Barock-Haube v. 1783. – Aus-

Eltville am Rhein, Pfarrkirche > St. Peter und Paul, Taufstein

THOMAS S PHILIPVS S ANDREAS S PETRVS

Eltville am Rhein

Eltville am Rhein, Kloster Eberbach, Kirche, Mittelschiff

stattung: 1961 Freilegung spätgot. *Wandmalereien* (Vorhalle) mit Jüngstem Gericht (1405); *Wandtabernakel*, 2. Hälfte 14. Jh.; *Taufstein* (bez. 1517) aus der Werkstatt Backoffens (mit Evangelistensymbolen am Fuß und den Aposteln am Rand des Beckens); *Mondsichelmadonna*, frühes 16. Jh. v. sogen. »Meister mit dem Brustlatz«; neogot. *Hochaltar* und *Orgel* v. 1869; *Grabsteine* und *Bildnisepitaphien*, u. a. das *Renaissance-Denkmal* der Agnes von Koppenstein (gestorben 1553). An der N-Seite außen die *Ölberggruppe*, 1520, Umfeld Hans Backoffens. – *Kapelle* (Kirchhof) v. 1717 mit der aus der Backoffen-Werkstatt stammenden *Kreuzigungsgruppe* von 1503.

Burg: Der Vorgängerbau war eine ottonische (?) Burg. Erneuerung ab 1330 durch Erzbischof Balduin v. Luxemburg; 1345 vollendet. Bis 1480 Residenz der Erzbischöfe. Ältere Flügel seit 1635 nur als Ruine erhalten. O-Flügel 1682 v. Giovanni Angelo Barella wiederaufgebaut. Viereckige Anlage mit umlaufendem Graben; fünfgeschossiger Wohnturm mit gewölbter Halle (spätgot.). Im N schließt sich ein got. Wohngebäude an.

Burg Craß: Direkt am Rhein gelegenes, in seinen ältesten Teilen romanisches Gebäude; mehrfach verändert.

Gräflich Eltzscher Hof, bestehend aus einzelnen Gebäuden des 17. und 18. Jh.

Fachwerkbauten: *Ehemaliges Rathaus* (1511 und 1590), *Schmittstr. 1* von 1576; *Rheingauer Str. 43*, frühes 16. Jh., *Marktstr. 3* (1725), *Rheinufer 3* ist klassizistisch.

Hof der Langwerth von Simmern: Gebäudekomplex aus mehreren autonomen Höfen. *Stockheimer Hof* im spätgot. Stil v. 1550 mit Giebelerker und sechseckigem Treppenturm. Innen neogot. – Gegenüber spätgot. Fachwerkgebäude, um 1500. An der Straße liegendes *Herrenhaus*, das sich der schwedische Gesandte Habbäus v. Lichtenstern 1669 errichten ließ, ist ein eingeschossiger Bau, der im frühen 19. Jh. aufgestockt wurde. Fenster mit Renaissance-Ornamentik.

Stadtbefestigung: Erstmals 1313 erwähnt. Nur noch Teile erhalten: Rundturm mit Mauerwerk und am Rheinufer gelegenes *Martinstor* (gehörte seit 1751 zum Eltzschen Hof).

Veranstaltungen und Brauchtum: *Erdbeerfest* im Juni, *Sektfest* Anfang Juli, *Weinfeste* August und September.

E.-ERBACH
Kath. Pfarrkirche St. Markus: Dreischiffige Hallenkirche mit 3 Jochen, 1477 begonnen (vollendet 1506). Kreuzgratgewölbe im Mittelschiff, Netzgewölbe in den Seitenschiffen. Spätgot. Portal. Verlängerung des Langhauses nach Osten um 1721–23. 1727/28 Erhöhung des Mittelschiffs und Neubau eines Chores. Langhaus mit kurzen Achteckpfeilern.

Eltville am Rhein, Burg >

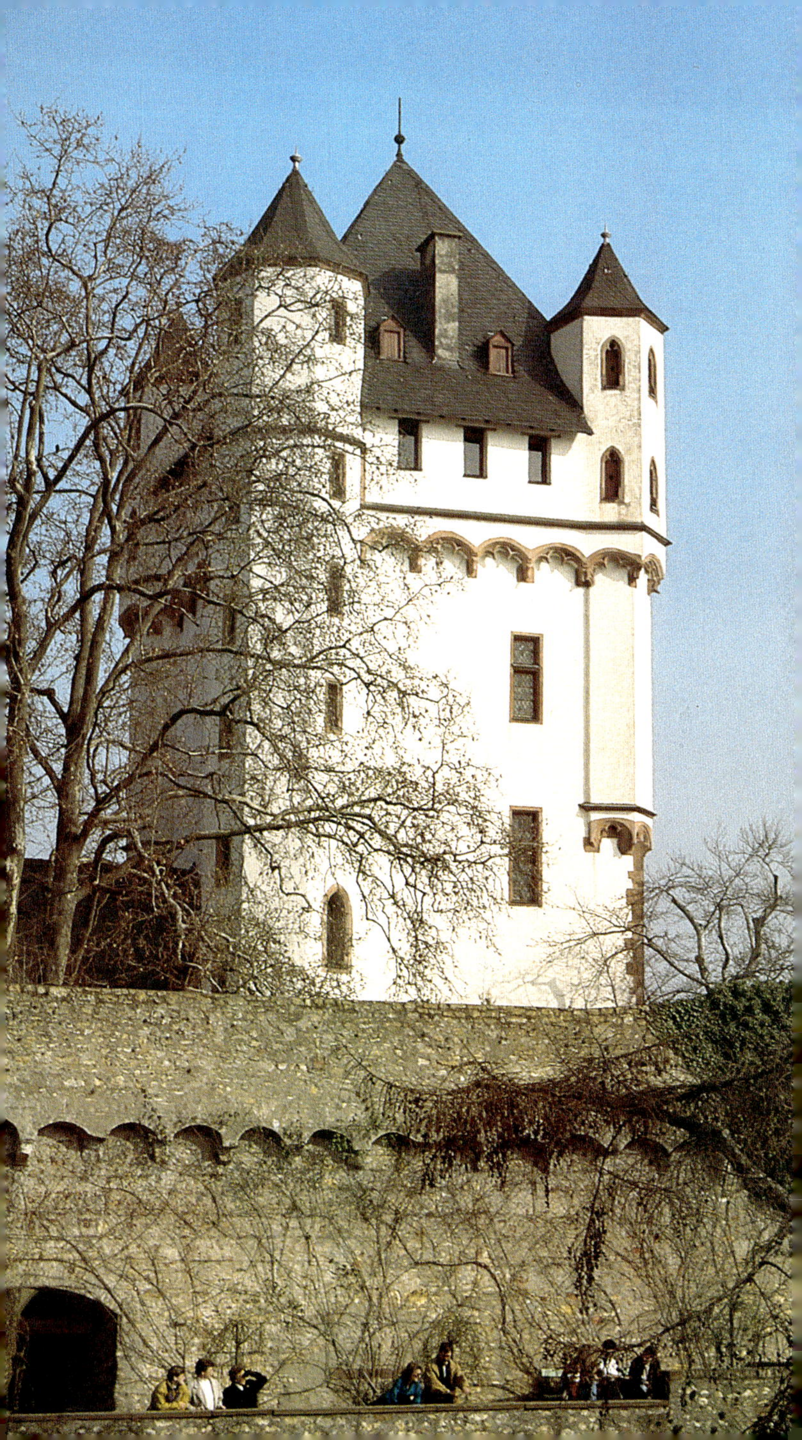

88 Eltville am Rhein

W-Empore mit Brüstungsmalereien (1725). – Ausstattung: *Hochaltar* v. 1819 (Anlehnung an barocke Formen); n *Seitenaltar* (Mitte 18.Jh.) mit Evangelistenskulpturen; *Orgel* von 1723, *Kanzel* von 1741. *Taufstein* und *Gestühl* von 1725 bis 1730.

Ev. Pfarrkirche: Stifterin des dreischiffigen Hallenbaus v. 1865 war Prinzessin Marianne v. Nassau; erbaut v. Eduard Zais.

Friedhof mit Kreuzigungsgruppe aus der Backoffen-Werkstatt.

Frühmesserei (Rathausstr. 2/4): Fachwerkbau, ursprünglich Hauskapelle einer Jesuitenniederlassung; Stuckdekorationen v. 1746.

Schloß Reinhartshausen (W-Rand v. Erbach; heute Hotel): Konglomerat v. 3 Höfen: *Herrenbau*, 1801 begonnen; im Innern *Festsaal* im pompejanischen Stil (1825). *Wirtschaftsgebäude*, Anfang 19.Jh. verändert.

Fachwerkbauten des 17. bis 19.Jh.

E.-HATTENHEIM
Kath. Pfarrkirche St. Vincenz: Ausgrabung einer kleinen, karolingischen Kapelle. Von einer frühgot. Kirche sind der um 1230 errichtete Turm mit Spitzhelm und das frühere W.-Joch des Schiffes (heute Sakristei) erhalten. 1739/40 Bau des barocken Rechtecksaals mit Chor. An der Spiegeldecke *Malereien* v. Joseph Vulcano. *Orgel* v. 1739–41; aus derselben Zeit *Hochaltar* und weitere *Altäre, Kanzel, Altarstatuen*. – Vor dem Kirchgebäude steht eine *Kreuzigungsgruppe* (1520) aus der Werkstatt Backoffens.

Burg: Erbaut v. den Rittern v. Hattenheim. Seit 1411 im Besitz der Freiherrn v. Langwerth v. Simmern. Quadratische ma Anlage mit vierstöckigem, spätgot. *Wohnturm* (15.Jh.) mit gekuppelten Fenstern. Alles Übrige ist verfallen.

Adelshöfe des 17.–19.Jh.

Fachwerkbauten des 16.–19.Jh.

Ehem. Zisterzienserkloster Eberbach (außerhalb Hattenheims): Einsam im Tal des Kissel- oder Eberbaches zwischen Taunus und Rheingau gelegen, zählt das Kloster zu den eindrucksvollsten und besterhaltenen Klosteranlagen Deutschlands. – 1135 siedelten sich hier Zisterziensermönche aus Clairvaux/Burgund an.
1. Bauabschnitt (1145–1160) unter Abt Ruthard; Unterbrechungen der Bautätigkeit wegen politischer Kämpfe zwischen Papst und Kaiser. Festgelegt war jedoch bereits der Grundriß einer dreischiffigen kreuzförmigen Pfeilerbasilika mit langrechteckig verlaufendem Chor. An die ö Querhausarme sind jeweils 3 Seitenkapellen angefügt.
Der 2. Bauabschnitt begann um 1170 unter dem 3. Abt Gerhard. Weihe der Kirche 1186. Einheitliche Kreuzgratwölbung der Decke; rheinischer Stützenwechsel im Langhaus. Fertigstellung der Klostergebäude um 1230. 1260/70 Erweiterung der Wohnflügel; Neubau des Dormitoriums. 1803 hob man den Klosterbetrieb auf.
Dem kreuzförmigen roman. Baukörper ist eine Reihe got. Kapellen mit Dreiecksgiebeln und Maßwerkfenstern vorgelagert. Dachreiter und Gesimse sind barock. Wenige roman. Fenster sind erhalten. An der S-Seite ein kreuzgewölbtes Paradies des späten 12.Jh. mit Portal; die W-Fassade ist durch eine Fenstergruppe gegliedert.
Innenraum: Dreischiffige Basilika im gebundenen System. Kreuzgratgewölbe auf wuchtigen Rechteckpfeilern; jeder 2. Pfeiler mit flacher Gurtbogenvorlage. Halbkreisarkaden entsprechend dem rhythmischen Ablauf der Obergadenfenster. Die Gewölbe v. Vierung, Querhaus und Chor ruhen auf runden Diensten mit Würfelkapitellen. Im Querhaus sind Scheidbögen und Chorbogen abgetreppt. Chorkapellen mit Kreuzgratgewölbe enden in Rundbögen. Stuckierung in den n Kapellen.
Ausstattung: Erhalten sind Teile des alten *Fußbodens*. Roman. *Piscina* im Chor. *Hochgrab* des Mainzer Erzbischofs Gerlach v. Nassau (gestorben 1371); Deckplatte des *Tumbengrabes* des Erzbischofs Adolf II. v. Nassau (gestorben 1475).

Eltville am Rhein, Kloster Eberbach, Hochgrabdenkmal (l); Dormitorium (r)

7 *Denkmäler* der Grafen v. Katzenelnbogen im s Querhaus.
Auf dem Weg zu den *Klostergebäuden* das 1740/41 errichtete *Pfortenhaus.* Im N der Kirche liegen die Ordensgebäude: Roman. *Kreuzgang* mit Flachdecke; aus got. Zeit blieben nur N- und W-Flügel (2. Hälfte 13. Jh.) mit rundbogigen Maßwerkfenstern erhalten. Gewölbekonsolen mit Figuren- und Laubschmuck. *Wohnbau der Konventualen* (O-Flügel der Klausur): Im Erdgeschoß die Sakristei mit Tonnengewölbe. Dahinter der *Kapitelsaal* (quadratischer Grundriß), der 1350 verändert wurde; Sterngewölbe auf Achteckpfeiler. Daran ist die Fraternei angefügt, darüber das um 1270 begonnene *Dormitorium,* eine Halle mit 2 Schiffen von 11 Jochen. Der Schub des Kreuzrippengewölbes wird v. Rundpfeilern mit Blattkapitellen abgeleitet. Eine roman. Treppe führt zum Kirchen-Querschiff. Der N-Flügel der Klausur aus der Zeit vor 1186 wurde um 1500 durch Fachwerkkonstruktion erhöht. Im N des Kreuzgangs das *Refektorium,* um 1720 erhöht. Stuckdecke v. Daniel Schenk. *Schnitzschrank* v. 1640. Roman. Portal zum Kreuzgang hin. Im W die Küche mit darübergesetzter Wärmestube sowie Backhaus und Spendenraum. Das *Refektorium der Konversen* mit seinem Portal zur Klostergasse w v. Kreuzgang. – Nicht direkt mit dem Klosterkomplex verbunden die ö gelegenen *Hospitalbauten.* Vom *ehem. Hospital* sind im Erdgeschoß die dreischiffige Halle mit Gratgewölbe erhalten. Knospen- und Kelchkapitelle v. 1220/30. Das *Neue Krankenhaus,* das den ö Klausurflügel mit dem alten Hospitalbau verbindet, wurde 1752–53 im Barockstil errichtet. *Abteigarten* (s der Kirche) des 17. Jh. – Gut erhaltene *Klostermauer.*

E.-RAUENTHAL
Kath. Pfarrkirche St. Antonius: Ehem. flacher Bau v. 1326, 1459–64 umgebaut zur heutigen Wandpfeilerkirche. Sterngewölbe v. 1492. Dreijochiges Schiff,

Eppstein

schmalerer Chor und W-Turm (1558 verändert). – *Madonnenstatue* des »Meisters mit dem Brustlatz« v. 1500; *Leuchtertisch* für 103 Kerzenhalter (spätgot.); *Hochaltar* v. 1691.

Fachwerkhäuser des 16.–19. Jh.

Umgebung

Niederwalluf (2 km nö): *Kath. Pfarrkirche St. Joh. d. T.:* Kleiner got. Bau, umgebaut 1718–19, Anbau 1954–56. – *Fachwerk-Kapelle* am Pfälzerweg. – Ruine der ehem. frühmittelalterlichen *Johanneskirche*. – Daneben Reste einer *Burgstätte*. – Barockes *Wohnhaus* (Mitte 18. Jh.) der sog. »*Idylle*«.

6239 Eppstein
Main-Taunus-Kreis

Einw.: 12 300   Höhe: 184 m   S. 354 □ B 4

Seit Ende des 12. Jh. Sitz der – ehem. Hainhausener – Grafen v. Eppstein. Ausbau der bereits 1122 erweiterten Burg im 12.–14. Jh. Aufteilung des Besitzes unter Hessen und Mainz. Nach und nach Verfall zur Ruine; 1803 wurden einige Burgtrakte niedergerissen.

Ev. Pfarrkirche (ehem. St. Laurentius): Um 1435 anstelle einer roman. Kirche errichteter spätgot. Bau mit vierjochigem Schiff und Chor mit $^5/_8$-Schluß. Verschieferter Dachturm, 2. Hälfte 17. Jh. – *Bildnisgrabsteine* des Eppsteiner Geschlechts; *Kanzel* (1716) v. Joh. Gottfried Mahr.

Kath. Kirche St. Laurentius: 1903 gebaute dreischiffige, kreuzförmige Basilika in neogot. Stil.

Burgruine: Aus der Zeit um 1000 stammt der untere Teil des hohen Bergfrieds. Seine runden Obergeschosse wurden im 14. Jh. hinzugefügt. Innenräume mit Kuppelgewölbe. 3 got. Türgewände; aus derselben Zeit stammen der Palas (ehem. mit 4 Stockwerken) und andere Flügel. Wehrmauer mit kleinem Rundturm. Restaurierung 1970–72. Das sog. *Mainzer Schloß* (ö Teil des Berings) beherbergt das Heimatmuseum.

Fachwerkhäuser des 15.–18. Jh.

Heimatmuseum (Burg): Untergebracht in der ehem. Rüstkammer. Sammlung zur Geschichte des Geschlechts v. Eppstein, der Burg und der Stadt.

Raule-Automobil-Museum (Hauptstr. 130): Sammlung v. 75 Oldtimern, Kleinwagen und Motorrädern der 50er Jahre.

6120 Erbach
Odenwaldkreis

Einw.: 11 000   Höhe: 223 m   S. 354 □ C 5

Hier hatten die 1095 zuerst erwähnten Schenken zu Erbach ihren Sitz. Um eine spätromanische Wasserburg entstand im 14. Jh. eine Burgmannensiedlung. 1321 erstmals als Stadt erwähnt. Im 15. und 16. Jh. nach und nach Ausbau von Wohnsiedlungen. Seit dem 18. Jh.: Wochenmarkt. Ab 1748 hatten hier die Grafen v. Erbach-Erbach ihre Residenz. Vor allem Franz I. engagierte sich hinsichtlich kultureller Bereicherung Erbachs.

Ev. Stadtkirche: 1497 Erhebung der 1370 im »Städtel« errichteten Kapelle zur Pfarrkirche. Ein Neubau erfolgte unter Graf Georg Wilhelm 1748–50. Saalbau mit dreiseitigen Emporen. – *Orgel* mit Rokoko-Ornamentik, 1760-70.

Schloß: Erhalten ist von der einstigen Burg lediglich der Bergfried (um 1200). 1736 ersetzte ein 20achsiger Flügel den gotischen Bau mit Frontseite zum Marktplatz hin. Der Brand von 1893 veränderte das Äußere einiger Gebäude der Schloßanlage. – Im Schloß sind Grabdenkmäler, die sich ehemals in der Steinbacher Erhardsbasilika befanden, untergebracht. **Gräfliche Sammlungen und Afrikanisches Jagdmuseum:** Um 1800 wurde das Museum, das die Sammlung des Grafen Franz I. zu Erbach-Erbach präsentiert, hier eingerichtet. Neben Möbeln (17.–19. Jh.) und Waffen (16. bis 19. Jh.) sind Jagdtrophäen und Tierpräparate in Dioramen zu sehen.

Orangerie (jenseits der Mümling) von 1722, in einem Garten gelegen. Auf der gegenüberliegenden Uferseite steht die **Schloßmühle** von 1723 (umgebaut als Marstall im 19. Jh.).

Rathaus: 1545 errichteter Zweiflügelbau. Umbau: 1593. Erneuerung des Fachwerkobergeschosses nach Brand.

Burgmannenhöfe (im Städtel): Ältester Hof ist das sogenannte *Templerhaus* aus dem 15. Jh.; *Habermannsburg* (1515) mit Familienwappen; *Hof der Echter* mit Wappen.

Befestigung: Reste von Mauerteilen und ein Eckturm erhalten.

Deutsches Elfenbeinmuseum Erbach (Öffnungszeiten: 10.00–12.30 Uhr, 14.00 bis 17 Uhr): Durch Initiative Graf Franz I. zu Erbach-Erbach (1754–1823) und generell im 19. Jh. entwickelte sich die Stadt zu einem wichtigen Zentrum deutscher Elfenbeinverarbeitung. Kunsthandwerk und Gebrauchsgegenstände aus dem wertvollen Material sind ausgestellt.

3440 Eschwege
Werra-Meißner-Kreis

Einw.: 23 000   H.: 160–250 m   S. 353   □ F 2

Noch vor dem Zusammentreffen der Chatten mit den Hermunduren existierte hier das Dörfchen »eskinivvach« (»Siedlung bei den Eschen am schnellen Wasser«). – Mitte des 8. Jh. wurde ein Königshof errichtet. Um eine oberhalb der Werra gelegene »Curtis« entstanden Siedlungen. Mit der ältesten erhaltenen Urkunde (29. April 974) schenkte Kaiser Otto II. seiner Ehefrau Theophanu das Eschweger Gut. Deren Tochter Sophie gründete um 1000 v. Gandersheim aus ein dem hl. Cyriakus geweihtes Kanonissenstift. 1075–1213 gehörten Stift und Siedlung zu Speyer. 1264 fiel die Stadt zum ersten Mal an Hessen. Sie entwickelte sich stetig und vergrößerte sich im Süden. Seit 1436 war sie endgültig hes-

Eschwege, Landgrafenschloß, Ostgiebel (l); Altes Rathaus (r)

92 Eschwege

Eschwege, Nikolaiturm

Schwebda (Eschwege), Pfarrkirche mit romanischem Westturm

sisch. Im 30jährigen Krieg litt Eschwege u.a. unter den Brandschatzungen der Kroaten, 1637.
Im 19.Jh. entwickelten sich zahlreiche Industriebetriebe.

Ehem. Reichsabtei St. Cyriax (Kanonissenstift): Anfang 17.Jh. wurde die spätgot. Saalkirche an den von der ehem. Stiftskirche des 11./12.Jh. noch stehenden *Karlsturm* (oder *Schwarzen Turm*) angefügt. Davor steht die v. Joh. Friedrich Mattei 1828 errichtete *Bürgermädchenschule*.

Ev. Altstädter Kirche St. Dionys (Marktplatz): Bauabschnitte vom 13.–16.Jh. W-Turm aus der 2. Hälfte des 13.Jh.
Nahezu quadratische Halle mit Sterngewölben und polygonal abschließendem Chor (1450 begonnen). – Wertvolle Barockausstattung: Geschnitzte *Kanzel*, 17. Jahrhundert, *Orgel* v. J.F. Schäffer, 1677–79.

Unter dem Altar die Fürstengruft, in der auch der »Tolle Fritz«, Landgraf Friedrich v. Hessen-Rotenburg (gestorben 1655) beigesetzt ist.

Ev. Neustadt-Pfarrkirche St. Katharinen: Spätgot. Hallenkirche v. 1436, Turm v. 1374, Chor 1474, Langhaus v. 1484–92, Gewölbe v. 1520. 1965 Freilegung v. Rankenwerk im Chorgewölbe. Spätgot. *Steinkanzel* v. 1509.

Landgrafenschloß (Schloßplatz 1): Anstelle einer seit 1386 v. Landgraf Balthasar v. Thüringen errichteten Burg steht heute eine unregelmäßige Dreiflügelanlage, die einen Binnenhof umschließt, aus dem 16./17.Jh. Bekrönendes Fachwerk-Haubentürmchen mit barocker »Dietemann«-Kunstuhr (gestiftet 1650 v. Landgraf Friedrich v. Hessen-Eschwege). Die »Dietemann«-Figur – Wahrzeichen der Stadt – läßt jede volle Stunde ihr Horn ertönen.

Altes Rathaus: 1650/60 am Marktplatz mit reizvollen Fachwerkzeilen erbaut.

Wohnhäuser: *Mittelgasse* mit Fachwerkhäusern und Hinterhofidyllen; *»Raiffeisenhaus«* v. 1679 mit zahlreichen Balkenschnitzereien; vorbildlich restauriertes *Haus Hinske.*

Nikolaiturm, auch Klausturm: Ehem. St. Godehardkirche aus dem 12. Jh. – **Bismarckturm** (1903) mit lohnendem Ausblick auf den Großen Leuchtberg (319 m).

Heimatmuseum (Vor dem Berge 14a): Funde v. der Altsteinzeit bis zur fränkischen Epoche in einem ehemaligen Tabaklager.

Veranstaltungen und Brauchtum: *Johannisfest* Anfang Juli.

E.-ALBUNGEN
Burg Fürstenstein: Hoch über dem Werratal gelegene Burg (fiel vor 1327 an Hessen), ab 1596 Sitz der Diede zum Fürstenstein. Spätgot. Wohnturm mit Fachwerketage und Treppentürmchen.

Burgruine Bilstein (Höllental): Einstige Residenz der Grafen v. Bilstein (1301 ausgestorben); nur noch Mauerreste erhalten.

Umgebung

Grebendorf (2 km n): *Renaissance-Herrenhaus* des Bernhart v. Kendell zu Schwebda v. 1610; vorbildlich wiederhergestellt. Auf einem massiven Steingeschoß erheben sich 2 Fachwerketagen. – *Pfarrkirche* v. Mattei, 1820.
Schwebda (4 km ö): *Ev. Pfarrkirche,* 1785 errichteter Saalbau mit roman. W-Turm des 12. Jh. – Orgel v. 1844. – Hier ließ Bernhart v. Kendell 1529 ein dreigeschossiges *Herrenhaus* bauen. Vorhangbogenfenster und Portal spätma. – *Burg* (heute Gutshof): 1529–33 im spätgot. Stil v. Kendellschen Geschlecht angelegt; Rechteckbau. Portal mit kunstvoll gearbeitetem Sturz und Wappen. Innen 2 Kamine des 16. Jh. – Auf der gegenüberliegenden Hofseite: *Wohnhaus* v. 1852. – *Schloß Wolfsbrunnen* oberhalb von Schwebda, 1904–06 unter Alexander v. Kendell im Neorenaissancestil erbaut.

Feldatal

6324 Feldatal
Vogelsbergkreis

Einw.: 3000   Höhe: 370 m   S.353 □ D 3

F.-ERMENROD
Ev. Kirche v. 1735; kleiner Fachwerkbau mit zurückgesetztem Dachreiter, runder Chorbogen aus Holz. – *Kanzel* mit Holzfiguren.

F.-STUMPERTENROD
Ev. Pfarrkirche: Größte Fachwerkkirche der Vogelsberger Region. 1696–97 errichtet, Innenbau 1712 vollendet. Untergeschoß mit V-förmigen Streben, Obergeschosse mit »Mannformen«, Wetterseite verschindelt; Dachreiter über dem Eingangsgiebel. Saal mit flacher Holztonne und Emporen. Reiches Portal mit Schnitzwerk. – *Kanzel* v. 1617.

F.-ZEILBACH
Ev. Kirche: 1668 v. Andreas Diel und Jost Weizel errichteter kleiner Fachwerkbau. Schlichte Außenkonstruktion, verschindelte O- und S-Seite. Im Innern lastet der Längsunterzug auf einer Mittelsäule. Holzgerüst mit Rundbogen vor

Felsberg

dem Chor. 4 Deckenfelder mit Stuckornamentik.

Umgebung

Ruppertenrod (9 km sw): *Ev. Kirche:* 1710/11 errichteter Bau im Stil der »Stumpenröder« Kirchen. – »Tannenbaum«-Motive aus Fachwerk auf der O-Seite. Muldendecke auf Längsunterzug; dreiseitig umlaufende Empore.

3583 Felsberg
Schwalm-Eder-Kreis

Einw.: 11 100   Höhe: 165 m   S. 353 □ D 2

Auf einem Basaltkegel liegt die Burg Felsberg, ehem. Sitz der 1090 erstmals genannten Grafen v. Felsberg. 1286 als Stadt bezeichnet, war der Ort bereits hessisch. Starke Schäden verursachte der Dreißigjährige Krieg.

Ev. Pfarrkirche (St. Nikolaus und St. Jakob): Spätgot. Bau; W-Turm aus dem 14. Jh.; einjochiger Chor mit $^5/_8$-Schluß und Rippengewölbe. 2. Hälfte des 15. Jh. – Im W der Kirche *Deutschordenskomturei* (gehörte 1247–1809 zum Deutschen Orden). Erhalten ist das 1726 in Fachwerk errichtete *Pfarrhaus.*

Alter Friedhof mit *Kapelle St. Jakob:* Im frühen 16. Jh. verändert. Daneben das 1773 neu errichtete *Hospital St. Valentin.*

Burg (heute Ruine): Ehem. Besitz derer v. Felsberg, ab 1286 hessisch. Ausbauten im 14. Jh. Zerstörung im Dreißigjährigen Krieg. Hoch über der Stadt der steile Rundbergfried. Umfassungsmauer aus dem 14. Jh. Im S des inneren Berings liegt die *Burgkapelle St. Pankratius,* heute Heimatmuseum.

F.-ALTENBURG
Die *Burg* ist reizvoll auf einer Anhöhe gelegen. Wiederaufbau im 14. Jh. Turm v. 1388. Ein großer Teil ist verfallen.
Herrenhaus (am Fuß der Burg) im Fachwerkstil mit Wappenresten v. 1602 und 1681.

F.-GENSUNGEN:
Burgruine Heiligenberg: Die Burg wurde 1186 auf einem Basaltkegel angelegt; nach Zerstörungen 1401 Wiederaufbau,

Felsberg, Burg

seit 1471 verfallen. Am Fuße des Berges Ort mit **Ev. Kirche** (Friedhof); klassizistischer Bau (1824) v. Peter Augener.

Domäne Mittelhof (im NO des Ortes); *Herrenhaus* des frühen 17. Jh. (als Jagdschloß für Landgraf Moritz I. gebaut), *Wirtschaftsgebäude* v. 1650–68.

Heimatmuseum Gensungen (Bahnhofstr. 12) mit vor- und frühgeschichtlichen Funden der unteren Edertalregion.

3558 Frankenberg/Eder
Waldeck-Frankenberg

Einw.: 17 600　　Höhe: 322 m　　S. 352 □ C 2

Ehemaliger Grenzort der Franken gegen die sächsischen Truppen. Stadtgründung und Bau einer Burg durch die Thüringer als Schutz vor den Mainzern, um 1234. Bezeichnung als Stadt: 1249. 1476 Stadtbrand.

Ev. Stadtpfarrkirche (Liebfrauenkirche): Grundsteinlegung 1286 unter Landgraf Heinrich I., 1337 Vollendung des Langhauses. Chorneubau (Weihe 1353), Vergrößerung des Langhauses und Turmbau (1359) unter Meister Tyle v. Frankenberg. Nach dem großen Brand 1476 Wiederaufbau einer dreischiffigen, kreuzförmigen Hallenkirche. Dreikonchenanlage (nach dem Vorbild der Marburger Elisabethkirche) mit langem Chor. Außenbau mit gestuften Strebepfeilern mit verkröpftem Kranzgesims und Wechsel der roten und gelben Buntsandsteinquader. Über den Seitenschiffjochen quergelagerte Walmdächer. W-Turm mit Eckürmchen v. 1897; zweiteiliges Portal. Im Innern Kreuzrippengewölbe auf Dienstbündelpfeilern mit Blattwerkkapitellen. Die Konsolen der ö Langhauspfeiler und des Chors tragen Masken und Tierköpfe. Zweiteilige Maßwerkfenster im Langhaus, dreiteilige im Chor. – *Steinkanzel* mit Maßwerk v. 1554; *Altarskulpturen*, um 1380; *Ausmalung*, seit 1478. – An das s Querhaus wurde die *Marienkapelle* (1370/80) von Meister Tyle angefügt. Der Zentralbau weist dreiteilige Maßwerkfenster mit Dreipässen auf. Nischen zwischen den Diensten tragen Figuren. – Steinerner *Altaraufbau* (6,5 Meter hoch) mit Figuren, Wimpergen und Fialen verziert.

Ehem. Zisterzienserinnenkloster Geor-

Stumpertenrod (Feldatal), Ev. Pfarrkir-

Frankenberg/Eder, Ev. Stadtpfarrkirche

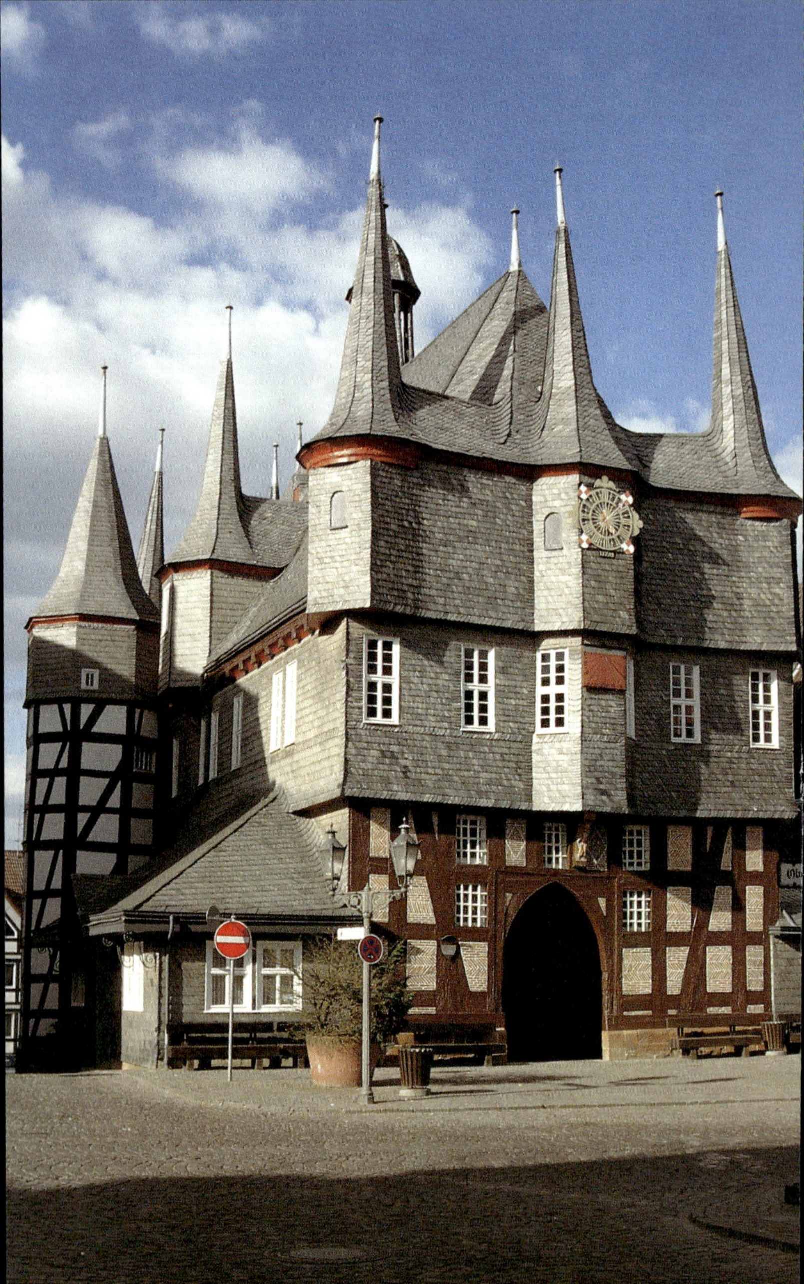

Frankenberg, Liebfrauenkirche 1 Sakristei **2** Liebfrauenkapelle

genberg: 1242 durch Konrad v. Itter gegründet. Veränderungen im 14. und 16. Jh. Romanische Reste erhalten.
Im N-Flügel befindet sich das *Kreisheimatmuseum* mit sakralen Objekten (Sandsteinfiguren), ländlichen Trachten, Möbeln und Werkzeugen sowie Stein- und Bronzezeitfunden.

Rathaus: Zwischen Ober- und Untermarkt 1509/10 errichtetes Fachwerkgebäude, das zu den schönsten seiner Art in Hessen gehört. Das Dach ist von 9 Eck- und Mittelürmchen bekrönt, der

< *Frankenberg/Eder, Rathaus aus 1421, ursprünglich dreigeschossiger Bau*

Frankenberg/Eder, >
Rathaus, Konsolengruppe

Frankfurt am Main

10. Turm steht frei und birgt das Treppenhaus. Zwischen die Gefache des Erdgeschosses sind Klinker in Fischgräten- und Bandmuster eingefügt. Die 2 wie das Dach seit dem 19. Jh. verschieferten Obergeschosse kragen an den Schauseiten hervor. Originelle Schnitzskulpturen an den Konsolen v. Philipp Soldan. An der zum Obermarkt gerichteten Seite kniender Mann in Tracht, auf dessen Schultern ein Narr mit Kappe und Flöte hockt. Schöne Uhr v. 1572. Das Erdgeschoß ist eine zweiseitig durch große runde Holzportale begehbare Halle.

Ehem. Burgmannenhaus, Steinhaus am ö Ende des Obermarktes, 15. Jh.

Wohnhäuser: Zahlreiche *Fachwerkhäuser* im Zuge der städtebaulichen Eingriffe 1965–72 zerstört. *Obermarkt 5* (spätgot.), *Neue Gasse 5* (spätgot.), *Steingasse 1* (1564), *Obermarkt 20* (1575), *Gasthaus Zur Sonne* (1700).

Umgebung

Rengershausen (6 km nw): *Ev. Kirche* auf einer Anhöhe mit wehrhaftem W-Turm, 2. Hälfte 12. Jh. Vom roman. Langhaus ist nur noch die n innere Seitenwand mit Arkaden erhalten; spätgot. Chor.

Viermünden (6 km s): *Ev. Kirche,* Reste eines roman. Baus. 1770 Fachwerk-Schiff, neue Südwand; zweigeschossige Empore. – *Schloß:* Steinbau des 16. Jh. mit zur Hofseite gerichtetem Fachwerkgeschoß (18. Jh.).

6000 Frankfurt am Main
Kreisfreie Stadt

Einw.: 618 300   Höhe: 98 m   S. 354 □ C 4

Im 1. Jh. bestand hier ein röm. Kastell mit Badeanlage. 794 wurde eine karolingische Pfalz errichtet, wo Karl der Große eine Reichssynode abhielt (erstmalige Erwähnung v. »Franconofurd«). 852 wurde die Pfalzkapelle – »Salvatorkirche« – geweiht, die Urzelle des späteren Doms. Ludwig der Fromme ließ auf der W-Seite des heutigen Doms 822 eine Königspfalz errichten, die bis 890 Hauptregierungssitz des Frankenreiches war; hier fanden vielfach Kaiserbesuche (9. bis 10. Jh.) statt. Vermutlich siedelte man

Frankenberg/Eder, Ehem. Zisterzienserinnenkloster St. Georgenberg

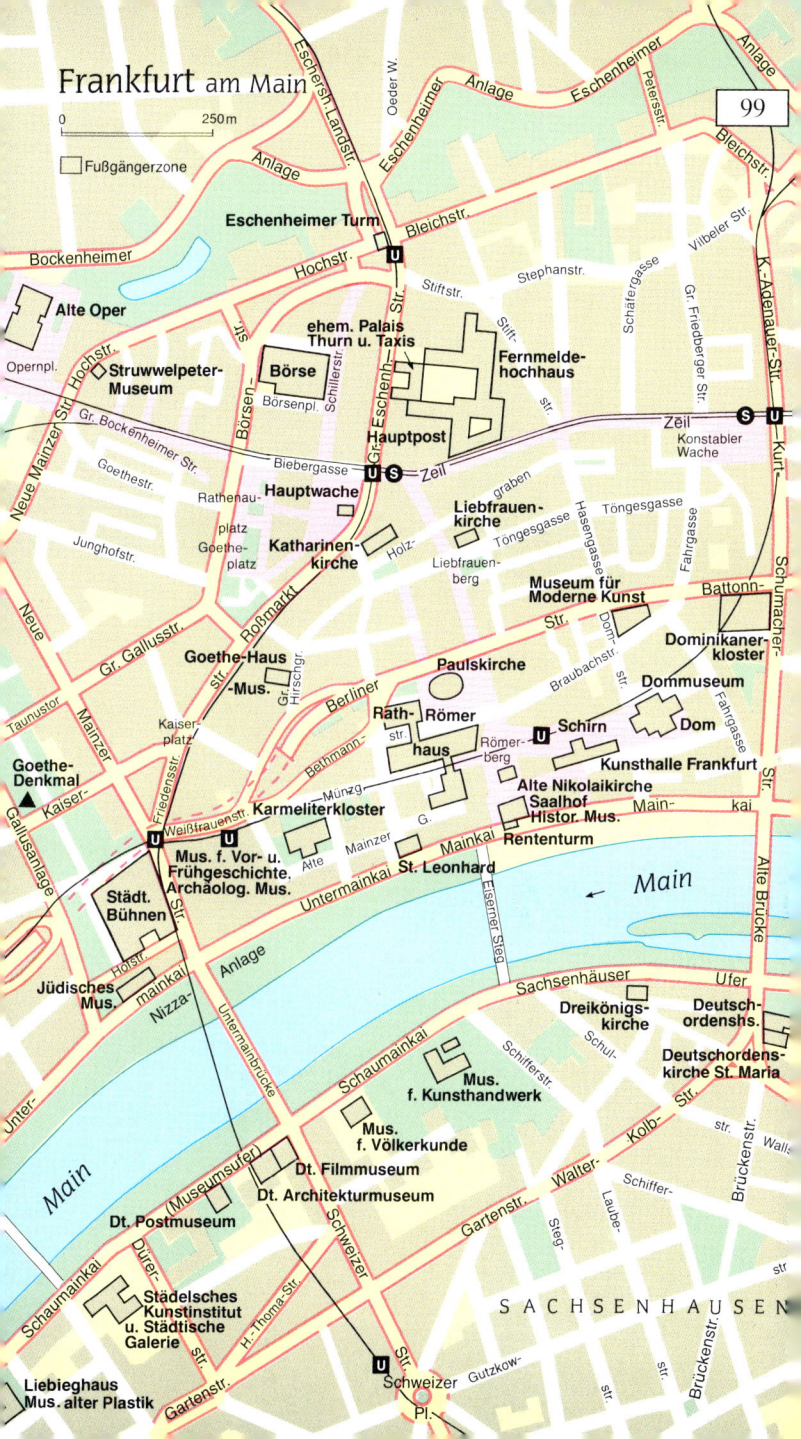

Frankfurt am Main

0 250m
□ Fußgängerzone

99

Streets and Areas:
- Eschersh.-Landstr.
- Oeder W.
- Eschenheimer Anlage
- Petersstr.
- Bockenheimer Anlage
- Anlage
- Bleichstr.
- Stiftstr.
- Stephanstr.
- Schäfergasse
- Vilbeler Str.
- Gr. Friedberger Str.
- K.-Adenauer-Str.
- Hochstr.
- Opernpl.
- Hochstr.
- Börsenstr.
- Eschenh. Str.
- Schillerstr.
- Neue Mainzer Str.
- Gr. Bockenheimer Str.
- Zeil
- Goethestr.
- Biebergasse
- Rathenauplatz
- Goetheplatz
- Junghofstr.
- Holz-graben
- Töngesgasse
- Hasengasse
- Fahrgasse
- Schumacher-
- Roßmarkt
- Gr. Gallusstr.
- Gr. Hirschgr.
- Berliner Str.
- Braubachstr.
- Dom-str.
- Battonn-
- Neue Mainzer Str.
- Kaiserplatz
- Bethmannstr.
- Römerberg
- Fahrgasse
- Taunustor
- Friedensstr.
- Münzg.
- Mainkai
- Main-kai
- Gallusanlage
- Kaiserstr.
- Weißfrauenstr.
- Alte Mainzer
- Untermainkai
- Elsener Steg
- Main
- Alte Brücke
- Alte Ufer
- Holbeinstr.
- Nizza
- Untermainkai
- Anlage
- Sachsenhäuser Ufer
- Schul-str.
- Brückenstr.
- Walls-
- Unter-mainkai
- Schaumainkai
- Schifferstr.
- Kolb-str.
- Museumsufer
- Schweizer
- Walter-Kolb-Str.
- Laube-Steg
- Schifferstr.
- Brückenstr.
- Dürer-str.
- Gartenstr.
- Schaumainkai
- H.-Thoma-Str.
- Schweizer Str.
- Gartenstr.
- Gutzkow-str.
- Brückenstr.

Sights:
- Eschenheimer Turm Ⓤ
- Alte Oper
- Struwwelpeter-Museum
- ehem. Palais Thurn u. Taxis
- Börse
- Fernmeldehochhaus
- Hauptpost Ⓤ Ⓢ
- Ⓢ Ⓤ Konstabler Wache
- Hauptwache Ⓤ Ⓢ
- Liebfrauenkirche
- Liebfrauenberg
- Katharinenkirche
- Museum für Moderne Kunst
- Dominikanerkloster
- Goethe-Haus-Mus.
- Paulskirche
- Rathaus
- Römer
- Dommuseum
- Schirn Ⓤ
- Dom
- Kunsthalle Frankfurt
- Goethe-Denkmal ▲
- Ⓤ
- Karmeliterkloster
- Alte Nikolaikirche
- Saalhof
- Histor. Mus.
- Mus. f. Vor- u. Frühgeschichte, Archäolog. Mus.
- St. Leonhard
- Rententurm
- Städt. Bühnen
- Main
- Jüdisches Mus.
- Dreikönigskirche
- Deutschordenshs.
- Deutschordenskirche St. Maria
- Mus. f. Kunsthandwerk
- Mus. f. Völkerkunde
- Dt. Filmmuseum
- Dt. Architekturmuseum
- Dt. Postmuseum
- Städelsches Kunstinstitut u. Städtische Galerie
- Liebieghaus Mus. alter Plastik
- Ⓤ Schweizer Pl.

SACHSENHAUSEN

Frankfurt am Main

deportierte Sachsen im heutigen Sachsenhausen (1193 erwähnt) an. – Große politische Bedeutung hatte die Stadt auch in staufischer Zeit, als der Saalhof erbaut und die Stadt erweitert wurde, und als Handel und Handwerk eine wichtige Rolle spielten. 1222 wird die alte Mainbrücke erstmals genannt. 1146 fand die Kreuzzugspredigt Bernhards v. Clairvaux im Dom statt. Seit der 1152 erfolgten Wahl Friedrich Barbarossas zum König wurden in Frankfurt die deutschen Könige gewählt (durch die »Goldene Bulle« v. 1356 bestätigt). – 1219 wurde die Vogtei abgeschafft und die Stadt erstmals als Civitas erwähnt. 1240 bekam sie durch Friedrich II. das Messeprivileg; 1330 gewährte Ludwig IV. eine 2. Messe. Seither entwickelte sich Frankfurt zur wichtigsten Messe- und Handelsstadt in Deutschland; 1372 wurde sie Freie Reichsstadt. – Seit Beginn des 15. Jh. war Frankfurt kulturelle Metropole am Mittelrhein; hier blühten Architektur, Handwerk und vor allem die Goldschmiedekunst. Um 1405 erwarben die Ratsherren den »Römer«, der später als Rathaus diente. – Um 1454 lebte Johannes Gutenberg, der Erfinder des Buchdrucks, in der Stadt. – Um 1530 setzte sich die Reformation durch. – 1552 wurde die Stadt 3 Wochen v. hessischen und sächsischen Truppen belagert. – Im 16. und 17. Jh. gab es Auseinandersetzungen zwischen Zünften und dem im Rat sitzenden Adel. 1585 gründete man die 1. Frankfurter Börse. Seit 1627 wurde die Stadt durch Wälle und Bollwerke neu befestigt. – 1732 konnten Streitigkeiten zwischen Bürgern und Rat durch den Reichshofrat beigelegt werden, eine Bürgerschaftsvertretung konstituierte sich. – 1749 wurde hier Johann Wolfgang v. Goethe geboren. – 1806 verlor Frankfurt seine Autonomie. 1810 wurde der Stadtherr Carl Theodor v. Dalberg zum Großherzog ernannt. Der Deutsche Bundestag hatte von 1816 bis 1866 in Frankfurt seinen Sitz. – 1831 verließ Schopenhauer Berlin und lebte bis zu seinem Tod (1860) in Frankfurt. – 1848/49 tagte in der Paulskirche das sog. »Vorparlament«, später die Nationalversammlung. 1866 nahmen preußische Truppen die Stadt ein. – In der 2. Hälfte des 19. Jh. nahm die Stadt dank des wirtschaftlichen Wachstums einen großen Aufschwung. – Der »Friede von Frankfurt« besiegelte 1871 das Ende des Deutsch-Französischen Krieges. – Nach Eröffnung des Hauptbahnhofs (1888) wurde das umliegende Bahnhofsviertel ausgebaut. – Vor allem seit dem Ersten Weltkrieg legte man um die Innenstadt neue Wohnsiedlungen an. – 1927 wurde erstmals der Goethe-Preis (an Stefan George) vergeben. 1938 wurden in der Reichskristallnacht sämtliche Synagogen der Stadt zerstört. Die massiven Luftangriffe 1943–45 führten zur Vernichtung der historischen Altstadt. Beim Wiederaufbau in den 50er Jahren wurde viel alte Bausubstanz zerstört, ganze Straßenzüge und Wohnviertel erfuhren einschneidende Veränderungen. Seit den 70er Jahren entstand durch die Hochhausarchitektur im Bankenviertel ein an amerikanische Städte erinnerndes Stadtbild. Frankfurt, heute die größte hessische Stadt, ist als Sitz der Deutschen Bundesbank und v. 400 nationalen und internationalen Kreditanstalten sowie Wirtschaftsverbänden deutsche Finanz- und Bankenmetropole. Hier finden zahlreiche Messen, darunter die Buchmesse sowie die Internationale Automobilausstellung (IAA) statt. Frankfurt ist aber auch eine wichtige Kulturstadt; nicht zuletzt belegen dies die neuen Museumsbauten.

SAKRALBAUTEN

Dom: Die ehem. St.-Bartholomäus-Kirche wird – als Krönungsstätte deutscher Kaiser – seit dem 18. Jh. »Dom« genannt, obwohl sie niemals Bischofskirche war. Seit 1562 (bis 1792) fanden hier Krönungen statt. Bau der dreischiffigen Salvatorkirche, einer Basilika des 9. Jh. (Weihe 852). Mitte des 13. Jh. Neubau des ehem. roman. Langhauses in Form einer dreischiffigen, dreijochigen Halle mit breiteren Seitenschiffen. 1239 Benennung nach dem hl. Bartholomäus. 1315

Frankfurt, Dom >

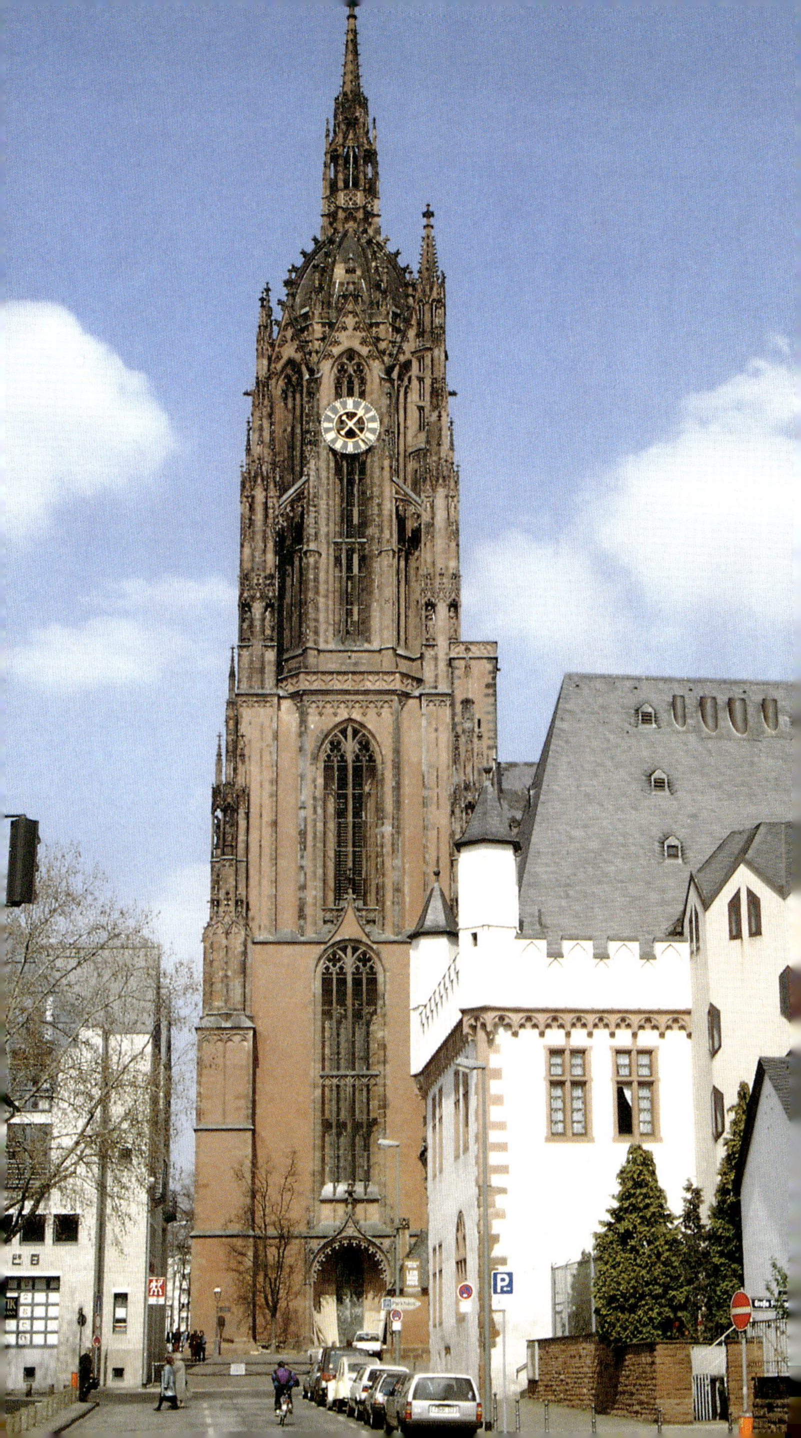

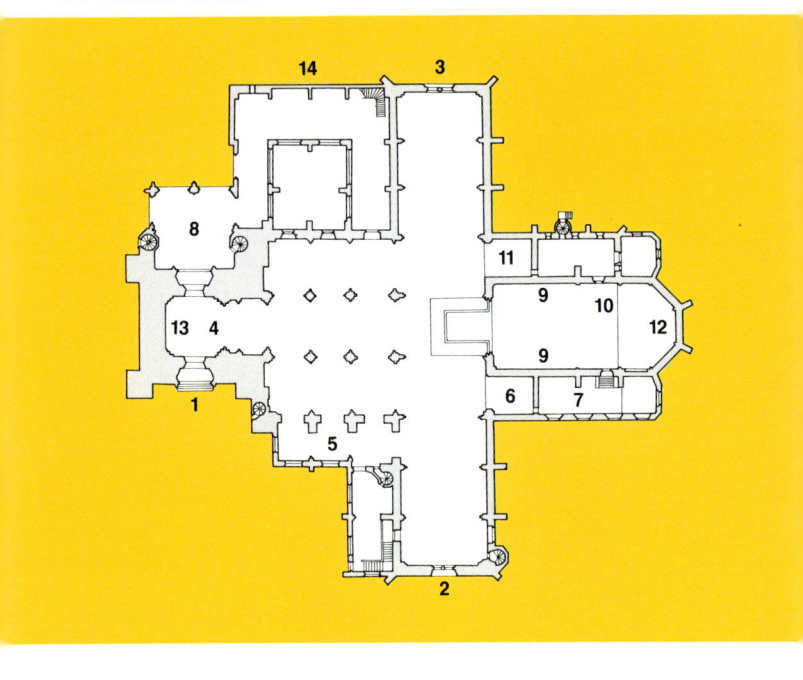

Frankfurt, Dom 1 S-Portal des Turmes, 1422 **2** S-Portal des Querhauses **3** N-Portal des Querhauses **4** Turmhalle **5** Scheidkapelle mit Taufstein **6** Christi-Grabkapelle **7** Wahlkapelle **8** Vorhalle v. Denzinger, 1879–80 **9** Chorgestühl, 1352 **10** Sakramentshäuschen aus der Werkstatt des Madern Gerthener, 1415–20 **11** Maria-Schlaf-Altar, 1434 **12** Hochaltar, 2. Hälfte 15.Jh. **13** Kreuzigungsgruppe v. H. Backoffen, 1509 v. J. Heller gestiftet **14** Bartholomäusrelief v. H. Mettel, 1957

Umbauung der karolingischen Apsis durch einen got., dreijochigen Chor mit $^5/_8$-Schluß, der länger als das Langhaus und breiter und höher als das Mittelschiff war (Weihe 1349). Am 1. Chorjoch (von N her gesehen) schließt die *Marienkapelle* an. Daneben die dreijochige Sakristei mit dem darüberliegenden gewölbten *Kapitelsaal*. Die ehem. Magdalenenkapelle im 1. Chorjoch ersetzte man 1355 durch die heutige *Christi-Grab-Kapelle*. Die um 1438 vollendete Chor-Bücherei des Stifts mit Kreuzgewölbe war die *Wahlkapelle* (bei der Königswahl). 1346–69 Bau eines neuen *Querschiffs*. In Abstimmung mit dem Chor entspricht dessen Länge der der vierjochigen Querhausarme. Ziel war ein zentralisierender Grundriß, die Ausformung zum griechischen Kreuz. Das prächtige *Nordportal,* das mit Netzgewölbe als Haupteingang diente, wurde 1360/70 durch einen Pfosten mit Muttergottesdarstellung geteilt, das Tympanon ist von einer Rose* durchbrochen. Darüber und seitlich Statuen (1884 restauriert), Sirenen als Konsolfiguren, Kentaur- und Höllensturz-Reliefs. Gewände und Giebelfeld des kleineren *Südportals* (1869–80 restauriert) mit ›Anbetung der Könige‹, den Heiligen Petrus, Josef und eines Propheten, ›Kreuzigung‹, seitlich Bartholomäus und Karl der Große; die Medaillons der Bogenzwickel werden von Propheten geziert. Das Ganze ein Werk des Steinmetzen Antze.

Madern Gerthener ersetzte um 1415 die früheren Ecktürme durch einen in Konkurrenz zu den Türmen Straßburgs und Ulms stehenden *Westturm;* 1447 vollendet. Das 1497 fertiggestellte Oktogon mit den übereck gestellten Ecktürmchen stammt von Hans Flücke, Nikolaus Queck und Jakob Bach. Den Turmabschluß bildet die 1504 nach Plänen Gertheners gebaute Kuppel. Wegen der finanziellen Notlage blieb der Bau seit 1514 unvollendet. Nach dem Brand v. 1867 begannen umfassende Restaurierungsarbeiten unter Franz Josef v. Denzinger. Das niedrigere Langhaus wurde auf das Höhenniveau v. Querhaus und Chor gebracht. Neubau einer Vorhalle im neogot. Stil an der W-Seite, heute als Hauptportal genutzt. Vollendung des W-Turms (Turmhöhe: 95 m). Die Glocke wurde 1877 gegossen. Eine Maßwerkgalerie, Statuen sowie das äußere Maßwerk der Fensternischen kamen als Zierde hinzu. – **Innenausstattung:** Im Chor ist der 1427 gestiftete und leider fast vollkommen verblaßte Bartholomäus-Fries aus dem Umfeld der Kölner Schule noch zu sehen. *Altäre und Gemälde:* Der *Hochaltar* im Chor (15. Jh.) stammt aus der Katharinenkirche in Salzwedel. Dargestellt sind die Kreuzigung, 4 Szenen aus der Passion sowie Apostel und Kirchenväter. Die Marienkapelle beherbergt den *Maria-Schlaf-Altar,* der noch aus der ursprünglichen Inventar stammt; um 1434 v. einem rheinischen Meister des »Weichen Stils«: Ein got. Baldachin rahmt die steinernen Gestalten der weinenden Apostel um das Totenlager Marias. Der *Annenaltar* (n Querhaus, 1525; Flügel v. 1898), ist fränkischer Herkunft und zeigt die v. Johannes und einem heiligen Kaiser umgebene Anna selbdritt. Den links daneben stehenden *Herz-Jesu-Altar* sowie den Seth (Graubünden) schuf Ivo Strigel aus Memmingen 1505. Direkt gegenüber Anthonis van Dycks »Kreuzabnahme und Beweinung Christi« (1627); im anderen Querhausarm der *Apostelaltar* (1523; sächsischer Herkunft); ihm gegenüber der *Sippenaltar* (um 1500) und links daneben der aus derselben Zeit stammende *Liebfrauenaltar.* In der *Christi-Grab-Kapelle* (s Teil des Chores) der *Heilig-Grab-Altar*

Frankfurt a. M., Paulskirche

(1442) aus der 1830 abgebrochenen St.-Michaels-Kapelle.
In der Turmhalle eine 1509 geschaffene spätgotische *Kreuzigungsgruppe* (1604 und 1954 restauriert) von Hans Backoffen*. Im 1. Chorjoch geschnitztes *Chorgestühl* (1352), das an einer Seite König Ludwig den Deutschen mit Kirchenmodell zeigt.
Links neben dem Hochaltar ist ein *Sakramentsgehäuse* (1415–20). *Grabmäler:* Im Chor das Grab des Grafen Günther v. Schwarzburg (gestorben 1349), im n Seitenschiff das Marmorgrab Johann Karl v. Frankensteins, des 1691 verstorbenen Wormser Bischofs; n Querhaus: Grab des Rudolf v. Sachsenhausen (gestorben 1370) u. a. Unter dem W-Turm das Mainzer Marmorgrab des Kanonikus Heinrich v. Rhein (gestorben 1527). – Im N des Doms stehen noch die Reste des alten Kreuzganges, dessen w Hälfte durch Denzingers neogot. Vorhalle ersetzt wurde. Hier ist seit 1987 das Dommuseum.

Frankfurt am Main

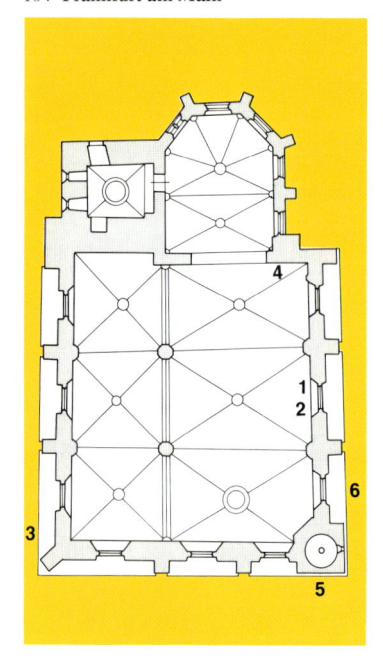

Frankfurt, Alte Nikolaikirche 1 Epitaph für Siegfried zum Paradies v. Madern Gerthener, um 1400 **2** Epitaph für Katharina zum Wedel († 1378) **3** Steinfigur des hl. Nikolaus in Außennische an der N-Seite, spätgot. **4** Rokoko-Kanzel v. J.D. Schnorr, 1769–71 **5** Tympanon mit hl. Nikolaus zwischen 2 krüppelhaften Bettlern, got. **6** Tympanon mit ähnlicher Darstellung wie 5, vermutlich vom W-Portal stammend

Paulskirche (Paulsplatz): 1833 anstelle der 1787 abgerissenen Barfüßerkirche erbaut. Entwürfe v. Baumeister Johann Andreas Liebhardt*, Innenausbau sowie Turmabschluß v. Johann Friedrich Christian Heß*. Klassizistische Kirche mit ellipsenförmigem, zweigeschossigem Zentralraum und s anschließendem Turm, dessen Geschosse v. Wandpilastern gegliedert sind; nordwestlich und nordöstlich sind Treppenhausvorbauten angefügt. Nach dem 2. Weltkrieg ersetzte Rudolf Schwarz das ehemals hohe Kuppeldach durch eine Flachkuppel*. 1987/88 grundlegende Renovierung.
Die Paulskirche gilt seit 1848 als Symbol deutscher Demokratie. Heute finden in dem schlichten Saal die Verleihung des Friedenspreises des Deutschen Buchhandels sowie des Goethepreises statt. Der Foyerrundgang dient als Ausstellungsstätte. *Mahnmal für die Opfer des Nationalsozialismus* (H. Wimmer, 1964) am nördlichen Portal. *Gedenktafeln* an der Außenwand.

Alte Nikolaikirche (S-Seite des Römerbergs): Nach der Reformation (1530) geschlossen, um anschließend als Warenspeicher zu dienen. Die heutige Gemeindekirche wurde 1989 renoviert. Vermutlich einst Hofkapelle des Königs, 1290 v. Bischof Nikolaus v. Bari geweiht. Im 15. Jh. Ausbau zur Hallenkirche. Vom urspr. Bau sind Chor und Unterbau sowie Geschosse des Turms erhalten. 1458/59 bekam der Turm ein weiteres Stockwerk, 1466/67 wurde das Langhaus von Bartholomäus von Schopfheim* erhöht. Steil zulaufendes, mit Gauben besetztes Walmdach und v. Ecktürmchen flankierte Maßwerkbrüstung (v. Hans v. Lich*), die dem Rat als Sitzgalerie bei Turnieren diente; auffällige, schmale Spitzbogenfenster. – **Innenausstattung:** 2 Grabplatten des Schultheißen Siegfried zum Paradies (gestorben 1386) und seiner Gattin Katharien zum Wedel (gestorben 1378), um 1400, vermutlich von Gerthener*, geschaffen. *Rokokokanzel* (1769–71; aus der alten Peterskirche) v. Johann Daniel Schnorr*. An der Südseite außen ein *Tympanon* mit hl. Nikolaus. Spätgot. steinerne Nikolausfigur in einer Außennische. *Nordportal* mit Mariendarstellung v. 1260.

Antoniuskirche (Alexanderstr. 21–25; Rödelheim): Die neogot. dreischiffige kath. Pfarrkirche (1893/94) besaß 2 *Gemälde* v. Hans Holbein d. Ä. – heute im Bistumsmuseum in Limburg/Lahn –, die durch Kopien ersetzt wurden.

Antoniuskirche (Savignystr. 15; West-

*Frankfurt a. M., >
Deutschordenskirche St. Maria*

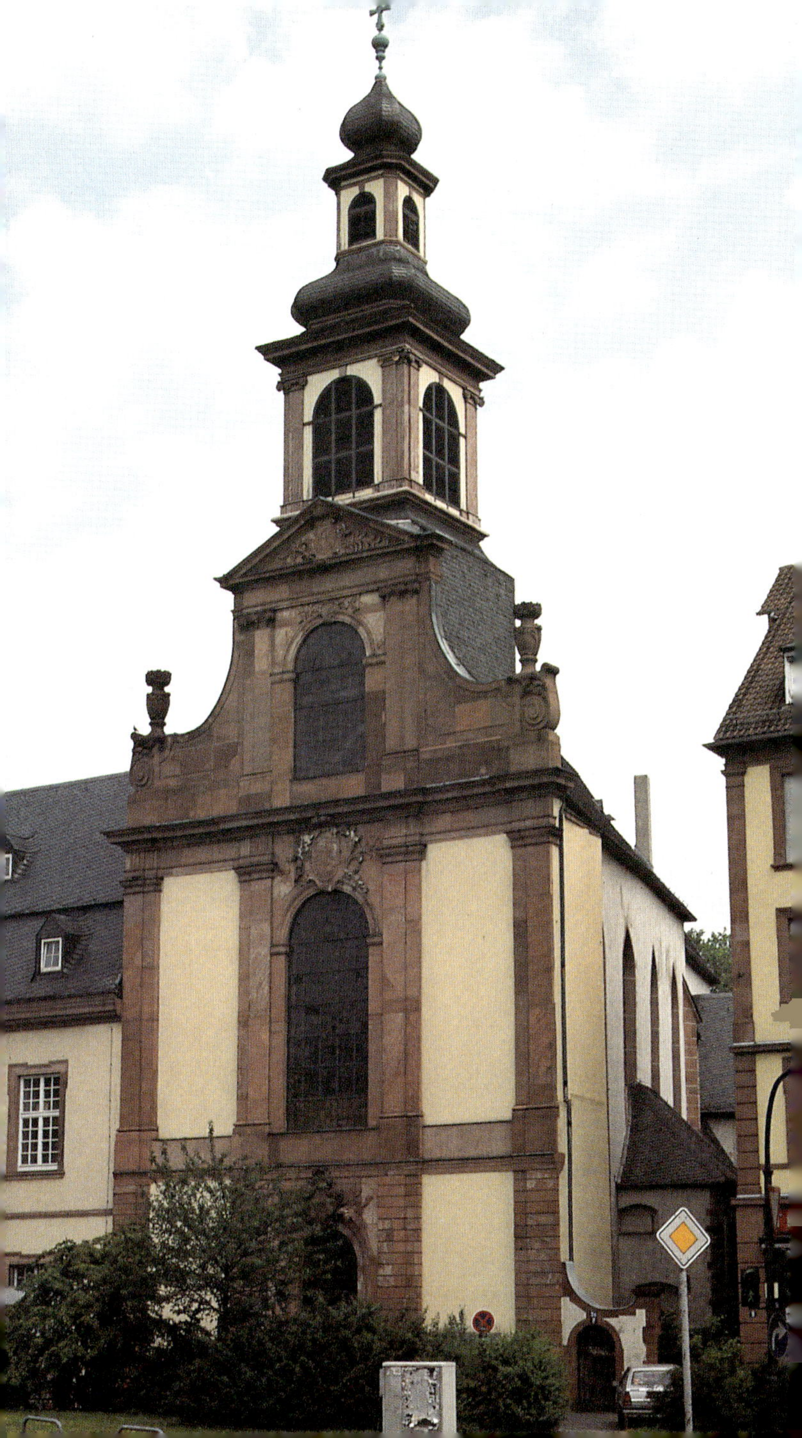

106 Frankfurt am Main

end): Neogot. Basilika mit 3 Schiffen und 5 Jochen v. A. Menken. Auffallend der hohe Frontturm sowie das Hauptportal mit Skulpturen. 1944 stark beschädigt, 1947–49 wiederaufgebaut; statt des Gewölbes wurde eine Flachdecke eingezogen. Renovierung 1962/63. Neogot. Flügelaltar (Flügel Ende 15. Jh.).

Bernarduskirche (Koselstr. 11; Nordend): Kath. Basilika der Neoromanik mit Querschiff und belichteter zentraler Kuppel. v. Hans und Chr. Rummel. Schlichter urspr. gewölbter Innenraum, der nach dem 2. Weltkrieg eine Flachdecke erhielt. Mosaiktympanon des *Hauptportals* mit hl. Bernhard v. Clairvaux v. Georg Poppe*, 1930; steinerner Fries, 1930, v. J. J. Belz*.

Bonifatiuskirche (Holbeinstr. 68–70; Sachsenhausen): Die kath. Kirche v. 1926/27 schuf Martin Weber. Sichtklinkerbau mit expressionistischen Stilmitteln; die Formensprache got. Sakralbauten ist hier nachempfunden.

Deutschordenskirche St. Maria (Brückenstraße): Schließt s an das dreiflügelige, barocke Deutschordenshaus an. Der einschiffige Saalbau wurde 1309 geweiht, aber erst später vollendet. Dem vierjochigen Schiff ist ein dreijochiger, gleichbreiter Chor mit $^5/_8$-Abschluß vorgelagert. Das Kreuzrippengewölbe im Schiff auf kapitellosen Diensten, das des Chors auf Runddiensten, die auf Konsolen aufliegen. Dem Chor angefügt eine gewölbte Sakristei, heute Kapelle. Der got. Fassade wurde v. F. Kirchmeyer eine andere vorgeblendet. 3 Achsen gliedern die 2 Geschosse, die von einem Volutengiebel und Dachtürmchen mit Zwiebelhaube und Laterne bekrönt werden. – **Innenausstattung:** Got. Flügel des *Hochaltars* v. J. Culmbacher*; in einer Nische eine *Madonnenfigur* (um 1300). Orgelprospekt mit Posaunenengeln v. 1750. In der Marienkapelle ein Flügelaltar (1889) mit Predellabild v.1500, im Langhaus ein *Kreuzaltar* (Gemälde v. 1659) sowie ein Eltviller *Annenaltar*. – **Wandmalerei:** Fries von 1520 an den Chorwänden (Legende der hl. Elisabeth und der heiligen Georg, Vitus, Achatius und Laurentius). In der n Langhausnische *»Zwölf Brüder«*, Temperamalerei aus dem Leben Christi (14. Jh). *Gewölbemalereien* (1600) der Kapelle, die mit »Albertus Durer Noricus faciebat« unterschrieben sind, stammen vom »Fälscher« Jobst Harrisch. Dargestellt sind Maria mit Kind, deren Krönung sowie andere Heilige. Ordenskirche und **Deutschordenshaus** (untergebracht sind hier auch heute der Deutsche Orden sowie das städtische Amt für Wissenschaft und Kunst) bilden einen geschlossenen Baukomplex. Seit dem 13. Jh. war die Kommende Quartier für hochgestellte Persönlichkeiten. 1709–15 erbaute der Orden auf die got. Anlagen den imposanten Dreiflügelbau; Baumeister war Daniel Kayser*. *Hauptportal* – 1710 v. Mainzer Baumeister Maximilian v. Welsch* entworfen – wurde v. Erich Neuberger ausgeführt. Den Balkon über einem Bogentor flankieren zwei Ordensritterskulpturen.
In der nordwestlichen Ecke eine *Marienskulptur* v. Johann Bernhard Schwarzenberger*. Russische Ikonen stellt das Erdgeschoß des Westflügels seit 1989 aus. Den Raum des »Ikonen-Museums der Stadt Frankfurt, Stiftung Dr. Schmidt-Voigt« gestaltete der Architekt O. M. Ungers* um.

Dionysiuskirche (Hutmacherstr. 17; Sindlingen): Klassizist. Hallenbau v. 1823–25 mit Kassettendecke neben einem Turm v. 1609. Ölgemälde (1577) v. B. Spranger*, Altarfiguren *Petrus* und *Paulus*, Mitte 18. Jh.

Dominikanerkloster und Heiliggeistkirche (Kurt-Schumacher-Str. 23/Battonstraße): 1233–1803 lebten hier Dominikanermönche. Erhalten sind der Chor der ehem. St.-Maria-Kirche, Reste des Kreuzgangs und des Konvents. 1259 Weihe des dreischiffigen Hallenbaus, 1470–72 erhöhte Jörg Östreicher* den netzgewölbten Chor mit Maßwerkfenstern, der aus einem Joch mit $^5/_8$-Schluß besteht. 1957–60 Neubau v. Gustav Scheienpflug*. In der Heiliggeistkirche fanden im 13. und 14. Jh. die Königswahlen von Adolf v. Nassau, Heinrich v. Luxemburg und Günther v. Schwarzburg statt. Von der ehemals reichen *Innenausstattung* ist das meiste im Historischen Museum, im Städel, in Heidelberg, München und Utrecht. Berühmte Künstler wie Albrecht Dürer, Hans Holbein d.Ä., Matthias Grünewald, Hans Baldung Grien u.a. trugen zur einstigen Ausstattung bei.

Dreikönigskirche (Dreikönigsstraße 32): Die neogot. Kirche, 1875–80 v. F.J.v.Denzinger errichtet, ist eine großzügige, dreischiffige Halle mit einem 80 m hohen Turm. Giebel mit Fialen, die über den die Seitenschiffe abstützenden Strebepfeilern sitzen. W Vorhalle mit barocken, von J.W.Fröhlicher* gefertigten Engelsköpfen und einer *Opferstocktafel* (1531). An der W-Seite vor der Kirche der v. 1781 stammende klassizistische *Dreikönigsbrunnen*.

Elisabethkirche (Elisabethenplatz; Bokkenheim): Neogotische kath. Kirche v. 1868–72. Altarrelief *Marientod* vom Ende des 15.Jh.; Skulptur der *Heiligen Anna* (1680).

Ev. Pfarrkirche Nieder-Erlenbach (Zur Charlottenburg 1): Geht auf ma Baustrukturen zurück; der barocke Umbau erfolgte 1637, der w Turm wurde Ende 17.Jh. hinzugefügt. *Altar* Ende 17.Jh.

Ev. Pfarrkirche Unterliederbach (Heugasse 1): Barocke Saalkirche mit dreiseitigem Schluß und Dachreiter v. 1716 (Einbeziehung ma Substanz). – Fast lebensgroßer *Holzkruzifixus* (1760), *Orgel* v. Joh.Christian Köhler (1753), *Brüstungsgemälde* (1716).

Friedenskirche (Frankenallee 150; Gallusviertel): 1925–28 erbauter Klinkersaalbau von K. Blattner.

Karmeliterkloster (Karmelitergasse/Alte Mainzer Gasse; heute – Museum für Vor- und Frühgeschichte. Archäologisches Museum): 1246–1803 lebten hier Karmelitermönche. Von der 1944 ausgebrannten Anlage sind nur noch Chor, Querschiff und Umfassungsmauern des Langhauses erhalten. Die Raumteile der 1270 erbauten St.-Marien-Kirche (1290 ergänzt um einen Chor) wurden im 15.Jh. erhöht und eingewölbt. Zwischen Querschiff und Chor entstand die v. Kaufleuten gestiftete *Annenkapelle* (Weihe 1494), ein zweijochiger Raum mit sternförmigem Netzgewölbe. Das Gemälde vom *Annenaltar* (spätgot.) ist

Frankfurt a. M., Dominikanerkloster, Heiliggeistkirche

108 Frankfurt am Main

heute im Historischen Museum. Von den *Klostergebäuden* wurden der n Trakt und der Arkadenkreuzgang (Ende 15.Jh.) wiederaufgebaut (1955-57). An den Wänden des Kreuzgangs ein 80 m langer Freskenzyklus v. Jörg Ratgeb* (1514). Seit den 70er Jahren Verglasung vor den Arkaden. Im *Refektorium* ein weiterer v. Ratgeb geschaffener 28 m langer *Zyklus über die Entstehung des Ordens*. Beide Fresken wurden von 1980–84 restauriert.

Katharinenkirche (Zeil 131): Urspr. Nonnenkloster, das 1526 aufgehoben wurde. Der Neubau mit schlicht-protestantischen Innenraum war 1681 abgeschlossen; Baumeister: Melchior Heßler*. Barockes Gebäude mit gotisierenden Elementen. Einschiffige Hallenkirche aus 6 Jochen mit Walmdach und in 3 Stockwerke gegliedertem Turm mit Haubenlaterne; die 3. Etage wird von einer Galerie umlaufen. Flaches Rippengewölbe aus Holz über dem polygonal abgeschlossenen Chor, der von rundbogigen Maßwerkfenstern durchbrochen wird. Die zweigeschossige Empore, die nur bis 1944 existierte, zeigte 83 Brüstungsölgemälde, von denen 80 erhalten und restauriert sind (Werke v.

Frankfurt a.M., Leonhardskirche, romanisches Engelbertus-Portal

Christoph Metzger, Hermann Boos, Daniel Thelen, Heinrich Furck u.a.). In und außerhalb der Kirche Bildnisgrabsteine und Grabdenkmäler.

Laurentiuskirche (Kalbacher Hauptstraße; Kalbach): Reizvolle kath. Dorfkirche in Form einer barocken Saalkirche, die anstelle eines got. Vorgängerbaus 1730 bis 1733 von dem aus Tirol stammenden Ch. Fritz errichtet wurde. – Innenausstattung: *Hochaltar* mit dem *hl. Laurentius* und *Papst Sixtus II.*, um 1770 datiert. Geschnitzter *Josefs-* und *Marienaltar;* barocke *Kanzel; Deckenmalerei* im Kirchensaal.

Leonhardskirche (zwischen Alter Mainzer Gasse und Mainkai): 1219 Bau der Kapelle St. Maria und Georg. 1323 Erwerb einer Reliquie des hl. Leonhard und Umbenennung der Kirche. Von der ursprünglichen spätroman. flachgedeckten Basilika sind noch die beiden O-Türme über den Seitenapsiden, der untere Teil des w Giebels sowie 2 Portale v. der Nordseite (heute im Innern) erhalten. Tympanon des *Engelbertus-Portals:* Christus mit Maria und Johannes und die Heiligen Petrus und Georg; *Jakobsportal* mit hl. Jakobus d. Ä. und 2 Pilgern; den Bogen ziert ein Zickzackstab. 1434 Weihe des von Madern Gertheners 1425 begonnenen Chor-Neubaus; dieser zweijochige Chor mit eindrucksvollem Sterngewölbe (originale Bemalung) schließt mit 3/6-Schluß ab. *Glasmalerei* der großen Maßwerkfenster aus dem 15. Jh. (Mittelfenster mit Kreuzigungsszene und darüber erscheinendem Gottvater zwischen Christus und Maria; Seitenfenster mit Aposteln und Heiligen). Von Hans Diez stammt die Wandmalerei »Darstellung des Glaubensbekenntnisses« (1536; restauriert im 19. u. 20.Jh.). Die Wandbemalung über dem Chorbogen stellt das »Jüngste Gericht« (Anfang 16.Jh.) dar; *Steinkanzel* und *Maßwerkbrüstung* des 16.Jh. Hochaltar v. 1500 mit dem hl. Ulrich und 4 weiteren Heiligen. 1455 Anbau der (heutigen) rippengewölbten Sakristei. 1500–1520 baute

Frankfurt a. M., Katharinenkirche >

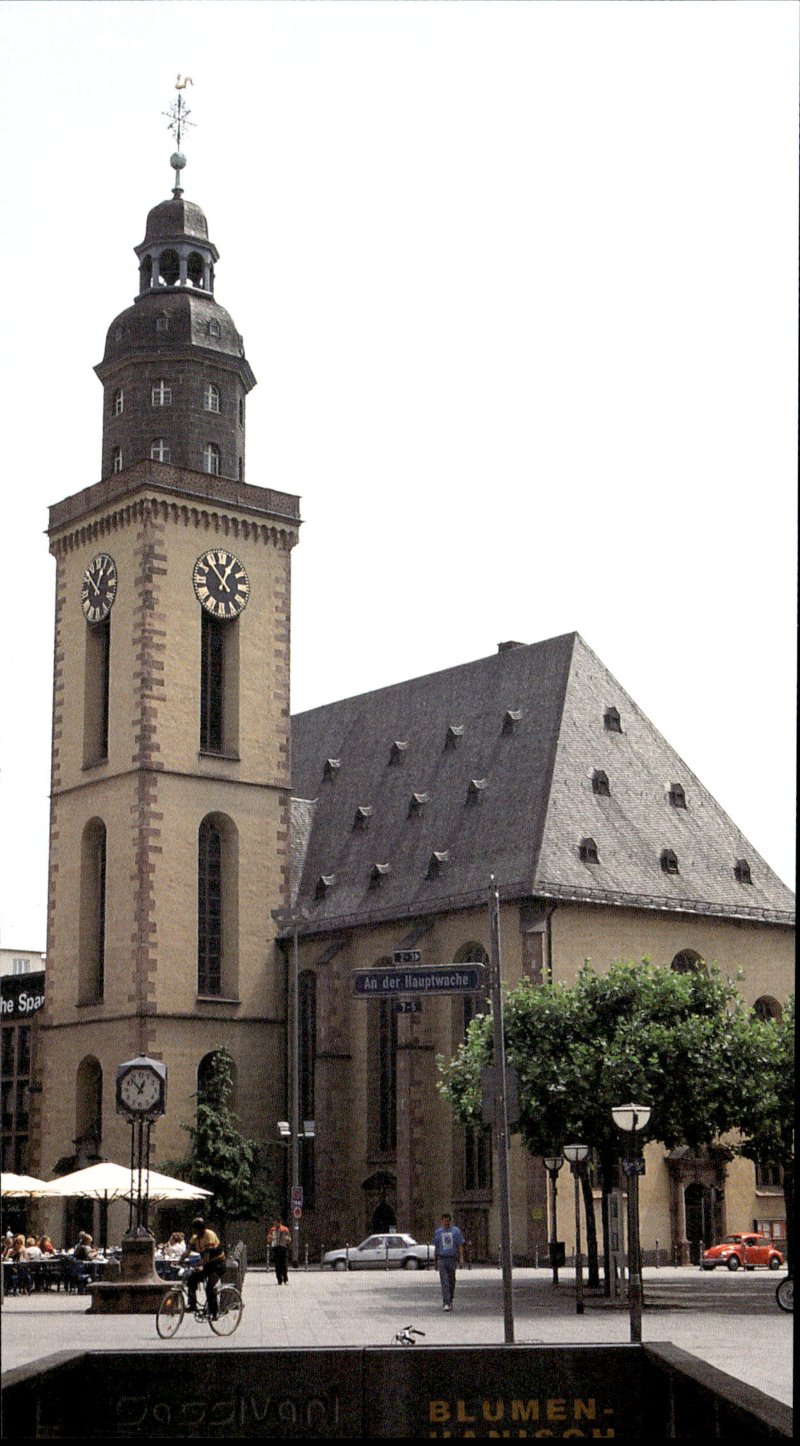
An der Hauptwache
BLUMEN-

Meister Hans v. Bingen* das Langhaus um. Ergebnis war ein spätgot., hoch aufragender Hallenbau mit 5 Schiffen und 2 Nebenchören; Stern- und Netzgewölbe in klassisch-spätgot. Form. Hans Baltz* baute das n, als Grablege bestimmte *Salvatorchörlein* mit hängendem Gewölbe am Schlußstein. Ehem. »*Altartafel einer Madonna mit Kind*« (v. dem Nazarener Eduard v. Steinle*, 1855). – Nordöstlich davon Kapelle des 16. Jh. S v. Chor die *Leonhardskapelle.* Weitere Ausstattungsstücke: der aus Flandern stammende Schrein des *Marienaltars* v. 1480; im s ans Hauptschiff grenzenden Seitenschiff Schrein des *Kreuzigungsaltars* (um 1500); Kreuzigung mit 4 Heiligen im Schrein, auf den Flügeln die 12 Apostel); die später hinzugefügte, aus Spanien stammende *Predella* zeigt Christus mit den Aposteln (in dem ans n Hauptschiff anschließenden Seitenschiff). Darunter *Steinplatte* mit Leichnam Christi und 2 Wächtern vom bis 1927 verschollenen *Heiliggrabaltar.* Orgel v. 1957.

Am Westportal (außen) Kopie der *Muttergottesstatue* v. 1395, Original im Historischen Museum.

Liebfrauenkirche (Liebfrauenberg): Gestiftet 1310 v. Wigand v. Wanebach, um 1320 Bau der damaligen Marienkapelle. 1325 Stiftskirche, 1344 Ausbau zur got. Hallenkirche. Um 1430 Anbau einer Sakristei, heute Anbetungskapelle. Die bemerkenswerte s Längsseite – vermutlich v. Madern Gerthener* geplant, v. Leonhard Murer* (aus Schopfheim) weitergebaut. Vollendet wurde die Schauseite mit dreiteiligen Maßwerkfenstern erst Mitte 15. Jh. S Taufkapelle mit spätgot. Eingang, dem sog. »*Dreikönigsportal*« v. 1420–25; Schöpfer war vermutlich Gerthener*. Im Tympanon »Anbetung der Könige« im »Weichen Stil«. Die gemäldeartige Komposition wird von einem aus filigranem Maßwerk bestehenden, spitz zulaufenden Bogen gerahmt; Rundpässe in den Zwickeln zeigen Jeremias und Jesaias. Vor 1478, dem Jahr des Glockenturmbaus, wurde die W-Seite des Langhauses verlängert. 1500–1509 Veränderung des Chors. Seitdem Sterngewölbe auf Bündeldiensten. Gliederung des breiteren und höheren Raums durch dreiteilige Fenster. S Eingangshalle und got. Pietà v. F. Rumpf, 1824. 1917 wurde die Liebfrauenkirche Klosterkirche des Kapuzinerordens, seit 1939 ist sie Pfarrkirche. – **Innenausstattung:** Erhalten sind von der ehemals prächtigen Rokoko-Ausstattung nur wenige *Altarfiguren,* die

Frankfurt a. M., Leonhardskirche, Engelbertus-Portal, Tympanon

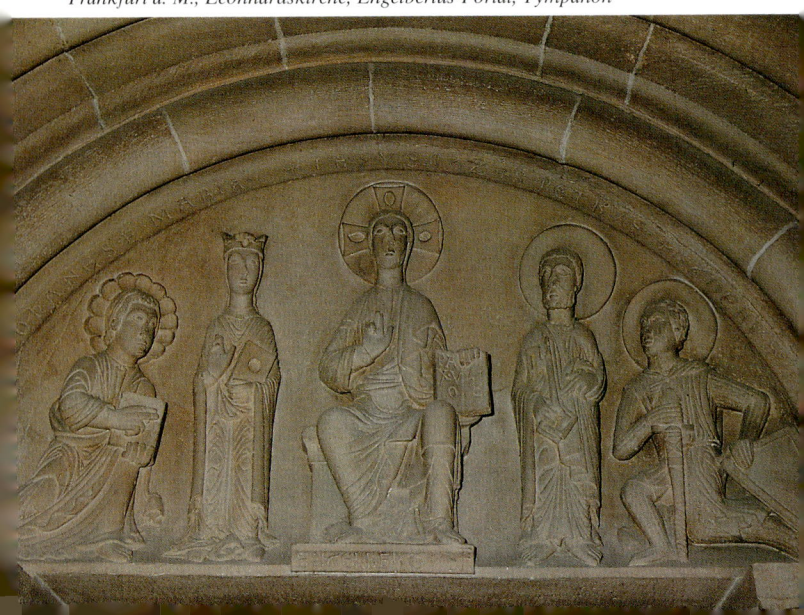

Johann Jakob Juncker* im 18.Jh. schuf. Im Chor die v. Hochaltar stammende Gruppe »*Himmelfahrt Mariens*«. Tafelgemälde »*Anna selbdritt mit den Heiligen Nikolaus und Martin*« (16.Jh.). Im n Seitenschiff der 1671 entstandene *Kreuzaltar* (vermutlich v. Zacharias Juncker d.J.), *Chorgestühl* v. 1509/10 mit hübschem Rankenschnitzwerk. In der Anbetungskapelle der *Annenaltar* (1510). In der Wand des n Seitenschiffs *Grabplatte* des Stifters Wigand v.Wanebach (gestorben 1322).

Mauritiuskirche (Mauritiusstraße 12; Schwanheim): Die kath. Pfarrkirche ist ein imposanter Hallenbau mit Frontturm, Querhaus und polygonal abgeschlossenem Chor. J.Dormann erbaute sie 1899–1901. – *Hochaltar* (1901) v. Franz Gastell.

Peterskirche (Bleichstraße): Anstelle der 1419 entstandenen alten Peterskirche wurde nach deren Abriß (1896) ein neogot. Kirchenbau errichtet.

Westendsynagoge (Freiherr-v.-Stein-Straße/Ecke Alte Königstraße): Aus einem mächtigen Kuppelbau, aus Schul- und Wohngebäuden und einem Brunnenvorhof bestehendes Gebäudeensemble v. Franz Roeckle* (1908–10). Zentralraum mit kuppeltragender Vorhalle und seitlichen Gebäudeteilen mit strenger Lisenengliederung. Dach in Form einer schwebenden Kuppel aus Eisenbeton. Diese Synagoge blieb als einzige ihrer Art von den Zerstörungen der Nationalsozialisten verschont. Nach den Bombenschäden des 2.Weltkriegs wurde sie 1948–50 neu errichtet, 1980–84 renoviert.

FRIEDHÖFE

Hauptfriedhof (Eckenheimer Landstraße): Seit 1828 wurde der Friedhof im N der Stadt v. Stadtgärtner Sebastian Rinz in Form eines Englischen Gartens angelegt. Eingang durch das *Alte Portal* mit v. dorischen Säulen gerahmtem Mittelbau und seitlichen Bauten mit Engelsköpfen als Giebelfiguren (1880). Neoklassizistische *Trauerhalle* v. Heinrich Reinhardt und Georg Süßenguth (beide aus Berlin). Steindenkmäler der Frankfurter Bildhauer J.D.Passavant, F.Boehle, B.Elkan, F. August v.Nordheim u.a. im s Teil der Anlage. Die *Grabsteine* vieler bedeutender Frankfurter Familien, v. Arthur Schopenhauer, Theodor W.Adorno, Anselm v.Feuerbach u.v.a. Im O liegt die *Grufthalle* v. F.Rumpf, die bekannten Familien als Grabstätte diente. *Gedenkstätten* für die Gefallenen v. 1848 sowie der beiden Weltkriege. Im ö Teil der 1828 angelegte *jüdische Friedhof* mit klassizistischem Portal v. F.Rumpf. Bestattet sind hier u.a. der Maler M.D.Oppenheim, L.Sonnemann, der Gründer der »Frankfurter Zeitung«, der Theologe S.R.Hirsch.

Alter Jüdischer Friedhof (Battonstraße): Bis 1828 wurden hier Grabstätten errichtet; älteste Grabmäler aus dem 13.Jh. Unter den Nazis wurden Teile der Anlage zerstört. Grabsteine bedeutender Persönlichkeiten auf dem *Ehrenfeld* (w Teil).

Südfriedhof (Sachsenhausen): 1868 angelegt.

STRASSEN/PLÄTZE/VIERTEL

Römerberg: (Die Zerstörung des Platzes im 2.Weltkrieg veranschaulichen 2 Modelle im Historischen Museum.) Auf dem Römerberg, dem ehemaligen Geschäftsviertel, fanden im MA der Markt und die Messen statt. Das Zentrum des Platzes bildet der *Gerechtigkeitsbrunnen*, 1541–43 von B.Loscher* begonnen; erhielt 1611 die Figur der *Justitia* (heute durch Bronzekopie v. F.Schierholz ersetzt). Im O des Brunnens bilden Pflastersteine einen weiten Kreis, der die Ausmaße eines nicht mehr existierenden *Rundturmes* (13.Jh.) nachformt. Der **Minerva-Brunnen** im O-Teil des Platzes wurde nach seiner Zerstörung im 18.Jh. v. G.Hüter rekonstruiert. Platzbeherrschend der sog. *Römer*, der dem gesamten »Berg« seinen Namen gab. Neben

112 Frankfurt am Main

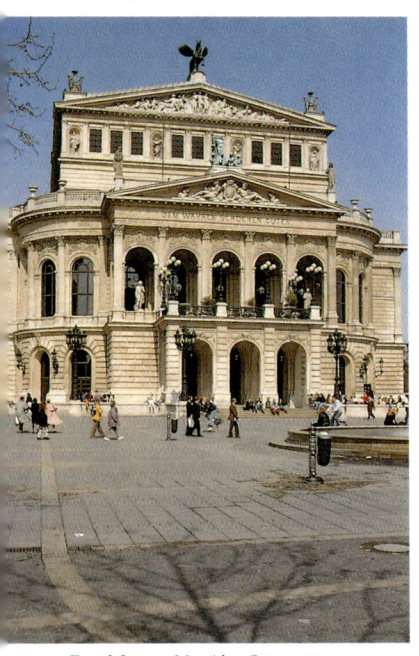

Frankfurt a. M., Alte Oper

der *Alten Nikolaikirche* an der O-Seite des Platzes die gut rekonstruierte Fachwerkzeile sowie das Haus *Schwarzer Stern.* Ein besonderes Prunkstück: das die Fachwerkzeile n flankierende Haus *Großer Engel;* Dach mit *Turmerker,* der auf einer geschnitzten, mit Figuren und Masken verzierten Konsole aufsitzt.

Liebfrauenberg (Bei der Töngesgasse/Altstadt): Platzbeherrschend sind die *Liebfrauenkirche* sowie das Haus *Zum Paradies* und *Grimmvogel.* Ursprünglich als Pferdemarkt genutzt, nannte man den Platz »Rossebühel«. In der Mitte der *Liebfrauenbrunnen* (1770–71; restauriert 1970–72), ein Obelisk mit vergoldeter Sonne und Flußgöttern; Figuren v. Joh. Michael Datzerath, das Ensemble v. Joh. Andreas Liebhardt.

Nizza (zwischen Untermainkai und Friedensbrücke/nördliches Mainufer): Promenade, die nach 1850 angelegt wurde. Südländisches Flair durch Bepflanzung des Grünstreifens mit Feigenbäumen, Zitronen und Zedern; *Äquatorial-Sonnenuhr.*

Rathenau- und Goetheplatz, Roßmarkt: Der Roßmarkt, von dem die beiden anderen Plätze abgeteilt wurden, diente bis zum 18. Jh. als Pferdemarkt. Hier steht das *Gutenbergdenkmal* (1804 entworfen) v. E. Schmidt v. der Launitz; Gutenberg, J. Fust und P. Schöffer sind in Lebensgröße dargestellt, in den Sockelecken die *Allegorien* Naturwissenschaft, Industrie, Theologie und Poesie. Der *Goetheplatz* verdankt seinen Namen dem früher hier postierten Goethedenkmal (heute in der Gallusanlage). Reizvoll die Brunnenstele »*Solstizio d'estate*« (»Sommersonnenwende«) auf dem *Rathenauplatz,* v. Gio Pomodoro (1983). Die Spitze der Stele wirft mittags am Tag der Sonnenwende ihren Schatten auf einen markierten Punkt im Becken. »*Freßgass'*« (Große Bockenheimer Straße und Kalbächer Gasse): Feinkostgeschäfte und Straßencafés lassen die sog. »Freßgass'« zur Genuß- und Luxusmeile werden. 1975/76 als Fußgängerzone angelegt. Skulptur »Liegende« v. 1977.

Sachsenhausen (zwischen Schiffer-, Schul-, Wall- und Neuer Wallstraße): Gemütliche Apfelwein- (»Ebbelwoi«-) Wirtschaften und dörflich-anheimelnde Atmosphäre eines ganzen Stadtteils.

Zeil: Die 600 m lange Einkaufsstraße ist das Mekka für Schaufensterbummler. Sitzbänke und Begrünung seit den 80er Jahren.

PROFANBAUTEN

Affentorhäuser (Affentorplatz): Bis 1866 waren die 2 klassizistischen Torhäuser Zollstation. Heute im ö Bautrakt die »Klimperkiste«, wo moderne Musikaufführungen stattfinden.

Alte Oper (Opernplatz): Monumentalbau der Gründerzeit; vollendet v. J. A. Becker und E. Giesenberg nach Entwurf v. Richard Luccae (1873–80).

Frankfurt am Main 113

Der Bau im Stil der italienischen Hochrenaissance ist höchst aufwendig ausgestattet mit viel Blattgold, Stuck und Marmor. Eingangshalle mit 3 Foyers und 2500 Plätze fassender großer Saal. Über dem Giebel der Vorhalle die Pantherquadriga v. 1903, früher am kriegszerstörten Schauspielhaus. Seit 1981 als Konzert- und Kongreßzentrum genutzt. Auf dem **Opernplatz** der v. E. Hüller gestaltete *Brunnen* nach Entwürfen des Architekten Lucaes.

Börse (Börsenplatz 2–6): Typischer Gründerzeitbau v. Heinrich Burnitzer und Oskar Sommer (1874–79). Mittelbau mit hoher Kuppel und Vorhalle mit Doppelsäulenkolonnade blieb vom Krieg verschont. Attika über dem Fries der Vorhalle mit allegorischen Skulpturen zum Thema Schiffahrt, Postwesen, Handel, Industrie; auf den Eckrisaliten Allegorien des Wohlstands, des Kriegs, der Trauer und des Friedens v. G. Kampert.

Friedberger Warte (Friedberger Landstr. 360): Ehem. Wachturm v. 1478; dient als Gaststätte mit Außenwirtschaft.

Hauptwache (An der Hauptwache): 1729–30 errichtet v. Johann Jakob Samheimer; seit 1905 als Café genutzt. Einstöckiges, mit Quaderlisenen verziertes Barockgebäude mit imposantem Mansarddach. Relief im Giebelfeld mit Kriegsgerät, Fahnen und Stadtwappen v. Johann Bernhard Schwarzenberger*. Innen die Wachstuben, oben für »vornehme« Delinquenten, im Keller für »normale« Kriminelle. J. E. Senckenberg saß hier fast 30 Jahre lang. 1833 besetzten beim »Frankfurter Wachensturm« Revolutionäre die Hauptwache. – Dahinter der klassizistische *Hauptwachebrunnen* (um 1800).

Heiliggeisthospital (Lange Str. 4): 1833 bis 1839 v. Friedrich Rumpf errichtet; nach dem 2. Weltkrieg verändert. Allegorien für Krankheit und Heilung in den Nischen v. Eduard Schmidt v. der Lausitz (1863).

Holzhausenschloß (Holzhausenpark): Schlichtes, rechteckiges Schlößchen mit Mansarddach im See des gleichnamigen Parks; Steinbogenbrücke zum Eingangstor 6 (1571). Johann Hieronymus v. Holzhausen veranlaßte 1727–29 den Neubau der im 16. Jh. erbauten und wieder zerstörten Wohnburg (Architekt Louis Rémy de la Fosse*). Im 19. Jh. Umgestaltung des Parks zum Englischen Garten. Erhalten ist v. der Barockanlage ein *Portal* am Oederweg. Im Wasserschlößchen war F. Fröbel* Erzieher.

Jügelhaus (Mertonstr. 17): 1906 entstandener neobarocker Bau v. Ludwig Neher (Stifter C. C. Jügel); seit 1914 Teil der Universität.

Leinwandhaus (Weckmarkt 17): Ursprünglich diente das 1398 v. Madern Gerthener* erbaute Haus dem Leinwandhandel und als Depot für Getreide, Salz etc. Nach Wiederaufbau für Ausstellungen genützt.

Palais Thurn und Taxis (Große Eschenheimer Str. 12): Heute nur noch das von 2 zweigeschossigen Pavillons gerahmte *Portal* erhalten; Wappen mit Figur der Minerva v. Paul Egell, 1734 (Kopie v. 1898; Original befindet sich im Historischen Museum). Dahinter erstreckte sich das Palais des Reichspostministers v. Thurn und Taxis, ein dreiflügeliger Bau v. Guillaume d'Hauberat nach Entwürfen des französischen Hofarchitekten Robert de Cotte. Im 2. Weltkrieg ausgebrannt; hinter dem Portal wurde das **Fernmeldehochhaus** der Bundespost, ein nüchterner Zweckbau der 50er Jahre errichtet.

Rathaus Fechenheim (Pfortenstr. 1): Um 1900 entstandener Rathausbau im Neorenaissancestil; heute Polizeirevier.

Rathaus Seckbach (Hofhausstr. 2): Fachwerkhaus v. 1542; das unterste Geschoß wurde zu einem späteren Zeitpunkt in Mauerwerk errichtet.

Römer (Römerberg): Der Name bezeichnet den gesamten Rathauskomplex aus Bauten des 15.–19. Jh. – 1405 erwarb der Rat der Stadt *Haus Römer*, einen

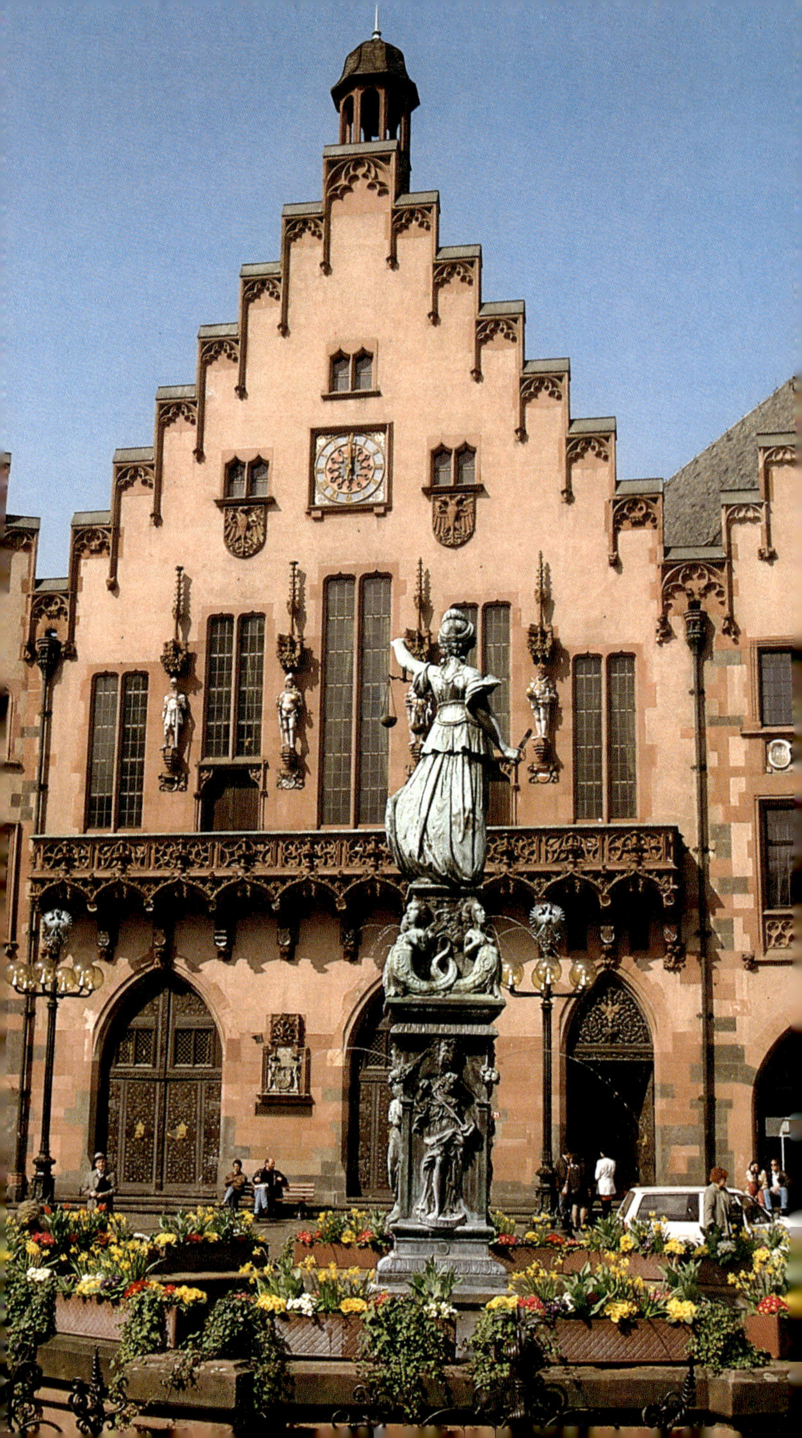

< Frankfurt a. M., Römergiebel mit Gerechtigkeitsbrunnen

got. Steinbau mit Staffelgiebel (1322 erstmals erwähnt) und das *Haus Zum Goldenen Schwan* (Paulsplatz 3) mit Schauseite v. Joh.Jakob Samheimer, 1731. 1405 Umbau durch Friedrich Königshofen, 1408 v. Wigel Sparre vollendet. Im Erdgeschoß Gewölbehallen, sog. *Römerhallen*, die als Messe- und Verkaufsort dienten. *Kaisersaal* (rekonstruiert) des »Römer« über die Hintertreppe v. Treppenturm des »Römerhöfchens« aus zugänglich. Seit 1562 fanden hier Krönungen und große Bankette statt. Zum Römerberg hin 5 hohe, schlanke, gestaffelt angelegte Doppelfenster, gerahmt von Maßwerkbrüstung. Die *Galerie der deutschen Kaiser und Könige* (ab 1842) zeigt lebensgroße, idealisierte Herrscherbildnisse, gemalt v. 35 Künstlern (u.a. Philipp Veit, Alfred Rethel, Eduard v.Steinle). 1878 kaufte der Rat *Haus Laderam* (auch Alt-Limburg genannt) an der linken Seite v. Haus Römer. Der dreistöckige Bau wird bereits 1336 erwähnt.
Im 2.Weltkrieg zerstört, wurde er 1950/51 wiederaufgebaut. Rückseitig eine offene Wendeltreppe mit prachtvollem Treppenhaus (1627) zum *Römerhöfchen*. 1904 schuf Josef Kowarzik den *Herkulesbrunnen* mit Bronzestatuen in der Mitte des Hofes. 1878 Angliederung des Fachwerkbaus *Haus Silberberg;* nur das Erdgeschoß ist in ehem. Gestalt erhalten; 1900–1908 verschiedene bauliche Erweiterungen.

Saalhof (Am Mainufer zwischen Saalgasse und Mainkai): Staufische Königsburg auf Teilen der Stadtmauer, später Saalhof, v. dem noch Palas, Kapelle und Bergfried stehen. *Saalhofkapelle* an der O-Seite des Wehrturmes (nur noch O- und N-Wand erhalten) aus der Herrscherzeit Friedrich Barbarossas. Innenraum in Form eines ungleichmäßigen Sechsecks, 8 Pfeiler mit ornamentierten Kapitellen tragen das Kreuzgewölbe. Daran fügt sich eine Apsidiole an. Den Bau erreicht man vom 1842 v. Rudolf Burnitz erbauten neoromanischen viergeschossigen Mainflügel, dem sog. *Burnitzbau*. 1715–17 ließen die Brüder Bernus neben dem Rententurm den *Bernusbau* errichten; stattliches Barockgebäude mit 3 Geschossen, hohen Volutengiebeln und korinthischen Pilastern. Nach dem 2.Weltkrieg Wiederaufbauar-

Frankfurt a. M., Blick auf Paulskirche und Römer mit Hochhäusern

Frankfurt a. M., Skulptur »Kontinuität« (Max Bill) vor dem Hochhaus der Deutschen Bank

beiten bis 1970. Heute befindet sich hier das Historische Museum.

Ehem. Stadtbibliothek (Schöne Aussicht/Obermainanlage): V. Johann Friedrich Christian Heß 1820–50 angelegter Bau; 1944 zerstört. Nur das klassizistische *Portal* ist erhalten.

Städtische Bühnen (Theaterplatz/Hofstraße): In dem Bauensemble der Alten Oper und einem Neubau sind Schauspiel, Oper und Kammerspiele untergebracht. Im Foyer zwischen beiden Trakten ein Wandbild von Marc Chagall*, *Commedia dell'arte*, sowie eine Plastik von Z. Kemény*.

Staufenmauer (zwischen Fahrgasse und Börnerstraße): Nach dem 2. Weltkrieg wurden Reste der staufischen, mit hohen, schlanken Bögen versehenen Befestigungsmauer freigelegt.

WOHNHÄUSER

Ältestes Fachwerkhaus Frankfurts (Schellgasse 8): 1291 erbautes kleines Fachwerkhaus; heute Kunstgalerie.

Gerbermühle (Mainwasenweg/südliches Mainufer): Früher Sommersitz des Bankiers von Willemer, den Goethe 1815 hier besuchte. Heute beliebtes Ausflugsziel.

Haus Wertheim (Fahrtor 1): Um 1600 errichtetes, reizvolles Fachwerkhaus im Stil der Spätrenaissance. Deutlich überkragende Geschosse auf dem aus Mainsandstein gemauerten Sockelgeschoß; geschnitzter Eckpfosten am nordöstlichen Teil des Hauses.

Haus »Zum Paradies und Grimmvogel« (Liebfrauenberg 39): Dreistöckiger Eckbau v. 1775. Giebelfeld zum Liebfrauenberg mit Wappen Siegfrieds zum Paradies, der im Frankfurt des 14. Jh. eine wichtige Rolle spielte.

Livingstonesches Stallgebäude (Ulmenstr. 20): Im Neorenaissancestil gestaltete dreiflügelige Anlage; um 1880 v. Chr. L. Schmidt als Pferdestall und Kutschenremise errichtet.
Originell der Aufzug zum Transport der Kutschen!

Maurisches Haus (Blumenstr. 2): Zu Beginn der 80er Jahre renoviertes Haus, das mit seinen an Minarette erinnernden Eckfialen orientalische Bauten nachahmt; 1856/57 v. J. F. Weinsperger gebaut.

Schelmenberg (Marktstr. 13): Im Kern got. Herrenhaus des 1844 ausgestorbenen Geschlechts der Schelme v. Bergen; um 1700 erneuert: ein Barockbau mit Renaissance-Steinportal wurde hinzugefügt.

Schwind-Haus (Bockenheimer Anla-

Frankfurt a. M., Hochhauszwillings- > gebäude der Deutschen Bank

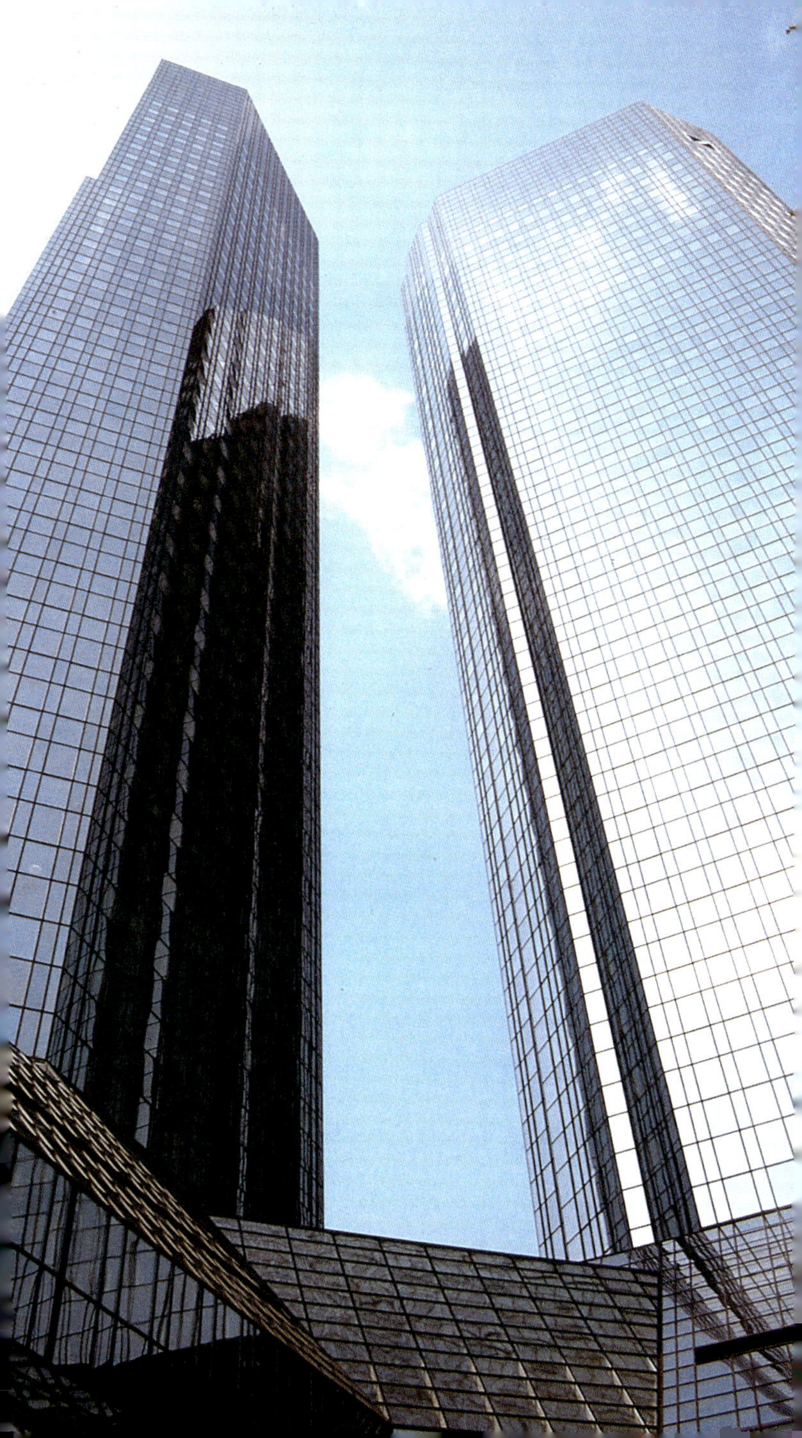

Frankfurt a. M., Front des Hauptbahnhofs

ge 3): V. Moritz v. Schwind*, Hauptmeister der deutschen Spätromantik, der 1844 nach Frankfurt zog, entworfene klassizistische Villa; reizvolle Märchenszenen der Terrakottareliefs unterhalb der Doppelfenster.

Steinernes Haus (Markt 42–44/Ausstellungsort des Frankfurter Kunstvereins): Das Gebäude (1464) im Besitz des kölnischen Kaufmanns Joh. v. Melen fiel dank der Steinbauweise in der sonst üblichen Fachwerkarchitektur besonders auf; imposante zweigeschossige Vorderfront mit v. Zinnen bekröntem Wehrgang zwischen flankierenden Türmchen vor spitz zulaufendem Walmdach.

Steinhausen-Haus (Wolfgangstr. 152): In der ehemaligen Wohn- und Arbeitsstätte des gleichnamigen Malers – er lebte hier v. 1885 bis 1924 – informiert ein Museum über das Schaffen des Künstlers.

HOCHHAUS- UND INDUSTRIEARCHITEKTUR

IG-Farben-Haus (Grüneburgplatz 1/ Nordend): 1929–31 von Hans Poelzig* als Verwaltungsgebäude der Firma IG-Farben errichtet. Die Mauern des 240 m langen Baus haben eine leichte Schwingung nach außen; Verkleidung aus Travertin.

Zentrale der Deutschen Bank (Taunusanlage 12): Doppelhochhaus von 155 m Höhe; 50 000 m^2 Spiegelverkleidung. Durch das Glasdach der Eingangshalle des Vorderbaus sieht man die Doppeltürme – im Volksmund »Soll und Haben«.
Vor dem Gebäude die 5 m hohe Skulptur »*Kontinuität*« v. Max Bill*.

GARTENHÄUSER

Nebbiensches Gartenhaus (Bockenheimer Anlage): Zwischen 1810 und 1820 vermutlich v. N. A. Salins de Montfort entworfenes Häuschen für M. J. Nebbien. – Heute präsentieren Künstler hier ihre Werke.

Odeon (Seilerstraße 34): Ursprünglich Ausstellungsraum für Skulpturen. 1816 ließ der Bankier G. S. v. Bethmann für den v. Bildhauer v. Danecker erhaltenen Entwurf der »Ariadne-Figur« dieses klassizistische, kleine Haus mit auffallend hoher Attika und Rundbogengeschoß bauen.

Pavillon: 1880 gebaut v. August Rumpf, oktogonaler Bau, der ein kleines Café beherbergt.

Willemer-Häuschen (Hühnerweg 74): Berühmtheit erlangte das winzige, turmartige Fachwerkhaus durch das Treffen zwischen Goethe und Marianne von Willemer, Ehefrau des Bankiers und Besitzers des Hauses; von hier sahen die beiden 1814 das zum Jahrestag der Völkerschlacht v. Leipzig veranstaltete Feuerwerk.

Seit 1960 sind hier Möbel aus der Zeit Goethes ausgestellt.

GROSSE ANLAGEN

Flughafen Frankfurt Main: Eröffnet wurde der 17 km² umfassende und damit zweitgrößte europäische Flughafen (nach London) 1936. Flughafen-Terminal v. 1972 v. A. Giefer und M. Mäckler. Riesige Wartungshalle, in der 6 Jumbo-Jets auf einmal instand gesetzt werden können. Attraktive Terrasse mit Plattform, von der man das Starten und Landen beobachten kann.

Großmarkthalle (Sonnemann-/Oskar-von-Miller-Straße; Ostend): Ehemals größte deutsche Markthalle; ein 1926–28 v. Martin Elsässer errichteter Eisenbetonskelettbau. Gilt als herausragendes Beispiel funktionsgerechter, moderner Architektur.

Grüneburgpark: Größte Grünfläche Frankfurts; urspr. im Privatbesitz der Familien v. Bethmann-Metzler und v. Rothschild. Im ausgehenden 19.Jh. durch Heinrich Siesmayer in einen Englischen Garten umgewandelt. Interessante Gebäude sind die klassizistische *Orangerie* (1855), das *Pförtnerhaus* (1875), ein Fachwerkhaus von F. v. Hoven, und der *Schönhof-Pavillon*.

Hauptbahnhof: Monumentalbau im wilhelminischen Repräsentationsstil v. Hermann Eggert (1874–77); bis 1913 größter Bahnhof Europas. Das dreiflügelige Empfangsgebäude ist 200 m breit. Sandsteinfassade mit aufwendiger Bauplastik; globustragender Atlas mit den allegorischen Gestalten »Dampf« und »Elektrizität«. Die prächtige Innenausstattung wurde nach Zerstörungen im 2. Weltkrieg nicht wiederhergestellt.
Die dreischiffigen Gleishallen (J. W. Schwedler) mit 18 Gleisen wurden 1924 durch 2 weitere Hallen für 6 Gleise erweitert.

Messegelände (südlich der Ludwig-Erhard-Anlage): 400 000 m² große Messeanlage mit 9 Ausstellungshallen, Festhalle, »Galleria«, »Torhaus« und Messeturm. Ältestes Gebäude die von Friedrich v. Thiersch 1907–1909 als Mehrzweckhalle konzipierte **Festhalle**; monumentaler Hallenbau mit einer gewaltigen Kuppel (Eisenkonstruktion). 1940 ausgebrannt, Wiederaufbau nach dem Krieg (Renovierung in den 80er Jahren). Der gigantischen **Halle 9** (Ungers) vorgelagert ist die sog. »**Galleria**«. Stilistisch angelehnt an lichte Passagen des 19. Jh. schuf Oswald Mathias Ungers* die 33 m hohe, 100 m lange Glaskuppel, überwölbt von einer Tonne aus geweißten Holzbögen. Im Mittelpunkt des Geländes das *Torhaus*. 90 m mißt der hohe, gläserne Zentralbau des »Messe-Service-Center«. Im O des Messegeländes der imposante *Messeturm* (1989–92) im postmodernen Stil v. H. Jahn.

Palmengarten (Siesmayerstr. 61): Geht auf die 1868 erworbene Pflanzensammlung des Herzogs v. Nassau (Biebrich) zurück. Auf einem im W Frankfurts v. Heinrich Siesmayer angelegten Areal wurden die Pflanzen angebaut. Heute umfaßt das Gelände mit Gewächshäusern und Außenanlagen 20 ha. 17 m hohes *Palmenhaus* für subtropische Pflanzen aus der Gründerzeit; bildet das Foyer für das angefügte Gesellschaftshaus (1869 v. F. Kayser entworfen). *Tropicarium* zur Veranschaulichung tropischer Pflanzen und ihrer Lebensform. *Blütenhaus an der Gärtnerei* mit Zierblumen wie Kamelien und Orchideen; Flora der Subtropen im *Haus Leonhardsbrunn* (1840), fleischfressende Pflanzen im *Eingangsschauhaus*, einem Kuppelbau v. 1906 aus Eisen u. Glas. *Außenschauanlagen* demonstrieren die Vegetation im Freien; Höhepunkt der *Rosengarten*. Restaurant in der *Villa Leonhardi*, einem frühklassizistischen Bau (1805) nach Plänen v. Salins de Montfort.

Zoologischer Garten (Alfred-Brehm-Platz 16): Der 1858 gegründete Zoo, einer der ältesten in Deutschland, wurde 1873 an die heutige Stelle verlegt. Auf dem 11 ha umfassenden Terrain sind *Raubtier-*, *Grzimek-* und *Zebra-Haus* besondere Attraktionen.

Frankfurt am Main

TÜRME

Eschenheimer Turm (Kreuzpunkt v. Eschenheimer Landstraße und Roßmarkt): 2 Bauphasen kennzeichnen den Aufbau des reizvollen spätgot. Torturms: 1400 begann Klaus Mengoz mit dem v. spitzbogigen Toren eingeschnittenen Sockel.
Madern Gerthener baute 1426 bis 1428 den runden Aufbau mit 2 Erkertürmchen und dem v. 4 Türmchen umgebenen abschließenden Spitzhelm. Zwei *Reliefs* mit Reichsadler bzw. Frankfurter Adler werden Gerthener* zugeschrieben. Von ihm stammt auch der *Porträtkopf*.

Fernmeldeturm (Wilhelm-Epstein-Straße/Ginnheim): Mit einer Höhe v. 331,14 m ist der als »Ginnheimer Spargel« bezeichnete Bau der größte Turm Deutschlands. Die *Turmkanzel* mit Restaurant zählt mit 25 m Durchmesser zu den größten der Welt.

Henninger Turm (Hainer Weg 60 bis 64/Sachsenhausen): 1961 wurde der weiße, 120 m hohe Aussichtsturm mit *Drehrestaurant* gebaut. Darüber eine nicht verglaste Aussichtsplattform mit Blick auf Stadt und Umgebung. Im Turm das *Brauereimuseum* zur Geschichte des Biers.

Kuhhirtenturm (Große Rittergasse 118): Der 1490 errichtete Turm, dessen 4.Stockwerk ein Fachwerkgeschoß ist, blieb als einziges Relikt der Sachsenhäuser Stadtwehranlage erhalten. 1923–27 bewohnte ihn der Komponist Paul Hindemith.

Rententurm (Schauseite der Altstadt zum Main): Der Bernusbau wird zur Linken vom sogenannten Rententurm flankiert, der Teil der spätgot. Stadtbefestigung war.
In ihm war das städtische Rentamt eingerichtet. 1456 erbaute Eberhard Friedberger das quadratische, viergeschossige, mit 6 Ecktürmchen versehene Gebäude. Seit den 20er Jahren lebte hier der Dichter Fritz v. Unruh.

BRÜCKEN

Alte Brücke (zwischen Eisernem Steg und Obermainbrücke/verbindet Mainkai und Sachsenhäuser Ufer): Die heute 237 m lange Brücke ist 1222 erstmals erwähnt. Mitte des 18.Jh. stürzte sie ein, 1912–26 wurde sie v. F.Herberer, H.v.Hoven und K.F.W.Leonhard neu errichtet. Der sog. blecherne »Brickegikkel«, ein im 15.Jh. installierter Hahn auf einem Kreuz, wurde mehrfach erneuert.

Eiserner Steg (zwischen Alter Brücke und Untermainbrücke): 1869 wurde der Fußgänger-Übergang v. P.Schmick errichtet. Die Hängebrücke (165 m lang) ist ein gutes Beispiel der Mitte des 19.Jh. aufgekommenen Ingenieurarchitektur. Zweimal wurde die Brücke wegen des Schiffahrtsverkehrs erhöht.

MUSEEN

Brauerei-Museum →Henninger Turm.

Deutsches Architekturmuseum (Schaumainkai 43; Öffnungszeiten Di–So 10.00 bis 17.00 Uhr, Mi 10.00–20.00 Uhr): In den 1979–1984 v. Oswald Mathias Ungers entworfenen Bau wurde eine Villa v. 1901 integriert, deren eingestellte Säulenreihe zur Mainseite nach außen tritt. Das Thema der »Architektur in der Architektur« wiederholt Ungers im Innern des gerasterten, durchgehend weißen Baus in Form des 5 Stockwerke hohen »Hauses im Haus« – Ausstellungsort und Exponat in einem. Auf der Rückseite des neugestalteten Villenteils eine Ausstellungshalle. Neben Wechselausstellungen eine umfassende Sammlung zur Architektur der Vergangenheit bis zur Gegenwart. Im Vordergrund stehen die Werke einzelner Künstler sowie architektonische Stilrichtungen; daneben Architekturfotografie und -malerei. Dauerausstellung zur Entwicklung des

*Frankfurt a. M., >
Eschenheimer Torturm*

Cityring
Offenbach
Hanau
Friedberg
Sachsenhausen
Zoo
P Parkhaus
SAUBER! SAUBER!
F·RA 767

122 Frankfurt am Main

Siedlungsbaus von der Vorgeschichte bis heute. In der Bibliothek umfangreiche Literatur der Architekturgeschichte seit 1800.

Deutsches Filmmuseum (Schaumainkai 41; Öffnungszeiten Di–So 10.00 bis 17.00 Uhr, Mi 10.00–20.00 Uhr): In das 1984 eröffnete Museum ist eine neoklassizistische Villa integriert. Dauerausstellung zur Entwicklung der Film- und Kinogeschichte: Geräte aus der Filmvorgeschichte (Laterna-magica-Bilder), Projektoren, Kameras, Drehbuchskizzen und Entwürfe für Bühnenbilder im ersten Stock (»Vom Guckkasten zum Cinématographe Lumière«). Nachbau des Kinosaals der Brüder Lumière*, in dem sie 1895 den »Cinématographe« erstmals vorführten. Kinoraum im Stil der Jahrhundertwende (2. Etage), Studioaufbau mit Film-Trickrepertoire. Außerdem eine *Bibliothek* (Schwerpunkt Filmmonographien und Zeitschriften), ein *Archiv*, eine *Videothek* sowie das *Kommunale Kino* (140 Sitzplätze).

Deutsches Postmuseum (Schaumainkai 53; Öffnungszeiten Di–So 10.00 bis 16.00 Uhr): Umfassender Bestand aus dem Berliner Reichspostmuseum. Dauerausstellung und Sonderschauen zur Geschichte der Postbeförderung zu Wasser, Land und Luft und des Transportwesens: Postillion- und Briefträgeruniformen, Posthäuserschilder, Posthörner an alten Paketzustell- und Personenpostwagen, dazu ein Postschlitten mit aufsteckbaren Rädern (um 1900) und das 1. Post-Transportflugzeug A. Eulers v. 1912, der sog. »Gelbe Hund«. – Das Museum informiert ferner über die Entwicklung der Telegrafie und zeigt eine Telegrafenstation v. 1833 sowie Telefonmodelle v. 1861 bis heute.

Dommuseum (Domplatz 14; Öffnungszeiten: Di–Fr 10.00–17.00 Uhr, Sa u. So 11.00–18.00 Uhr): Schwerpunkt der vor allem im letzten Jahrhundert zusammengetragenen Sammlung bilden Sakralkunstwerke. Besondere Kunstschätze sind: eine barocke Strahlenmonstranz* (Augsburger Arbeit), eine aus Frankfurt stammende Turmmonstranz v. 1498, ein Pektoral* (18. Jh.) des Frankfurters H. J. Engelender mit Porträt des Kirchenpatrons Bartholomäus. Neben Kirchengewändern aus Gotik, Barock und neuerer Zeit die Kaiserkrone (Kopie der Reichskrone des 10. Jh.). Dokumentation der Geschichte der ehem. Stiftskirche.

Frankfurter Feldbahnmuseum (Am Römerhof 15a; April–Oktober an 2 Sonntagen im Monat 10.00–17.00 Uhr): Dokumentiert wird die Geschichte des Feldbahnwesens mit Lokomotiven, Güter- und Personenwagen, vorgeführt auf einer 1 km langen Strecke sowie in einer Fahrzeughalle. Attraktion ist das Anheizen einer Lok.

Goethe-Museum/Goethe-Haus (Großer Hirschgraben 23–25; April–September Mo–Sa 9.00–18.00 Uhr, So 10.00 bis 13.00 Uhr/Oktober–März Mo–Sa 9.00 bis 16.00 Uhr, So 10.00–13.00 Uhr): Am 30.8.1749 wurde Johann Wolfgang v. Goethe in diesem Haus geboren; seit 1863 ist es im Besitz des »Freien Deutschen Hochstifts«. Trotz starker Schäden im 2. Weltkrieg konnte es im Originalzustand wiederhergestellt werden. Nur we-

Frankfurt a. M., Architekturmuseum, »Haus im Haus«

nige Einrichtungsgegenstände entstammen aus dem Goetheschen Haushalt. Der Eingang führt durch das benachbarte Gebäude des Museums über einen kleinen Hof zur Hintertür. Im **Erdgeschoß** die Küche (mit altem Spülstein) sowie Wohn- und Eßzimmer. Im **1. Stock**, den der Besucher über einen großzügigen Treppenaufgang erreicht, das Musikzimmer mit Pyramidenflügel und die Festräume. Darüber die elterlichen Räume mit Bibliothek und Gemäldekabinett des Vaters sowie das Zimmer der Mutter. Im **Dachgeschoß** das schlichte Arbeitszimmer des Dichters; hier schrieb Goethe die Jugendwerke »Werther«, »Goetz«, »Urfaust«, »Clavigo«. Im Nebenraum das Puppentheatergehäuse, mit dem der kleine Wolfgang dramatische Aufführungen im Familienkreis veranstaltete. Im Haus gibt es keine elektrische Beleuchtung. Das *Goethe-Museum* zeigt Dokumente und Gemälde zu Goethes Leben und Werk; Künstler wie Philipp Otto Runge, Carl Gustav Carus und Caspar David Friedrich sind vertreten. Die *Sammlung des Freien Deutschen Hochstifts* umfaßt 30000 Handschriften, rund 400 Gemälde und ca. 16000 Graphiken. Ergänzt wird das Museum durch eine *Bibliothek*. – Im Arkadenhof des Museums eine *Mädchenfigur* v. Georg Kolbe* (1937).

Heimatmuseum Frankfurt am Main/Bergen-Enkheim (Marktstraße; Öffnungszeiten So 15.00–18.00 Uhr, Do 20.00 bis 21.30 Uhr und nach Vereinbarung)/*Altes Rathaus Bergen:* Auf ein aus dem 14. Jh. stammendes got. Erdgeschoß wurde in der 1. Hälfte des 16. Jh. das Alte Rathaus Bergen gebaut. Reizvoll der an der Frontseite des Fachwerkbaus angefügte fünfteilige Erker. Seit 1959 beherbergt das Gebäude das Heimatmuseum. Dokumentiert wird die Geschichte des Ortes Bergen-Enkheim, der 1977 nach Frankfurt eingemeindet wurde. Im Obergeschoß wird die Rolle des Rittergeschlechts der Schelme von Bergen in Form von Urkunden, Rüstungen und Waffen dokumentiert; dazu Exponate zur Vor- und Frühgeschichte, eine naturwissenschaftliche und volkskundliche Sammlung sowie Geräte für Weinbau, Textilienherstellung und Landwirtschaft.

Heimatmuseum Schwanheim (Wilhelm-Kobelt-Haus/Alt Schwanheim 6): Dargestellt wird die Geschichte der Region anhand archäologischer Funde, u. a. *Knochen- und Stein-Werkzeuge,*

Frankfurt a. M., Deutsches Architekturmuseum

124 Frankfurt am Main

Schmuck, Grabgefäße der Steinzeit, eine kleine *Stierfigur* aus der Römerzeit.

Heinrich-Hoffmann-Museum (Schuberstr. 20; Öffnungszeiten Di–So 10.00 bis 17.00 Uhr): Dokumente zum Leben und Schaffen des als Autor des »Struwwelpeter« bekannten Arztes Heinrich Hoffmann, der auch als Reformer der Frankfurter Psychiatrie und als Vertreter einer liberal-demokratischen Bewegung im Zuge des Vormärz und der Revolution von 1848/49 eine Rolle spielte. Spielzimmer mit Kostümen der Struwwelpeter-Figuren. Neben Video- und Tonbildschauen gibt es Wechselausstellungen; im Museumsladen werden Bücher, Requisiten, Spiele etc. angeboten. Der Erlös kommt der »frankfurter werkgemeinschaft e.V.« zugute, die sich als Initiativgruppe für psychisch Behinderte engagiert.

Historisches Museum (Saalgasse 19; Öffnungszeiten Di–So 10.00–17.00 Uhr, Mi 10.00–20.00 Uhr, Graphische Sammlung und Münzkabinett Di–Fr 10.00 bis 13.00 Uhr): 1200 Jahre Stadtgeschichte werden hier seit 1969 dokumentiert. »Empfangen« wird der Besucher v. der Skulptur Karls des Großen (urspr. auf der Alten Brücke). Der Museumskomplex setzt sich aus Teilen des Saalhofes – Rententurm, Bernusbau, ö Teil der Saalhofkapelle, Burnitzbau und Zollhausvorbau – zusammen. Der jüngste Bautrakt macht mit *Frankfurts Stadtgeschichte* in Form von Diaschau und Texten vertraut. In der untersten Etage des Saalhofes Ausstellungsstücke zur Frühgeschichte der Stadt. In den gut erhaltenen Räumen bedeutende *Steinplastiken* (u.a. *Madonnenskulptur,* Ende 14.Jh. und got. *Kreuzigungsgruppe,* 1509, v. Hans Backoffen), *Bürgerliche Wohn- und Alltagskultur* (Mobiliar, Kleidung, Gebrauchs- und Schmuckwaren etc.) und *Textilien.* Die *Gemäldesammlung* umfaßt ca. 2000 Bilder, darunter Stadtansichten, Porträts, Altarbilder (M. Merians d.J. »Auferstehung Christi«, »Helleraltar« aus der Werkstatt Dürers). Außerdem Fayencen, Porzellan, Glasgemälde etc. Im Fahrtor befindet sich das 1973 eingerichtete **Kindermuseum**.

Struwwelpeter-Museum (Hochstr. 45–47; Öffnungszeiten Di–So 11.00–17.00 Uhr, Mi 11.00–20.00 Uhr): Das Museum, getragen von der »Heinrich-Hoffmann-Gesellschaft«, befindet sich im ehem. Wohnhaus Hoffmanns. Ausgestellt sind Manuskripte, Skizzenbücher, Fotos und Kinderbücher des Arztes, (»Struwwelpeter«-Erstausgabe von 1845 und Exemplare in anderen Sprachen sowie parodistische Werke wie der »Anti-Struwwelpeter«). Auch wird das Schaffen Hoffmanns als Psychiater und Arzt dokumentiert.

Jüdisches Museum (Untermainkai 14 bis 15; Öffnungszeiten Di, Do–So 10.00 bis 17.00 Uhr, Mi 10.00–20.00 Uhr): Untergebracht ist das am 50.Jahrestag der »Reichskristallnacht«, am 9.November 1988 eröffnete Museum im Rothschildpalais und im benachbarten Gebäude – beides Bauten v. J.F.C.Hess. Wenige erhaltene Räume veranschaulichen die Wohnkultur des ehem. jüdischen Großbürgertums. – Im 1.Stock die *Historische Abteilung I.* Am Beispiel der Frankfurter Juden wird die jüdische Geschichte zwischen 1100 und 1800 dargestellt. Ein begehbares *Holzmodell der »Judengasse«* zeigt das Frankfurter Ghetto (Anfang 18.Jh.). *Jüdisches Leben,* Riten, Festtage, Lebensformen werden vorgestellt. Die *Historische Ausstellung II* dokumentiert die Geschichte der Juden bis in unsere Zeit, v.a. ihre Rolle in Gesellschaft, Kultur, Wirtschaft und Wissenschaft; schließlich die Vernichtung durch nationalsozialistischen Terror und Gewaltherrschaft. – Sonderausstellungen liefern zusätzliche Information. Das Museum umfaßt eine **Bibliothek**, einen **Filmvorführraum** und ein **Bildarchiv**.

Luftfahrthistorische Sammlung der Flughafen Frankfurt Main AG und ständige Ausstellungen v. Oldtimer-Flugzeugen (Flughafen/Eingangsbereich der A-Empore; Öffnungszeiten 1.April–30.September 8.00–21.00 Uhr, 1.Oktober bis 31.März 8.00–18.00 Uhr; Luftfahrthistorische Sammlung: Besuche nach telefoni-

Frankfurt a. M., Liebieghaus >

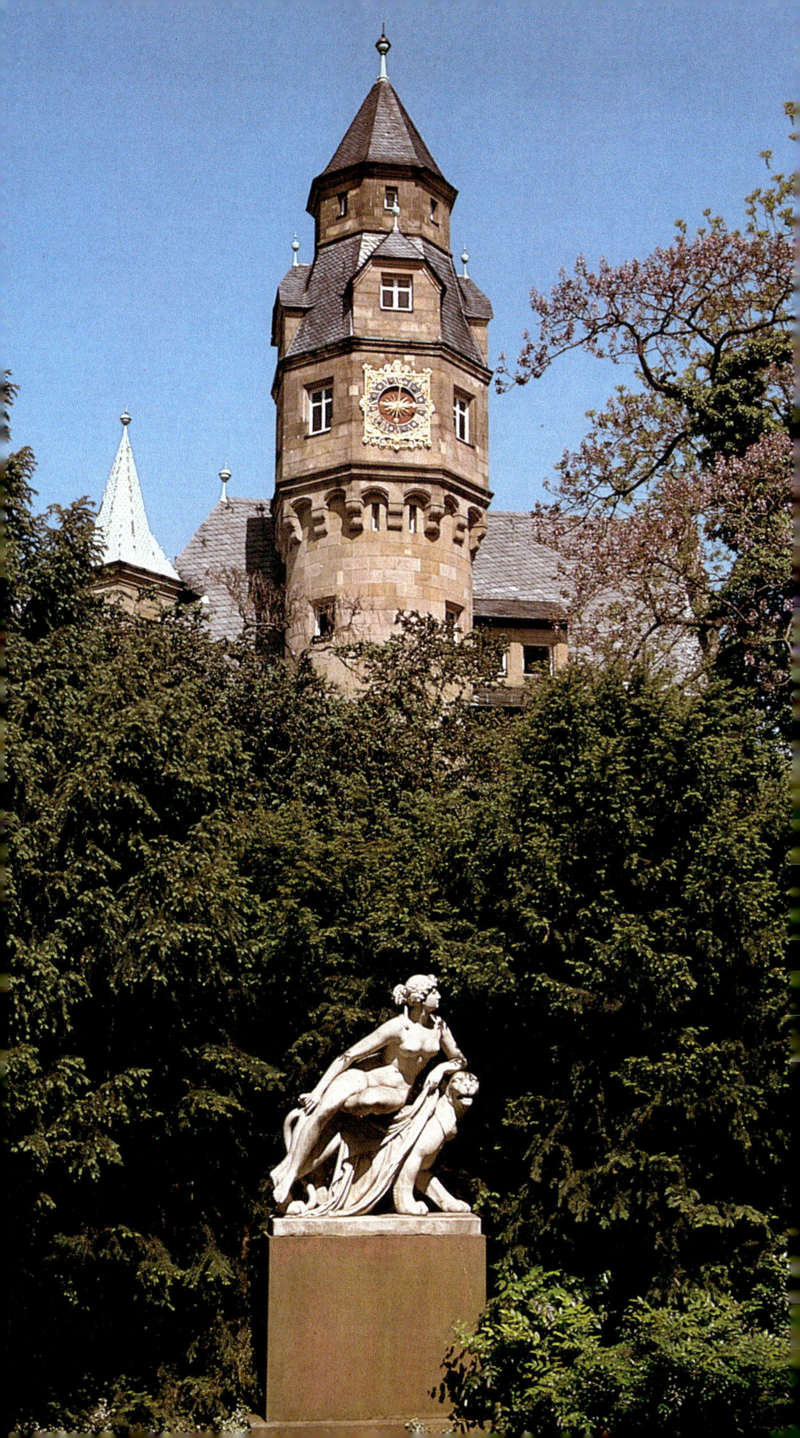

scher Vereinbarung unter 069/6 90 60 76): Rund 20 Flugzeuge verschiedener Epochen sind hier ausgestellt. Luftfahrtgeschichte vom Ballonanstieg des Franzosen Blancher (1785) über den 1. Flug der deutschen Luftpost mit Eulers sog. »Gelbem Hund« bis zum Bau des Flughafens.

Liebieghaus – Museum alter Plastik (Schaumainkai 71; Öffnungszeiten Di–So 10.00–17.00 Uhr, Mi 10.00–20.00 Uhr): Die Sammlung mit Werken v. der ägyptischen Kunst über die Antike bis ins 18. Jh. ist seit 1907 in der Villa H. v. Liebiegs untergebracht. *Ägyptische Abteilung* mit *Reliefs aus dem Totentempel des Königs Sakurê* (Abusir) u. einer *Mumiendecke der Sängerin Takait* (Theben, 13. Jh. v. Chr.) u. a.. Aus griech.-röm. Zeit ein *Porträtkopf Marc Aurels* (170–180 n. Chr.), eine *Athena-Statue* des Myron (Akropolis, Athen; röm. Kopie 1. Jh. n. Chr.), ein *Grablöwe* (Cheironeia, 4. Jh. v. Chr.) u.a. Die *Mittelalter-Abteilung* umfaßt u. a. eine ottonische *Sitzmadonna*, einen *Königskopf* (Frankreich) des 12. Jh., Nicolaus Gerhaerts* *Fragment einer weiblichen Büste*, die sogenannte *»Bärbel v. Ottenheim« (1463/64)*, Tilman Riemenschneiders* *»Maria mit Kind«* vom Beginn des 16. Jh. sowie Werke v. Hans Multscher*. – *Barockwerke* v. Ignaz Günther* und Georg Petel*. *Klassizismus-Abteilung* mit Plastiken v. Johann Heinrich Dannecker*, Thorwaldsen*, Ludwig Schwanthaler* u. a. Werke französ. Bildhauer (Jean-Antoine Houdon* und Jean-Baptiste Lemoyne*).

Museum für Vor- und Frühgeschichte, Archäologisches Museum (Karmelitergasse 1; Öffnungszeiten Di–So 10.00 bis 17.00 Uhr, Mi 10.00–20.00 Uhr): Die Sammlung mit ihren 6 Abteilungen ist seit 1989 in den Räumen der Karmeliterkirche und einem Neubau eingerichtet. Die Abteilung *Fundstücke aus Luristan* zeigt vorgeschichtliche Objekte aus Persien (2600–600 v. Chr.), die *Antiken-Sammlung* archäologische Funde der Klassik wie *Vasen, Terrakotten, Bronzen*; im Querschiff Objekte der *regionalen*

< *Frankfurt a. M., Liebieghaus, Statue der Athena*

Frankfurt a. M., Museum für Kunsthandwerk

Vorgeschichte. Grabungsfunde aus der Römersiedlung *Nida* im N Frankfurts umfassen *Haushaltsgerät, Münzen, militärische Utensilien* u. a. *(Rekonstruktion eines Raumes)*. In der Annenkapelle die *Frühmittelalterliche Abteilung* mit Dokumentation zur Besiedlung des Rhein-Main-Gebietes durch Alemannen und Franken sowie der Merowingersiedlungen. Modell der ehem. *Pfalzanlage*. In der *Schatzkammer* sind während der Renovierungsarbeiten der Kirche gemachte Funde ausgestellt.

Museum für Kunsthandwerk (Schaumainkai 15–17; Di, Do–So 10.00 bis 17.00 Uhr, Mi 10.00–20.00 Uhr): Die Museumsanlage setzt sich aus der ö gelegenen »Villa Metzler« (Anfang 19. Jh.) und dem 1982–84 v. amerikanischen Architekten Richard Meier errichteten Erweiterungsbau auf L-förmigem Grundriß mit schwingenden Rampen und weißen, lichten Hallen zusammen. Die 1877 gegründete Sammlung erwarb 1921 die Stadt. Die 4 großen Themen: Ostasiatisches, europäisches und islamisches Kunsthandwerk, Buchkunst, angewandte Grafik. Unter den Exponaten des *Europäischen Kunsthandwerks* (1. Stock) ein emailliertes *Fides-Medaillon* (12. Jh.), ein *Hahnenaquamanile** (12. Jh.), deutsche, spanische und italienische *Keramik* sowie *Metallarbeiten*. In der *Porzellansammlung* der *Liebestempel** v. Johann Joachim Kändler* (Meißner Manufaktur) aus dem 18. Jh. Neben *Mobiliar* v. der Gotik bis zur Jahrhundertwende gibt es deutsche und venezianische *Glasarbeiten* des 15. und 16. Jh. Die *Textilabteilung* zeigt u. a. den *Bildteppich mit Szenen aus* »*Wilhelm von Orleans*«.

In der Abteilung *Islamische Kunst* Keramik aus Persien vom 9. bis 16. Jh., Textilien und Stickereien sowie Orientteppiche des 17. und 18. Jh. Die *Ostasiatische Sammlung* umfaßt u. a. *Keramiken* und *Bronzen* aus China (bis ins 3. Jh. v. Chr.), Blauweißporzellane des 16. bis 18. Jh., chinesische und japanische Lackarbeiten

Frankfurt a. M., Museum für Kunsthandwerk, »Treppenhaus«

Frankfurt a. M., Museum für Moderne Kunst

sowie japanische Buchillustrationen (17./18. Jh.).

Museum für Moderne Kunst (Domstr. 10; Öffnungszeit Di–So 10.00 bis 17.00 Uhr, Mi 10.00–20.00 Uhr): Das von dem Wiener Architekten Hans Hollein* entworfene Museum, das begeisterte Zustimmung und Ablehnung fand, wird aufgrund seiner Dreiecksform im Volksmund als »Tortenstück« bezeichnet; es wurde 1991 eröffnet. Hollein setzte den von Säulen getragenen Eingang nicht an die längste Seite des Dreiecks, sondern an das s Ende des kürzesten Schenkels. Die Spitze zeigt in Richtung Dom. Der kompakte, von roten Sandsteinbändern durchzogene Baukörper trägt an der vom Portal aus gesehen linken Fassade über einem aus der Wand geschnittenen Bogen eine Reihe von Aluminiumsäulen vor einer Glaswand. Der rechts vom Eingang liegende Café-Bereich wirkt mit seinen Wellenlinien und Säulchen sehr verspielt. Innen findet der Besucher monumentale weiße Räume und kleine, intime Nischen dicht nebeneinander, überraschende Durchgänge, breit angelegte Treppen und schmale Aufgänge. Das Ganze läßt an die Formensprache des Manierismus denken. – Die ständige **Sammlung** zur Kunst nach 1945 umfaßt zahlreiche Gemälde, Fotoarbeiten, Plastiken, Environments* und Videokunst. Über die 3 Geschosse verteilt sind Werke namhafter Künstler der Gegenwart zu sehen.

Museum für Völkerkunde (Schaumainkai 29; Öffnungszeiten Di, Do–So 10.00 bis 17.00 Uhr, Mi 10.00–20.00 Uhr): Den Kernbestand des Museums bilden die ethnographische Sammlung des Arztes Bernhard Hagen (1904 der Stadt geschenkt) und die 1877 v. der »Senckenbergischen Naturforschenden Gesellschaft« überlassenen Objekte. Seit 1973 ist das Museum in einer neobarocken Villa (um 1900 erbaut) untergebracht. Geplant ist der Anbau eines Neutrakts durch Richard Meier sowie die Mitbe-

Frankfurt a. M., Schirn Kunsthalle > mit Arkadenlangbau und Rotunde

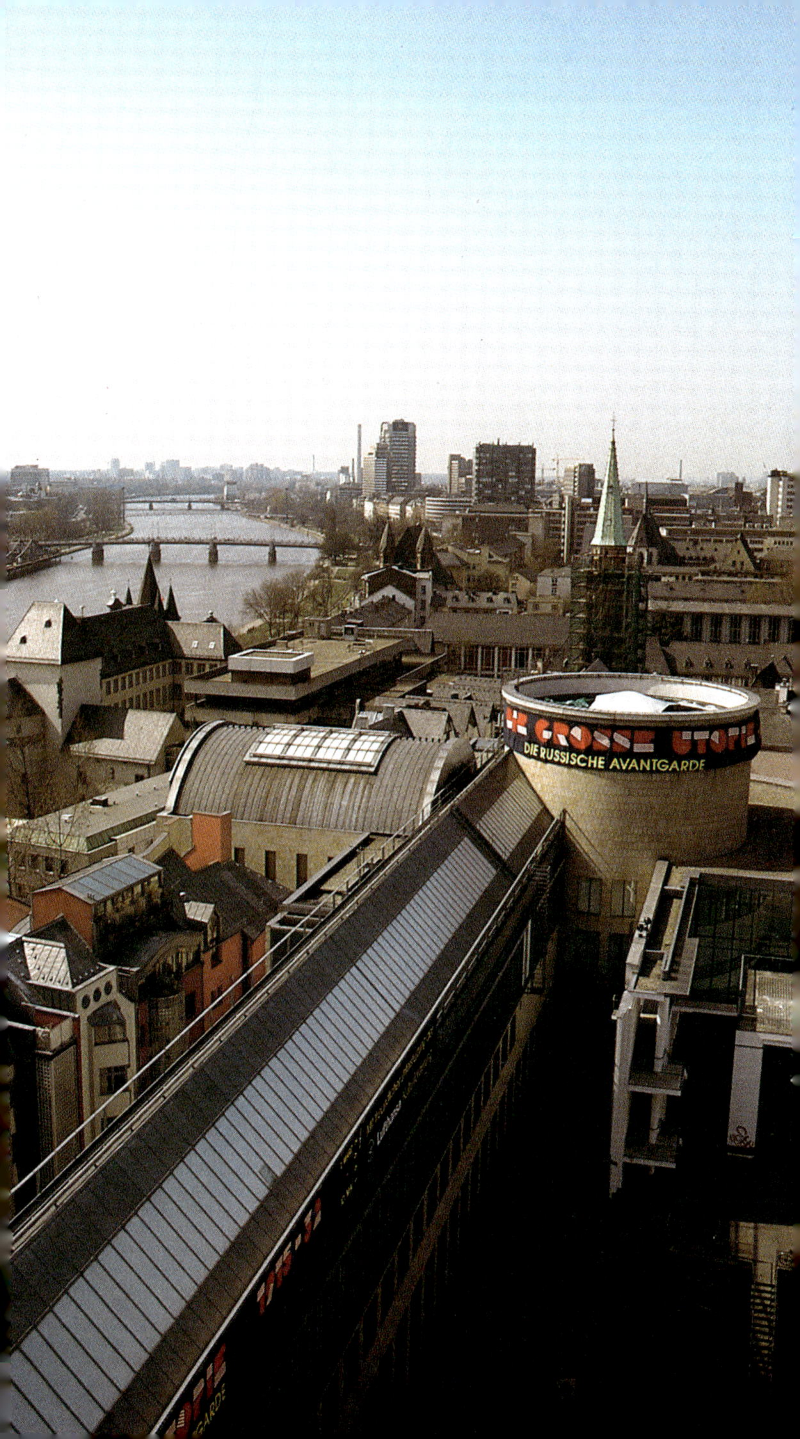
GROSSE UTOPIE
DIE RUSSISCHE AVANTGARDE

Frankfurt a. M., Städelsches Kunstinstitut, Frontseite Schaumainkai

nutzung zweier Nachbarvillen. Ca. 60000 Exponate sind zu besichtigen. Schwerpunkte bilden die Amerika-, Ozeanien- und Indonesienabteilung.

Naturmuseum Senckenberg (Senckenberganlage 25; Öffnungszeiten Mo, Di, Fr 9.00–17.00 Uhr): Die »Senckenbergische Naturforschende Gesellschaft«, 1817 gegründet (Goethe war ihr großer Förderer), trägt neben dem Museum noch ein Forschungsinstitut. Das Museumsgebäude v. L. Neher (1904–07) bildet mit vielen Flügeln der Senckenbergischen Bibliothek und dem Haus des Physikalischen Vereins eine Stirnseite. – Im **Erdgeschoß** ist die *Erd- und Lebensgeschichte* anhand u. a. von Schwarzjura, Fossilplatten, Großsaurierskeletten, Gesteinen und Mineralien und fossilen Wirbeltieren dargestellt. *Amphibien, Reptilien* und *Vögel* sind im 1. Obergeschoß zu sehen; dazu Sonderschauen zur vorgeburtlichen Entwicklung der Säuger. Im 2. Obergeschoß befindet sich die *neuzeitliche Abteilung* mit Weichtieren, Gliederfüßlern, Krebsen, Insekten, Meerestieren. Im Dioramenraum* nachgestellte Lebenssituationen verschiedener Tierarten. Außerdem eine Sonderausstellung über Achate.

Schirn Kunsthalle Frankfurt (Am Römerberg 6a; Öffnungszeiten Di–Fr 10.00–21.00 Uhr, Sa, So und an Feiertagen 10.00–19.00 Uhr): Nationale und internationale Kunst wird in Wechselausstellungen in dem von den Berliner Architekten Bangert, Jansen, Scholz und Schultes konzipierten Bau zwischen Dom und Römerberg präsentiert. Er setzt sich aus einem langgezogenen Trakt mit Arkaden, einer Rotunde mit verglastem Foyer und einem tischförmigen Plateau zusammen. – *Archäologischer Garten:* Gegenüber der Kunsthalle sind auf der W-Seite des Doms archäologische Ausgrabungen zur Vor- und Frühgeschichte gemacht worden: Teile v. Mauern aus röm. Zeit, Mauerreste der karolingischen Pfalz sowie Fragmente des späten MA.

Stadtwerke-Verkehrsmuseum (Rheinlandstraße/Schwanheim; Öffnungszeiten Sa, So und an allen Feiertagen 10.00 bis 18.00 Uhr): Hier wird die Geschichte des Frankfurter Nahverkehrs präsentiert – von der Pferde- über die Straßen- bis zur U-Bahn. Besondere Sammelstücke: ein Triebwagen v. 1884 sowie die 1. in Deutschland elektrisch betriebene Straßenbahn.

Städelsches Kunstinstitut und Städtische Galerie (Schaumainkai 63; Öffnungszeiten Di–So 10.00–17.00 Uhr, Mi 10.00 bis 20.00 Uhr): Als 1. Museumsgalerie am Mainufer stiftete der Kaufmann J. F. Städel (1728–1816) in seinem Todesjahr ein Kunstinstitut zur Förderung junger Künstler. Seine Sammlung mit Werken niederländischer und deutscher Künstler des 17. und 18. Jh. bildete die Basis für die seitdem ständig vergrößerte Galerie. 1874–77 entstand das vom Architekten und Städelschullehrer Oscar Sommer konzipierte Museums- und Schulgebäude im neoklassizistischen Stil. Hier lehrten bedeutende Künstlerpersönlichkeiten wie Steinle, Moritz v. Schwind, Max Beckmann. 1899 wurde der »Städelsche Museums-Verein« gegründet.

Man beginnt den Rundgang am besten im *2. Stock* mit der Malerei bis 1800. Neben Bildern des 14. Jahrhunderts (»Der trauernde Johannes«, um 1300 v. einem Cimabue-Schüler) sind Werke der italien. Hochrenaissance zu sehen, darunter Gemälde v. Andrea del Verrocchio* und Sandro Botticelli*; die venezianische Renaissance ist u. a. mit Bildern v. Vittore Carpaccio* und Giovanni Bellini* repräsentiert.

Den italienischen Manierismus vertritt vor allem Tintoretto* (»Moses schlägt Wasser aus den Felsen«). Raritäten der deutschen Malerei des 14. und 15. Jh. sind das »Paradiesgärtlein« (um 1410) eines oberrheinischen Künstlers sowie Werke Holbeins* d. Ä., Dürers* und Matthias Grünewalds*. Die Abteilung Niederländische Malerei des 15. bis 17. Jh. umfaßt Werke Jan van Eycks* (»Lucca-Madonna«, 1435), des Meisters von Flémalle*, v. Rogier van der Weyden*, Hugo van der Goes* u. a. Die Malerei des Barocks ist mit Gemälden des Frankfurters Adam Elsheimer* (»Die Bekehrung des Paulus«, »Kreuzaltar«), v. Peter Paul Rubens, Rembrandt, Claude Lorrain und Nicolas Poussin vertreten. Dazu Werke v. Tiepolo* und Canaletto*. Im *1. Obergeschoß* die Kunst des 19. und 20. Jh. Unter den vertretenen deutschen Künstlern des 19. Jh. sind Franz Pforr*, Philipp Veit*, K. Ph. Fohr* sowie die »Deutsch-Römer« Böcklin*, Marées* und Feuerbach*. Von den französischen Impressionisten sind u. a. Renoir*, Monet* und Degas* vertreten. Werke des 20. Jh. stammen u. a. von Kirchner*, Klee*, Munch*, Beckmann*, Rousseau*, Modersohn-Becker*, Marc*, Macke*, Matisse*, Braque*, Picasso*, Dix*, Hodler*, Gruppe Zero*, Dubuffet*, Giacometti*, Tapiès*. Auch sind Skulpturen (19. und 20. Jh.) und Grafiken (15. bis 20. Jh.) ausgestellt.

Stoltze-Museum (Töngesgasse 34–36; Öffnungszeiten Mo, Di, Do, Fr 10.00 bis 17.00 Uhr, Mi 10.00–20.00 Uhr): Gewidmet ist das Museum Leben und Werk

Frankfurt a. M., Städelsches Kunstinstitut, Rückfront mit Skulptur von Stefan Balkenhol

Friedrich Stoltzes (1816–91), Verfasser von humorvollen Mundart-Novellen, Gedichten und Erzählungen. Daneben war er Vertreter eines politisch-kritischen Journalismus und Zeitungsmacher (ab 1852 »Krebbelzeitungen«, ab 1860 Satirezeitschrift »Frankfurter Latern«). Untergebracht ist die Dokumente, Möbel u. a. umfassende Sammlung im Renaissanceturm des ehem. Schönberger Hofes.

ARCHIVE

Chaplin-Archiv (Klarastr. 5/Eschersheim; Öffnungszeiten Fr 17.00–19.00 Uhr bei Voranmeldung; T. 069/52 48 90): Das Privatmuseum umfaßt eine Sammlung v. ca. 80 Filmen des Schauspielers und Komikers Charles Spencer Chaplin sowie Filmprogramme, Fotos und Artikel aus

Frankfurt am Main

Zeitschriften. Die Bibliothek umfaßt nahezu 550 Bände.

Schopenhauer-Archiv (Stadt- und Universitätsbibliothek/Bockenheimer Landstr. 134–138; Öffnungszeiten Mo–Fr 9.00 bis 12.00 Uhr): Schwerpunkt der Sammlung bilden Briefe, Bücher, Entwürfe, die Leben und Werk des Philosophen belegen. Neben Teilen seiner Bibliothek sind Gerätschaften wie seine Schreibfeder, sein Rasiermesser u. a. sowie einige Möbel ausgestellt.

DENKMÄLER

Beethoven-Denkmal (Taunusanlage): Das n v. Heinedenkmal plazierte Werk Georg Kolbes* mit dem Titel »Dem Genius Beethoven« entstand 1926.

Goethe-Denkmal (Gallusanlage/Ecke Kaiserstraße): 1840 v. Münchner Bildhauer Ludwig v. Schwanthaler* geschaffen, wurde das Standbild 1844 auf dem – später so genannten – Goetheplatz installiert. Der Dichter ist überlebensgroß dargestellt, in der Rechten eine Schriftrolle, in der Linken einen Lorbeer haltend. Den Sockel schmücken Reliefs mit allegorischen Figuren aus Goethe-Werken. In der nahen Taunusanlage steht die von Eduardo Chillida* geschaffene Architekturskulptur »**Ein Haus für Goethe**« v. 1986.

Heine-Denkmal (Taunusanlage): 1913 schuf Kolbe die Bronzegruppe »Schreitender und Ruhende«, die 1933 v. den Nazis beschädigt wurde.

Hessendenkmal (Friedberger Tor): Auftraggeber war König Friedrich Wilhelm II. v. Preußen, der damit die 1792 bei der Befreiung von den Franzosen gefallenen hessischen Soldaten ehren wollte. Entwurf (1743) Heinrich Christoph Jussow, Ausführung Joh. Christian Ruhl.

Opfer-Denkmal (Gallusanlage): Von B. Elkan zu Ehren der Gefallenen des 1. Weltkriegs 1920 geschaffen. Dargestellt ist eine Trauernde.

»Ring der Statuen« (Rothschildpark): 1954 wurde der v. Georg Kolbe* geschaffene, aus 4 weiblichen (Junges Weib, Hüterin, Auserwählte, Amazone) und 3 männlichen Bronzestatuen (Herabschreitender, Stehender Jüngling, Sin-

Frankfurt a. M., Städelsches Kunstinstitut, Rückfront

nender) bestehende »Reigen« aufgestellt.

Schiller-Denkmal (Taunusanlage): Überlebensgroße Bronzestatue, 1859–63 v. Joh. Dielmann entworfen.

F.-HÖCHST

790 erstmals erwähnt; im 12. Jh. im Besitz des Geschlechts v. Nüring, anschließend hatten die Mainzer hier ihren Stützpunkt im Kampf gegen Frankfurt. 1355 wurde Höchst Stadt, 1368 bekam es Zollrecht. 1586/87 verheerte ein Brand die Stadt. Kaufleute aus Frankfurt gründeten 1776 die kurfürstliche Porzellanmanufaktur. 1863 entstanden die »Höchster Farbwerke«. 1928 Eingemeindung in die Stadt Frankfurt.

Justinuskirche (Justinusplatz): Kernbau der Kirche – eine der ältesten in Deutschland – ist eine dreischiffige karolingische Basilika v. 850. Erhalten ist das von Säulenarkaden gesäumte Mittelschiff. Kapitelle mit Voluten und Blätterkranz sowie Kämpfer in Form umgedrehter Pyramidenstämme. Der Mainzer Erzbischof Otgar veranlaßte die Übertragung der Gebeine des hl. Justinus von Rom. Um 1090 wurden die Räume und Mauerzüge erhöht, das Westportal vermauert. Seit 1441 Kloster des Antoniterordens; es entstand der got. Chor (bis um 1460), vermutlich erbaut v. Steffan v. Irlebach aus Erlenbach. Der hohe, lichtdurchflutete, langgezogene Raum hat $^5/_8$-Schluß. Zwischen 1468 und 1513 kamen die 3 Kapellen am n Querhaus – jetzt mit Netzgewölbe – sowie die Maßwerkfenster im Hauptschiff hinzu. Außen dominiert der Chor mit massivem Strebewerk, der höher als der kleine Dachreiter des roman. Teils ist. Mitte des 15. Jh. entstand das *Hauptportal*, gerahmt v. Steinskulpturen des hl. Paulus v. Theben und v. Antonius dem Einsiedler, beide geschaffen v. Irlebach. – *Innenausstattung:* Aus dem 15. Jh. das schlecht erhaltene Jüngste Gericht am Vierungsbogen des Mittelschiffs. 1724 v. Joh. Wieß begonnener barocker Hochaltar mit Kreuzigungsgemälde v. Joh. Ignaz Jung; hl. Margarethe vermutlich v. Joh. Jakob Juncker. Im s Seitenschiff barocker *Marienaltar* v. 1750; klassizistische *Kanzel* v. 1812. Der *Kreuzaltar* (1485) mit *Tafelgemälden* nach Stichen v. Martin Schongauer* ist in der mittleren Kapelle des n Seitenschiffs untergebracht. Reliefs der Heiligen Paulus und Antonius an Resten des spätgot. *Chorgestühls*. Im n Altar-

Höchst (Frankfurt a. M.), Bolongaro-Palast

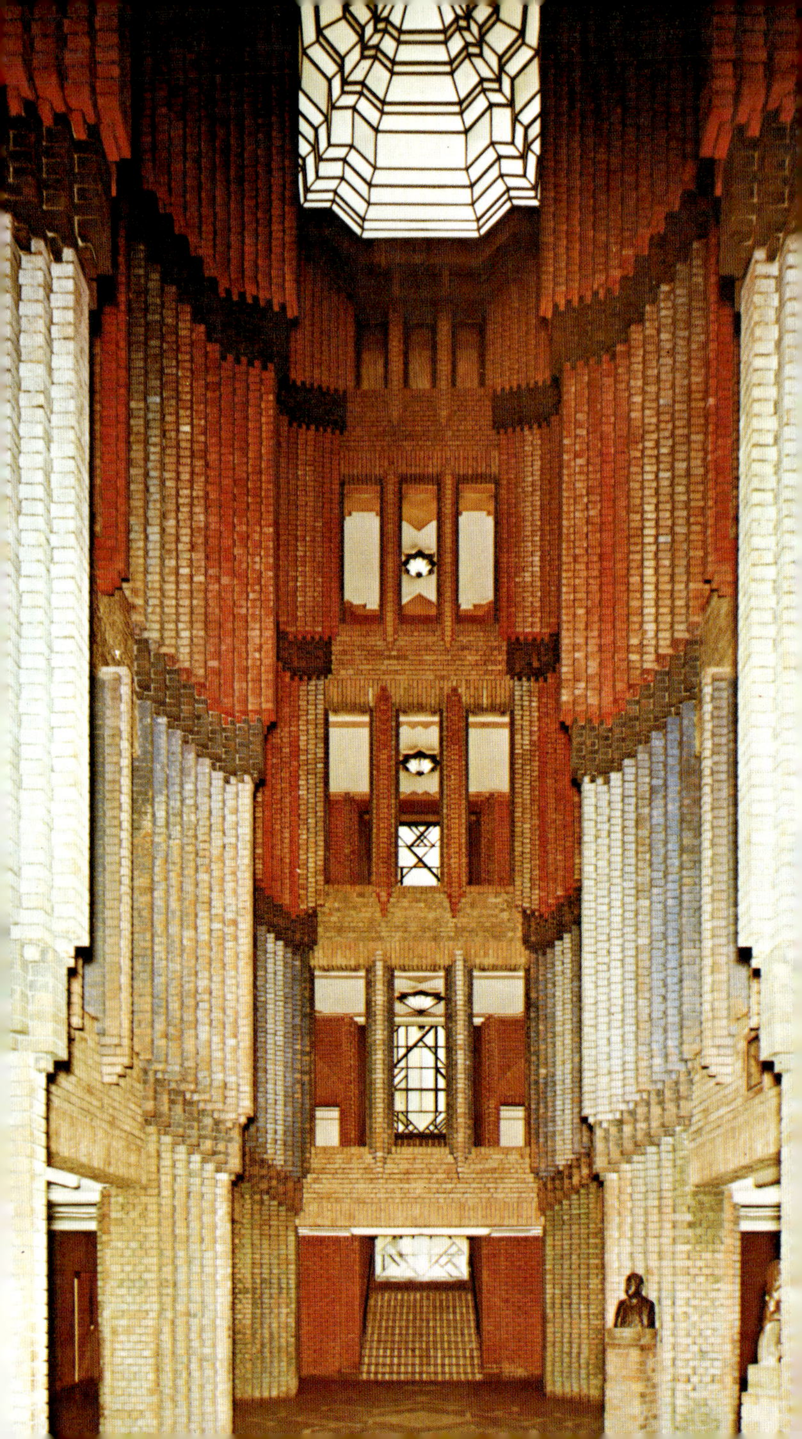

< *Höchst, (Frankfurt a. M.),
Behrens-Bau, Verwaltungsgebäude der
Hoechst AG*

raum ein aus dem Kloster Gottesthal im Rheingau stammender *Pietà-Altar.* Den *Orgelprospekt* (1987/88 restauriert), den 1737–38 Joh. Onimus schuf, schmücken Posaunenengel. Das *Weihwasser-Wandbecken* stammt aus dem 15. Jh.

St.-Josefs-Kirche (Hostatostraße/Justinuskirchstraße): Neoroman. dreischiffige Basilika mit Querhaus und Eckturm v. 1907–08; Innenraum mit Flachdecken und Jugendstilbemalung.

Schloß: Die urspr. auf einen Bau des 13. Jh. zurückgehende Anlage wurde v. Frankfurter Bürgern 1396 zerstört. Der Wiederaufbau, durch den Erzbischof v. Nassau betrieben und 1408 eingestellt, wurde um 1475 fortgeführt. Umbau zum Renaissanceschloß unter Erzbischof Wolfgang v. Dalberg; der alte Turm wurde in den neu entstandenen w Flügel mitaufgenommen. Die urspr. vierflügelige Anlage ließ Herzog Bernhard v. Sachsen-Weimar bis auf einige Teile 1635 niederbrennen. – Im Schloß das Museum für Höchster Geschichte. Nordwestlich der Anlage entstand das *Neue Schloß* (um 1600), das im 19. und 20. Jh. Veränderungen erfuhr. Heute dient es der Hoechst AG als Gästehaus.

Stadtbefestigung: Von der Stauferanlage existieren noch einige Mauerreste. Neuere Befestigungsteile stammen aus der Zeit nach 1355. Erhalten sind – neben Mauerstücken – der sogenannte *Zollturm,* ein achteckiger, 1356–60 errichteter Bau, dem man 1664 Fachwerk hinzufügte. Der Zwingermauer wurde das *Maintor* vorgelagert.

Bolongaro-Palast (Bolongarostr. 105 bis 111/Seilerbahn): Um 1780 vollendete J. J. Schneider die vom Tabakhändler J. M. M. Bolongaro in Auftrag gegebene hufeisenförmige Barockanlage. Die Straßenfront des dreigeschossigen Mittelbaus (mit Risalit und Mansarddach), flankiert von 2 Pavillons, hat, über 43 Achsen verlaufend, eine Länge von 117 m. Die Fassaden sind v. Portalen und Fenstern mit Rokokoornamenten, Balkonen und Quaderlisenen verziert. An den dem parkähnlichen Garten zugewandten Mittelteil schließt sich eine offene Halle auf ionischen Säulen an.
Die Zimmer des Inneren sind mit Spie-

Höchst (Frankfurt a. M.), »Muschel« der Jahrhunderthalle

gelwänden, Stuckdecken und Gemälden ausgestattet. – Die *Gartenanlage* fällt in 2 Terrassen zum Mainufer ab. An diese schließen sich 2 Pavillons mit Mansarddächern an; der w der beiden Säle – heute Standesamt – hat ein *Deckengemälde* – die »Vier Jahreszeiten« (vermutlich v. Joseph Appiani*).
Man nimmt an, daß von ihm auch die Kapelle mit dem Bild der *Marienhimmelfahrt* im Hauptbau stammt, in dem 1746 eine Porzellanausstellung (der späteren Höchster Porzellanmanufaktur) eingerichtet wurde.

Dalberger Haus (Bolongarostr. 186): 1. Bauphase (1577–80) unter Graf Hartmuth XIII. v. Kronberg, der sich einen massiven zweigeschossigen Steinbau errichten ließ. 1582 erwarb Erzbischof Wolfgang v. Dalberg den Besitz und ließ ein Zierfachwerk als 3. Etage hinzufügen. – Heute Sitz der neugegründeten Höchster Porzellanmanufaktur.

Jahrhunderthalle der Hoechst AG (Ffm.-Höchst, Pfaffenwiese): Hier werden neben Sinfoniekonzerten von in- und ausländischen Gastspielensembles Opern, Ballette und Schauspiele aufge-

Friedberg, Stadtkirche, Bogenfeld der Sakristeitür

führt. Daneben finden auch Sportveranstaltungen und Kunstausstellungen statt.

Verwaltungsgebäude der Hoechst AG (Brüningstr. 64): Beispielhafte Industriearchitektur im expressionistischen Baustil. Turm und Brücke – beide v. 1920–24 – stammen v. Peter Behrens*. Bemerkenswert die nach oben hin an Masse zunehmenden Backsteinpfeiler in changierenden Farben. Das Treppenhaus ist mit einer Glaskuppel überdacht.

Museum für Höchster Geschichte. Firmenmuseum der Hoechst AG (Höchster Schloßplatz 16; Öffnungszeiten täglich 10.00–16.00 Uhr): Das Museum wurde 1976 im ehem. kurfürstlich-mainzischen Schloß und im Zollturm eingerichtet. Funde zur Vor- und Frühgeschichte und zur Römerzeit. Im Erdgeschoß Firmenmuseum der Hoechst AG. Im 1. Obergeschoß Teile der Porzellansammlung der Höchster Manufaktur, dazu eine Möbel- und Zinnsammlung. *Dokumentation* zur Entwicklung der Stadt. Im 2. Stockwerk eine Sammlung v. *Ziegelstempeln** der Römerzeit sowie fränkische Waffen, Kämme und Gefäße. Geschichte der Rechtsprechung (Hexenprozeßakte) und Entwicklung der Stadt v. Dreißigjährigen Krieg bis zum 18. Jh. in Dokumenten. Im 3. Obergeschoß vorgeschichtliche Funde, darunter Geweihteile eines vor 12 000 Jahren ausgestorbenen Riesenhirschs.

6101 **Fränkisch-Crumbach**
Odenwaldkreis
Einw.: 3000   Höhe: 200 m   S. 354 □ C 5

Ev. Pfarrkirche (ehem. St. Laurentius): Langhaus im Kern romanisch; Chorneubau und Turm 1485 durch Hans Eseler. Viele *Grabdenkmäler* derer v. Rodenstein. An der n Langhauswand *Renaissance-Epitaph* des Junkers Hans v. Rodenstein (gestorben 1500) und seiner Frau.

Burgruine Rodenstein (n Odenwald): Vom Geschlecht der Rodenstein als

Trutzanlage gegen die Schenken v. Erbach Mitte 13. Jh. erbaut. Nach Aussterben der Familie 1671 Verfall seit dem 17. Jh. Rechteckanlage mit 2 Palasbauten, Zwinger und Ecktürmen.

Umgebung

Reichelsheim (6 km sw): *Burg Reichenberg:* Auf der Kuppe eines steilen Hügels gelegen. Vor der Ruine der um 1230/40 unter den Herren v. Erbach errichteten Kernburg wurde 1370 die *Vorburg* gebaut. Neben dem Tor die spätgot. *Burgkapelle* (Ruine) des 15. Jh. *Ehem. Amtshaus* (18. Jh.). In der Mitte des Burghofes ein *Ziehbrunnen* v. 1567.

6494 Freiensteinau
Vogelsbergkreis

Einw.: 3200   Höhe: 447 m   S. 355 □ D 4

Reizvoll liegen Kirche mit Ummauerung und Pfarrhof auf einem Hügel.

Fachwerkhäuser des 17./18. Jh. in der für die Vogelsberger Region typischen Bauform mit Andreaskreuzen und kurzen Schräghölzern.

F.-NIEDER-MOOS
Ev. Kirche: Saalbau mit dreigeschossigem Frontturm, errichtet 1784–90 v. Joh. Georg Link. Innendecke als Spiegeltonne mit Stichkappen. Dreiseitig umlaufende Emporen, getragen von toskanischen Säulen. – *Rokoko-Orgel* v. Joh. Markus Östreich, 1790/91.

6360 Friedberg
Wetteraukreis

Einw.: 25 500   Höhe: 160 m   S. 354 □ C 4

Schon die Römer errichteten in der Talsenke zwischen Vogelsberg und Taunus ein Kastell (»castellum in monte Tanno«) und blieben bis 250 n. Chr. In staufischer Zeit entstanden hier eine Reichsburg und eine Stadt, in der Gewerbe und Handel florierten. Seit 1802 ist sie hessisch-darmstädtisch.

Stadtkirche Unserer Lieben Frau: Eine der bedeutendsten deutschen Hallenbauten; Vorgängerbau war eine dreischiffige roman. Basilika des 12. Jh. 1260 begann man mit dem Neubau v. Chor und Querschiff (fertiggestellt 1306). Bis 1370 war das got. Langhaus vollendet. 1410 mußte auf Befehl König Ruprechts v. der Pfalz der Bau der Doppelturmfassade eingestellt werden, da die Bürger sie als Wehranlage gegen die Burg hätten nutzen können. Der schlichte Außenbau ist durch Strebepfeiler und Maßwerkfenster gegliedert, die Seitenschiffjoche tragen Zwerchdächer. Die Maßwerkgalerie über dem Dachansatz wurde 1900–01 erneuert. Im Tympanon des Portals des s Querschiffs ist Christus als Weltenrichter abgebildet. Die W-Türme – der N-Turm ist drei-, der S-Turm anderthalbgeschossig – haben statt Fenstern Sehschlitze. Die Schiffe des Innenraums, der durch Klarheit beeindruckt, sind nahezu gleich breit. Das Kreuzgratgewölbe mündet in schlanken Rundbündelpfeilern. Zwi-

Friedberg, Stadtkirche, »Friedberger Madonna«

138 Friedberg

*Friedberg, Burgaufgang >
mit Adolfsturm*

Friedberg, Burg, Querflügel mit St. Georgsbrunnen

schen Chor (⁵/₈-Abschluß) und Vierung befinden sich ein mit Maßwerk verzierter Lettner und Chorgestühl. Auffallend die Betonung der Kreuzgrate und anderer Bauteile durch rotbräunliche Bemalung. – *Glasmalereien* des 15. Jh. (mittleres Chorfenster), *Farbfensterzyklus* (um 1900) mit Motiven aus dem Neuen Testament v. Alexander Linnemann. Ergänzungen wurden 1962/63 v. Carl Crodel, 1985/86 v. Blasius Sprung und Hans Gottfried v. Stockhausen hinzugefügt. – Ausstattung: Die *Hochaltarmensa* (1306) mit schönen Blattkapitellen bildet das Zentrum des Lettners. Links daneben die bekannte »Friedberger Madonna«, eine mittelrheinische Steinskulptur v. 1270/80. *Holzkruzifixus* über dem Lettner, Ende 15. Jh. Spätgot. Sakramentshaus v. Hans Düren, 1482–84; got. *Taufbecken* (2. Hälfte 13. Jh.) auf 3 roman. Steinlöwen (12. Jh.); *Chorgestühl* v. 1350 mit Malereien aus dem 15. Jh.; Bogenfeld der *Sakristeitür* (1300) mit Weinlaub-

schmuck. Grabmäler Elheyd v. Engelns (gestorben 1365) und Eckardus zum Schilde (gestorben 1376). – Restaurierungen der Stadtkirche erfolgten 1896 bis 1901 und 1955–58.

Burg: Rechteckanlage auf abschüssigem Berghang, anstelle eines ehem. römischen Kastells errichtet (Teile eines römischen Bades wurden auf der W-Seite gefunden). Die ma Befestigungsmauern mit Ecktürmen sind noch in gutem Zustand. Der *Dicke Turm* (um 1500) erhebt sich im Südwesten. Die S-Seite wird von dem breiten Haupteingang mit Spitzbogentor und *Adolfsturm* (seit 1347) beherrscht. Dieser hat 2 Wehrgänge, Erkerchen und einen schmalen Helm mit umlaufenden Zinnen. Dahinter liegt eine kleine, neuzeitliche Residenzstadt. Gegenüber dem barocken *Wachthaus*, 1771–72 v. Andreas Liebhardt errichtet, steht die *Burgkanzlei* v. 1705–06. An der O-Seite das *Burggrafenhaus*, das Johann v. Cronberg 1604–10 erbauen ließ (seit 1817 großherzoglich-hessisches Schloß). Zweigeschossiger rechteckiger Bau mit 3 angefügten querliegenden Flügeln. Das Deutschordenshaus im N stammt v. 1715–17, die *Burgkirche* v. 1782–1808 (Entwurf: F. L. v. Cancrin und v. Worrishöfer).
Auf dem Hof der *St.-Georgs-Brunnen*, eine barocke Brunnenanlage mit dem Burggrafenwappen. Durch ein dreiteiliges Renaissancetor (1611) gelangt man in diesen Bereich.

Fachwerkbauten: *Haus zum Roseneck* (2. Hälfte 15. Jh.) in der Kaiserstr. 57 mit einem weit vorkragenden Fachwerkobergeschoß. *Usagasse 11* (urspr. 1290); *Engelsgasse 7* (um 1500).

Judenbad (Judengasse 20): 1260 ehemals als rituelles Frauenbad gegründet.
Eine siebenläufige Steintreppe führt in den 25 m tiefen quadratischen Schacht. Eckpodeste der Treppe mit Konsolen und Säulen mit Blattkapitellen geschmückt.

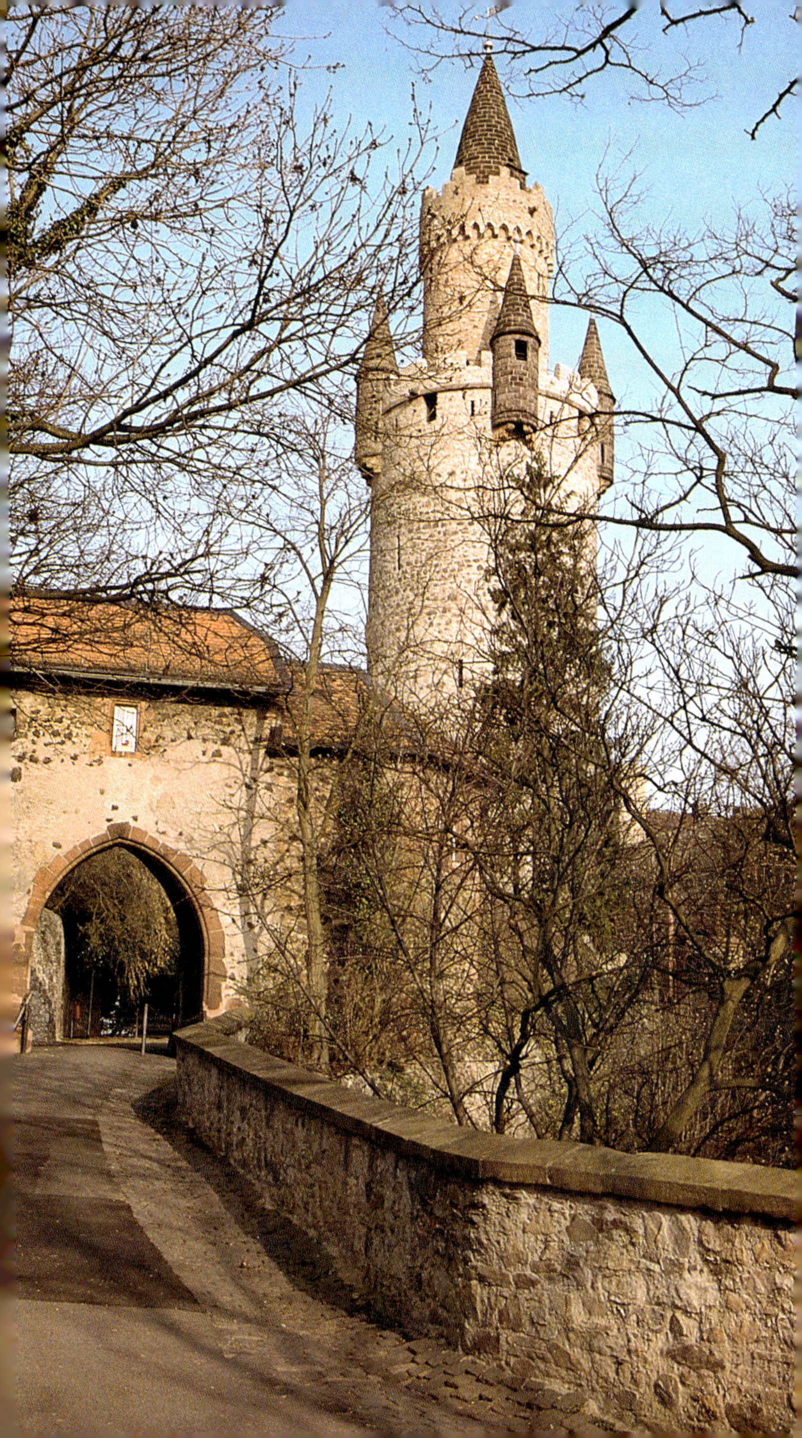

140 Friedewald

Friedewald, Nadelöhr

Rathaus: Der Nauheimer Joh. Philipp Wörrishöfer errichtete 1737–40 den schlichten Bau mit dem prächtigen Portal.

Rosental-Viadukt: Sandsteinkonstruktion mit 24 Bogenöffnungen v. 1847–50.

Stadtbefestigung: Nur der w Teil der Mauer sowie der südöstlich gelegene »Rote Turm« sind erhalten.

Wetterau-Museum: Stadt- und heimatkundgeschichtliche Sammlung.

Umgebung

Echzell (9 km nö): *Ev. Pfarrkirche:* S-Wand auf röm. Fundamenten; karolingische Rechteckapsis anstelle eines Frigidariums.
Heutiger W-Turm aus der 2. Hälfte des 15. Jh.; 1724 Chorneubau. Langhausdecke mit Stuckarbeiten (1751) nach Brand erneuert. – Wandmalereien der 1. Hälfte 14. Jh. – *Schloß* (Burghof): Aus einer ma Wasserburg hervorgegangen. Herrenhaus des 18. Jh.

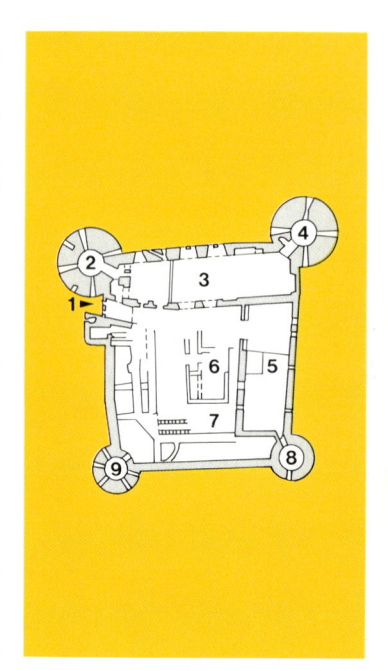

Wasserburg, Friedewald 1 Torbau **2** Dikker Turm **3** Wohnbau **4** Nordostturm **5** Neuer Bau **6** Fundamente der alten Burg **7** Fundamente der Wirtschaftsbauten **8** Gefängnisturm **9** Brauhausturm

---

6431 Friedewald
Hersfeld-Rotenburg

| Einw.: 2500 | Höhe: 388 m | S. 353 □ E 3 |

Ev. Pfarrkirche: 1746 nach Entwürfen Giovanni Ghezzys errichteter Saalbau, den ein Achteckturm mit Haube bekrönt. – Prächtige *Orgel* (1752) v. Joh. Schlottmann.

Friedewald, Wasserburg

Wasserburg: Erstmals 1312 als Hersfelder Lehen der hess. Landgrafen erwähnt. Die Festung diente zur Bewallung der Straße »durch die kurzen Hessen« sowie der Holztransporte. Spätgot. Neubau unter den Landgrafen Heinrich III. und Wilhelm III. (1476–89) durch Hans Jakob v. Ettlingen. Die Burg bot bereits vor den neu entwickelten Kriegsfeuerwaffen Schutz. Ein gut erhaltener Wassergraben umgibt die regelmäßige, quadratische Anlage aus Sandsteinquadern. 4 kräftige Rundtürme betonen die Eckpunkte der gerade verlaufenden Wehrmauern. Der Nordwestturm, anstelle eines Bergfrieds entstanden, ist größer und breiter als die anderen Türme. An diesen angeschlossen ist der *Torbau* (Pechnasen und Gußlöcher) mit ehemals 3 hintereinander liegenden Eingängen und seitlichen Törchen. 2 Hofflügel sind Ruine geblieben, während ein östlich (Ende 15. Jh.) sowie ein im N liegender Flügel (Ende 16. Jh. im Renaissancestil) noch erhalten sind.

Wirtschaftshof der Vorburg (w des Grabens), flankiert von 2 Renaissancegebäuden (2. Hälfte 16. Jh.). An der N-Seite des Hofes ein ehem. *Wohnbau* (um 1600 verändert), ö der ehem. *Marstall*.
Inmitten des Hofes ein prachtvoller Brunnen des frühen 17. Jh. mit 3 halbrunden Schalen – die unterste mit Beschlagornament versehen – und 2 wasserspeienden Delphinen über dem Becken. – 1762 Kernburg durch französische Truppen zerstört. Jüngste Restaurierungen v. 1987.

Heimatmuseum (im »Neuen Marstall«), 1968 gegr.

Nadelöhr: Zwischen der Autobahn Frankfurt–Eisenach und der Landstraße Friedewald–Hönebach im Seulingswald steht ein niedriger Rundbogen, in dessen Giebel-Deckplatte das Datum 1561 eingemeißelt ist.
Der Stein soll anstelle einer zu der Zeit gefällten Eiche stehen.

Fritzlar, Blick von der Ederauenniederung auf »Dom«

3579 Frielendorf
Schwalm-Eder-Kreis

| Einw.: 7300 | Höhe: 300 m | S. 353 □ D 3 |

GROSSROPPERHAUSEN
Ev. Pfarrkirche: Zugeschrieben wird die 1726–31 errichtete Kirche dem Landbaumeister Johann Marin aus Marburg. Saalbau mit zentralisierender Tendenz durch die dreiseitig abschließenden ö und w Schmalseiten; längsorientiertes Inneres mit Muldendecke auf Emporenstützen. – *Kanzel* zwischen Altar und Chorstand. *Orgel* (um 1730), vermutlich v. Johann Georg Stetzing.

SPIESKAPPEL
Prämonstratenserkloster, 1143 gegründet, aufgehoben 1527. Nur einige Bauteile erhalten.

Kirche St. Johannes d. T.: Vom roman. Bau existieren nur noch Mittel- und n Seitenschiff. 1501–04 Neubau des got. W-Turms. Langhaus (bis heute Länge v. 7 Fensterachsen) mit Arkadenbögen mit Kämpferplatten, Pfeiler im Stützenwechsel; ehem. flachgedeckt. Turmhalle mit Netzgewölbe, am Schlußstein den v. den 4 Evangelisten umgebenen Christus darstellend. Abgetrepptes Portal (spätroman.), v. 6 Säulen und 3 Archivolten-Rundstäben gerahmt. Im Tympanon Halbfiguren v. Christus, Maria und Johannes d. T. Spätgot. Maßwerkfenster in der O-Wand, Tür v. 1781. – Spätroman. *Altarbaldachin* (Halbtonne auf gedrehten Säulen) im Obergeschoß des Turmes, nach O gewendet. – *Rokoko-Orgel* (1769–71) v. Joh. Schlottmann. 2 spätroman. *Achtecksäulen* mit verzierten Kapitellen in der Vorhalle. Vom Klostergebäude sind nur Mauerreste erhalten.

Wartturm: Im Südwesten auf dem Spieß gelegen. 1430 unter dem hessischen Landgrafen Ludwig I. errichtet.

3580 Fritzlar
Schwalm-Eder-Kreis

| Einw.: 14 403 | Höhe: 230 m | S. 353 □ D 2 |

Die Gründung der fast 1300 jährigen Stadt im kurhess. Bergland an der »Deutschen Märchenstraße« geht auf den hl. Bonifatius zurück, der hier 723 die Donareiche, das Heiligtum der heidnischen Chatten, fällte. Aus ihrem Holz baute er 724 eine Kapelle, die kurz darauf durch einen Steinbau ersetzt wurde. Unter Abt Wigbert Gründung eines Klosters sowie der Siedlung Fritzlar. Als Geschenk vermachte Erzbischof Lullus v. Mainz Karl dem Großen die Klosterkirche, an die eine Pfalz angegliedert wurde. Könige und Kaiser nahmen hier Aufenthalt. 919 fand die Wahl Ottos I. zum König statt. Vom 11. Jh. an war Fritzlar für lange Zeit in mainzischem Besitz; 1232 Zerstörung der Stadt durch den thüringischen Landgrafen Konrad.

Fritzlar, »Dom« St. Peter >

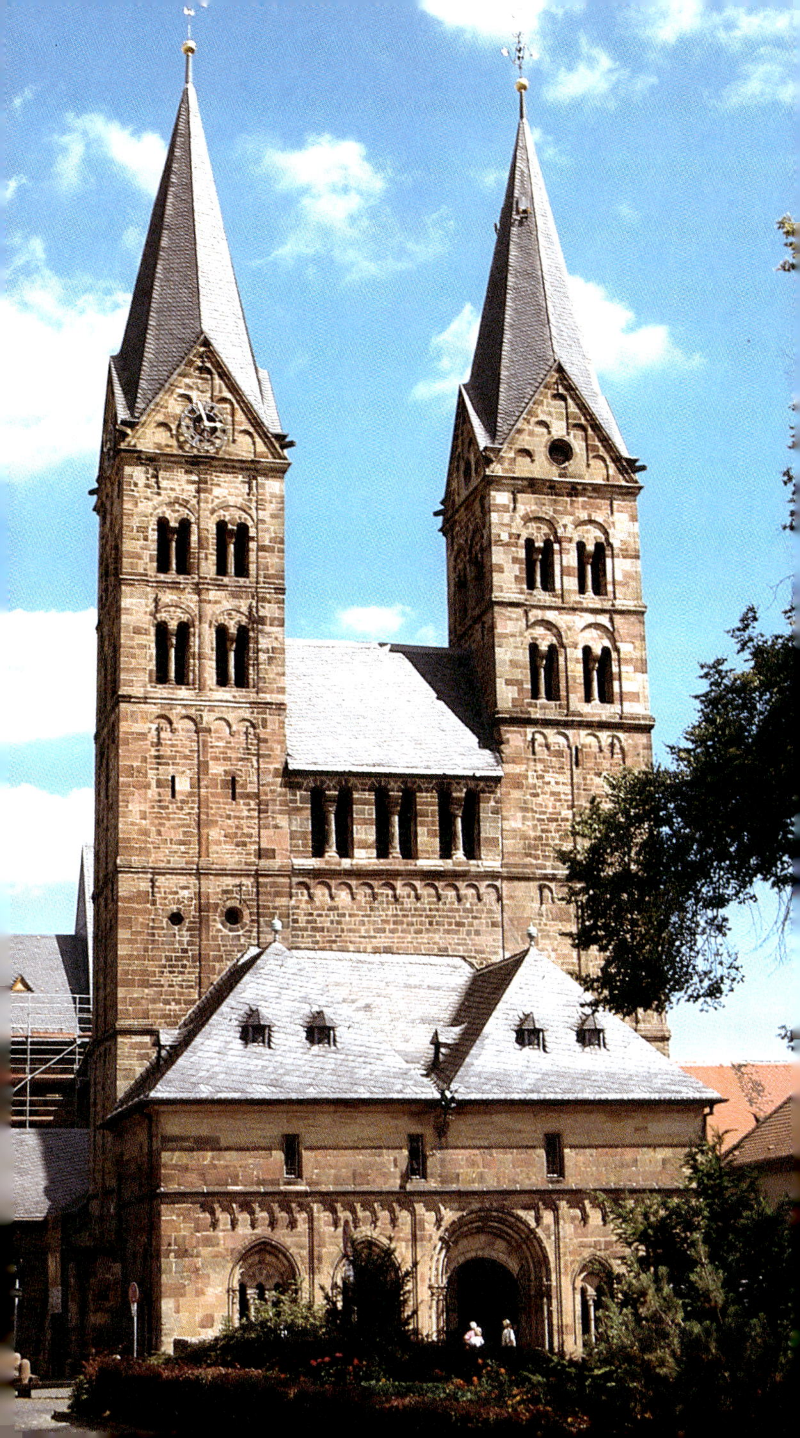

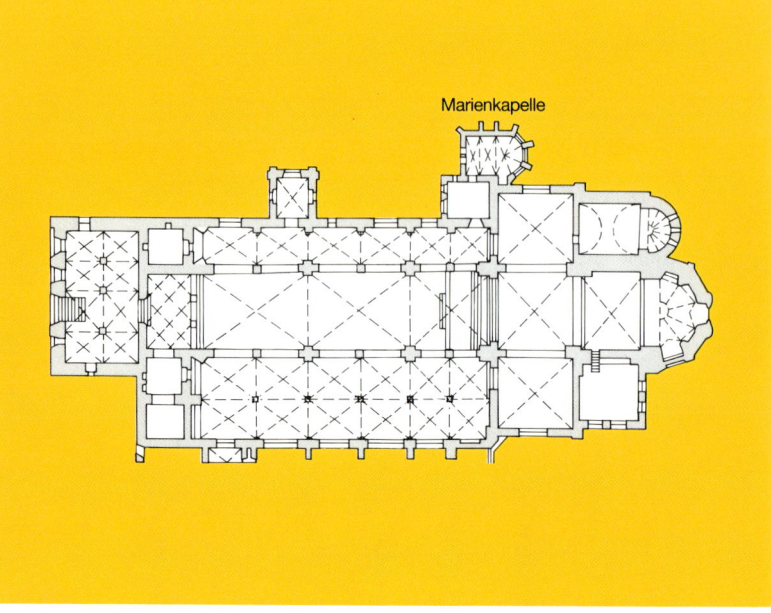

Fritzlar, Ehem. Stiftskirche St. Peter

Nach ca. 200 Jahren entstand eine Neustadt unter dem Mainzer Hochstift. Fritzlar fiel endgültig erst 1803 an Hessen. – Das Bild der Stadt am l Eder-Ufer wird geprägt von dem mächtigen Dom.

Ehem. Benediktinerabteikirche St. Peter: Die nicht korrekte Bezeichnung »Dom« – Fritzlar war niemals Bischofsstadt – bezieht sich auf die baugeschichtliche Bedeutung der Anlage.
Heute ist noch Mauerwerk des bis 1118 errichteten Baus, der anstelle der Kirche des 8. Jh. sowie nachfolgender Bauten errichtet wurde, vorhanden. Es handelte sich um eine flachgedeckte Basilika mit 2 W-Türmen, einem quadratisch abschließenden Chor und 2 Seitenapsiden im O. Dem dreischiffigen Langhaus wurde ein Querschiff vorgelagert. Von diesem Vorgängerbau stammen die 2 Türme (bis zum 5. Stockwerk) mit der verbindenden zweigeschossigen Halle, Teile des Querschiffs, der Mauern des n Seitenschiffs und die n Apsis mit der darunter befindlichen Krypta. An den Grundriß war auch der 3. Bau gebunden, der zwischen 1180 und 1200 begonnen wurde (Neugestaltung des Mittelschiffs und Einwölbung). Diese 3. Peterskirche bauten Werkleute der Wormser Bauhütte. Weihe vor 1245. Durch Einbeziehung eines Flügels des neben der Kirche verlaufenden Kreuzganges entstanden s des Langhauses 2 Nebenschiffe im got. Stil. Der Kreuzgang selbst, der 2 Kapellen aufweist, stammt aus dem frühen 14. Jh. 1360–70 entstand die got. Marienkapelle (n Querhausarm). Die »*Kapitelstube*« (über der n Nebenapsis) ist ein kleiner Fachwerkanbau des 16. Jh. Aus dieser Zeit stammt auch die *Steinerne Treppe* zum N-Turm. Spitzer Turmhelm v. 1873. Der heutige Kirchenbau fügt sich also aus Baugruppen verschiedenster Stilarten zusammen. Beherrschend ist die Doppelturmfassade, deren Türme, ebenso wie die Vorhalle, durch Rund- und Spitzbögen, Lisenen und Blendbögen gegliedert sind. Das gestufte Säulenportal

der asymmetrischen Eingangsfront ist mit Schaftringen versehen. Die 2 × 4-jochige Halle hat im Kreuzgratgewölbe Schlußsteine mit Zierwerk. Die Hauptapsis öffnet sich nach außen durch spitzbögige Maßwerkfenster, Rundbögen und eine Zwerchgalerie wie beim Wormser Dom. – Im Innern bestimmen stark steigende Gewölbe mit kräftigen Bandrippen sowie Doppelarkaden (Würfelkapitelle) unter Überfangbögen das Bild. Die Bandrippen im Chor haben eine Rundstab-, die der Vierung eine Dreikant- und die des Langhauses eine Rechteckauflage. Die W-Wand gliedert sich in 2 übereinanderliegende Drillingsarkaden. Unter dem O-Teil der Kirche liegen *Krypten.* Den Eingang zur Hauptkrypta bildet die s Querhauskrypta, die nicht gewölbt wurde. Die Hauptkrypta (nach 1085; unter Vierung und Chor) ist dreischiffig und hat ein auf Säulen mit Würfelkapitellen aufliegendes Gratgewölbe (ö Säulen zeigen schöne Blattkapitelle). W davon eine jüngere Nische. S die ehem. Kustodie (heute Sonntagssakristei), n die ehem. Schatzkammer. – Ausstattung: Reste figürlicher *Ausmalung* sowie Rankenzierwerk auf Bögen und Gewölben in Hauptschiff und Querhaus. Hl. Martin (spätgot.) an der O-Wand des Querschiffs. – Barocker *Hochaltar* (Hauptapsis), 1685–86 v. Heinrich Groene und Stephan Jacobi begonnen; Mensa noch roman. N des Chores das hohe, schlanke Sakramentshäuschen (14. Jh.). *Chorschranken* aus Maßwerk des abgebrochenen Lettners. *Kanzel* v. 1693. Im s Seitenschiff ein barocker Reliquienaltar. Großes Triumphkreuz, um 1300 noch im roman. Stil entstanden. Spätgot. Kruzifixus an w Wand des n Seitenschiffs. Am nordöstlichen Mittelschiffpfeiler das große *Sakramentshaus* (vor 1524) v. Bernd Bunekeman sowie die Figur der *Himmelskönigin,* vom einstigen Pfarraltar stammend. *Orgel* v. Johann Schlottmann 1768 begonnen. *Taufe* (1693) im N-Turm. Marienkapelle: Beeindruckendes *Vesperbild* (mittelrheinisch-hess.; 1360?). N Nebenkrypta: *Gnadenstuhl* (Steingruppe der Hl. Dreifaltigkeit; um 1300?); steinerne Sitzfigur des hl. Petrus (12.Jh.?). – *Tumba* des hl. Wigbert v. 1340 (ehem. in der Hauptkrypta, heute:

Fritzlar, Spitzbogenfenster der Vorhalle

Apsis). Paradies: *Grabmal* des Werner Comitis (gestorben 1351); n Nebenkrypta: *Epitaph* des Dekans Nikolaus v. der Krae (gestorben 1428); vorroman. Sarkophage in Haupt- und N-Krypta. 2 Grabsteine (1348 und 1351) vom Meister der Grabsteine in Netze. – Im Erdgeschoß des langen Kreuzgang-S-Flügels seit 1974 *Dommuseum.* Die den Kreuzgarten und Grashof rahmenden Gänge sind von zierlichen Kreuzgewölben überdacht. Rippen und Gurtbogen liegen auf Kragsteinen mit Pflanzen- und seltenen Tiermotiven auf. Zum Innenhof hin öffnet sich der Kreuzgang mit zweiteiligen Maßwerkfenstern. Sog. *Hankratsche Kreuzigung* (sö Ecke des Kreuzgangs) v. 1510.

Der wertvolle *Domschatz* umfaßt hervorragende Sakralwerke des MA. U. a. erwähnenswert das *Heinrichskreuz* (1. Hälfte 11.Jh.), ein *Tragaltärchen* v. 1150, ein *Scheibenreliquiar* (um 1160), *Pontifikalkelch* mit Treibarbeit (2. Hälfte 12.Jh.), roman. *Vortragekreuz,* spätromanische *Leuchter,* 2 *Turmmonstranzen* (3. Viertel 15.Jh.).

Die *Stiftsgebäude* sind dem Kreuzgang angegliedert. Hier befindet sich neben Räumen des Altersheims, des Museums und des Archivs die *Dombibliothek* mit ca. 9200 Bänden, 200 Handschriften, 66 Inkunabeln sowie 74 Fragmenten. Im Obergeschoß des O-Flügels das »Musikzimmer« mit got. Rankenmalerei und einer Kreuzigungsdarstellung (N-Wand).

Ehem. Minoritenkloster (Gießener Str.): 1236 gründeten die Minoritenbrüder eine Ordensniederlassung; 1244 Weihe der got. zweischiffigen Hallenkirche. Statt eines Seitenschiffs wurde ein Kreuzgangflügel in das Hauptschiff einbezogen. Im Wimperg über dem Hauptportal eine eindrucksvolle Kreuzigungsgruppe. Im ockerfarbenen Langhaus wechseln achteckige und runde Pfeiler ab (Kapitelle mit derb gearbeiteten Köpfen). An der N-Wand des Chores wurde bei einer Restaurierung ein *Marienfresko* (1330?) freigelegt. Deckel und Fuß einer *Kanzel* (1682) v. Heinrich Pape.

Ev. Fraumünsterkirche: Vermutlich karolingischer Vorgängerbau. Ausbauten in roman. und got. Zeit. Schiff mit Fach-

Fritzlar, Marktplatz Fachwerkhaus >

werkobergeschoß v. 1676. – *Wandgemälde* an der N- und O-Wand des Chors, um 1300. *Orgel* v. 1630.

Ursulinenkloster (Neustädter Str.): Urspr. 1050 errichtetes Armenhospital, später von Augustinerinnen geleitet, die hier ein Kloster gründeten. 1713–17 entstand der heutige Bau. *Kirche* (zur hl. Katharina) v. Ende 13. Jh./Anfang 14.Jh.

Rathaus: Bereits 1109 als »prätorium« erwähnt, seit 1274 als Rathaus genutzt (gilt als ältestes deutsches Amtsgebäude). Einige Mauerteile und der Bogen einer Gerichtslaube – die Mainzer Erzbischöfe hielten hier Gerichtstage ab – sind noch ma. 1441, nach dem Brand des roman. Baus, Erneuerung im got. Stil. Aus der Zeit stammt das über dem s Spitzbogenportal befindliche Relief mit Darstellung des hl. Martin. 1839 Abbruch des Fachwerkgeschosses. Dank einer Stiftung Fritzlarer Bürger konnte das Rathaus 1964 nach alten Plänen in verschiefertem Zustand wiederhergerichtet werden.

Fritzlar, Marktplatz mit Fachwerkbauten, Marktbrunnen und Rolandfigur

Hotel
Naegel

148 Fronhausen

Deutschordenshof (Fraumünsterstr.): Hinter einer hohen Mauer befindet sich der ehem. Hof des Deutschen Ordens. Am spätgot. Spitzbogentor ein Wappen (1559) des Landkomturs v. Rehen.

Gasse »Zwischen den Krämen«: Gegenüber dem Rathaus eines der ältesten Fritzlarer Fachwerkhäuser v. 1470. Hübsche Spitzbogentür mit Schuppenornamenten.

Hochzeitshaus: Einst für Feste vorgesehener, 1580–90 errichteter viergeschossiger Fachwerkbau auf massivem Steinunterbau. Zweigeschossiger Fassadenerker und stark gegliederte Fachwerkkonstruktion. Renaissanceportal (1590) v. Andreas Herber.
Innen eine Spindeltreppe mit Steinmetzzeichen auf jeder Stufe. Seit 1956 Regionalmuseum mit ur- und frühgeschichtlicher sowie volkskundlich-historischer Sammlung.

Marktplatz: Die *Häuser Nr. 4, 6, 7, 10, 20, 22* sind noch ma. *Markt 24* stammt aus dem späten MA und wurde aus Stein errichtet. *Markt 5, 9, 11, 30* aus dem 19.Jh. mit dekorativen Schnitzarbeiten. Historistisch *Haus Nr. 14* v. 1905. – *Marktbrunnen* (16.Jh.) mit Rolandfigur v. 1564.

Stadtmauer mit davorgestellten *Türmen* teilweise gut erhalten. Einige Mauerabschnitte und Turmunterbauten stammen noch aus dem 12.Jh.

Bogenbrücke: Führt unterhalb der Stadt über die Eder und stammt aus dem 13.Jh. (eine der ältesten deutschen Brücken).

Veranstaltungen und Brauchtum: Rosenmontagsumzug; am Pfingstsamstag: *Brunnenfest* auf dem Marktplatz.

F.-ZÜSCHEN
Ev. Pfarrkirche (1604–09) mit Renaissanceportalen.

Steinkammergrab (ö der Stadt), um 2000 v.Chr.; 20 m langes, aus Steinblöcken geschaffenes Grab, in dem ein Stein mit Loch quergelagert ist (sog. Seelenloch).

Umgebung

Heimarshausen (8 km nw): Gut erhaltenes Dorfbild. – *Ev. Kirche:* Klassizistischer Achteckbau, 1833/34 v. Daniel Engelhard errichtet, bekrönt v. einem Zentraltürmchen. Innen toskanische Säulen; Orgel v. 1834/35.

Ungedanken (5 km sw): Auf dem *Büraberg*, einer abfallenden Bergkuppe, wurde eine in merowingischer Zeit angelegte *Wehranlage* z.T. ausgegraben (1926–31). Innerhalb der Anlage die 1692 wiedererrichtete Wallfahrtskapelle St. Brigida, deren Ursprung vermutlich iro-schottisch ist.

3555 Fronhausen
Marburg-Biedenkopf

Einw.: 3800   Höhe: 160 m   S. 352 □ C 3

1159 erstmals bezeugt; im Besitz des Essener Kanonissenstifts. Vögte waren die Schenken zu Schweinsberg und Nebenlinien. Der Fronhof – von ihm leitet sich der Städtename ab – der Stiftsherren lag wahrscheinlich über der Oberburg.

Ev. Pfarrkirche: Die Wehrkirche, das Ortsbild durch ihren frühgot. Chorturm (Turmhelm mit 4 Wichhäusern im 16.Jh. erneuert) beherrscht, hat ein roman. Schiff und eine got. Apsis. – *Renaissancegrabmal* des Johann A. Vogt v. Fronhausen und seiner Gemahlin (beide gestorben 1568) im Chor. – *Kirchhof* mit Grabmälern des 17.–19.Jh.

Oberburg: Sitz der Schenken zu Schweinsberg. Kemenate des späten MA existiert noch. – *Unterburg:* 1367 als Wasserburg angelegt unter Craft Vogt zu Fronhausen; neugestaltet mit Mansarddach im 18.Jh.

Fachwerkhäuser: *Gießener Str. 10* v. 1589, *16* (1597); *Rathausstr. 2* (17.Jh.); *Bahnhofstr. 1* v. 1676, *Steinweg 7* (1698), *Gießener Str. 4* v. 1751, *18* (gutes Gehöft), *Bahnhofstr. 22* und *32* v. 1856, *Rathausstr. 14* (1860).

Fulda, Dom, Kanzel

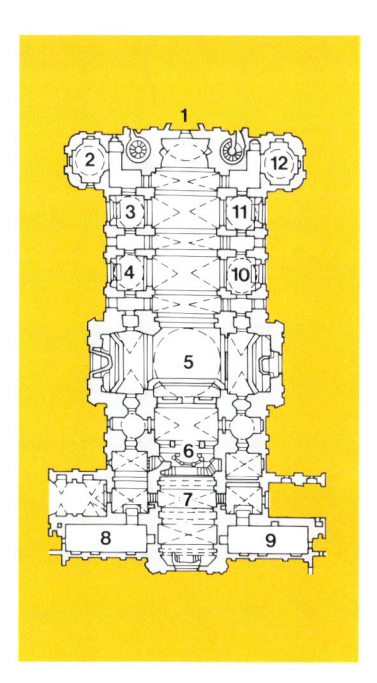

Fulda, Dom 1 Hauptportal **2** Johanneskapelle **3** Thomasaltar **4** Josefsaltar **5** Vierungskuppel, Kanzel, Benediktusaltar **6** Hochaltar **7** Hochchor, darunter Bonifatiusgruft mit Bonifatiusaltar **8** Marienkapelle **9** Sakristei **10** Martinsaltar **11** Dreikönigsaltar **12** Andreaskapelle

6400 Fulda		
Fulda		
Einw.: 56 497	Höhe: 450 m	S. 353 □ E 3

744 Gründung der Stadt durch den Benediktinermönch Sturmius, Schüler des Bonifatius. Das neu errichtete Kloster wurde 751 dem Papst direkt unterstellt. 754 Beisetzung des v. den Friesen erschlagenen Bonifatius in der Kirche. Ausdehnung des Klosters und seiner Besitzungen; 791–819 Förderung eines Kirchenneubaus. Entwicklung der berühmten Fuldaer Klosterschule, die Künstler und Gelehrte v. Rang hervorbrachte. 918 Beisetzung König Konrad I. in der Stiftskirche. 1019 Markt- und Münzrecht für Fulda; 1114 ist es auf einer Münze als Stadt (civitas) bezeugt. Wegen Verfalls der klösterlichen Zucht setzte sich die Reformation durch; Gegenreformation unter Fürstabt Balthasar v. Dermbach (1570–1606). Erhebung zum Bistum 1752. Im 18. Jh. war Fulda zur barocken Residenzstadt. 1802 endet die Herrschaft der Fürstäbte. Das Fürstentum Fulda wurde dem Erbprinzen Wilhelm Friedrich v. Oranien-Nassau zugesprochen, 1816 wird es Besitz Kurhessens. 1866 Besetzung durch preußische Truppen.

Dom St. Salvator und Bonifatius: Unter Abt Ratgar und dessen Nachfolger Eigil (819) wurde der urspr. einschiffige, später erweiterte Apsissaal v. 744 zur damals größten Kirche n der Alpen ausgebaut. Der Bau wurde gewestet und entsprach in Lage und Disposition dem Petersdom in Rom. Die W-Apsis hinter

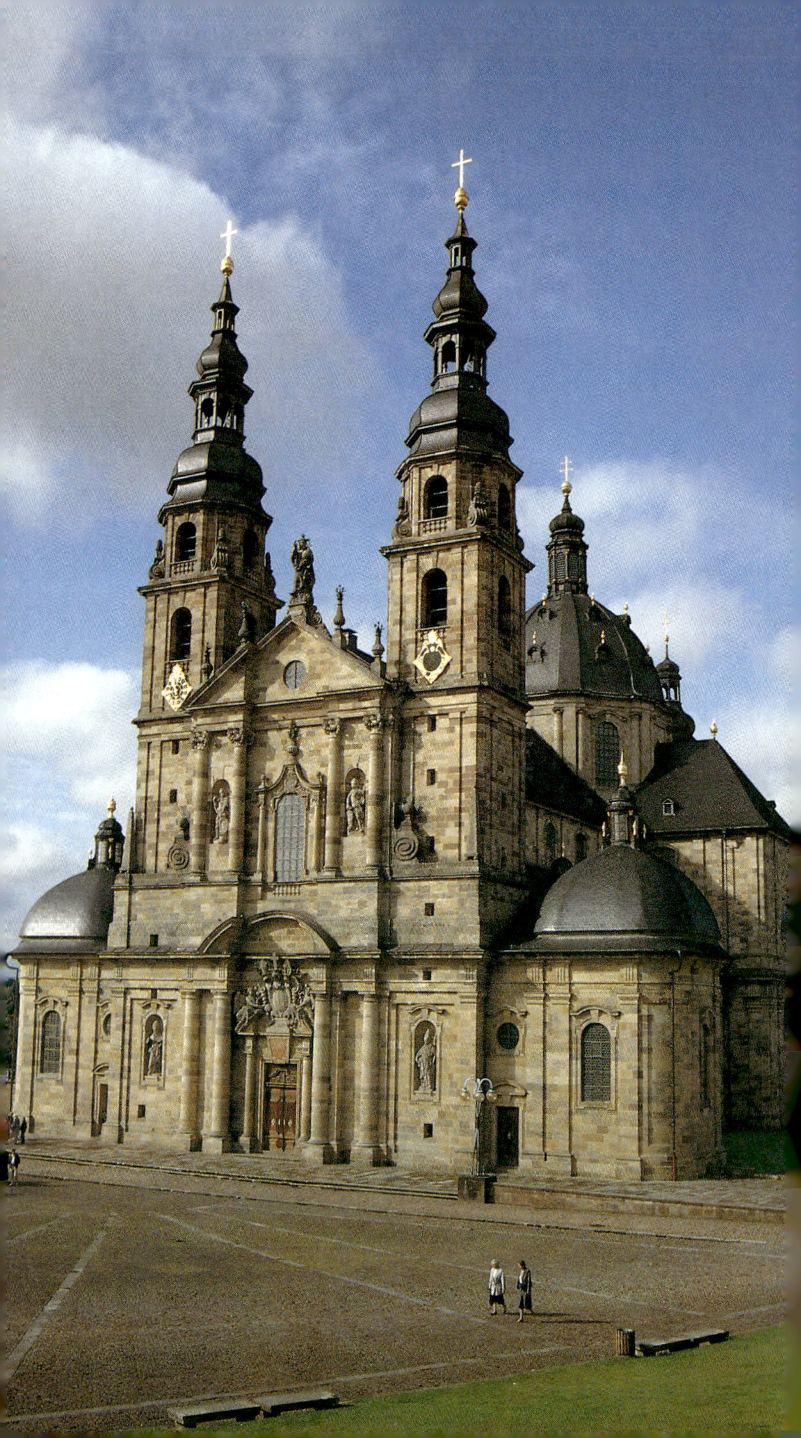

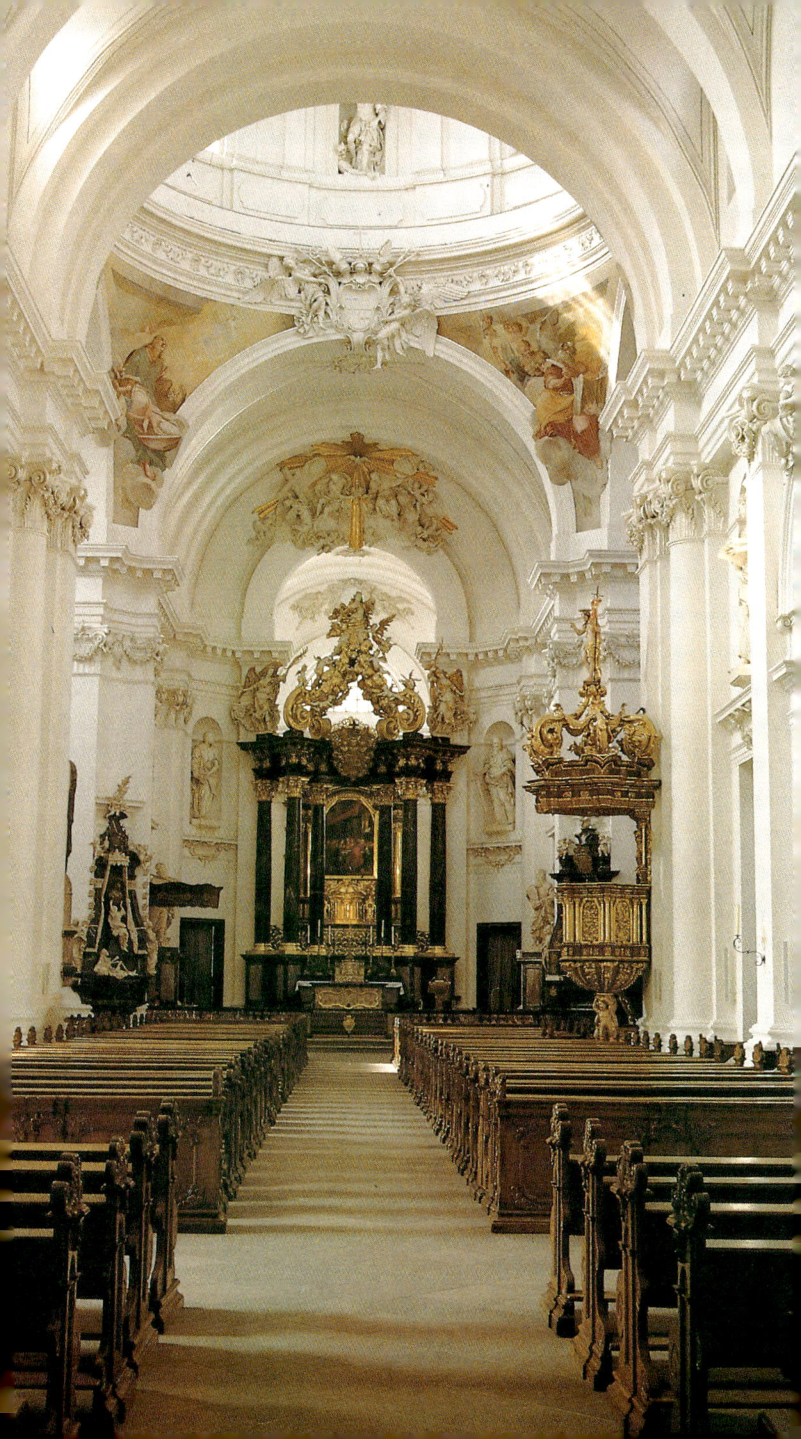

< *Vorhergehende Seiten:*

*Links: Fulda, Dom
Rechts: Fulda, Dom, Hochaltar und Chor*

einem weit ausladenden Querschiff wurde zur Grablege des hl. Bonifatius. Im 10. Jh. entstanden die Johanneskapelle sowie 2 Türme bei der O-Apsis. 1704–12 wurde der barocke Neubau nach Entwürfen Johann Dientzenhofers* errichtet; er hielt sich noch an die W-Ausrichtung des Ratgar-Baus. Auch sind Teile des karolingischen Querhauses und der W-Wand miteinbezogen. Der Dom ist eine dreischiffige, kreuzförmige Basilika mit kurzem seitlichem Querhaus, langen Nebenarmen (Marienkapelle und Sakristei) im W und 2 Kapellen (Andreas- und Johanneskapelle), die die Doppelturmfassade flankieren. Die Dächer des Querhauses und der Vierungskuppel prägen das Bild der Fassade mit. In dem v. einem gesprengten Segmentgiebel bekrönten Hauptportal das Wappen des Fürstabtes Adalbert v. Schleifras. Über dem gebrochenen Dreiecksgiebel des 2. Geschosses der Salvator mundi. Die Haubenlaternen der Türme liegen auf achteckigen Geschossen auf. Gegliedert ist die Außenfront durch Pilaster und Halbrundsäulen. Nischenfiguren v. Andreas Balthasar Weber der Heiligen Bonifatius und Sturmius (Untergeschoß), im Obergeschoß die Heiligen Simplizius und Faustinus. Im Langhaus das Mittelschiff mit Tonnengewölbe in feierlichem Weiß; in den Bogenzwickeln der Vierung unter dem Tambour die Evangelisten, gemalt v. Luca Antonio Colomba. Rundbogige hohe Arkaden mit kleinen, rechteckigen Öffnungen, über denen Figurennischen sind, im Langhaus. An der Mittelschiffswand eine Kolonnade mit Blendpilastern. Im Fußboden der Vierung eine Scheibe mit 4 Schwurhänden, die in die 4 Himmelsrichtungen weisen. Hinter dem Hochaltar der Mönchschor mit der Krypta darunter. – Ausstattung: Aus der Abteikirche stammt das *Steinrelief Karls d. Gr.* (frühes 15.Jh.). *Schutzmantelmadonna* (Marienkapelle) v. 1489. *Dreikönigsaltar* (1699–1700) v. Wolfgang Fröhlicher. – *Bonifatiusaltar* (gleichnamige Gruft) v. Joh. Neudecker d. Ä. Der barocken Idee vom Gesamtkunstwerk entspricht die Gestaltung der Altäre und der Stuckierung. Giovanni Battista Artari schuf die *Apostelskulpturen* in den Wandnischen des Mittelschiffs. – *Hochaltar* v. Joh. Neudecker d. Ä.: 6 Säulen tragen ein geschwungenes Gebälk mit Maria-Himmelfahrts-Gruppe, bekrönt von der Heiligen Dreifaltigkeit (Relief aus Stuck v. Artari). Im Querhaus weitere *Wandaltäre* Neudeckers. Grabdenkmäler (w Vierungspfeiler) des Adalbert v. Schleifras (1719–22 v. Joh. Ernst Mockstatt) und Adolph v. Dalbergs (1729–34) v. Christian Joseph Winterstein. *Epitaphien* des Fürstabts Placidus v. Droste (1741–43) und Amand v. Busecks (1756). *Kanzel* v. B. Weber (1712 bis 1714), *Orgel* (Chor) v. Joh. Hottmann, 1719. *Hauptorgel* mit Pedaltürmen v. Adam Oehringer, 1708–13.

In den Domnebenräumen Domschatz und Dommuseum. Im *Domschatz* u. a. der *Ragyndrudis-Codex* (um 700), der Bonifatius gehört haben soll. Der »*Silberne Altar*« wird an Festtagen auf dem Hochaltar aufgestellt. Barocke Gold- und Silberschmiedearbeiten (1749) v. Joseph Ignaz Saller. »*Bonifatiusstab*« der 2. Hälfte des 12. Jh. Spätgot. Meßgewän-

Fulda, Propsteikirche St. Michael

der (um 1500), Jubiläumsornat (1744) Amand v. Busecks. Im *Dommuseum* sind u. a. Architekturteile, Holzplastiken und ein roman. Kruzifix zu sehen.

Die barocken *ehem. Klostergebäude* im W (heute Priesterseminar) wurden 1665 bis 1670 v. Sebastian Villinger errichtet. W-Erweiterung (um 1714) v. J. Dientzenhofer*. Im *Refektorium* Stuckarbeiten und Gemälde des späten 18. Jh. v. Joh. Andreas Herrlein*. Im S davon die 1702–04 v. Antonius Peyer erbaute *Domdechanei* mit barocken Innenräumen.

Benediktinerinnenkloster: Gegründet 1626, Weihe 1678. Einschiffige, langgestreckte Kirche der Nachgotik mit eingezogenen Strebepfeilern und Maßwerkfenstern. An der N-Seite Barockportal (1677) mit Knorpelwerk und Renaissancegiebel. – Madonna und Heilige v. einem 1764 geweihten Altar.

Heiliggeistkirche und **Spital:** Schlichter barocker Saalbau (1732) v. Andreas Gallasini*. Kurzer Chor; Tonnengewölbe mit Stichkappen. – *Hochaltarbild* (Pfingstwunder) v. Emanuel Wohlhaupter. *Kruzifixus* des 15. Jh. *Orgel* (1866 bis 1868) v. Joseph Östreich.

Propsteikirche St. Michael (n v. Dom): Karolingische Friedhofskapelle der ehem. Benediktinerabtei. Der Rotunde (in der Tradition frühchristl. Grabeskirchen) ist eine ö Apsis vorgelagert. Die Krypta der Rotunde mit ihrer ionischen Mittelsäule stammt eventuell aus dem Sturmius-Kloster, Oberbau und gerade abschließende Apsis aus dem 10. und 11. Jh. Später wurden Veränderungen vorgenommen. Rochuskapelle v. 1715/16. 1945 Restaurierung. Im Innenraum zweigeschossiger Rotundenumgang mit 8 Säulen, 4 mit einfachen Kapitellen (11. Jh.), 4 mit korinthischen Kapitellen (Anfangszeit). – *Wandmalereien* (u. a. am Chorbogen) des 11. Jh. – *Steinplatte* des 14. Jahrhunderts (Rochuskapelle) mit Ritzzeichnungen der Passion Christi.

Severikirche (ehem. St. Maria): Urspr. als Kapelle der Wollweberzunft errich-

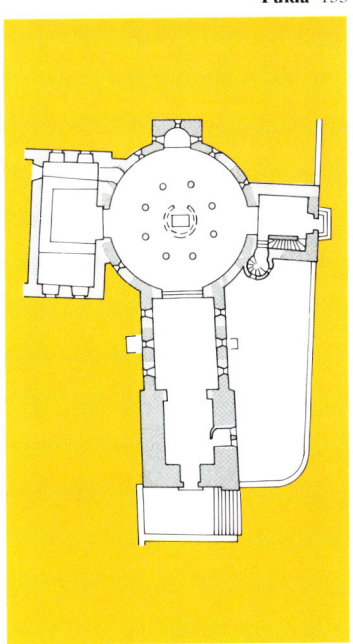

Fulda, Michaelskapelle

tet. Einfacher spätgot. Bau, Chor mit Netzgewölbe v. 1438.

Stadtpfarrkirche St. Blasius: Got. Bau, dessen N-Turm v. 1447–66 noch erhalten ist, trat an die Stelle einer roman. Kirche mit Querschiff, Chorquadrat und Apsis. 1771–86 folgte der spätbarocke schmalere Bau v. Johann Anderjoch. Renovierung 1953. Die dreischiffige fünfjochige Pfeilerbasilika mit dreiseitig abschließendem Chor hat 2 W-Türme. Auffällig die in Gegenkurven geschwungene Fassade. Eine geschwungene Terrasse mit breiter Freitreppe beherrscht den Hauptzugang. Statue des hl. Blasius (1781) v. Valentin Weber. – Ausstattung: Stukkaturen v. Joh. Mich. Hois und Wittmann sowie Fresken v. Joh. Andreas Herrlein (1783). *Hochaltar* mit Bonifatius und Blasius (J. M. Hois). *Seitenaltäre* v. J. A. Herrlein*. *Orgel* (1836–37) v. Georg Franz Ratzmann. *Taufstein* v. 1483.

Schloß (ehem. Residenz der Fürstäbte;

heute Stadtverwaltungssitz): Von der ma Burg, die 1312 unter Fürstabt Heinrich V. v. Weilnau vollendet wurde, ist der Unterbau des Bergfrieds erhalten, den man in den Mittelbau der heutigen Anlage einbezog. 1607–12 Neubau eines Renaissanceschlosses. 1706–20 erfolgte unter Leitung v. Joh. Dientzenhofer* der barocke Anbau, seit 1720 war Andreas Gallasini* Bauleiter. Klassizistische Ausstattung des N-Flügels nach 1816. Langgestreckte Anlage, deren Ehren- und Binnenhof von einfachen Flügelbauten mit Walmdächern gerahmt werden. Statuen auf den Gitterpfeilern des Ehrenhofs v. Joh. Neudecker d. Ä. (1710). Dem dreigeschossigen Mittelbau ist ein Mittelrisalit mit Dreiecksgiebel vorgelagert; bekrönt wird er von einem Haubendachreiter. Hinter dem Binnenhof die ehem. Wirtschaftsgebäude. Entwurf des Hofbrunnens (1710) v. Artari, ausgeführt v. A.B.Weber. – Innenräume: Reicher Stuck im (ab 1946) restaurierten *Fürstensaal* v. Andreas Schwarzmann; Plafondgemälde (Olymp) v. Joh. Melchior Steidl. *Kaisersaal* (1727–31) Gemeinschaftsarbeit v. Andreas Gallasini, Maximilian v. Welsch, Dientzenhofer* und Stengel. Stukkaturen v. A.Schwarzmann, Carlo Maria Pozzi, Welsch und Gallasini.

Fulda, Schloß, Brunnenplastik

Fulda, Floravase vor Orangerie >

Hermenpilaster v. Joh. Friedrich Humbach. Im *Spiegelkabinett* (s Ehrenhofflügel) Rokoko-Stukkaturen (1757) v. Joh. Nikolaus Hoch, Gemälde v. A. Herrlein* (bis 1962 im Schloß Philippsruhe). *Schloßkapelle* mit Ausstattung v. Schwarzmann und Steidl.
Barocke *Gartenanlage* (1719/20) nach Entwürfen Maximilian v. Welschs, umgestaltet im 19.Jh. Schloßterrasse mit *Gartenfiguren* Neudeckers d.Ä. und d.J. *Gittertor* von Gottfried Spansahn im Régencestil. Freitreppe zur Orangerie mit *Floravase* (1728) v. Joh. Friedrich Humbach.

Orangerie: 1721–30 nach Entwürfen M. v. Welschs v. A.Gallasini* ausgeführter prächtiger Régencebau, der von seinem aufwendigen Mittelteil beherrscht wird. Axial auf das Schloß bezogener eingeschossiger Bau mit Mansarddach und von Blendarkaden gegliedert. Zweigeschossiger Mittelbau mit Kolossalpilastern, Dreiecksgiebeln und bekrönender Vase (1724–25, A.B.Weber). – *Weißer Saal* mit Laub- und Bandelwerkornamentik (1730–34) v. Schwarzmann. Deckenfresko (1730) v. Emanuel Wohlhaupter.

Hauptwache (gegenüber vom Schloß), 1757–59 v. Gallasini erbaut.

Altes Rathaus (Unterm Hl. Kreuz 10): Fachwerkgeschosse im O mit aufwendigen Strebekonstruktionen der Spätgotik v. 1531. Restaurierung 1969.

Ehem. Palais v. Buseck, 1732 errichteter, dreigeschossiger Bau mit Régence-Stuck im Festsaal. Seitentrakte v. 1834.

Ehem. Päpstliches Seminar der Jesuiten (Ende 16. bzw. Anfang 17.Jh.): Hier sind das *Vonderau-Museum* zur Geschichte der Stadt und des einstigen Hochstifts und das Deutsche Feuerwehr-Museum (St.-Laurentius-Str. 3) untergebracht.

Ehem. Universität: 1733–35 v. Gallasini geschaffener Dreiflügelbau.

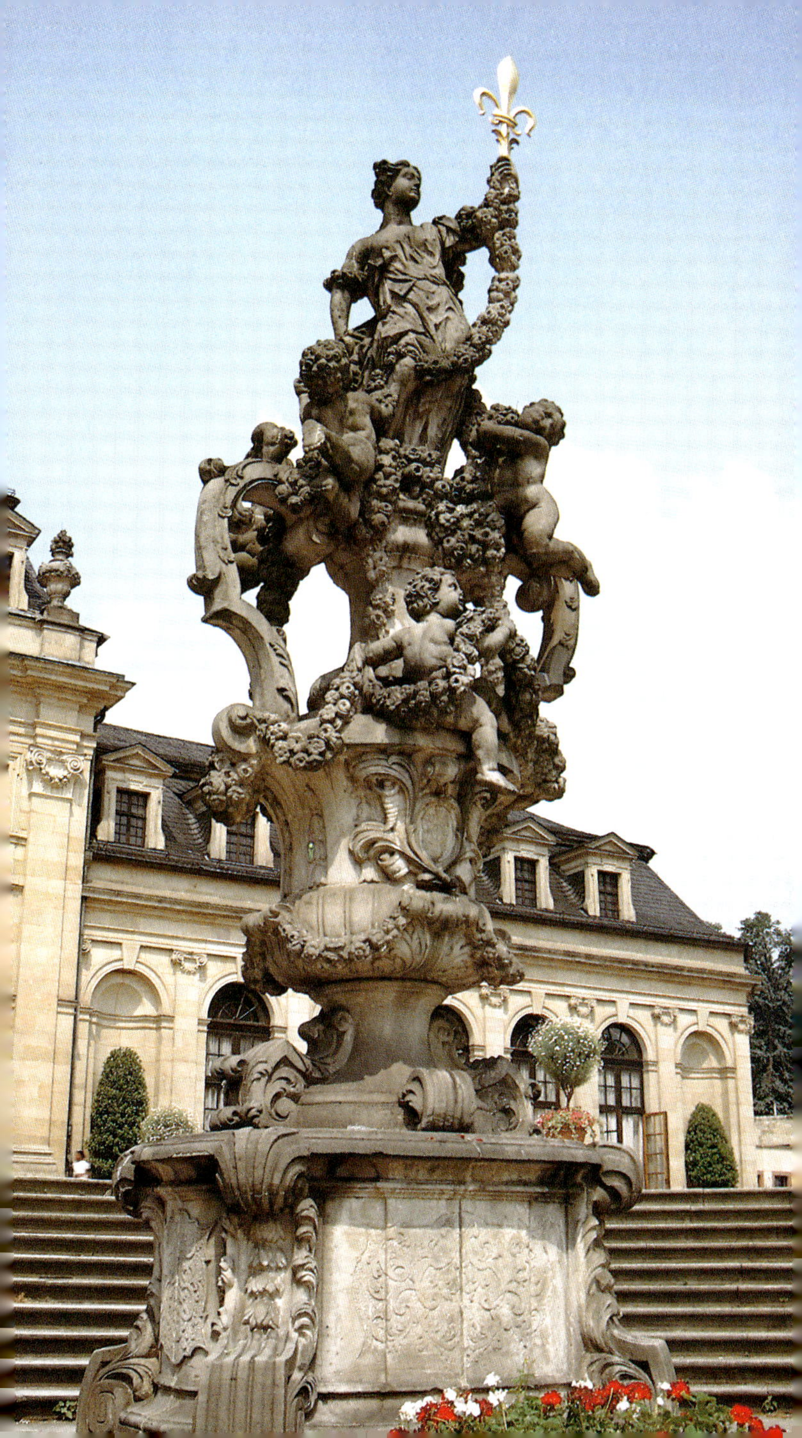

Kavalierhäuser (Abschluß des Residenzplatzes), 1737–39 v. Gallasini angelegte zweigeschossige Bauten mit flankierenden Pavillons. *Paulustor* (riegelt den Schloßbezirk nach N ab) von 1711. *Altensteinsches Palais* (Nonnengasse 4–6), ein 17achsiger Bau mit Rokokoräumen v. 1765.

Palais des Fuldischen Kanzlers: Mitte 18. Jh. erbautes neunachsiges Barockpalais.

Hornungsbrücke (s der Altstadt): 1738 errichtete Steinbogen-Brücke.

Denkmäler: Obelisk vor der Stadtkirche v. 1669. – Bonifatiusdenkmal v. Werner Henschel (1842) auf dem gleichnamigen Platz.

Frauenberg; Franziskanerkloster: Gegründet auf dem einst als Bischofsberg bezeichneten Frauenberg (um 803). Bis Mitte 11. Jh. Chorherrenstift, danach Benediktinerkloster. 1525 zerstört. Seit 1632 Franziskanerkloster. Nach dem Brand v. 1757 unter Kornelius Schmitt 1758–62 Bau einer Saalkirche mit Kreuzgewölbe und Wandpfeilern. – *Hochaltar* von Hyazinth Weigand; bildhauerische Werke v. Melchior Egenolf. Gemälde der Nebenaltäre v. J. A. Herrlein*. – Einfache Klostergebäude; z. T. noch erhaltene Umfassungsmauer. – *Kalvarienberg* (n der Kirche) v. 1737 mit Stationshäuschen, in denen Reliefs des Franziskaners Wenceslaus Marx hängen, und Kreuzigung (Entwurf v. Gallasini*?). Am Berghang *Bildstöcke* v. 1678 und eine *Pestsäule* v. 1651.

F.-JOHANNESBERG
Ehem. Benediktinerpropsteikirche St. Johannes d. T. (heute Fortbildungszentrum): Ein 1. Bau, unter Abt Ratgar entstanden, ist nicht erhalten. Schlichtes Schiff v. 1686 und spätroman. W-Turm mit Säulenportal mit Zickzackband; schließt mit barocker Galerie und doppeltem Haubenhelm ab. Sakristei mit aufwendiger Chorfassade (1744). – Reste von *Wandmalereien* (um 1300; Heilige um den thronenden Christus). Quirinuskapelle (sw) – Zentralbau mit Bandlwerk-Stuck; Stein-Medaillons und Wandgemälde v. E. Wohlhaupter. – Ausstattung: *Hochaltar* (kurz nach 1700). *Altarblätter* der Nebenaltäre von 1744. Prächtiger *Orgelprospekt* von 1844–47. Wandgrabmal (1707–15) Propst Friedrich v. Buttlars. Holzmodell eines Epi-

Fulda, Schloß

Fulda 157

Fulda, Orangerie

Fulda, Hauptwache

Fulda, Altes Rathaus

taphs für Propst Konrad v. Mengersen (gestorben 1753). – *Propsteigebäude:* Unter Propst Konrad v. Mengerser v. A. Gallasini* 1726 errichteter Neubau. Ausgeführt wurden lediglich 2 w gelegene Pavillons (s und n). Im *Roten Bau* mit Mansarddach und Wappenportal befindet sich im Obergeschoß ein Festsaal mit Deckenfresko v. Emanuel Wohlhaupter. Bandlwerk-Stuck an Decke und Fenstergewänden v. Konrad Albin, A. Schwarzmann und Gottfried Hopf. – *Gartenanlage:* Nur unvollständig erhalten; teilweise noch plastischer Schmuck v. 1740. 3 Terrassen und 2 Pavillons v. 1733. – *Fuldabrücke:* 1765 errichtete, 150 m lange Brücke mit 4 Barockstatuen.

F.-KÄMMERZELL
Kath. Pfarrkirche St. Godehard: Schlichter Saalbau in klassizistischem Stil v. 1802–04, erbaut v. Wilhelm Arnd. – Hochaltar mit aufwendigem Aufbau, 1735. Altarblatt v. E. Wohlhaupter. 8 Gemälde desselben Künstlers. Spätbarocke Orgel v. 1805. – *Fluraltar* (nach Ortsausgang) v. 1775 mit Abbildung des hl. Sebastian. – *Edelsturm:* Spätgot. Wartturm.

F.-NEUENBERG
Benediktinerkloster St. Andreas: Gegründet 1018 unter dem Fuldaer Reformabt Richard v. Amorbach. Kirchenweihe 1023. Nach Brand v. 1440 Neubau. Erhalten v. ma Bau der 1440 veränderte W-Turm. Die Johanneskapelle befindet sich im Obergeschoß, das mit einer Zwiebelbarock-Haube (2. Hälfte 18.Jh.) bekrönt ist. Neubau des Schiffs 1647 und nochmals 1750–66. Der Außenbau wird durch Barockfenster gegliedert. Erhalten ist vom urspr. Bau der O-Teil mit Krypta, Apsis, einem Teil der Vierung und Querschiff. In der Krypta 4 Säulen mit ottonischen Muldenkapitellen. – Gut erhaltene *Ausmalung* (restauriert 1933) des Gewölbes v. Anfang 11.Jh.: In jeder der 3 Fensternischen Christus in der Mandorla und eine alttestamentarische Szene. Im Tonnengewölbe bekrönte Tugenden mit Heiligenschein. – Ausstattung: Reste von roman. *Ambonen. Rokoko-Orgel* v. 1766.

F.-PETERSBERG
Benediktinerkloster St. Peter: Ende 8.Jh. entstand unter Abt Baugulf auf diesem Berg mit herrlicher Fernsicht die 1. Kirche. Kurz danach erfolgte die Gründung eines Klosters. Kirchenweihe 836. 1802 wurde das Kloster aufgehoben. *Kirche:* Dreischiffiges roman. Langhaus mit einem W-Turm des 11.Jh. und einer Krypta (O-Teil), 1479 durch einen Saal mit s Querschiff ersetzt. Barockportal v. 1685. Restaurierungen 1928–39 und 1974. Barockisierender Vierungsturm. – Ausstattung: Schablonierte Rankenmalerei auf der Kassettendecke im Stil der Renaissance. Roman. Platte des 17.Jh., heute als Lesepult genutzt, diente einst als Grabstein. – *Krypta* des 9.Jh., 4 Räume mit Tonnengewölbe, die parallel zueinander liegen. Reste roman. *Malereien. Altarplatten* v. 836. – In der *Oberkirche* 8 *Steinreliefs* (unter Propst Gundelaus entstanden), u.a. älteste Darstellung des hl. Bonifatius. S Langhauswand: Renaissancegemälde des hl. Christophorus. *Hochaltar* v. 1730. *Altarblätter* (1750) v.

Herrlein*. Schnitzaltar des frühen 18.Jh. (Querhaus); *Orgel* seit 1739. *Grabmäler* im Zopfstil.

Rabanus-Maurus-Kirche: Neubau (1956 bis 1957) v. Wilhelm Reinhard und Otto Rug. Farbige Fenster lockern die Wände v. Chor, Querhaus und Fassade auf.

Umgebung

Pilgerzell (4 km s): Auf dem Florenberg liegt die *Wallfahrtskirche St. Flora und Kilian*. Der roman. W-Turm ist in den spätgot. Neubau v. 1511–15 miteinbezogen. Stuckdecke v. Georg Konrad Albin, 1740. – Barocker Hochaltar; Kanzel v. Joachim Ulrich (1721). Spätgot. Sakramentsnische. Taufstein, um 1500. – *Kath. Pfarrkirche* (Fuß des Berges), 1962–65 v. Hans Schädel über quadratischem Grundriß mit Zeltdach errichtet.

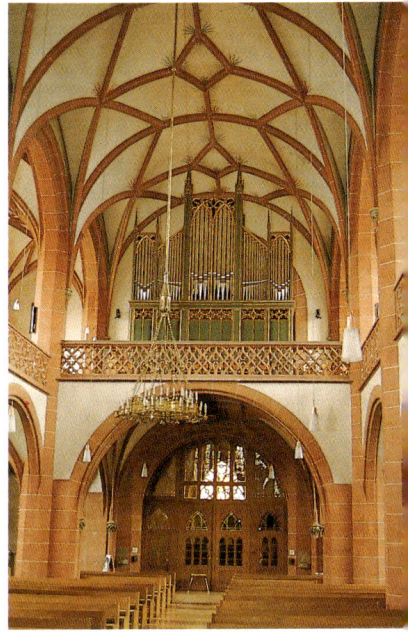

Geisenheim, Kath. Pfarrkirche Hl. Kreuz

Kath. Pfarrkirche Hl. Kreuz: Seit Ende 15.Jh. ersetzt die dreischiffige Hallenkirche mit zentralisierender Wirkung (»Vierstützenraum«) den roman. Vorgängerbau. Chor mit Netzgewölbe zwischen 1512 und 1518 (Dombaumeister Queck). 1828 Verlängerung des Langhauses nach Entwürfen Ph. Hoffmanns, Abbruch der roman. Türme und Anbau einer W-Fassade. – Ausstattung: Neogot. *Hochaltar* (1885) mit Passions- und Heiligendarstellungen. Barocke *Kreuzigungsgruppe* um 1700. *Dreikönigsaltar* (s Seitenschiff), 1480, aus dem Spessart. Aquamanile des 13.Jh. *Grabmäler* Friedrich v. Stockheims (gestorben 1529) mit Renaissance-Rahmung und Stuck. *Epitaph* (S-Wand) Philipp Erwin v. Schönborns (1668) v. Matthias Rauchmüller. – Vor dem Bau am Chor eine *Kreuzigungsgruppe* der Backoffen*-Werkstatt.

6222 Geisenheim
Rheingau-Taunus-Kreis

Einw.: 12 200	Höhe: 96 m	S. 354 □ A 5

Am Rhein gelegene Stadt mit seit 874 urkundlich bezeugtem Weinbau. Alter Mainzer Besitz. Im MA Zollstätte und Sitz vieler Adelsgeschlechter. Stadtrechte seit 1864.

Ehem. Stockheimer Hof (Winkler Str. 64): Um 1550 für das Geschlecht Stockheim errichtet, seit dem 17.Jh. im

Geisenheim

Besitz der Familie Schönborn. Spätgot. Bau mit Treppenturm und 4 Ecktürmchen. Giebelerker mit Fachwerkobergeschossen.

Fachwerkhäuser des 16.–19. Jh.

Ingelheimer Hof (Bahnhofstr. 1): Sommerresidenz des Mainzer Kurfürsten Anselm Franz v. Ingelheim, 1681 errichtet. Restaurierung und Veränderung im 19. Jh.

Ostein-Palais (Rüdesheimer Str. 34): Dreiflügel-Anlage mit Ehrenhof v. 1766 bis 1771. Der v. Joh. Valentin Thomann errichtete Mittelbau wurde 1812 abgerissen. Innenräume mit guten Stuckdekorationen im Übergang v. Rokoko zum Klassizismus. Achteckiger *Gartensaal* mit Bemalungen von Christian Georg Schütz d. Ä.

Pfefferzollhaus (Zollstr. 21) v. 1681, bis 1700 Rheinschiffahrts-Zollstelle.

Schloß Monrepos: Neoklassizistisches Gebäude von 1860–63, das sich aus einem Hauptbau und zweigeschossigen Eckpavillons zusammensetzt; 1873 vergrößert.

Von der Leyenscher Hof (auch **Cronberger Hof**): Steinbau v. 1581 für das gleichnamige Geschlecht. – Barockgartenhaus mit Stuckdecken v. 1720–30.

Kloster- und Wallfahrtskirche Marienthal: Im N der Stadt in einem Waldtal gelegen, aufgrund eines wundersamen Marienbildes gestiftet. 1330 Weihe der Kirche. Verfall im 18. Jh. Wiederaufbau durch Ph. Hoffmann, 1857–58. Aus dem MA stammt nur noch das W-Portal der Kirche mit Tympanon.

G.-JOHANNISBERG

Unter St. Alban (Mainz) zwischen 1088 und 1109 errichtet. Nach Schäden 1525 (Bauernkrieg) und 1552 Aufhebung des Klosters 1563. Unter dem Fuldaer Fürstabt Barockisierung der Kirche durch Joh. Dientzenhofer*. Anstelle des Klosters entstand Mitte des 18. Jh. ein Sommerschloß. 1815 dem Fürsten Metternich überlassen. 1942 brannten Schloß und Kirche, die 1826 v. Georg Moller umgebaut wurden, aus.

Kath. Pfarrkirche St. Johannes d. Täufer (ehem. Klosterkirche): Fundamente eines Baus des 12. Jh. blieben erhalten, was eine Rekonstruktion 1950/51 ermöglich-

Kath. Pfarrkirche Hl. Kreuz v. Schönborn (l); Ehem. Stockheimer Hof (r)

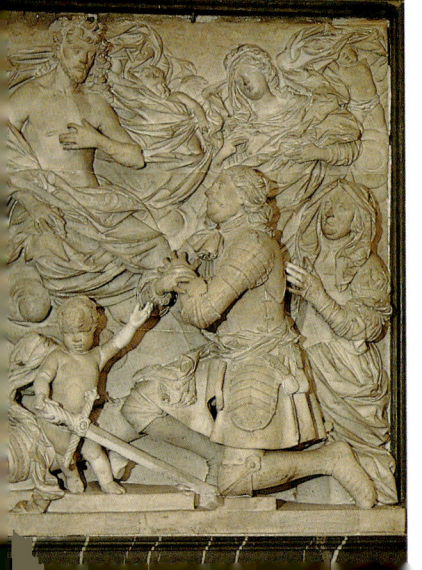

te. Dreischiffige Pfeilerbasilika mit 9 Jochen. Am Querhaus vorgelagert eine Apsis und 2 Nebenapsiden (neu).

Kirche des Benediktinerinnen-Immaculata-Klosters: 1928–29 im expressionistischen Stil errichteter einschiffiger Bau mit Ziegelornamentik.

Schloß: Nach Entwürfen Andreas Gallasinis* 1718–25 für Fürstabt Konstantin v. Buttlar erbaut. 1826–35 verändert v. Georg Moller. Erhalten blieben die Pavillons.

6460 Gelnhausen
Main-Kinzig-Kreis

| Einw.: 19 000 | Höhe: 141 m | S. 355 □ D 4 |

Auch als »Barbarossa-Stadt« im Kinzigtal bekannt, da Friedrich I. hier eine Burg und den Ort »Geilenhusen« (um 1170) gründete. Die Pfalz, auf einer Insel in der Kinzig angelegt, stand in Konkurrenz zu der Stadt. Verpfändung 1349 unter Kaiser Karl IV. Allmählicher Verfall des einst blühenden Ortes. Seit 1866 preußisch. Hans Jakob Chr. v. Grimmelshausen (1622–76) und Philipp Reis (1834–74), Erfinder des Telefons, sind hier geboren.

Ev. Marienkirche: Oberhalb des Untermarkts gelegen, prägt sie das Stadtbild. – Ende 12. Jh. bis Mitte 13. Jh. anstelle einer kleinen, einschiffigen Basilika mit Querhaus, Chor und Nebenapsiden errichtet. In mehreren Bauabschnitten entstand ein imposanter Kirchenbau; 2 Bauhütten waren daran beteiligt. Auf einer Konsole am Fuß der Giebelarkade des N-Portals ist der Name des Baumeisters Heinrich Vingerhut eingemeißelt. Der O-Teil mit seinem Vierungsturm, Chor mit Ecktürmen und Nebenapsiden zeigen bereits frühgot. Einflüsse. Die Verlängerung des s Seitenschiffs erfolgte im späten 13. Jh. Spätgot. ist die n Seitenschiffwand. – Das einfache Langhaus mit seinem roman., sechsgeschossigen W-Turm wird beherrscht durch die Turmgruppe des O-Teils. Die Auflösung der Wand in got. Zeit kann besonders gut am achteckigen Vierungsturm abgelesen werden. Gliederungselemente sind Rundbogenfriese, Strebepfeiler, Arkadenreihe und Zwerchgiebel. Auffallend die vielen reichgestalteten Portale. Das zur Bergseite hinweisende n Querhausportal zeigt Christus am Kreuz mit Maria und Johannes, flankiert von den Erzengeln Gabriel und Michael. Am n Langhausportal Christus zwischen Maria und Johannes Evangelista mit 2 Bischöfen. Das Tympanon des zur Talseite hin gelegenen s Querhausportals zeigt Maria mit Kind, umgeben v. Maria Magdalena, Katharina, Margareta und Marta. – Inneres: Das flachgedeckte Langhaus mit Spitzbogenarkaden und vorgeblendeten Säulen leitet über zur aufwendig ausgestatteten O-Partie: Vierung mit Trompen, die zum achteckigen Zeltdach führen, Chorwand mit Blendarkatur und Scheinempore, Chorraum mit Kreuzgewölbe. – Ausstattung: *Hochaltar* (Chor), signiert »1500 Nikolaus Schit« (wenn verschlossen, Vorhänge der vergitterten Türen am Lettner zur Seite schieben!). Im Schrein überlebensgroße Schnitzfiguren: Maria mit dem Kind, v. Petrus und Johannes d. T., sowie v. Johannes dem Evangelisten und Paulus gerahmt. In-

Gelnhausen, Ev. Marienkirche

Gelnhausen

nenseiten der Altarflügel: Bilder von Sebastian, Katharina, Valentin und Margareta. Flügel-Außenseite mit Verkündigungsszene und den hll. Kilian (?) und Georg; *s Seitenaltar* mit Anna selbdritt*-Darstellung (1500). Der *n Seitenaltar* zeigt ein Kruzifix und Heilige. Der herrliche *Sandsteinlettner* (Mitte 13. Jh.) stammt aus dem Umfeld des »Naumburger Meisters«. 4 in den Bogenzwickeln sitzende Reliefs stellen das Jüngste Gericht dar: »Auferstehung der Toten«, »Zug der Seligen ins Paradies«, »Zug der Verdammten in die Hölle«, »Der Höllenschlund verschlingt die Verdammten«. Die Brüstung besteht aus einer Galerie mit gemalten Heiligenfiguren der Spätgotik. Über dem Lettner ein *Kruzifix* (um 1500) mit lebensgroßem Korpus. Der *Hl.-Kreuz-Altar* befindet sich unter dem mittleren Lettnerbogen und wird ins späte 15. Jh. datiert. *Nikolausaltar* (1480; s Seitenschiff): Im Schrein ein Schnitzrelief mit Kreuzigungsszene, auf den Flügeln St. Martin und St. Nikolaus. *Annenaltar* (r Seitenaltar), um 1500, mit Schnitzfiguren. Bemalte Flügel mit Geburt und Anbetung Christi. *Marienaltar* (heutige Taufkapelle), um 1500, mit geschnitzter Madonnenfigur mit Kind und Flachreliefs auf den Flügeln. Reiche *Wirkteppiche* in einem verschlossenen Nebenraum (Schlüssel beim Küster). *Grabdenkmal* des Bischofs Konrad v. Bondiz (gestorben 1372).

Kaiserpfalz: Erstmals erwähnt 1158; gesicherte Fertigstellung 1180. 8 Jahre lang war die Burg stetiger Sitz Kaiser Friedrich Barbarossas. Sein Sohn und Nachfolger Heinrich VI. vollendete den Bau. Verfall seit Mitte 14. Jh. Bewahrung der Ruine seit Anfang 19. Jh. Die urspr. von der Kinzig umflossene Wasserburg ruht auf einem Pfahlrost von ca. 20 000 Eichenstämmen (dendro-chronologische Untersuchungen ergaben als Fälldatum eines Baumes die Zeit um 1183). Eine 2 m dicke Ringmauer aus Buckelquadern, die die Anlage umschließt, und die Vorhalle sind die ältesten Bauteile. Durch die zweischiffige *Torhalle* (ehem. vermutlich mit Kapellenraum), die an der Hofseite eine Säule mit gut gearbeitetem Adlerkapitell hat, betritt man die Kaiserpfalz. Der angefügte quadratische Turm ist ebenfalls mit Buckelquadern verblendet (später angelegter Wehrgang). In dessen Erdgeschoß eine Sammlung von Steindenkmälern. N des Hofes die Reste der Fassade des ehem. *Palas*. Eindrucksvolle roman. Rundbogenarkaden mit Doppelsäulen und Blattkapitellen. Das Hauptportal, zu dem früher eine Freitreppe führte, ist mit Kleeblattbogen verziert. Darüber der »Barbarossakopf«. An der Ringmauer befinden sich Reste eines reich verzierten Kamins. Die Reichstage fanden im 2. Geschoß des Palas statt.
Ö des Areals stehen Fundamente des mächtigen Bergfrieds. Reste eines Treppenturmes, der zum ehem. Burgmannengebäude führte, sind hinter der Ringmauer zu sehen.

Ehem. Johanniterhof (An der Stadtschreiberei 10): Erhalten ist das Ordenshaus (1. Hälfte 14. Jh.) mit Treppengiebel.

Ehem. Synagoge: Längsgestreckter Saalbau von 1783, eingefügt in eine Häusergruppe. – *Thora-Schrein* aus der Bauzeit.

Gelnhausen, Ev. Marienkirche, Portal am südlichen Querarm

Gelnhausen, Ev. Marienkirche, Kapitell vom Lettner

Gelnhausen, Kaiserpfalz

Gernsheim

Godobertuskapelle: Zweistöckige Kapelle, ältestes, aus dem 9.Jh. stammendes Bauwerk der Stadt.

Peterskirche (Obermarkt): Erstmals erwähnt 1229. Der spätroman. Ursprungsbau wurde nie vollendet. Profanierung im 18.Jh.; 1932–38 Ausbau zur kath. Pfarrkirche. Nach Wiederherstellung des Querhauses zeigt dies am besten die spätromanische Kirchenform. Am N-Portal Tympanon mit Sitzfigur des hl.Petrus.

Jüdischer Friedhof mit barocken Grabsteinen.

Arnsburger Hof (Langgasse 41) von 1743. Ehem. Ordensniederlassung mit prächtigem Portal. – Daneben *Geburtshaus v. Philipp Reis*. – *Geburtshaus v. Grimmelshausen* (Hotel »Zum Weißen Ochsen«).

Rathaus: 1333 als Kaufhaus angelegt, seit 1446 Rathaus. Zerstörung des obersten Geschosses durch Blitzschlag 1736.

Roman. Haus (N-Seite des Untermarktes): Ältestes noch erhaltenes Amtshaus des kaiserlichen Schultheißen, vermutlich 1158 errichtet. Historistisch erneuert v. Ludwig Bichell, 1881. Dahinter das 1370 errichtete »Brauhaus«.

Stadtbefestigung mit zahlreichen erhaltenen Türmen und Toren: *Ziegeltor* (um 1340) in der äußeren Stadtbefestigung; *Schifftor*, 13.Jh.; s Zugangstor vom Anlegeplatz der Schiffe; *Äußeres Holztor* v. 1340: Wachhaus ohne Turm; *Buttenturm* (um 1380), ein in Form einer Weinbutte errichteter stattlicher Bau; *Haizer Tor* (zur Hälfte abgetragen) des 13.Jh.

Wohnhäuser: *Kuhgasse 5* v. 1352 (ältester Fachwerkbau der Stadt). *Obermarkt 8* (15.Jh.), *Obermarkt*.

Museum der Barbarossastadt Gelnhausen (Obermarkt; Augusta-Schule): Gezeigt werden Relikte aus der Kaiserpfalz und v. Bauwerken der Stauferzeit. Dazu Dokumente über Grimmelshausen und Philipp Reis.

6084 Gernsheim
Groß-Gerau

Einw.: 8600   Höhe: 90 m   S.354 □ B 5

Vermutlich stand hier ein röm. Kastell, bevor eine Siedlung angelegt wurde. Karolingischer Königshof. Seit 1356 Stadtrechte. 1802 hess.-darmstädtisch.

Kath. Pfarrkirche St.Magdalena: Barock-Neubau 1750–53 nach Entwürfen v. Joh. Valentin Thomann. Erhalten sind die Turmfassade mit dem eingestellten Turm und der Magdalenen-Statue sowie die äußeren Querhausmauern. Der Innenraum ist durch Pilaster gegliedert. – *Baldachinaltar* (aus Bürstadt) des Gernsheimers Andreas Dittmann v. 1783. *Kanzel* v. 1754.

Stadthaus: 1839 errichteter klassizistischer Bau mit Altan, der auf 2 dorischen Säulen aufliegt.

Wallfahrtskirche Maria Einsiedel (südöstlich der Stadt): Ehem. selbständige Kapelle v. 1493–99. Erweitert 1500–08 durch ein Langhaus (flachgedeckt). Säulenvorhalle und Portal von 1871. – *Pietà* (1.Hälfte 15.Jahrhundert) aus dem mittelrheinischen Raum. *Madonnen-Gnadenbild* aus der 2.Hälfte 15.Jahrhundert.

Umgebung

Groß-Rohrheim (4 km s): *Ev. Pfarrkirche* v. 1688. Saalbau mit großem Giebeldachreiter. Flache Holzdecke v. 1725 mit perspektivischer Malerei. Klassizistische *Orgel* v. 1814.

6412 Gersfeld (Rhön)
Fulda

Einw.: 6000   H.: 450–950 m   S.355 □ E 4

Einst Lehensort der Herren v. Schneeberg, 944 erstmals erwähnt. 1435 an die

Herren v. Ebersberg verkauft. 1359 Stadtrechte.

Ev. Stadtpfarrkirche: 1780–85 von Joh. Caspar Heym entworfener, durch Joh. Georg Link ausgeführter Bau anstelle einer spätroman. Kirche. Kreuzförmige Anlage mit dreigeschossigem, von einer doppelten Zwiebelhaube bekröntem Turm. Rokoko-Schnitztür mit geschweifter Umrahmung als Eingang. – Ausstattung aus der Zeit der Entstehung. *Holzschnitzereien* v. Georg Gorten und Nikolaus Zutzmann.
Aufwendig gestaltete *Kanzelwand* (w): Über dem Altar befindet sich die Kanzel mit geschwungenem Korb und ornamentiertem Schalldeckel; bildet die Mitte einer vorspringenden Sakristeiwand, an deren Ecken korinthische (Doppel-)Säulen stehen. Darüber die gestufte Spätrokoko-Orgel mit geschwungenen Pedalflügeln. Joh. Michael Wagner schuf sie 1784–87.

Friedhofskapelle: Als Begräbnisstätte der Herren v. Ebersberg um 1632 errichtet. – *Intarsien-Kanzel* v. 1664 und *Emporenbrüstungsbemalung* (1593) stammen aus der alten ev. Pfarrkirche.

Schloß: Die Burg derer v. Schneeberg (1219 erstmals genannt) ist nicht mehr erhalten. 1605–08 entstand das *»Obere Schloß«*, ein Neubau anstelle einer Kemenate und eines ö Teils. Das *»Mittlere Schloß«*, ein dreigeschossiger Steinbau mit Walmdach, wurde 1607 gebaut und im 18. Jh. erneuert. Um 1740 kam das *»Unterschloß«* (Schloß- und Heimatmuseum), ein Barockbau mit Mansarddach, hinzu. Im obersten Geschoß, zu dem man über eine dreiflügelige Treppe gelangt, befindet sich ein *Festsaal* mit Rokokostuck (1740).
Hier und in weiteren Räumen sind Möbel und Gemälde des 17. und 18. Jh. ausgestellt. Ein weitläufiger *Park* von 1740 umgibt die Bauten.

Deutsches Segelflugmuseum (Wasserkuppe): 1987 wurde der Rundbau, der sich auf der Wasserkuppe, dem mit 950 m Höhe höchsten hessischen Berg, befindet, errichtet.

Gersfeld (Rhön), Ev. Stadtpfarrkirche

6300 Gießen		
Gießen		
Einw.: 73 000	Höhe: 150 m	S. 352 □ C 3

1197 wurde eine den Grafen v. Gleiberg gehörende Burg Gießen erstmals genannt. Als bedeutenden Stützpunkt gegen Nassau und Mainz erwarb sie 1265 der hessische Landgraf Heinrich. 1248 Erwähnung als Stadt.
Bei der Landesteilung fiel Gießen 1604 an Hessen-Darmstadt. Die für die kulturelle Entwicklung der Stadt bedeutsame Gründung einer lutherischen Universität erfolgte nach Aufnahme der aus Marburg geflohenen protestantischen Professoren. 1650 wurde Gießen endgültig Universitätsstadt. U.a. lehrte hier Justus v. Liebig, nach dem die Universität benannt ist. Die Bausubstanz Gießens wurde im 2. Weltkrieg fast völlig zerstört; Abriß und planerische Fehlgriffe taten ein übriges.

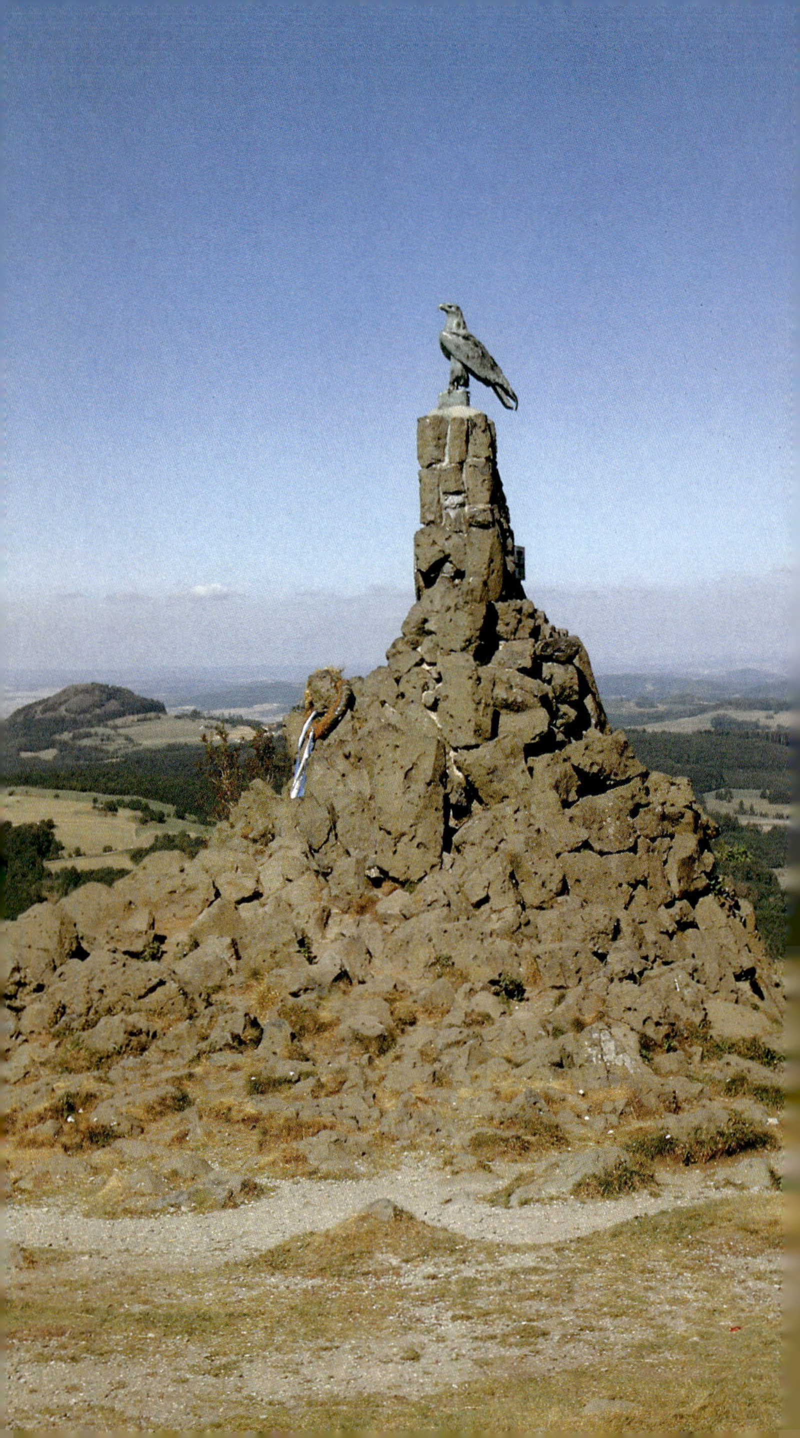

Kirchen: Von der *Ev. Stadtkirche* (St. Pankraz), begonnen 1482, blieb nur der Turm stehen. In der Nähe entstand 1949 die sog. *Notkirche.* – Ev. *Johanneskirche,* 1891–93 v. Hans Grieslbach aus Berlin errichtet. Glasfenster v. Erhard Klonk, 1956. Nach 1955 entstanden die ev. *Paulskirche* und die kath. *St.-Albertus-Kirche.*

Alter Friedhof (Nahrungsberg): Parkähnliche Anlage mit Umfassungsmauer und Portal des 17. Jh. *Kapelle* aus dem 16. Jh.; Fachwerkobergeschoß v. 1840. *Grabdenkmäler* des 16.–19. Jh., darunter kapellenhafte Grabhäuser (17. Jh.).

Altes Schloß: Um 1330 angelegter, die Gleibergsche Burg ersetzender Bau, der urspr. im Besitz der hessischen Landgrafen war. 1893–1905 wurden die Räumlichkeiten in Neo-Renaissance-Manier zum **Oberhessischen Museum** umgestaltet. Hier werden u. a. Holzplastiken (um 1500), Fayencen (17./18. Jh.), Möbel und Bilder gezeigt.

Neues Schloß (heute Staatliche Ingenieurschule; Senckenbergstr./Ecke Brandplatz): 1533–39 für Landgraf Philipp den Großmütigen angelegt. Zum letzten Mal restauriert nach 1945. Auf dem massiven, langrechteckigen Steinsockel erhebt sich ein für die Zeit der Entstehung erstaunlich modernes, klar gegliedertes Fachwerkobergeschoß, das polygonale Türmchen flankieren. Ein dreigeschossiger Treppenturm befindet sich an der s Langseite.

Zeughaus (an Schloßhof angrenzend): Sehr langes, stattliches Gebäude, das der landgräfliche Baumeister Ebert Baldewein 1586–90 baute. Wiederaufbau nach dem Krieg 1958–62. Dreigeschossige, mit Satteldach versehene Anlage, deren n Schmalseite von Renaissancegiebeln geschmückt ist. Schöne Portale mit Pilastergliederung.

»Haus Leib«: Unmittelbar neben der Stelle, auf der einst die Gleibergsche

< *Wasserkuppe (Gersfeld),*
Denkmal für Segelflieger

Gießen, Altes Schloß. Rundturm und Wohnbau

Gießen, Neues Schloß

Gießen, Zeughaus

Gießen, Ehem. Augustiner-Chorherrenstift Schiffenberg, Vierungsturm und Chor

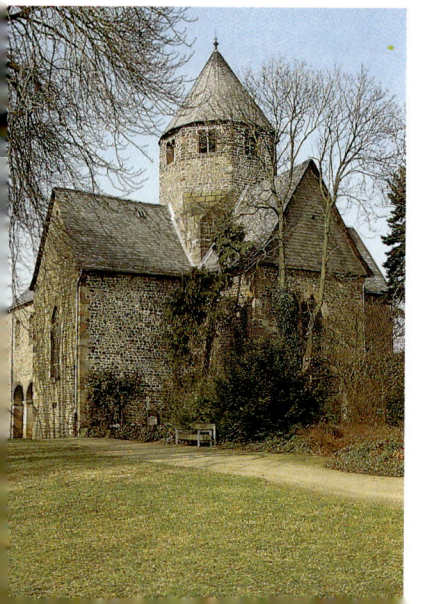

Burg stand, wurde dieser Adelssitz 1348 errichtet. Das Gebäude ist mit seinen eigenwilligen Streben und den vorkragenden Geschossen einer der interessantesten und ältesten hessischen Fachwerkbauten.

In den Räumlichkeiten sind Abteilungen des Oberhessischen Museums untergebracht, in denen u.a. die Geschichte der Festungs- und Universitätsstadt Gießen seit dem 12. Jahrhundert dokumentiert wird.

Wallenfelssches Haus (Kirchplatz 6): Hier sind ein weiterer Teil des Oberhess. Museums und die **Gailsche Sammlung** untergebracht. Neben vor- und frühgeschichtlichen Funden und röm. Silbermünzen werden Zeugnisse merowingischer und karolingischer Besiedelung ausgestellt.

Ehem. Augustiner-Chorherrenstift Schiffenberg (auf einer Anhöhe südöstlich der Stadt): Gräfin Clementia v. Gleiberg, Gattin Konrads I. v. Luxemburg, war die Gründerin des 1129 entstandenen Stifts. 1323–1809 im Besitz des Deutschen Ordens. – *Kirche:* Kurz nach der Stiftsgründung entstandene dreischiffige Pfeilerbasilika mit ehem. 2 Rundtürmen am W-Chor und Vierungsturm mit Schallarkaden über dem Querhaus (orientiert an Mainzer Bauten). Die 2 kräftigen, kurzen Pfeiler der Arkadenreihen tragen Doppelwellen-Kämpfer. Der O-Teil ist durch ein schönes Gitter abgeschlossen. Die *Komturei* (1493), ein dreigeschossiges, steinernes Haus, weist im O-Giebel Fachwerk auf. Eine Wappentafel an den s Erkern zeigt die Jahreszahl 1584. An der barocken Eingangstür eine Tafel mit der Jahreszahl 1700.

Aus dieser Zeit stammt der s davon gelegene »Neue Bau« mit Fachwerkobergeschoß. Den Hof schließt w die *Alte Propstei* (1463?) – ein zweigeschossiger Steinbau mit Fachwerkobergeschoß, ehem. Fruchtspeicher – ab. – *Ziehbrunnen* (1715) zwischen Propstei und Komturei.

Veranstaltungen und Brauchtum: Musikalischer Sommer Schiffenberg, Freilichtspiele Schiffenberg.

G.-WIESECK
Ev. Pfarrkirche: Imposanter Chorturm des 13. und 14. Jh. und einschiffiges Langhaus; Vergrößerung um 1500. Turmhaube mit 3 Geschossen, 17. Jh. Spätroman. Rundbogenportal im S, im W spätgot. Altarraum mit Kreuzgewölbe.

Torturm der ma Ortsbefestigung aus dem 15. (oder 14.?) Jh. mit spitzbogiger Durchfahrt.

Umgebung

Allendorf/Lumda (15 km nö): 1370 erstmals als Stadt erwähnt. Mehrfache Brände im 15., 17. und 18. Jh. – *Ev. Pfarrkirche:* Bau des späten MA, nach dem Stadtbrand v. 1728 barock ausgestattet. – *Fachwerkhäuser* des 18. und 19. Jh. – *Stadtbefestigung:* Erhalten ist ein hoher runder Turm aus dem 15. Jh. – *Bahnhof:* 1902 aus gelbem Klinker errichtet.

Gleiberg (5 km nw): Die 2 Burgberge der Orte Gleiberg und Vetzberg beherrschen die Landschaft zwischen Gießen und Wetzlar. – *Burg Gleiberg:* Anfang 11. Jh. v. den Grafen v. Gleiberg angelegt. In den nachfolgenden Jh. Streitigkeiten um das Anwesen, seit 1646 Ruine. *Unterburg* v. 1615. Albertusbau und Nassauer Bau im S. Ringmauern fassen den Hof ein. Gegenüber die *Oberburg* mit geknickter, im 15. Jh. erneuerter Mantelmauer. Südöstlich davon der hohe, runde Bergfried (Ende 12. Jh.). Palas-Ruine mit Resten einer spätstaufischen Burgkapelle, um 1230. Im O des Palas eine Wehrmauer mit Blendbögen, 1. Hälfte 14. Jh. Zwinger, von Ecktürmen versetzt, an der n und w Seite, 1498.

Großenlinden (6 km s): *Ev. Pfarrkirche* (St. Peter), Umbau der bereits spätroman. veränderten Kirche des 11. Jh. v. 1907–08. Bis heute ist die Interpretation der Motive am roman. W-Portal ungeklärt. – Ein schönes Fachwerkgebäude: das *Pfarrhaus* v. 1452; die n Wand in Ständerbauweise. – *Linden-Leihgestern:* Im *Hüttenberger Heimatmuseum* sind Hochzeits-, Festtags- und Abendmahlstrachten zu sehen.

Gleiberg (Gießen), Burganlage

Großenlinden (Gießen), Ev. Pfarrkirche, Türme der Westfassade

Krofdorf (6 km nw): *Ev. Pfarrkirche*, Saalbau mit steilem Satteldach aus dem 13. Jh. Rechteckiger Chor mit Maßwerkfenstern der 1. Hälfte 14. Jh. Got. Sakristei. Umgestaltung des Schiffs 1513.

3554 Gladenbach
Marburg-Biedenkopf

Einw.: 11 500   Höhe: 340 m   S. 352 □ C 3

Schieferbergbau seit 1317, Silberbergbau seit 1537.

Ev. Pfarrkirche: Dreischiffige, 5jochige Pfeilerbasilika mit Chorquadrat aus dem 12. Jh. 1509 kamen der heutige Chor, die Arkaden mit Spitzbogen im Langhaus sowie das Kreuzrippengewölbe hinzu. – Spätgot. *Rankenmalerei* (Gewölbe), Empore mit *Kirchenmodell* und ein *Kreuzigungsbild* des 18. Jh.; *Taufstein* (roman.) mit Rundbogenfries, *Kanzel* v. 1680, *Orgel* v. 1791.

Ehem. Pfarrhaus: Fachwerkbau v. 1607. *Altes Amtshaus* v. 1770. – *Markt 18*, um 1700 erbautes Fachwerkhaus.

G.-RACHELSHAUSEN
Ev. Kirche: Zweigeschossiger Fachwerkbau v. 1680. Auffallend die weit ausladenden Streben sowie die Andreaskreuze in den Brüstungsfeldern. – Geschnitzte *Halbsonnen* am Emporengeländer.

G.-WEITERSHAUSEN
Ev. Pfarrkirche: Kleiner, spätroman. 2-jochiger Bau des 13. Jh. mit später hinzugefügtem Fachwerk.

6325 Grebenau
Vogelsbergkreis

Einw.: 3000   Höhe: 260 m   S. 353 □ D 3

Ev. Stadtkirche: Der um 1740 begonnene Bau umschreibt ein langgestrecktes Achteck. Entwurf v. Helfrich Müller. Malereien an den umlaufenden Emporen, an Gesimsen und Kanzel v. Joh. Friedrich Hoffmann, 1765. Heils- und Passionsdarstellungen des Alten und Neuen Testaments. – Spätgot. Kreuz, um 1400.

Ehem. Amtshof: Untergeschoß des 16. Jh., barockes Treppenhaus – *Rathaus*, um 1700. Hübscher **Marktplatz** mit Fachwerk- und Steinhäusern (16.–18. Jahrhundert).

3523 Grebenstein
Kassel

Einw.: 6000   Höhe: 210 m   S. 353 □ D 2

1272 erstmals erwähnt. Unterhalb einer Burg als Stützpunkt gegen die Mainzer entstandener Ort. Vereinigung der Neustadt – »Freiheit« – mit der Altstadt um 1370. Seit 1297 unterhess. Mehrere Brände (1517, 1637, 1715) verursachten große Schäden. Gutes Beispiel für behutsame Stadtsanierung.

Ev. Stadtkirche St. Bartholomäus: Um 1355 vollendete gedrungene dreischiffige Halle mit 3 Jochen; Chor mit $^5/_8$-Polygon. (Fast) fensterloser W-Turm mit vorspringendem oberstem Stockwerk; Haube vermutlich nach 1637. Ein abgewalmtes Dach umfaßt Mittelschiff und Chorpartie, die Seitenschiffjoche tragen Zwerchgiebel und Satteldächer. N-Portal mit Marienkrönungs-Darstellung, S-Portal mit einst mit Figuren besetzter Nische. – Im Innern Rippengewölbe auf Achteckpfeilern; Reste spätgot. *Gewölbemalereien* (Chor). – Ausstattung: *Levitensitz* und *Wandtabernakel* der urspr. Einrichtung. *Taufstein* (14. Jh.) mit 12 Ecken. *Sängerpult* mit aufgemalten und geschnitzten Orgelpfeifen, 16. Jh. *Empore* mit geschnitzten Gesimsen v. 1638. *Notkanzel* – heute Lesepult –, nach 1637 entstanden; kurz darauf die eigentliche *Kanzel. Gestühl* in Schiff und Chor, ab 1639. *Pfarrstand* v. 1669. Prachtvolle *Orgel*

Grebenstein, Blick auf >
Jungfernturm und Ev. Stadtkirche

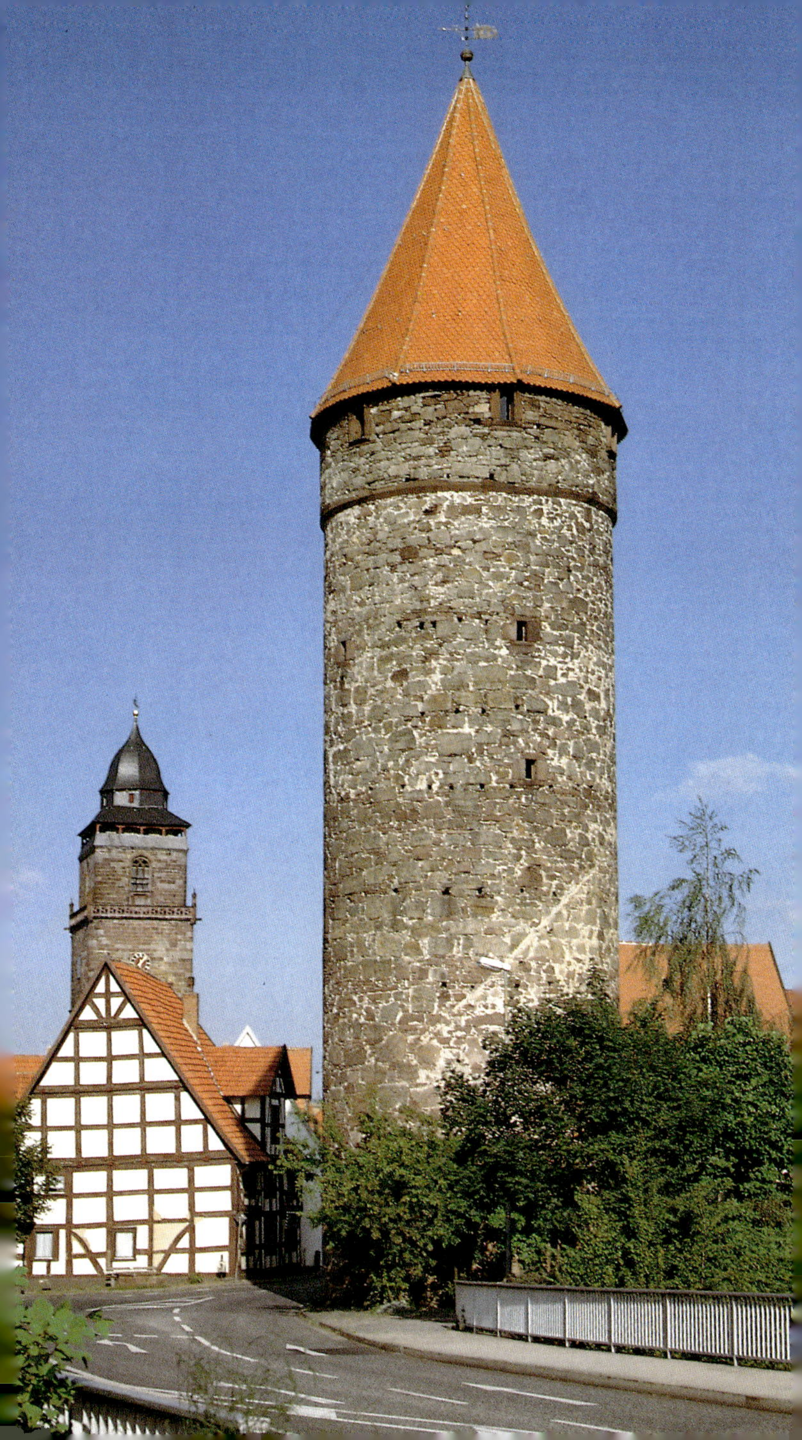

172 Großenlüder

(1732–36) v. Wilhelm Dibelius, Orgelempore mit Barockmalereien.

Rathaus: Grundstruktur 14. Jh., spätgot. Veränderungen 1573; 1637 Zerstörung durch Kroaten; totale Erneuerung des Baus. 2 got. Portale an den Stirnseiten.

Stadttheater 1907, entworfen v. F. Fellner und H. Helmer aus Wien.

Wachtgebäude (Liebigstr. 12): In dem klassizistischen Bau des frühen 19. Jh. war 1824–52 ein Laboratorium für Justus Liebig eingerichtet.

Wohnhäuser: *Fachwerkhäuser* des 15. bis 18. Jh.; *Steinhäuser* aus got. Zeit. – Gut erhaltene *Stadtmauer* des 14. Jh. (5 v. ehem. 13 Türmen).

Universität: 1877–80 wurde das *Kollegienhaus* im Neorenaissancestil errichtet. 1950–55 Wiederaufbau. **Neue Aula** v. 1907 im Jugendstil. Gerhard Marcks* schuf die *Orpheus-Figur. Universitätsbibliothek* nach Plänen H. Köhlers, 1956 bis 1959.

Museum »Diemelhaus« (Schachtener

Grebenstein, Vierständerbauten, Bahnhofstraße 1, 3, und 5

Str. 11): Spätgot. (1470/80), großzügig angelegtes Gebäude. Charakteristisch für die Gegend die Aufteilung der Räume: l der Wohnbereich, r der Stall. Reiches Schnitzwerk.

6402 Großenlüder
Fulda

| Einw.: 7700 | Höhe: 250 m | S. 353 □ E 3 |

Seit 822 unterstand der Ort dem Kloster Fulda; um diese Zeit Weihe einer 1. Kirche.

Kath. Pfarrkirche St. Georg: V. Neubau der 1. Hälfte 13. Jh. existieren noch Chor und Chorturm. 1734–35 entstand die v. Andreas Gallasini* entworfene, kreuzförmige Kirche, deren W-Fassade aus Rotsandstein mit ihren von Wappen besetzten Pilastern, dem Segmentbogen und dem eigenwilligen Volutengiebel ungewöhnlich ist.
Interessant die Ansicht v. der Chorseite mit ihrer spätroman. Apsis, der eine doppelte Säulenordnung (Kapitelle mit Blattwerkverzierung) mit Rundbogenfries vorgelegt wurde. Tür mit alten Beschlägen. Die Decke ist eine stuckierte hölzerne Flachtonne. – Ausstattung: *Hochaltar* (hl. Georg), 1741 v. Emanuel Wohlhaupter geschaffen. Von ihm stammt auch das *Kreuzigungsbild* des l Altars. R Altar, *»Geburt Christi«*, 1771 v. Andreas Herrlein* signiert; er schuf auch den *»Kreuzweg«* (1789) an der 14. Station. *Stuckmarmor-Kanzel*, um 1740. Spätgot. *Taufstein* v. 1501 im n Querhaus. *Orgel* (1782) v. Joh. Marcus Östreich. – Spätgot. *Vesperbild* aus Holz, 1. Hälfte 15. Jh.

Ehem. Amtsgericht: Repräsentativer barocker Steinbau des 17. Jh. Dreigeschossig mit Treppenturm und dekorativem Portal. Alte Gartenmauer aus der Entstehungszeit. Innen Stukkaturen des 18. Jh.

G.-OBERBIMBACH
Kath. Pfarrkirche St. Laurentius: Spätroman. Chorturm des 13. Jh. mit Zeltdach,

Schiff v. 1843. – *Gemälde* v. Andreas Herrlein*.

Umgebung

Blankenau (8 km sw): *Ehem. Zisterzienserinnenkloster:* Gründung 1268. Zerstört 1525. 1803 Aufhebung der Propstei. **Pfarrkirche St. Simon und Judas** (ehem. St. Maria) aus dem späten 13. Jh. Ursprünglich 2 Schiffe, Achteckturm mit frühgot. Maßwerk und Helm. – (Restaurierte) Barockausstattung: *Hochaltar* v. 1690 (nach P.P. Rubens); *Seitenaltäre* v. A. Herrlein*; *Kanzel* (1690) v. Joh. Bien; *Taufstein* v. 1609; *Orgel* v. 1744. *Grabdenkmäler*. – Reste der *Klostergebäude*. *Propsteigebäude* (heute Pfarrhaus) mit Toreinfahrt aus dem frühen 18. Jh. *Hospital St. Elisabeth* (Hauptstr. 6) v. 1747 mit geschnitzten Eckpfosten.

6080 Groß-Gerau
Groß-Gerau
Einw.: 21 900   Höhe: 90 m   S. 354 □ B 5

Ehem. röm. Kastell aus dem 1. Jh. n. Chr. im S des Ortes. 910 erstmals genannt. 1002 war hier ein Königshof »Geraha« bekannt. Stadtrechte seit 1398. 1479 kam die Stadt über die Herren v. Katzenelnbogen an Hessen.

Ev. Pfarrkirche: Neubau 1470–90 anstelle einer Kirche des 12. Jh. Erhöhung des Turms 1659. Dieser besitzt ein W-Portal mit 2 Flügeln, das von einem Wimperg eingefaßt wird. Davor der Mittelpfeiler mit einer hervorragenden mittelrheinischen Portalmadonna aus der Bauzeit. Turmhalle mit Netzgewölbe. Gotisierendes Langhaus v. 1860–70.

Rathaus: Prächtiger Fachwerkbau v. 1578–79 mit geschnitzten Fenstererkern. Innen große Hallen mit Holzstützen.

Prinzenhaus (Mainzer Str. 11): Eingeschossiges barockes Gebäude, Mitte 18. Jh. für Prinz August Wilhelm v. Hessen errichtet. Bekrönende Rokokovase. Am Gartentor schönes Rokokogitter.

Umgebung

Trebur (7 km w): *Ev. Pfarrkirche:* Reste eines karolingischen Baus erhalten. Dreischiffiges Langhaus. Mehrfache Veränderungen, vor allem im 18. Jh.

6114 Groß-Umstadt
Darmstadt-Dieburg
Einw.: 18 800   H.: 145–220 m   S. 354 □ C 5

741 erstmals erwähnt. 766 schenkte König Pippin den Ort der Abtei Fulda. Stadtrechte um 1300. Mehrfacher Wechsel der Besitzer. Seit 1803 ist die Stadt hessisch. Die Weine der Gegend ähneln denen des Frankenlandes.

Ev. Pfarrkirche: 741 war hier eine Kirche St. Peter bereits bekannt. Reste eines Steinbaus wurden 1968 entdeckt. Erhalten ist der W-Turm v. 1270, dessen acht-

Großenlüder, Kath. Pfarrkirche St. Georg

174 Grünberg

seitiges Obergeschoß aus der Mitte des 15.Jh. stammt. Neubau der Kirche v. 1490–94; Chor mit Netzgewölbe. – *Wandmalereireste* in der Sakristei, um 1500. *Chorgestühl* v. Anfang 16.Jh. *Epitaph* des Ritters Wolff v. Bettendor (gestorben 1555; s Seitenschiff). *Kanzel* des 17.Jh. Schöne *Orgel* v. 1699 v. Adam Philipp Schleich aus Bamberg.

bogentür am Keller v. 1413. – *Ziehbrunnen* (Hof), um 1800.

6310 Grünberg
Lahn-Dill-Kreis

Einw.: 12 400   Höhe: 273 m   S. 352 □ C 3

Rathaus: Großzügig angelegter Bau, 1596–1625 v. Darmstädter Hans Marian errichtet, mit schönem Giebel, Voluten, Obelisken, Beschlagwerk, Rollwerkspitzen. 2 manieristische allegorische Statuen stehen an der Marktseite.

Schlösser: *Darmstädter Schloß* (nö), 1376 erstmals genannt. Got. Teile v. 1465 erhalten. 1747 barocker Um- und Neubau. *Curti-Schloß*, um 1500; benannt nach dem Obermann Kurz, der um 1590 zu Curtius geadelt wurde. – *Pfälzer Schloß* (1500); Rechteckbau mit massivem Erdgeschoß und durchgehendem Saal. – *Wamboldtschloß* (Curtigasse), eine hufeisenförmige Anlage mit bemerkenswertem N-Flügel (1600–02).

Fachwerkhäuser (meist verputzt), unter anderem das *Jägerhaus* (Curtigasse 5), um 1600.

Rodensteiner Hof: Langgestrecktes Gebäude des 16.Jh.

G.-U.-Kleestadt: *Ev. Pfarrkirche* in einem befestigten alten Kirchhof, im wesentlichen aus dem 15.Jh. S Seitenschiff v. 1560, n Seitenschiff v. 1861. – *Wandmalereien* im Chor, Mitte 15.Jh.

Fachwerkhäuser, Ende 18.Jh.

Umgebung

Otzberg-Hering (6 km sw): Malerisches Burgstädtchen mit der weithin sichtbaren *Veste Otzberg*. Mauerring und Zwinger um den Bergfried (13.Jh.). Sog. *Bandhaus* (im S, heute Museum mit umfangreicher Sammlung zur hessischen Volkskunde); Inschrift über der Rund-

An der wichtigsten Straße »durch die kurzen Hessen« gründeten die thüringischen Landgrafen 1186 eine Burg. Um diese Zeit entstand die 1222 als Stadt erwähnte Siedlung. Seit 1604 darmstädtisch.

Ev. Stadtkirche: Neoroman. Bau v. 1846–52. – *Spitalkirche* (Neustadt): 1733 vollendeter Saalbau.

Antoniterkloster: 1526 aufgelöst. 1578 bis 1582 entstand unter Verwendung der vorhandenen Gebäude das *Schloß* v. E. Baldewein. Es hat 2 Fachwerkgeschosse über massivem Sockel (um 1500). 2 Renaissance-Erker aus Fachwerk gliedern die Schauseite zur Straße hin. Wappen Wilhelms II. (gestorben 1509) an der Hofseite. Aus dem MA stammen Reste der später umgebauten **Kirche.** Ö davon der *Universitätsbau* – ein 3 Stockwerk hohes schönes Fachwerkgebäude um 1500.

Diebsturm v. 1200 im NW der Altstadt; Teil der Stadtbefestigung.

Fachwerkhäuser in der Altstadt: *Alsfelder Str. 1–3*, hoher Fachwerkbau, Mitte 15.Jh.; *Marktgasse 9* und *12–14, Markt 5* v. 1529, *Rabegasse 2, 3, 8* und *12*, 15.Jh., *Winterplatz 4*, 2. Hälfte 18.Jh.

Judengasse 5, das Haus ist eine noch vollständig eingerichtete *Schmiede* v. 1880.

Rathaus, Renaissancebau, 1586/87 ursprünglich als privates Wohnhaus errichtet.

G.-KLEIN-EICHEN
Hier steht eine der ältesten **Fachwerkkirchen** Hessens. Gotisierendes Portal der

2. Hälfte des 16. Jh. Saalbau mit gut erhaltenem Triumphbogen.

G.-LARDENBACH
Ev. Pfarrkirche v. 1657, eine der frühesten Fachwerkkirchen des Raums Vogelsberg. Ständerbauweise mit geschoßweise angeordneten Streben in Rautenform. Inneres – bis auf die den Längsunterzug der Flachdecke tragende Mittelstütze – nicht mehr im urspr. Zustand. – *Kanzel* (1657) v. Alexander Madern.

3505 Gudensberg
Schwalm-Eder-Kreis

Einw.: 7300   Höhe: 221 m   S. 353 □ D 2

Ev. Pfarrkirche (über dem Marktplatz): Spätgot. Bau mit gewölbtem Chor (2. Hälfte 13. Jh.) und frühgot. O-Fenstern. An den Chor schließt n eine hübsche Sakristei an. Holztonnengewölbe im Langhaus aus dem 19. Jh. An der N-Seite Fachwerk-Außenkanzel v. 1769. – Neben der Kirche befindet sich *St. Crucis*, eine kleine spätgot. Kapelle.

Hospital: Um 1400 entstandener, zweigeschossiger *Krankentrakt;* N-Seite mit Schulterbogenportal, W-Seite mit Kreuzigungsdarstellung. Ältere *Kapelle.* 1692 wurde ein Hospitaltrakt in Fachwerkkonstruktion mit dekorativen Portalen errichtet. Zwei *Wohneinheiten* v. 1737.

Ehem. Synagoge: 1843 errichteter spätklassizist. Bau mit neoroman. Formen.

Rathaus v. 1837 im klassizistischen Stil. – *Ehem. Schultheißenhof* (Hintergasse 12), ein interessanter Renaissancebau v. 1612. – *Fachwerkhäuser* des 17.–18. Jh.

3501 Guxhagen
Schwalm-Eder-Kreis

Einw.: 4700   Höhe: 150 m   S. 353 □ D 2

Ehem. Benediktinerkloster Breitenau

Grünberg, Universitätsbau des ehem. Antoniterklosters

Wagenfurth (Guxhagen), Gotische Kapelle

Hadamar

(heute psychiatrische Anstalt): 1113 v. Graf Werner IV. v. Grüningen gegründet; seit 1119 v. Hirsauer Mönchen geleitet.
Die Kirche St. Peter und Paul war zu der Zeit bereits vollendet. Unter Abt Heinrich wurde seit 1132 die heutige Klosterkirche St. Maria errichtet. Weihe der O-Teile 1143–45 (Bautätigkeit nie ganz abgeschlossen); got. Apsis v. 1502 bis 1508. 1527 erfolgte die Aufhebung des Klosters. Ab 1607 Pläne zum Ausbau der Anlage zum landgräflichen Lustschloß, die durch den Dreißigjährigen Krieg vereitelt wurden. Seitenschiffe und Nebenchöre gingen verloren. Urspr. war die **Kirche** eine flachgedeckte Pfeilerbasilika. An Querhaus und Chor waren Apsiden mit Rundbogenfries auf Konsolen angefügt; W-Bau mit Rundbogenfries am Untergeschoß. Das Langhaus besaß einst 7 Arkaden; quadratische Pfeiler mit Fabeltieren, Jagdszenen und einfachen Ornamenten an den Kämpfern. Pfeiler im Mittelschiff mit Schachbrettfries und Rankenwerk.
An der w Eingangshalle Säulen mit Würfelkapitellen, verziert mit Pflanzen- und Tier-Ornamenten. – *Malereien* im Chorgewölbe, Anfang 16. Jh. – Nur noch Reste der *Klostergebäude* und -*mauer* sind erhalten. – *Zehntscheune* (spätgot.) mit Staffelgiebel.
In ihr ist die *Gedenkstätte Breitenau*, Archiv und Ausstellung der Gesamthochschule Kassel (Brückenstr. 12) eingerichtet. Erinnert wird an das hier 1933–34 untergebrachte Konzentrationslager und an das 1940–45 betriebene Arbeitserziehungs- und Konzentrationssammellager. Die Breitenau-Akte der NS-Zeit ist hier einsehbar.

Umgebung

Wagenfurth (3 km südlich): Das Dorf liegt reizvoll in einer Tallandschaft; die gotische *Kapelle* des späten 15. Jahrhunderts gilt als eine der reizvollsten hessischen Fachwerkkirchen. Über dem Kapellenraum, in den man durch ein spitzbogiges Tor gelangt, liegt ein Fruchtspeicher.

6253 Hadamar
Limburg-Weilburg

Einw.: 11 000   Höhe: 130 m   S. 354 □ B 4

Im 13. Jh. kam der Ort an die Grafen v. Nassau. Stadtrechte unter Graf Emicho 1324. Unter Graf Joh. Ludwig wurden seit 1612 das Schloß ausgebaut und neue Stadtteile in Schachbrettform angelegt.

Liebfrauenkirche (Friedhof): Vor 1379 errichteter, dreischiffiger Hallenbau. Erweiterung um ein Joch und durch einen Chor dank einer Stiftung v. 1450 möglich. Um diese Zeit Erhöhung des nun netzgewölbten, mit figürlichen Schlußsteinen versehenen Mittelschiffs. Chor mit Sterngewölbe. Im Turm und den Seitenschiffjochen Emporen mit Maßbrüstungen. – *Hochaltar* (1738) und *Kanzel* mit Evangelistenreliefs (1743) sind Werke Martin Volcks.

Herzenbergkapelle (»Hirtzberg«): Achteckiger Zentralbau v. 1675–76, dient als Wallfahrtskapelle. Um 1690–91 Verlängerung durch das achteckige längliche Schiff mit Haubendach. – *Hochaltar* v. 1693. Barocke *Epitaphien* v. 1736. Vorhalle v. 1860.

Pfarrkirche St. Johann Nepomuk (ehem. Kirche des Jesuitenkollegiums): Der Tiroler Laienbruder Franz Xaver Pfisterer schuf den Saalbau 1753–55. Neogot. W-

Turm und Chor v. 1898. – Rokoko-Ausstattung; darunter eine großartige *Orgel* v. Theodor Claus.

Franziskanerkloster: 1632 gegründet, 1816 aufgehoben. – **Kirche St. Ägidius** v. 1658–66; spätere Umbauten. Unter dem Chor eine Fürstengruft mit 31 Grabmälern derer v. Nassau-Hadamar.

Bischöfliches Konvikt: 1852 gründete Clemens Brentano das Schülerheim des Limburger Bistums. Der Neubau (Hexenberg) v. 1903–05 ist eine schloßartige Anlage.

Schloß: Der Bau geht zurück auf einen Hof des Klosters Eberbach, den Graf Emicho 1323 erwarb, Umbau zur Wasserburg. Ausführung des nach einem Brand v. 1540 erforderlichen Wiederaufbaus erst 1612–29 (N-Flügel 1612, O-Flügel 1614–17, S-Flügel 1622–29). Nach W hin ist die Spätrenaissance-Anlage offen. N- und O-Trakte weisen noch spätgot. Formen auf. Treppenturm mit Rundbogenfries. Rollwerk an Haupt- und Zwerchgiebeln. – Einige Räume mit geometrischen Stuckdecken. Erneuerung der alten *Schloßkapelle* in nachgot. Formen um 1617. Die *Neue Kapelle* entstand bis spätestens 1629; Emporen und Beschlagwerkschnitzereien. Der alte Kirchenraum diente dem zum kath. Glauben übergetretenen Grafen, der neue seiner calvinistischen Frau. Am w Ende des S-Flügels liegt die hübsche *Schloßküche* mit hohen Säulen und einem tiefen Kamin. Der am S-Flügel gelegene Treppenturm dient seit seiner Barockisierung als Schloßturm. – *Balkonzimmer* mit Deckenmalereien. – *Marstallhof* (1619 bis 1625) und *Fohlenhof* (1625–27) im S.

Rathaus (Untermarkt 1): 1638 für einen Privatmann errichteter Fachwerkbau (verputzt) mit geschnitztem Portal. – Weitere prachtvolle *Fachwerkhäuser: Schulstr. 15–17* (um 1676); *Nonnengasse 1* und *Schulstr. 2* v. 1641 (barock); *Borngasse 7* (1694) mit sehenswertem Portal.

Elbbach-Brücke: Erbaut 1571. Verbreiterung 1740. 4 Steinbögen mit halbrund hervortretenden Pfeilern. Nepomuk-Steinfigur der 2. Hälfte 18. Jh.

Stadtmuseum (ehem. Marstall): Gezeigt werden Werke des Silhouettenkünstlers Erast Moritz Engert (1892–1986), Mitglied der »Rheinischen Expressionisten« und der »Darmstädter Sezession«.

Hadamar, St. Johann Nepomuk mit Orgel (l); Schloß (r)

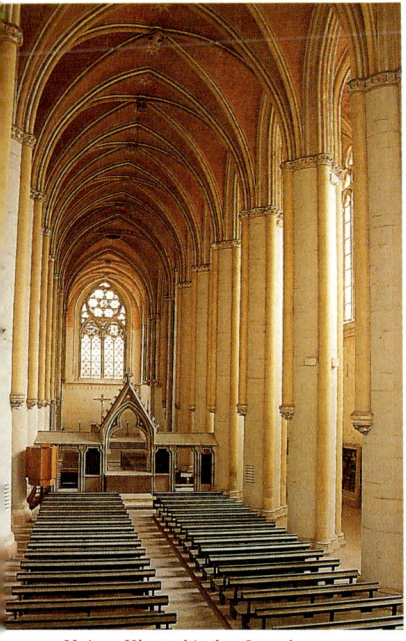

Haina, Klosterkirche, Langhaus

Gedenkstätte »Mönchberg« (Mönchberg 8): Die Ausstellung gedenkt der »Euthanasie«-Opfer des Dritten Reichs. Seit 1941 fanden über 10 000 Menschen unter dem Deckmantel der »Gemeinnützigen Stiftung für Anstaltspflege« hier den Tod.

6342 **Haiger**		
Lahn-Dill-Kreis		
Einw.: 18 600	Höhe: 280 m	S. 352 □ B 3

778 als »Haigrahe« erstmals erwähnt. Entwicklung zur Stadt erst im 14. Jh. unter den nassauischen Grafen. Stadtbrände 1723 und 1829. Marktplatz v. 1835.

Ev. Pfarrkirche St. Maria: Bereits 914 gab es hier eine Taufkirche. Erhalten ist eine spätgot. (bis auf die unteren roman. Teile des W-Turms) dreischiffige Halle mit Vierpaßpfeilern. – Bemerkenswerte spätgot. *Ausmalung* (1512) im Chor (Passion- und Jüngstes-Gericht-Darstellung sowie Apostel und Heilige). Um die Schlußsteine reiche Rankenmalerei. – *Orgel* (1730–32) v. Florenz Wang. Barock sind Kanzel und Gestühl.

Rathaus: 1830 v. Eberhard Philipp Wolff errichtet. – *Alte Wache:* Klassizist. Bau mit viersäuligem Portikus. – *Marktplatz 7:* In dem 1724–25 gebauten dreigeschossigen Fachwerkhaus ist das *Heimatmuseum* untergebracht. Es zeigt Funde der Altsteinzeit, Bronzezeit und Eisenzeit.

3559 **Haina**		
Waldeck-Frankenberg		
Einw.: 1600	Höhe: 330 m	S. 352 □ C 2

Ehem. Zisterzienserkloster (heute Heilanstalt): 1204 übersiedelte das um 1140 v. Graf Poppo v. Reichenbach in Auleburg gegründete Kloster nach Haina. 1. Weihe der Kirche – wahrscheinlich des Chorunterbaus – fand 1224 statt. Zu der Zeit waren bereits einige provisorische Klosterbauten errichtet. Der O-Bau war 1254 vollendet. 1527 wurde das vermögende Kloster unter Landgraf Philipp dem Großmütigen säkularisiert. Seit 1530 war hier eine Heilanstalt.

Klosterkirche: Wichtiges Beispiel der frühgot. Zisterzienserbaukunst in Deutschland, deren Innenräume außergewöhnlich gut erhalten sind, einschließlich der originalen got. Ausmalung sowie der größtenteils noch urspr. Verglasung. Dreischiffiges Hallenlanghaus mit 9 Jochen über kreuzförmigem Grundriß. Quadratische Vierung, an die sich leicht überquadratische Querhausarme und der Rechteckchor anschließen. Seitenschiffe erscheinen in halber Mittelschiffbreite. Ursprünglich basilikales Langhaussystem, das jedoch später dem Hallenschema wich. Auf dem fast fensterlosen Unterbau ein Hauptgeschoß mit wundervollen Maßwerkfenstern. Nach Zisterzienserregel besitzt das Schiff keinen Turm; ein Dachreiter wurde 1889

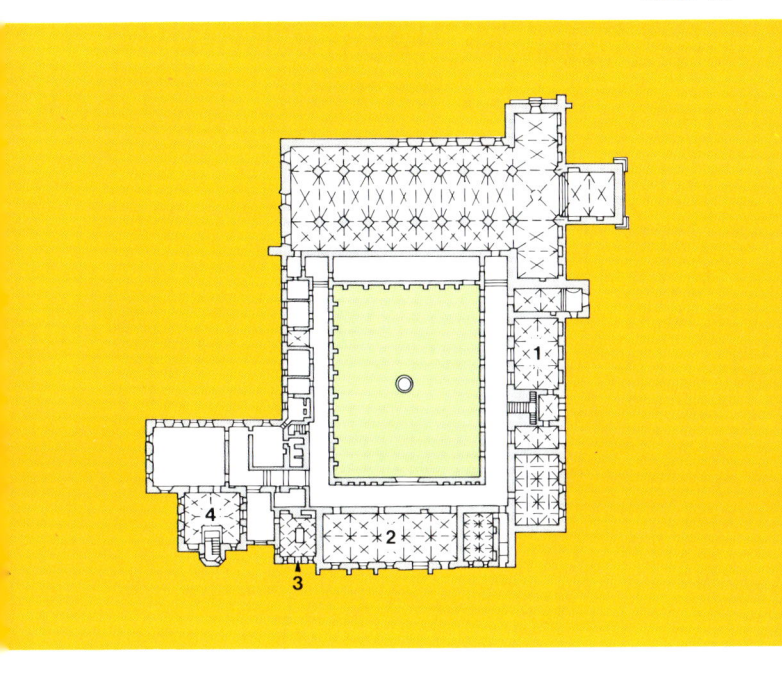

Haina, Ehem. Zisterzienserkloster 1 Kapitelsaal **2** ehem. Winterrefektorium **3** sog. Wermutskammer **4** Küchenbau

durch einen zu groß geratenen Vierungsturm ersetzt. Giebel mit aufwendigen Maßwerkblenden, Seitenwände des Chors mit Rundbogenfries. An der W-Front ein Wimpergportal und ein großzügiges Fenster, das von kleineren umgeben ist. Der W-Giebel wurde im späten 14. Jh. umgebaut. Im Innern eine hohe Halle mit kaum gegliedertem Unterbau. Das Kreuzgratgewölbe mit spitz zulaufenden Rippen lastet auf mächtigen Rundpfeilern mit 4 vorgelegten Dienstbündeln, von denen die dem Mittelschiff zugewandten abgekragt auf Konsolen aufliegen. Blattwerk- und Konsolenzonen mit pflanzlichen Ornamenten und figürlichen Details. Vor den Fensternischen des ö Bauteils ein Laufgang. Im O und N Prachtfenster: 2 Spitzbogen mit darüberliegendem Kreis sind nochmals von 2 Spitzbogen eingefaßt. Figürliche Schlußsteine im 4. und 5. Langhausjoch (Muttergottes und Engel mit Weihrauchgefäßen). Im späten 13. Jh. Bau der 4 w gelegenen Langhausjoche und der W-Front mit noch steileren Fenstern. Phantasievolle Kapitell- und Konsolskulpturen; figürlich ausgemalte W-Rose. Ein *Lettner* trennt das vom Chor aus gesehen 3. Joch v. der Laienbrüderkirche. Auffällig der in der Mitte hoch aufragende übergiebelte Dreipaß-Spitzbogen. – *Ausmalung:* 1937–38 wurden die urspr. Farben des Kirchenraums freigelegt: Pfeiler und Wände weiß, Dienste und Rippen grau und ockerfarben, ziegelrot die Gewölbe, deren Fugen geweißt sind; Kapitelle und Konsolen grün. – *Glasmalereien:* Ö Kirchenfenster (um 1250) mit einfachen geometrischen Bandgeflechtmustern. Glasmalerei v. 1250–1330 mit ornamentaler Teppichmusterung und pflanzlichen Formen. »Lupuldus frater« steht in einem Zwickel des O-Fensters. – *Ausstattung: Wandtabernakel* im Chor, um 1350, vermutlich v. Tyle v. Frankenberg. *Chorgestühl* mit Schnitzwerk (Tiere und Masken) des 13./14. Jh. Lebensgroßes *Holzkruzifix*, frühes 16. Jh. Im Querhaus einige *Grabsteine: Grabmal* des Herrn v. Löwenstein (Anfang 16. Jh.) v. Meister der Hankratschen Kreuzigung. *Gedenkstein* Philipp Soldans v. 1542; *Renaissance-Epitaphien.* Chorfußboden: Urspr. *Tonfliesen* des Fußbodens im Chor sind noch erhalten. – O-Flügel des *Kreuzganges* spätes 13. Jh., S- und W-Flügel 14. Jh. Wiederaufbau des N-Flügels: 1858. An der O-Seite schließen sich *Sakristei, Kapitelsaal* – Rippengewölbe auf Achteckstützen – und *Parlatur* an. S liegen *Kalefaktorium* und *Mönchsrefektorium* (heute ev. Winterkirche) mit Speisesaal und angefügter Küche. Hier steht das v. Joh. Heinrich Tischbein* gemalte Altarbild »Christus am Ölberg« v. 1788. Der im 15. Jh. erweiterte W-Flügel wurde im 19. Jh. umgestaltet. – Landesheilanstalt (1885) im historischen Stil.

Umgebung

Gemünden an der Wohra (6 km s): Um 770 erstmals genannt. *Ev. Pfarrkirche:*

Hanau, Neustädter Rathaus

Erhalten v. einem Bau des 15. Jh. ist der W-Turm v. 1485. Unter Verwendung ma Mauerwerks entstand 1803–06 das Schiff. Bedeutender 7teiliger *Orgelprospekt* (1803) v. Joh. Georg Östreich. – *Junkernhof:* Ehem. Burgmannensitz der Familie v. Linsingen mit Bauteilen der Renaissance. – *Steinweg 25:* Fachwerkhaus v. 1499; *Marktstr. 2* (um 1578).

6450 Hanau
Hanau

Einw.: 87 500   Höhe: 104 m   S. 354 □ C 4

Ausgangspunkt war die auf einer Kinziginsel angelegte, 1234 erstmals erweiterte Burg derer v. Hanau. König Albrecht v. Habsburg verlieh 1303 die Stadtrechte sowie das Recht zur Einrichtung eines Wochenmarktes. Bau einer Neustadt (1597) für Glaubensflüchtlinge aus den Niederlanden, die neue Handwerkszweige einführten; Hanau ist u. a. die Stadt der Goldschmiede. Eine Renaissance-Stadtanlage mit rasterförmigem Straßennetz entstand nach Entwürfen v. Nicolas Gillet. 1635/36 belagerte 9 Monate lang der kaiserliche General Lamboy den Ort. Am 13. Juni 1636 gelang es Landgraf Wilhelm V. v. Hessen-Kassel, die Blockade zu beenden. Seitdem wird alljährlich das sog. Lamboy-Fest gefeiert. Nach Aussterben (1642) der gräflichen Linie v. Hanau-Münzenberg waren die Hanau-Lichtenberger Herren der Stadt; Bau v. Schloß Philippsruh. Erbfolger waren die Landgrafen v. Hessen-Kassel. Unter der Regentschaft des Erbprinzen v. Hessen, Graf v. Hanau (1764–85), erlebte die Stadt eine kultur- und baugeschichtliche Blütezeit. Am 19. März 1945 wurde die malerische Altstadt durch Bomben völlig zerstört.

Marienkirche (Ev. Pfarrkirche der Altstadt): Nach der hess. Landgräfin Marie benannt. Unterer Teil des Turms frühes 14. Jh.; Chorneubau 1485–92. 1449–54 Erweiterung des dreischiffigen Langhauses, Erhöhung 1558–61. Chor mit schlanken Strebepfeilern und Pyramidendach. Im gewölbten Chor hängen 50 Wappen.

Plastiken v. Siegfried Ribsche aus Büdingen. – Ausstattung: Reste der alten *Glasmalereien* im Chor. *Kabinettscheibe* mit Wappenpagen vom Hausbuchmeister. *Grabsteine* des MA. *Chorgestühlwangen* mit Bildnissen der Grafen. – In der gewölbten *Sakristei Wandmalereien* in den Fensterwänden (spätes 15. Jh.).

Johanneskirche (Lutherisches Gemeindezentrum): 1658–62 nach Plänen Joh. Wilhelms errichteter einfacher Hallenbau; Turm (1679–91) von Johann Ph. Dreylicher.

Deutsches Goldschmiedehaus: 1538 ursprünglich als Rathaus gebaut. Breit gelagertes prächtiges Fachwerkhaus v. Konrad Speck. Bildhauerische Arbeiten v. Peter v. Aschaffenburg, Joh. v. Lich, Hans v. Gießen. Massives Steinerdgeschoß mit 2 Fachwerketagen, die leicht hervorkragen und 2 Erker tragen. An den Schmalseiten gestaffelte Steingiebel. Wiederaufbau nach dem 2. Weltkrieg.

Schloßplatz: Ehem. *Regierungsgebäude* v. 1685–91, heute städtisches Kulturamt; gegenüber die Stadthalle, *ehem. Marstall*, v. 1713, beides v. Joh. Ludwig Rothweil. Die ma Burg wurde bereits unter Kurfürst Wilhelm II. v. Hessen-Kassel 1829 bis 1830 abgerissen.

H.-NEUSTADT
Wallonisch-Niederländische Kirche: 1600–09 errichtete Kirche mit 2 ineinandergreifenden Zentralbauten. Nach Kriegszerstörungen wurde nur der niederländische Teil wiederaufgebaut. Architekten waren Joh. d'Hollande, René Mathieu und Daniel Soreau.
Die Wallonische Kirche bleibt Ruinendenkmal. S-Seite: Bronzebüste (1897) Philipp Ludwigs II. Graf zu Hanau-Münzenberg.

Neustädter Rathaus (n Marktplatzseite): 1725–33 v. Christian Ludwig Hermann errichtet. Seit 1961 wiederaufgebaut. Hochbarocke Formen. Balkongitter mit Neustädter Wappen, Frontgiebel mit Doppelwappen und allegorischen Figuren.

Frankfurter Tor: 1722 v. Chr. L. Hermann erbaut. Diente v. 1723 bis ins 19. Jh. als Münzprägestätte. Zweistöckiges ehem. Walltor mit 3 Durchgängen.

Brüder-Grimm-Denkmal (Neustädter Markt): 1896 enthüllt; entworfen v. Syri-

Hanau, Frankfurter Tor

Wilhelmsbad (Hanau), Brunnentempel

Hanau, Schloß Philippsruh

us Eberle. Hier beginnt die deutsche Märchenstraße Hanau–Bremen.

Schloß Philippsruh: Großzügige Sommerresidenz, 1701 unter Philipp Reinhard v. Hanau errichtet, erweitert 1875 bis 1880. Nach Plänen v. Julius Ludwig Rothweil und Griard nach dem Vorbild v. Versailles gebaut. Seitenflügel um einen hufeisenförmigen Ehrenhof, Hauptbau mit Eckpavillons. – »Weißer Saal« im S-Flügel mit klassizistischem Stuck. Historistische Festsäle mit historischem *Museum* (lokale Geschichte, Leben und Werk der Gebrüder Grimm). Der *Park* ist seit dem 19. Jh. als Englischer Landschaftsgarten gestaltet.

H.-WILHELMSBAD
Hier wurde seit 1777 eine Kur- und Badeanlage – die besterhaltene in Deutschland – v. Fr. Ludwig v. Cancrin errichtet. Im 19. Jh. großzügig ausgebaut. Ein prachtvoller Park umschließt die aus einer langgestreckten Reihe von 7 Gebäuden bestehende Anlage. *Arkadenbau* (1778 begonnen) mit *Hessischem Puppenmuseum.* Ältestes Objekt der Sammlung ist eine in einem Kindergrab gefundene Puppe. Ergänzende Ausstellung: »Puppen aus aller Welt«. – Vor dem ehem. Badehaus der *Brunnentempel* (1779) mit Aeskulap-Figur und Putten des Mainzer Bildhauers J. Justus Juncker. Theater im **Park,** das sog. *Comoedienhaus,* 1780–81 v. Cancrin; innen mit hübschen Logen. Eine Attraktion: das feststehende *Karussell* v. 1889, das in seiner Art einzigartig ist. *Burgruine* (künstlich angelegt 1779–81) und *Eremitage* v. 1783.

Veranstaltungen und Brauchtum: Lamboy-Fest am 13. Juni.

H.-STEINHEIM AM MAIN
Unter den Staufern entstand hier eine Burg über dem Main. 1320 Frankfurter Stadtrecht durch König Ludwig. Konrad v. Daun, Mainzer Erzbischof, erwarb

1425 Stadt, Burg und Amt Steinheim.
1975 Eingemeindung nach Hanau.

Kath. Pfarrkirche St. Johann Baptist: Die Stadtkapelle v. 1329 wurde 1449 zur Pfarrkirche erhoben. Wehrhafter W-Turm mit Zinnenkranz. – Renaissance-*Grabmäler* (Langhaus), u. a. das Wandgrab des Frowin v. Hutten (gestorben 1528) und dessen Gattin. Mittelrheinische *Strahlenmadonna* v. 1420. *Chorgestühl* mit guten Schnitzereien, 1510–14.

Schloß (ehem. Burg): Erhalten sind von der Stauferburg des 12. Jh. spätroman. Kapitelle. 1804 wurde der vielfach veränderte Bau mit klassizistischer Fassade versehen. Bergfried (der Ringmauer) mit bekrönender Steinpyramide, um 1430. – Hauptbau mit *Museum* über die städtegeschichtliche Entwicklung des Ortes. – *Ökonomiegebäude* des 16. und 17. Jh. – *Altes Rathaus,* Ende 18. Jh., Steinbau mit Walmdach.

Außerdem sehenswert: *Huttenhof,* 2. Hälfte 16. Jh. Renaissance-Erker auf toskanischen Säulen. – *Fachwerkhäuser* des 15.–17. Jh.

3559 Hatzfeld/Eder
Waldeck-Frankenberg

Einw.: 3300   Höhe: 360 m   S. 352 □ C 3

Hatzfeld war Stammsitz des gleichnamigen Geschlechts. 1282 erstmals erwähnt. 1340 Stadtrechte.

Ev. Pfarrkirche: Oberhalb der Stadt gelegener verschieferter Fachwerkbau des 17. Jh. Hölzernes S-Portal v. 1787. Balkendecke mit Längsunterzügen, die auf Holzsäulen aufliegen. Reichverzierter *Kanzelpfeiler* auf roman. Kapitellen; *Brüstungsmalereien* (biblische Szenen) an den Emporen. Spätgot. *Kruzifix,* Ende 15. Jh.

Friedhofskapelle St. Emmaus (ehem. St. Cyriax): Verlust der Seitenschiffe der Basilika des 12. Jh. im Dreißigjährigen Krieg. Die Bemalung (13. Jh.) betont die architektonische Gliederung und die Gewölbe. *Orgelprospekt* (1706) v. Joh. Christian Rindt. Fußboden im Fischgrätenmuster.

Rathaus aus der Biedermeierzeit.

6148 Heppenheim an der Bergstraße
Heppenheim an der Bergstraße

Einw.: 24 000   Höhe: 110 m   S. 354 □ C 5

Die Römer brachten die ersten Weinstöcke hierher und führten die Kunst des Weinbaus an der Bergstraße (»strata montana«) ein. Urkundlich erstmals erwähnt ist der Ort 755. Beim Besuch im Kloster Lorsch schenkte Karl der Große 773 dem dortigen Abt Gundeland die »villa Heppenheim cum silva« (heutiges Gebiet der Bergstraße). Eine Mauer wurde um Burg und Basilika gezogen. Heppenheim wurde Verwaltungsmittelpunkt und erhielt 850 Marktrecht. Zum Schutz des Klosters wurde 1065 die Starkenburg angelegt, im 13. Jh. Auflösung des Ordens. Der Staufer-Kaiser Friedrich II. schenkte die Stadt 1232 dem Mainzer Erzbischof. Dieser ließ den heutigen Kurmainzer Amtshof errichten. Verpfändung Heppenheims an die Kurpfalz. Übernahme der Reformation 1556. Kath. wurde die Stadt wieder unter dem kaiserlichen General Tilly, der zuvor die Protestanten geschlagen hatte, im Dreißigjährigen Krieg. Seit 1804 hess.-darmstädtisch.

Kath. Pfarrkirche St. Peter: V. einer Basilika des 8. Jh. ist fast nichts erhalten. 1900–04 Bau der Kirche durch Ludwig Becker. Der Nordwestturm der Doppelturmfassade stammt noch zum Teil aus dem MA. Breit angelegte dreischiffige Basilika mit Querhaus im historistischen Stil. – Neogot. Ausstattung v. Georg Busch. *Hochaltar-Retabel* (1919) v. Anton Mohrmann. Spätgot. *Liebfrauenaltar* (n Seitenchor).

Ehem. Kurmainzer Amtshof (Amtsgasse 5): Urspr. Bau v. 1232, Neubau nach

184 Herborn

1369. Der **Hauptbau** im S hat einen Kapellenraum und Saal – beide mit Malereien aus der Zeit um 1400. Im W des Hofes das 1719 errichtete *Kelterhaus.* – Beherbergt heute das Heimatmuseum mit Funden seit der Jungsteinzeit.

Bahnhof: 1845-46 v. Georg Moller gebautes zweistöckiges Empfangsgebäude.

Fachwerkhäuser: *Rodensteinergasse 11* und *Amtsgasse 8,* von 1480. *Marktstraße 10/12* und *Siegfriedstr. 104* sind Renaissancebauten. *Markt 5* (seit 1784 Apotheke, in der 1818/19 Justus Liebig Lehrling war), 1577 in Anlehnung an den Rathausbau entstanden.

Mönchsturm (Hof v. Marktgasse 6): 1180 erbaut. Gehörte zur ehem. Stadtbefestigung.

Rathaus: Massives Untergeschoß (1551) mit zweigeschossigem Fachwerkaufbau, bekrönt von einem dominierenden Glockenturm mit Mittelerker, der eine schöne Uhr trägt.
Eigenwillig sind die seitlich übereck gestellten Erker (nach 1693).

Starkenburg: Erhalten sind Reste der got. Anlage. Neubau des Bergfrieds seit 1924.

Volkskundemuseum Odenwald Bergstraße Ried: In den Dachräumen des Kurmainzer Amtshofs eingerichtet; Kultur- und Baugeschichte der Odenwald- und Riedlandschaft.

Veranstaltungen und Brauchtum: Festspiele Heppenheim (vor dem Kurmainzer Amtshof); Spielzeit v. 23.7.–8.9. Internationale Folkloretage (August oder September in der Fußgängerzone).

6348 Herborn		
Lahn-Dill-Kreis		
Einw.: 22 500	Höhe: 208 m	S. 352 □ B 3

Vermutlich bestand hier im frühen MA eine karolingische Curtis. Doch erst 1251 erhielt der Ort v. den Grafen v. Nassau die Stadtrechte. 1584 gründete Graf Johann VI. die sog. Hohe Schule, eine 4 Fakultäten umfassende ev.-theologische Universität (bis 1817). – Das **Stadtbild** wird von den vielen verschieferten Häusern und den teilweise einheitlich

Heppenheim, Marktplatz, Fachwerkidylle

und ursprünglich belassenen Fachwerkzeilen bestimmt.

Ev. Pfarrkirche (St. Peter): Am Berghang oberhalb der Stadt gelegen. Ursprungsbau war eine roman. Basilika (1231 als Geschenk für den Deutschen Orden). 1. Hälfte 14. Jh. Chorneubau, Sterngewölbe v. 1457. Als Neubau wurde eine flachgedeckte Hallenkirche v. Conrad Rosbach 1598–1609 errichtet. Balkendecke mit Unterzug über 2 Rundpfeilern. Einsturz des W-Turmes 1787. Bis 1822 v. F. L. Schrumpf wieder aufgebaut. – Nur noch Reste der got. *Ausmalung* vorhanden. *Apostelzyklus* und *Christophorus-Darstellung* (n Wand), beide 2. Hälfte 15. Jh.

Schloß (Sitz des ev.-theologischen Landesseminars): Malerisch über der Stadt gelegener Basaltbau. Stark verwahrlost im 19. Jh. 1929–31 stark verändert und restauriert. Langer Flügel mit 3 Rundtürmen an der nach O gerichteten Schauseite.

Rathaus (Marktplatz): 1589–91 v. Jörg Zaunschliffer errichteter, langgestreckter Bau mit flankierendem Pavillon. 2 Fachwerkobergeschosse auf einem massiven Unterbau. Nach einem Brand 1626–29 Wiederaufbau. In dieser Zeit entstand der Fries geschnitzter Bürgerwappen am Sockel des 3. Pavillongeschosses. Erweiterungen im 20. Jh.

Fachwerkhäuser: *Haus Bast* (Kornmarkt 2/4), reich verziert, Anfang 17. Jh.; *Kornmarkt 15* v. 1617. *Nassauer Haus* (Marktplatz 2) v. 1726–28, 4 Geschosse, Mansarddach mit Giebelgaupe. Andreaskreuze und Mannformen, verziert mit Rankenmustern im Wechsel.

Hohe Schule (ehem. Altes Rathaus; heute **Heimatmuseum**): Das Gebäude wurde 1591–99 über den Fundamenten des ma Rathauses errichtet. Der größere der 2 Flügel ist zweigeschossig mit Fachwerkgiebel, Zwerchhäusern und einem Erker v. 1645. An der Südwestecke ragt ein runder Treppenturm mit Haube auf.

Marktbrunnen: 1730. Achteck-Becken mit Pfeiler, auf dem ein wappenhaltender Löwe ruht.

Paulshof (n der Kirche): Am *Stadttor »Steinerne Pforte«* gelegen; ehem. Corvinsche Druckerei. Zweigeschossiger Fachwerkbau v. 1606. Aus der Zeit stam-

Heppenheim a. d. Bergstraße, Rathaus

Herborn, Rathaus

186 Herbstein

men auch Treppenturm und Zwerchhäuser.

Stadtmauer: Erstmals 1343 erwähnt. Erhalten sind *Dillturm* (nö), *Hainturm, Turm am Mühlbach, Hexenturm* (Ottostr.) und der im NW der Altstadt errichtete *Dicke Turm.* Durch den rechteckigen *St.-Leonhards-Turm* (Bahnhofstr.) wurde 1562 das *Hintersandtor* gebrochen.

6422 Herbstein
Vogelsbergkreis

Einw.: 5000 Höhe: 434 m S. 353 □ D 3

Auf einer Basaltkuppe errichtete Burg (1258). Die Äbte v. Fulda legten später eine Siedlung an, die 1325–38 als Stadt genannt ist. Brand v. 1907 mit verheerender Wirkung.

Kath. Pfarrkirche St. Jakobus: Um 1400 als spätgot. Stufen-Hallenkirche errichtet. W Langhausjoch mit Turm. Zweijochiger Chor mit $^5/_8$-Schluß. Kreuzrippengewölbe auf Achteckpfeilern. – 1931 und 1959 legte man *Wandmalereien* frei: Reste figürlicher Malerei einer Kreuzigungsgruppe (Mittelschiffsarkaden), hl. Michael (Chor) mit Schutzmantel (!). Barocke *Kreuzigungsgruppe* auf dem Hochaltar. *Muttergottes-Altar* (s Schiff). *Taufstein* v. Renaissance-Bildhauer Andreas Haber. *Kanzel* (um 1700) v. Joh. Bien. *Anbetung der Könige* (Figurengruppe), um 1400. *Petrus-und-Paulus-Gruppe*, Ende 15. Jh. Rheinische *Mondsichelmadonna* (um 1510/20).

Rathaus: Fachwerkanlage aus 2 Traufhäusern.

Stadtmauer: Noch in gutem Zustand; Eulenturm an der N-Seite.

Galgen (2 km nordöstlich der Stadt) des 16. Jh. Erhalten sind 2 steinerne Säulen.

H.-STOCKHAUSEN
Ev. Pfarrkirche, ein neoroman. Saalbau v. 1845–49.

Schloß, unter Friedrich Georg Riedesel Freiherr zu Eisenbach errichtet v. Georg Koch (1770). Vollendet 1801–07. Einfacher, langgestreckter Hauptbau mit Mansarddach dahinter. Mittelbau mit Tordurchfahrt und Zwerchgiebeln. Aus der 1. Bauphase stammt noch der im S liegende Wirtschaftshof. Klassizistische geschnitzte Tür an Torfahrt. – *Barockpark*, in 3 Terrassen gestuft. Angelegt vor Beginn des Schloßbaus. Putten und Vasen im Rokokostil v. 1760 auf der Stützmauer. Gewächshaus v. 1810.

Umgebung

Ilbeshausen (6 km sw): *Ev. Pfarrkirche:* 1765/66 errichteter Saalbau mit Brüstungsmalerei an den Emporen. – *Teufelsmühle:* Neubau v. Hans Muth (Lauterbach) v. 1691. Gilt als das hübscheste Fachwerkhaus in Hessen. Die am Obergeschoß hervortretenden oberen Wandteile zeigen thüringischen Einfluß. Brüstungsgefache mit verschiedenen Zierformen (Rauten, Andreaskreuze). Geschnitzte Türrahmungen.

3443 Herleshausen
Werra-Meißner-Kreis

Einw.: 3000 Höhe: 225 m S.:353 □ F 2

1019 als kaiserliches Geschenk an das Kloster Kaufungen erwähnt. Nach der Reformation gab Philipp der Großmütige den Ort an die Herren v. Reckerode.

Ev. Pfarrkirche: Erhöht in der Dorfmitte liegend, umgeben von einem Wehrkirchhof. Geht zurück auf eine roman. Wehrkirche mit frühgot. verändertem Chorturm und erneuertem, tonnengewölbtem Schiff des späten MA. 1606 Erweiterung im N. 1923 wurde im S der Bau des Fürstenhauses mit der Herrschaftsloge – wie geplant – ausgeführt. Turm mit Haube v. 1756. Im Sturz der Kellertür des Fürstenbaus sind zwei gekrönte Häupter zu sehen. – Im Chor 1955 freigelegte *Wandmalereien* des 14. Jh. *Orgel* (1832) v.

Ilbeshausen (Herbstein), Teufelsmühle

Friedrich Krebaum aus Eschwege. *Wandgrabmal* des Georg v. Reckrodt (gestorben 1588), plastisch durchgebildete Gestalt des Ritters.

Schloß Augustenau: Anstelle eines sächsischen Königshofs ließ Georg v. Reckerode 1539 das Schloß errichten. Der W-Flügel mit Tor und Pforte, der zur Hofseite hin gerichtete ältere Treppenturm sowie der w Torflügel zeigen noch Renaissanceformen. Erneuerungen im 19. Jh. im Stil des Historismus.

H.-MARKERSHAUSEN
Ev. Kapelle, ein schlichter Fachwerkbau (1828) v. J. F. Matthei. Sehenswert ist der Innenraum im Régencestil. Kanzelaltar v. 1746.

Burgruine Brandenfels: Mitte des 13. Jh. durch die Herren v. Boyneburg errichtet. 100 Jahre später Lehen der Treusch v. Buttlar. Seit Anfang 17. Jh. verfallen. – Reste aus dem 14. Jh. erhalten. Teile der Gebäude mit Palas und Kapelle existieren noch.

H.-NESSELRÖDEN
Ev. Pfarrkirche, ein klassizistischer Saalbau (1852) v. Anton Jakob Spangenberg.
Schloß: 1592–94. Ehem. Besitzer waren die Treusch v. Buttlar (heute Landgrafen v. Hessen-Philippsthal-Barchfeld).
Dreigeschossige Renaissance-Anlage; Hauptfront dominiert von fünfseitigem Treppenturm mit abschließendem Fachwerkgeschoß und bekrönender Haube, flankiert von schmalen Risaliten mit horizontal gegliederten Giebeln. Am Treppenturmportal Wappen des Buttlarschen Geschlechts, 1594. – Innenräume nicht mehr im ursprünglichen Zustand.
1. Obergeschoß mit 2 Zierkaminen (1593 und 1594) und Renaissanceportalen.

H.-WILLERSHAUSEN
Ev. Pfarrkirche: Frühgot. Saalkirche mit Chor, die im 16. Jh. innen zu einer spätgot. Halle verändert wurde. Stern- und

Hessisch Lichtenau

Netzgewölbe auf gewundenen Rundpfeilern. Restaurierung 1895. – Steinkanzel v. 1567.

Schloß: Ehem. Wasserburg des Geschlechts Treusch v. Buttlar. Stark verändert. Im Kern ma Wassergräben z.T. noch vorhanden. An- und Umbauten um 1693.

GEMEINDETEIL WOMMEN
Ev. Kirche: 1739–44 errichteter weitläufiger Saalbau. Achteckiger Fachwerkaufsatz auf dem W-Turm. Barocke Ausstattung. Orgel von 1744.

3436 Hessisch Lichtenau
Werra-Meißner-Kreis

Einw.: 15 000   H.: 330–754 m   S. 353   □ E 2

Die Stadt liegt auf einer Hochebene zwischen Werra und Fulda, umrahmt vom Naturpark Meißner-Kaufunger Wald. Die Ferienstraßen Alpen–Ostsee und Deutsche Märchenstraße führen hindurch.

Ev. Stadtpfarrkirche: Aus dem MA stammen die Untergeschosse des W-Turms; das Obergeschoß mit Helm kam erst 1889 hinzu. Zweischiffige Hallenkirche, Mitte 14.–15. Jh. Das n Seitenschiff wird vom Hauptschiff durch Achteckpfeiler getrennt. Chor mit $^5/_8$-Polygon. Sakristei (n v. Chor) v. 1415 mit altem Gewölbe.

Rathaus: Dreigeschossiger Fachwerkbau (1651) mit prächtigem Portal. Erkervorbau an der s Schmalseite. – *Junkerhof* (Burgstr.) mit der Jahreszahl 1536 am Vorhangfenster. – *Fachwerkbauten* des 17.–19. Jh.

Stadtbefestigung: Nach 1289 durch Landgraf Heinrich I. erbaut und bis heute in gutem Zustand.

H. L.-KÜCHEN
Ev. Kirche, ein v. Joh. Friedrich Matthei 1827–28 errichteter klassizistischer, nach N gerichteter Quersaal mit verschiefertem Fachwerkturm. – Origineller Innenraum in amphitheatralischer Anordnung; Gestühl und säulengetragene Emporen im Halbrund um Altar und Kanzel gruppiert. – *Orgel* v. 1840.

H. L.-REICHENBACH
Das 1272 ausgestorbene Geschlecht der Grafen v. Reichenbach hatte hier seinen Stammsitz und gründete im 10./11. Jh. ein Nonnenkloster.

Ehem. Nonnenkloster St. Maria (Ev. Pfarrkirche): Übertragen 1207 an den Deutschen Orden. Diesem unterstand das Kloster bis zu seiner Aufhebung 1809. – *Kirche:* O-Teile der roman. Basilika ausgegraben. Eine querhauslose Basilika mit 3 Apsiden war der Vorgängerbau (um 1000) einer ottonischen Kirche. Die heutige Basilika entstand um 1130/40. Nach der Reformation Verlust des O-Baus. Restaurierung 1956. Flachgedeckte Basilika mit quadratischem, häufig umgebauten Turm (mit 1823 hinzugefügter Haube). 6 Arkaden im sächsischen Stützenwechsel. Letztes Kapitell der N-Seite mit Fabeltier-Relief.

Burgruine: Bis 1490 bewohnt. Verfall seit dem 16. Jh. Restaurierungen im 19. und 20. Jh.

Umgebung

Großalmerode (10 km nö): *Ev. Pfarrkirche,* spätgot. Chor und verschieferter Achteckturm des 17.–18. Jh. – *Steinkanzel* v. 1514. – *Glas- und Keramikmuseum* (Kleiner Kirchrain 3): Seit dem 16. Jh. war der Ort aufgrund des Hafentorlagers Zentrum der Glasherstellung und des Töpferhandwerks. Außer Glas- und Töpferwaren sind Werke des Malers Heinrich Pforr* ausgestellt.

Helsa (9 km n): 1975 wurde Helsa als 1. hessisches Dorf unter Denkmalschutz gestellt. – *Ev. Pfarrkirche,* steht erhöht oberhalb des Ortes im alten Wehrkirchhof. Quadratischer Chor mit Kreuzrippengewölbe und Maßwerkfenstern, um 1500. Neubau des Kirchenschiffs 1593–94 mit alten Teilen. Hoher Fachwerkgiebel.

Flachgedeckter Innenraum mit Längsunterzügen auf Säulen. – Mit Konsolenfriesen geschmückte Empore v. 1594. *Steinkanzel* (spätgot.); *Orgel* (1702) v. Joh. Conrad Altstetter mit Rokoko-Feldern.

6056 Heusenstamm
Offenbach

Einw.: 18 000   Höhe: 122 m   S. 354 □ C 4

1661 von den Freiherrn v. Schönborn – seit 1705 Grafen – erworben. Residenzstadt unter Graf Anselm Franz. Seit 1959 Stadt.

Kath. Pfarrkirche St. Cäcilia und St. Barbara: Von der Witwe des Grafen Anselm Franz v. Schönborn als Grabeskirche in Auftrag gegeben. 1739 nach Plänen Balthasar Neumanns* begonnen. Gilt als schönste Rokokokirche Hessens. Weihe 1756. Schlichtes Äußeres; Eingangsfront horizontal und vertikal durch (Eck-)Pilaster und Friesbänder gegliedert. Für die fränkische Bauart Neumanns typisch der bis zur halben Höhe in die Frontfassade eingestellte Turm. Am Portal Wappenschmuck; Vasen an den Fassadenecken und Erlöserstatue (1740) v. Joh. Wolfgang von der Auwera. Einschiffiges Langhaus; Tonnengewölbe mit Stichkappen. Verschmelzung v. Längs- und Zentralraum. Vierungsraum v. einer Flachkuppel überspannt, getragen von 4 in den Ecken stehenden Säulen. – Ausstattung: *Deckenfresken* (1741) v. Christoph Thomas Scheffler (Auferweckung des Lazarus, Christi Auferstehung, Anbetung des Lammes). 1744 v. Joh. Wolfgang v. d. Auwera gestalteter *Hochaltar* (vermutlich nach Plänen v. Balthasar Neumann) und *Kanzel*. *Beichtstühle, Kommunionbank* und *Herrschaftsgestühl* 1751 in der Werkstatt des Mainzer Hofschreiners Hermann vollendet. *Nebenaltäre*, um 1800.

Friedhofskapelle zum Hl. Kreuz: Rechteckbau v. 1705–08. Gute Stukkaturen v. Eugenio Castelli und Antonio Genone.

Torbau: Aus Anlaß der Krönung Josephs II. in Frankfurt (1765) errichtet in frühklassizistischen Formen.

Schönbornsches Schloß: Um 1668 gebaut; nur die Vorderfront ausgeführt; rückwärtig liegende Seitenflügel aus dem 19. Jh.

Heusenstamm, Kath. Pfarrkirche St. Cäcilia und St. Barbara (l); Torbau (r)

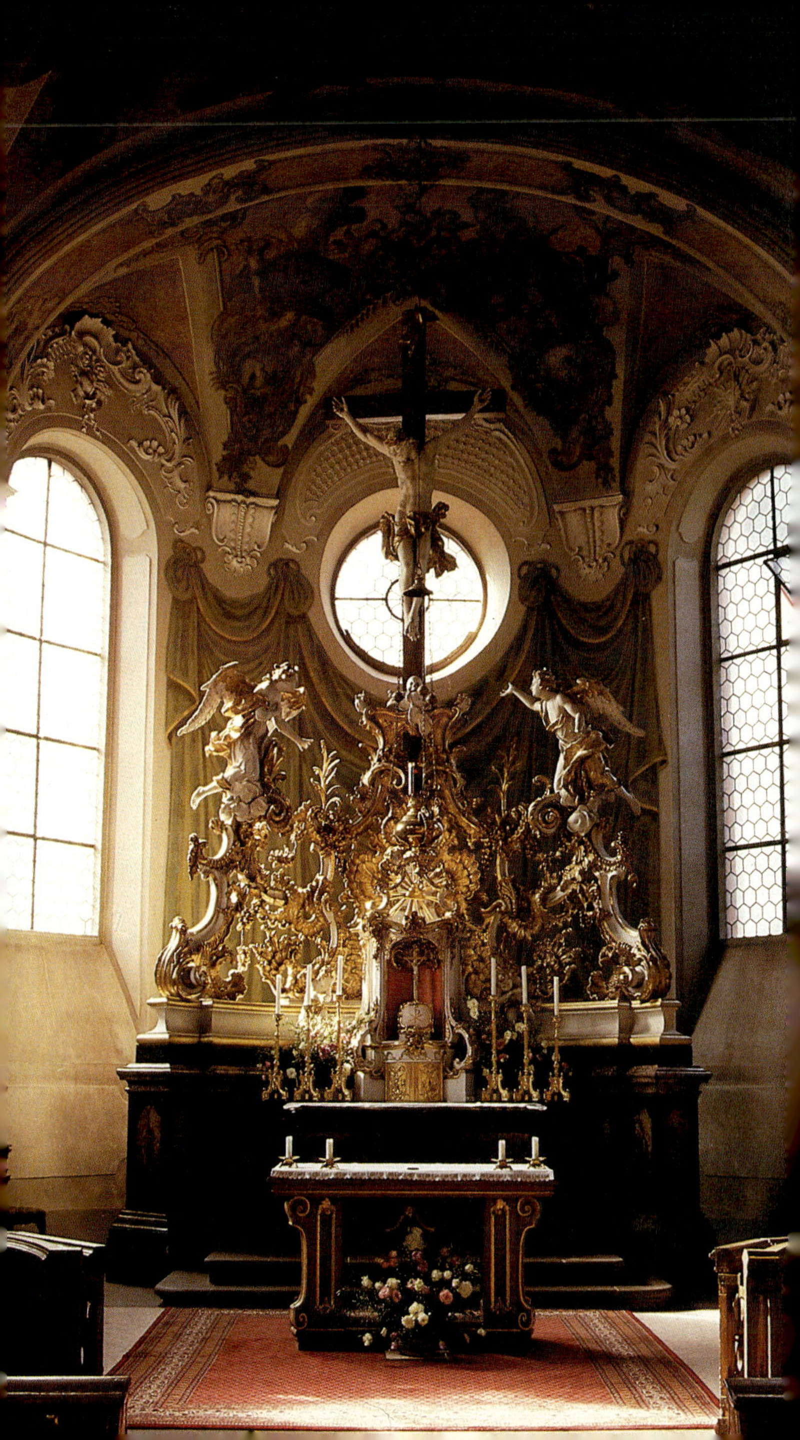

6414 Hilders
Fulda

Einw.: 5000 Höhe: 460 m S. 353 ☐ F 3

Wechselte 1342 von Fulda in Würzburger Besitz (bis 1803). Seit 1866 preußisch. Verheerende Brände im 19. Jh.

Kath. Pfarrkirche St. Bartholomäus (ö über dem Ort): 1793–96 v. Joh. Michael Schauer erbaut. Hoher W-Turm mit Zwiebelhelm. Nach einem Brand 1851 spätklassizistisch ausgestattet (3 Altäre, Kanzel und Orgel).

Bildstock im Renaissance-Stil, um 1622.

Burgruine Auersburg: Nach mehrfachem Wiederaufbau und Zerstörung seit dem 17. Jh. verfallen; Befestigungsmauer restauriert.

Fachwerkhäuser des 17. Jh. mit hübschen Brüstungsfeldern.

6932 Hirschhorn
Bergstraße

Einw.: 4000 Höhe: 131 m S. 354 ☐ C 5

Malerisch am Neckar gelegenes Städtchen mit hübscher befestigter Altstadt. Burg um 1200 v. den Herren v. Hirschhorn angelegt. Entwicklung der Talsiedlung erst seit dem 13. oder 14. Jh. Rekatholisierung 1636.

Kath. Pfarrkirche zur Unbefleckten Empfängnis Mariae: Als protestantische Kirche 1629–30 im nachgot. Stil errichtet. Erneuert 1730–32 im Zuge der Gegenreformation. Saalbau mit Holztonnengewölbe. – *Hochaltar* und 2 *Nebenaltäre* v. Joh. Kilian Hohlbusch, um 1730; *Steinkanzel* v. 1630; *Taufstein* v. 1545.

Ersheimer Kapelle (kath. Friedhofskirche der Heiligen Nazarius und Celsus): Weihe 1355. Grablege derer v. Hirschhorn seit 1360. Einschiffiges Langhaus v. 1460 mit schmalerem Chor mit Netzgewölbe v. 1460, durch Strebepfeiler und Maßwerkfenster gegliedert. Am W-Portal Tympanon mit Blendmaßwerk. Sakristei (n Chorseite) des 16. Jh. – *Wandmalereien* im Vorchor, der v. 1355 stammt. Im Gewölbe Evangelistensymbole, an der N- und S-Seite die Apostel mit darüber in den Lünetten erscheinenden Propheten. Heiligendarstellungen (im Langhaus) aus der Zeit nach 1464. *Grabmäler* des 14.–17. Jh. – *Friedhof:* Hohe *Totenleuchte* v. 1412.

Ehem. Karmeliterkloster (Hangterrasse über dem Hinterstädtchen): Gegründet 1400–06 unter den Herren v. Hirschhorn. 1803 endgültig aufgelöst.

Ehem. Klosterkirche St. Maria: Einschiffiges Langhaus – um 1400 begonnen, Wiederherstellung im 19. Jh. – mit tonnenförmiger Holzdecke v. 1892. An der s Langhausseite die Annakapelle v. 1513. Wandmalereien: Verkündigungsdarstellung über dem Triumphbogen, 1. Viertel 15. Jh. – Ausstattung: Got. *Lettner*, in

< Heusenstamm, Katholische Pfarrkirche, Hochaltar

Hilders, Katholische Pfarrkirche St. Bartholomäus

192 Hirzenhain

W-Empore v. 1618 einbezogen. *Kanzel* mit Wendeltreppe und Renaissancebrüstung v. 1618. *Glasfenster* v. 1890. *Grabdenkmäler* der Familie v. Hirschhorn aus dem 15. und 16. Jh.

Ehem. Konventsgebäude: Bau aus der Gründerzeit; mehrfach verändert. Im Erdgeschoß der **Kapitelsaal**, in dem die Ausmalung des 16. Jh. noch gut erhalten ist. In gemalten Nischen Figuren der Elias-Geschichte; am Erker eine typisierte Ansicht v. Hirschhorn, vermutlich aus dem Umfeld Jörg Ratgebs.*.

Burg: Ursprungsbau geht in die Zeit um 1200 zurück – die n Schildmauer und Teile des Bergfrieds sind aus dieser Zeit erhalten geblieben. Neubau des quadratischen Turms im frühen 14. Jh. Der frühgot. Palas wurde 1582–86 nach einem Brand im Renaissancestil wiederaufgebaut. Großzügige Erweiterungen. Kapelle 1350 geweiht. Reste v. Wandmalereien eines Bilderzyklusses, die Passion Christi darstellend. Innere und äußere Vorburg um 1400 zusammen mit der 1. Stadtbefestigung begonnen. Innere Vorburg mit s Spitzbogentor und Fachwerkaufbau. N Toreinfahrt mit got. Pechnase. Äußere Vorburg mit Toreinfahrt v. 1632. Von der vorgelagerten Terrasse blickt man auf den Fluß hinab.

Langbeinmuseum (Alleeweg 2): Skurrile Sammlung des Gastwirts Carl Langbein (1816–81), die sich aus Vögeln, Kunstwerken und kunsthandwerklichen Objekten sowie Trachten, Büchern und altertümlichem Werkzeug zusammensetzt.

Fachwerkhäuser: *Hauptstr.* mit Renaissancebauten, und andere Häuser prägen das ma Ortsbild. – **Stadtbefestigung** seit 1391.

6476 Hirzenhain
Wetteraukreis

| Einw.: 2700 | Höhe: 240 m | S. 355 □ D 4 |

Ev. Pfarrkirche: Eine aus dem 14. Jh. stammende, abgelegene Wallfahrtskapelle wurde v. den Augustinerchorherren in den Bau einer neuen Klosteranlage des 15. Jh. einbezogen. Erhalten ist sie in dem einschiffigen Chor mit Rippengewölbe und $5/8$-Schluß der ehem. Klosterkirche St. Maria. N liegt die Sakristei. Das Langhaus (nach 1437 begonnen), ein sog. »Vierstützenraum«, hat ein Kreuzrippengewölbe. Der gut proportionierte Raum wird bestimmt durch Achteckpfeiler und spätgot. Maßwerkfenster. – Ausstattung: Schön gegliederter *Lettner* (aus der Entstehungszeit des Langhauses) mit 5 spitzbogigen Arkaden mit zierlicher Maßwerkbrüstung, in deren Zwickelräumen auf 10 Medaillons Szenen aus dem Marienleben dargestellt sind (Frankfurter Stil). Auf den Konsolen der schlanken Stützen 2 Steinskulpturen (Petrus und Paulus). Die Marienstatue ist im n, die des Augustinus im s Seitenschiff aufgestellt. Spätgot. *Kanzel* mit Schnitzereien. Eine *Madonna Immaculata* aus Holz (um 1460) am nordöstlichen Pfeiler. Spätgotisches *Kruzifix* am Triumphbogen. *Grabsteine*.

Eisenkunstgußmuseum: Spezialsammlung über die Produktion der örtlichen Eisenkunstgießereien vom MA bis heute. Ausgestellt sind rund 250 Ofenplat-

Hirzenhain, Ev. Pfarrkirche, Lettner

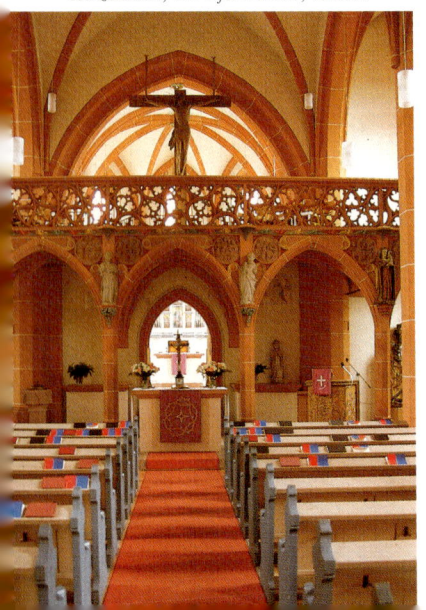

ten, kunstgewerbliche Objekte und Schmuckstücke.

Umgebung

Gedern (8 km nö): *Ev. Pfarrkirche:* Spätgot. W-Turm (um 1500) mit Haubenhelm v. 1737–38, angegliedert an das Schiff v. 1845–47. – *Schloß:* Grab- und Wehranlagen gut erhalten. Einfacher Hauptflügel (der insgesamt 3 Trakte) mit Uhrtürmchen auf dem Mansarddach. Rückwärtiger Mittelbau mit Treppenturm v. 1706.

6203 Hochheim am Main
Main-Taunus-Kreis

Einw.: 17 200   Höhe: 127 m   S. 354 □ B 4

Die berühmten Weine Hochheims werden dem Rheingau zugerechnet. – 754 ist der Ort erstmals erwähnt. Seit Anfang 19. Jh. Stadt.

Kath. Pfarrkirche St. Peter und Paul: Auf einer Weinterrasse im ehem. Wehrkirchhof gelegen. 1730–32 v. Joh. Farolsky erbauter Saal mit dreiseitigem Chor, an dessen n Fassade sich ein Turm erhebt. Außen einfache Gliederung durch Pilaster. – Ausstattung: *Rokoko-Deckenbilder* in Schiff und Chor, um 1775. Doppelte Empore mit *Bemalung* von Joh. Baptist Enderle. *Hochaltar, 2 Nebenaltäre* und *Kanzel,* um 1770.

Domherrenhof: Neubau ab 1764. 1806 verändert.

Hochheimer Muttergottes (auf dem »Plan«), eine Rokokostatue (1770) auf hohem Sockel mit eisernem Baldachin.

Fachwerkhäuser aus dem 18. und 19. Jahrhundert.

Ortsbefestigung: Seit 1547 wurde die Holzumwehrung durch Stein ersetzt; einige Mauerreste und ein Torbau an der Kirche sind erhalten.

Hofgeismar 193

3520 Hofgeismar
Kassel

Einw.: 15 000   Höhe: 165 m   S. 353 □ D 2

Vermutlich fränkischer Königshof; kam früh in Mainzer Besitz. Unter Erzbischof Siegfried II. v. Eppstein bekam der Ort um 1220/30 Stadtrechte. 1234 kam Neustadt hinzu, die nordöstlich gelegene Peterstadt wird 1307 erstmals genannt. Hofgeismar kam 1462 nach Zwistigkeiten zwischen dem hess. Landgrafen und dem Erzbischof v. Mainz in Besitz Hessens.
Schäden durch den Dreißigjährigen Krieg, Ende des 17. Jh. durch Zuzug von Hugenotten und Juden und Ausbau einer Heilquelle, kulturelle und wirtschaftliche Blüte.

Ehem. Kollegiatsstift Liebfrauen (Ev. Pfarrkirche der Altstadt): Bereits vor 1138 gründete man hier das Stift St. Martin. Neubau 1200–1230. Halle v. 1446, unter Einbeziehung des n Seitenschiffs. Den Chor ersetzte man 1850 durch einen neogot. Neubau. W-Turm noch mit urspr. roman. Formen; barocke Haube v. 1738.
Dreischiffige Halle mit Rippengewölbe und einschiffigem Chor. S-Tor mit roman. Türklopfer. Im Innern sind die roman. Hauptpfeiler noch erhalten; 2 Schlußsteine mit figürlichem Schmuck. Ausstattung: *Passionstafel* von 1320. *Humpenkanne* v. 1580–90 des Meisters G. M.

Neustädter Kirche: Vom urspr. spätroman. Bau ist nur noch der Triumphbogenpfeiler erhalten. Der Neubau erfolgte 1341. Ende 14. Jh. Baubeginn des dreischiffigen Hallenlanghauses. Der Chor stammt v. 1414, die n davon liegende Sakristei v. 1421. Bei Restaurierungsarbeiten 1981–86 wurde die barocke Malerei freigelegt.

Kath. Petrikirche v. 1896–97. Neogot. Hallenbau v. Georg Kegel.

Dekanat (Altstädter Kirchhof): Setzt sich zusammen aus der ehem. Propstei

Carlsdorf (Hofgeismar), Hugenottenkirche

und der daran anschließenden Martinskapelle. Seit 1568 Umbau zu einem Wohntrakt.

Gesundbrunnen mit *Brunnentempel* über rundem Grundriß mit 8 ionischen Säulen. 1792 ersetzte Simon Louis du Ry den Vorgängerbau aus Holz durch diesen Neubau. W davon das *Wilhelmsbad* (1745), ö das *Friedrichsbad* (1779), das Joh. Ludwig Splittdorf errichtete. Älter ist das *Karlsbad* v. 1728–32 auf der gegenüberliegenden Straßenseite. Ringsum ein reizvoller **Park** im englischen Landschaftsstil, der unter Landgraf Wilhelm IX. angelegt wurde.

Hochzeitshaus v. 1621 mit Wildem-Mann- und Wilder-Frau-Formen. Untergebracht ist hier die *Städt. Sammlung für Heimatkunde.*

Schloß Schönburg in unmittelbarer Nähe wurde v. S.L. du Ry 1787–89 für Landgraf Wilhelm IX. gebaut; bedeutendes frühklassizistisches Bauwerk.

Apothekenmuseum (Apothekenstr. 5): Die Sammlung, die Apothekenzubehör wie Arzneiflaschen, Mörser, Waagen des 18.–20. Jahrhunderts umfaßt, ist im gotischen *»Steinernen Haus«* (13. Jh.) eingerichtet.

Veranstaltungen und Brauchtum: Traditionelles Eierlesen zu Ostern. – Mitternächtliches Maisingen in der Nacht zum 1. Mai. – »Maibaumfest« am 1. Mai. – »Mayence«-Fest (1. Mai-Wochenende) und der Aschermittwoch-Karneval gehen auf die Hugenotten zurück. – 1. Wochenende im Juni: Viehmarkt und Heimatfest.

Umgebung

Beberbeck (8 km nö): 1724 ließ Landgraf Karl das berühmte Gestüt von der Sababurg nach Lippoldsberg in den Klosterbezirk Beberbeck verlegen. 1826–29 Neubau des *Gestüts.* Das repräsentative *Fürstenhaus* wurde erst 1840 fertiggestellt (Entwürfe v. Bromeis). Seit 1946 Altersheim.

Carlsdorf (4 km ö): 1686 gegründet v. Landgraf Karl. Fachwerkkirche v. Paul du Ry, 1704 erbaut.

Liebenau (8 km w): *Ev. Stadtkirche* mit Chorturm aus dem 13. Jh. Spiegeldecke v. 1750. – Gut erhaltene *Wandmalereien* im Weichen Stil.

Sababurg (13 km nö): An diesem romantischen Ort soll sich die Geschichte v. Dornröschen abgespielt haben.
Ausbau der 1300 erstellten »Zappenborg« *(Sababurg)* durch das Mainzer Bistum »zum Schutz und eignem Nutz«; fertiggestellt 1336. Nach dem Sieg (1354) über die Mainzer erhalten die Hessen eine Hälfte der Burg. 1490–92 Bau der Eckrundtürme auf den Burgtrümmern

Hofgeismar, Schloß Schönburg >

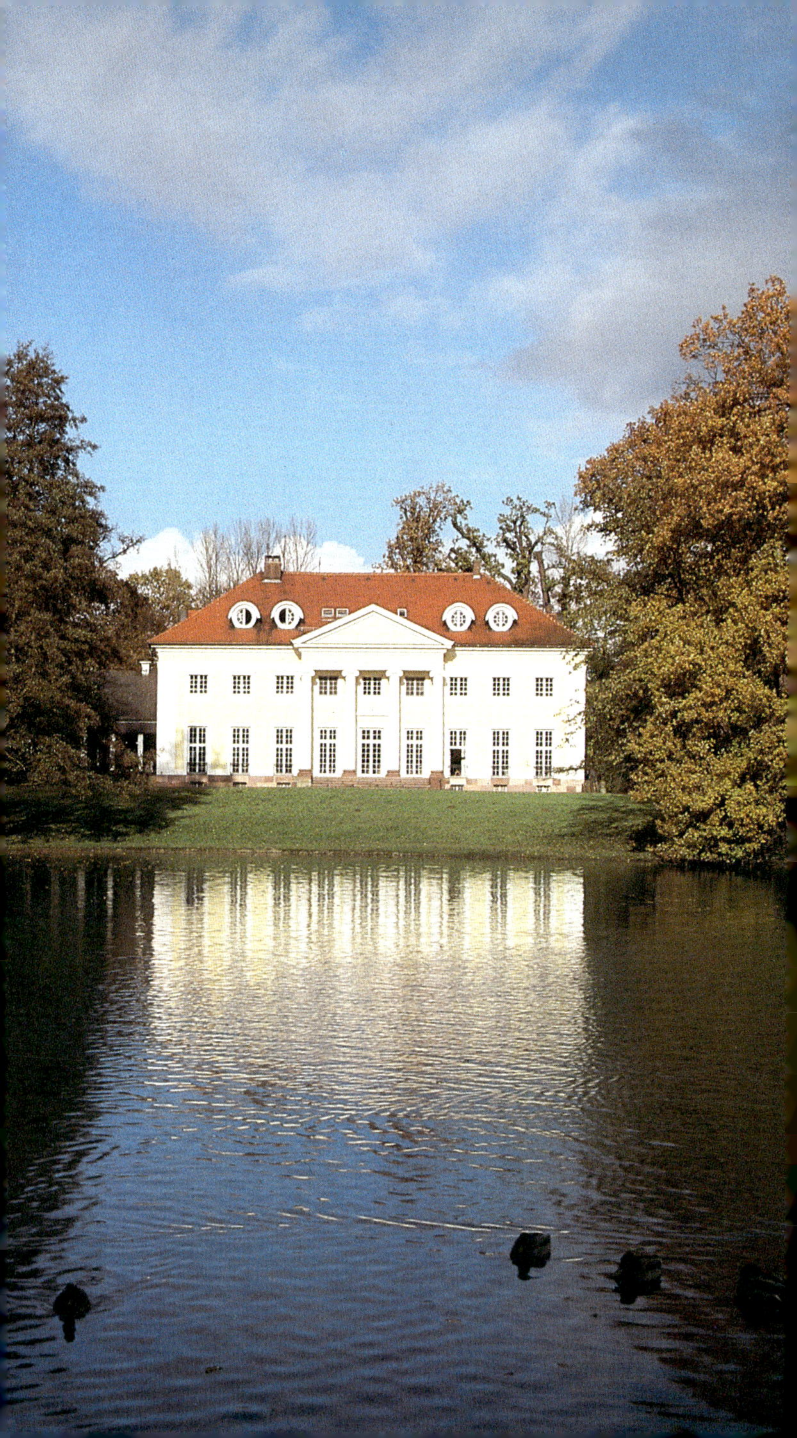

Hohenroda

unter Landgraf Wilhelm II. 1571 Einrichtung des »Tiergartens«; Parkmauer (1583) aus Steinen der Burg Schöneberg. Starke Zerstörungen im Dreißigjährigen Krieg und durch Blitzschlag (1644). Wiederaufbau 1649–51 mit welschen Hauben*. Hauptgebäude als zweigeschossiger Palas mit 2 mächtigen Rundtürmen. An der SW-Ecke ein achteckiger Treppenturm. Im NW der Kanzleibau, der 1583 Sitz des Amtes Gieselwerder war. – *Forst- und Jagdmuseum* (Tierpark): Als Fachwerkhaus 1610 in Gottsbüren errichtet, 1981 in den Park gesetzt (Kohlenmeiler, Brot aus dem Backhaus u. a.). In der Nähe der Sababurg, im Reinhardswald, der *»Urwald«*, in dem nicht geforstet wird. Um 1000 Jahre alt soll eine Eiche sein, die für das Wappen des ehem. Landkreises Hofgeismar »Modell stand«.

6431 Hohenroda
Hersfeld-Rotenburg
Einw.: 3600   Höhe: 311 m   S. 353 □ E 3

H.-AUSBACH
Ev. Kirche: 1730 v. Adam Joh. Erdinger (?) Saalbau mit dreiseitig umlaufenden eingeschossigen Emporen; Mittelraumtonne auf zur Decke hoch geführten Rundpfosten. Einfaches Äußeres, beherrscht vom sechseckigen, in den Kirchenraum teilweise integrierten Turm. Reiche Bemalung im Innern (1730–1734), Orgel (1734) v. Joh. Weyer. – Wehrkirchhofmauer erhalten.

H.-MANSBACH
Ev. Pfarrkirche: Spätgot. Chor, dreiseitig abschließend, mit Sterngewölbe auf figürlichen Konsolen. 1569 durch den Turm erhöht (Haube v. 1756). Kirchenschiff des 16. Jh., v. Sebastian Bamberger 1682 innen neu gestaltet (doppelte Emporen und Mittelraumtonne). 1706 Bau der Fassade. Die S-Wand erhielt 8 ovale Fenster und ein Portal. – *Bemalung* des Tonnengewölbes mit einem Wolkenhimmel (Anfang 18. Jh.); *Kanzel* v. 1682; *Taufstein* mit Bandschlingenornamentik (um 1550?); *Orgel* v. 1732. – Ein Bau in der Tradition der Schmalkaldener und Rotenburgischen Schloßkapellen.

H.-RANSBACH
Ev. Pfarrkirche, 2. Hälfte 18. Jh.; querorientierter Saalbau. – *Gerichtslinde* vor der Kirche.

Homberg/Efze, Ev. Stadtkirche

Homberg/Efze, Gasthaus zur Krone

6209 Hohenstein
Rheingau-Taunus-Kreis

Einw.: 5900   Höhe: 260 m   S. 354 □ B 4

H.-BREITHARDT
Ev. Pfarrkirche: Malerisch am Dorfrand gelegen. Wehrhafter roman. W-Turm mit Spitzhelm des 15. Jh. und 4 Wichhäuschen. Im Kern roman. Schiff, das im 17. Jh. Veränderungen erfuhr. Spätgot. hoher Chor v. 1451: auf Tier- und Fratzenkonsolen das Netzgewölbe. – *Wandmalereien* der Chorwände; neutestamentlicher Zyklus, 2. Hälfte 15. Jh. *Wandtabernakel*, von Blendmaßwerk umrahmt, v. 1490. Seitlich der Nische der Stifter mit seiner Familie. *Taufstein* v. 1519. *Orgel* v. Ende des 18. Jh.

HOHENSTEIN
Burg Hohenstein: Durch die mächtigen Grafen v. Katzenelnbogen um 1190 als Residenz errichtet. Trotz Verfalls seit dem 17. Jh. eindrucksvolle Ruine mit Türmen und mächtigem Mauerwerk. – Hauptbau aus dem 13. Jh. Um die Kernburg eine dicke Schildmauer. Im S die Vorburg mit starker Ummantelung; sö der unregelmäßige Sechseck-Turm.

H.-STRINZ-MARGARETHÄ
Ev. Pfarrkirche: Einfacher Saalbau mit Apsis v. 1834–36. Klassizistische Ausstattung. *Orgel* v. 1710.

3588 Homberg/Efze
Schwalm-Eder-Kreis

Einw.: 15 400   Höhe: 220 m   S. 353 □ D 2

Reizvoll unterhalb der Burg am Hang gelegenes Fachwerkstädtchen. 1231 erstmals erwähnt. 1526 fand in der Marienkirche die »Homberger Synode« statt, der Aufbruch der Reformation in Hessen unter Landgraf Philipp dem Großmütigen.

Ev. Stadtkirche (St. Maria): Auf einer von Fachwerkhäuschen umgebenen Terrasse über dem Ort gelegen. 1340 Baubeginn des spätgot. quadergemauerten Chors, an den sich das Langhaus mit dem s Seitenschiff (um 1400), das fast so breit wie das Mittelschiff ist, anschließt. (1961 fand man Reste eines Vorgängerbaus aus der 1. Hälfte des 13. Jh.) Dreischiffige Hallenkirche mit zweijochigem Chor in $^5/_8$-Schluß. An dessen N-Seite

Homberg/Efze, Rathaus

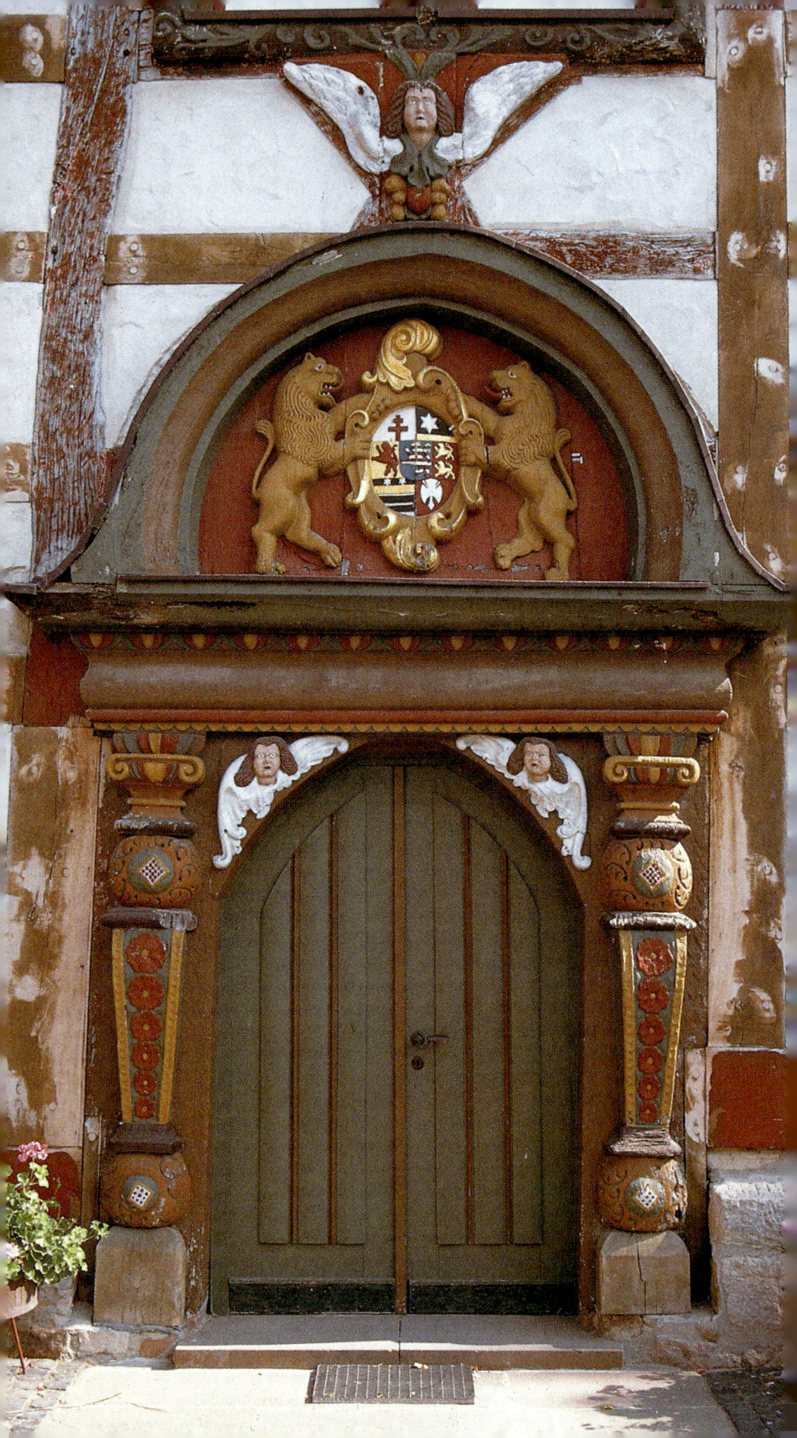

Homberg an der Ohm

< *Büßfeld (Homberg a. d. Ohm), Geschnitztes Westportal*

die Sakristei. Eindrucksvoller quadratischer W-Turm mit 4 Geschossen, bekrönt v. einem achteckigen Aufsatz mit Galeriehaube. Hohe Fenster und Strebepfeiler gliedern die Außenwände. Das Langhausgewölbe lastet auf einfachen Kapitellen; die Chorgewölbe liegen mit Birnstabrippen auf Blattkranzkapitellen auf. Die Archivolten des W-Portals sind mit Figuren und Blattwerk geschmückt. Großartige Raumwirkung vor allem seit Entfernung der klassizistischen Emporen 1961. – Ausstattung: Barocker *Orgelprospekt* (1732–36) v. Joh. Friedrich Schäfer; reicher Régence-Schmuck v. Jos. Dietrich Göring. Hölzerne *Epitaphien*, um 1746.

Marktplatz von seltener Geschlossenheit mit dem *Rathaus* (nö), einer Fachwerkkonstruktion über einem Steingeschoß v. 1767. Sö das *Gasthaus zur Krone*, ein Fachwerkbau v. 1480; mehrgeschossiger Erker an 3 Ecken, Mittelerker aus dem 16. Jh. Im W des Platzes *Haus Mayer* v. 1617 mit einem Portal in Diamantquaderung. *Haus Nr. 5*, ein Biedermeiergebäude, an der S-Seite. Der »*Weiße Hof*«, Ende 16. Jh., besitzt eine von Andreaskreuzen durchsetzte Brüstung.

Heimatmuseum (Hochzeitshaus; Öffnungszeiten: Di–Fr 10.00–12.00, 14.00 bis 16.00 Uhr, Sa 10.00–12.00 u. So 10.00 bis 12.00 Uhr): Regionalgeschichtliche Themen im Hochzeitshaus v. 1517 und im »Küchenbau« v. 1582.

Burgruine: Reste des ehem. Schlosses, das bereits zu Beginn des 13. Jh. erwähnt ist, hat 1936 Georg Textor ausgegraben.

6313 Homberg an der Ohm
Vogelsbergkreis
Einw.: 7500   Höhe: 264 m   S. 352 □ C 3

Bereits 1065 v. Kaiser Heinrich IV. bei einer Schenkung an die Hersfelder Abtei erwähnt. Später unterstand der Ort den Thüringern, seit 1247 den hess. Landgrafen.

Ev. Pfarrkirche: Dreischiffige roman. Basilika mit flacher Decke aus der 1. Hälfte des 13. Jh.
Aus dieser Zeit stammen noch die Langhaus-Außenwände, Pfeiler und Scheidarkaden. Neubau des heutigen Chors (2. Hälfte 14. Jh.). Einwölbung des alten Langhauses um 1467. Quadratischer Turm mit Spitzhelm und 4 Giebeln, steiler Chor; Kreuzrippengewölbe auf Diensten mit Blattkapitellen; hübsche Maßwerkfenster.
Spätgot. hölzerne *Kreuzigungsgruppe* des frühen 16. Jh. Freilegung der urspr. farbigen Fassung 1961. *Grabstein* Ludwigs v. Boyneburg (gestorben 1568) v. Melchior Atzel.

Friedhofskapelle (Obernstr.): Kurz nach 1563 errichtet. Schlanke Türmchen vor dem Giebel. Portal an der Friedhofsmauer v. 1779.

Schloß (auf der Kuppe des Bergrückens): Rechteckige Burganlage des 13. Jh. Erhalten ist die Ringmauer mit

Homberg a. d. Ohm, Rathaus mit Marktbrunnen

Hünfeld

Hünfeld, Ev. Pfarrkirche

spitzbogigem Tor, die ein 1836 umgebautes Gebäude des späten MA umschließt.

Rathaus: 1539 errichtet. Durch Friedrich Bleibaum wurde der Abrißplan der Stadtväter 1965 vereitelt. Fachwerkkonstruktion mit Alsfelder Streben.

Fachwerkhäuser, die gestaffelt am Berghang liegen.

Marktbrunnen v. 1827; Mittelsäule v. Löwen bekrönt.

Brauhausturm: Runder Stadtturm mit 4 Dachhäuschen, w der Stadtmauer (Reste erhalten).

H.-BÜSSFELD
Ev. Kirche: Nach Plänen Joh. Ernst Müllers 1700–02 erbaute Fachwerkkirche in »Vogelsberger« Art, teilweise verschindelt. Zweigeschossige Strebenanordnung mit Mannformen. Geschnitztes W-Portal, gerahmt v. einem Segmentbogen und Säulchen. Krüppelwalmdach und Dachreiter.
Kanzel (um 1700) v. Joh. Philipp Neudecker. *Orgel* v. 1651.

6418 Hünfeld
Fulda

| Einw.: 14 000 | Höhe: 282 m | S. 353 □ E 3 |

Seit 1310 Stadtrechte. Ein Stadtbrand v. 1888 zerstörte den alten Kern der Stadt. Im NW liegt das »Hessische Kegelspiel«, eine in Deutschland einmalige Landschaft mit 9 isoliert stehenden Bergkegeln.

Ev. Pfarrkirche: 1855–57 in den spätgot. Chor der ansonsten nicht mehr erhaltenen Stiftskirche Hl. Kreuz, die zum ehem. Chorherrenstift gehörte, eingebaut.

Kath. Pfarrkirche St. Jakob d. Ä.: Erhöht gelegen inmitten eines von hohen Stützmauern umgebenen Kirchhofs. Chorturm bis aufs 3. Stockwerk v. 1613 noch roman. 1507 Baubeginn des spätgot. flachgedeckten Langhauses mit Arkaden und Achteckpfeilern.
Die Holztonne ist mit spätgot. Ornamenten bemalt. – **Taufstein** v. 1496. *Orgel* v. 1904.

Rathaus im Neorenaissancestil v. 1888 bis 1889. – **Stadtmauer,** um 1300.

Stadt- und kreisgeschichtliches Museum (Kirchplatz 4 und 6): Dokumentiert u. a. den Brand und den Wiederaufbau der Stadt.

6257 Hünfelden
Limburg-Weilburg

| Einw.: 8900 | Höhe: 180 m | S. 354 □ B 4 |

H.-KIRBERG
Ehem. »Kirchdorf«, in dem ein zu Dietkirchen gehörendes Dekanat seinen Sitz hatte. 1355 Stadtrechte.

Hungen, Schloß mit mittelalterlichem Torturm

Ev. Pfarrkirche: Saalbau (1828–30) mit einst wehrhaftem W-Turm aus der Zeit nach 1355. Der got. Chor stammt ebenfalls aus dem späten MA. Klassizistische Ausstattung.

Burgruine: Anstelle einer Kirche ließ Graf Gerhard v. Diez hier 1355 eine langgestreckte Burganlage errichten. Reste der Mauer und des Turms sind erhalten.

Steinscher Hof (Bubenheimer Str. 3): Früher Gut der Freiherrn vom und zum Stein. 1481 noch unter den Herren v. Reifenberg errichteter, spätgot. zweigeschossiger Fachwerkbau mit 4 sechseckigen Erkern. Tonnengewölbe mit 2 Freipfeilern im Keller. Gebogene Fußbänder in der Brüstungszone. Schwedische, spätbarocke Ausstattung in den oberen Räumen. – *Riedscher Hof* (Louisenstr. 8–10): Fachwerkbau (verputzt) des späten 16. Jh.; reiche Schnitzerei und fränkische Erker. – **Hof der Spechte v. Bubenheim** (Bubenheimer Str. 1): Zweigeschossiger Fachwerkbau. – **Ehem. Adelshof** (Lauggasse 64–68), heute Rathaus; Fachwerkkonstruktion mit Zwerchhaus.

H.-DAUBORN
Ev. Pfarrkirche: Hoher Saalbau (Mitte 18. Jahrhundert) mit Mansarddach und Haubendachreiter. – Klassizistische *Chorwand*.

6303 Hungen		
Gießen		
Einw.: 12 500	Höhe: 150 m	S. 354 □ C 4

782 erstmals erwähnt; Schenkung Kaiser Karls des Großen an das Hersfelder Stift. Kaiser Karl IV. verlieh 1361 die Stadtrechte. Durch Erbschaft kam Hungen 1419 an die Grafen v. Solms, denen 1469 durch Kaiser Friedrich III. Markt-

Idstein

recht verliehen wurde. 1601 autonome Grafschaft. 1806 hess. Am Fuß des Vogelsbergs und am Rand der Wetterau gelegen.

Ev. Pfarrkirche (St. Maria): Stattlicher Bau, der aus dem mit steilem Satteldach bedeckten Schiff, Chorturm, Chor und rundem Treppenturm (S-Seite) mit Haubenlaterne besteht. Ältester Teil ist der Chorturm (im Unterbau roman.); 1514 Baubeginn des got. Chors, nach der Reformation des Langhauses. Der Saal hat eine Flachdecke, die geometrische Stukkaturen aufweist und mit 3 Längsunterzügen versehen ist. Die Empore wurde 1874 erneuert. – *Steinkanzel* v. 1606. *Grabplatte* des 17. Jh. *Triumphbogen* mit Rankenwerk (um 1400; übrige Bemalung: Mitte 15. Jh.). An der O-Wand des Chors stehender *Epitaph* Graf Ottos II. v. 1616.

Schloß: Geht auf eine ma Burg derer v. Falkenstein zurück. Umbau 1454–56 unter Graf Bernhard v. Solms. Nö Vorburg 1535 befestigt. Schloßartiger Ausbau seit 1604 unter Otto II. v. Solms-Hungen. Regelmäßige Anlage aus 3 einen hufeisenförmigen Hof umgebenden Flügeln. Malerisch die zahlreichen Türmchen. Ein 4. Bautrakt fügt sich im N an. Der Hauptbau v. got. *Torturm* mit 4 Wichhäuschen und Spitzhelm beherrscht; das spitzbogige Tor flankiert v. 2 breiten Pilastern, deren Kanten von Bossenquadern eingefaßt sind. Sie entstanden zusammen mit dem Fachwerkgeschoß Mitte des 16. Jh. Im äußeren Winkel zum Frauenzimmerbau ein Turm mit geschwungener Zwiebelhaube. Quadratischer Treppenturm v. 1572–74. 2 Schweifwerkgiebel des S-Flügels stammen aus dem frühen 17. Jh. Der ma N-Flügel wurde um 1600 und 1700 umgestaltet. – Einige Stuckdecken im Innern erhalten. – *Hof-Brunnen* v. 1572.

Veranstaltungen und Brauchtum: Schloß- und Seefest (alljährlich im August).

H.-BELLERSHEIM
Ev. Pfarrkirche: Zweigeschossiger Saalbau v. 1810–12. Turm mit Spitzhelm v. 1843.

H.-OBBORNHOFEN
Ev. Pfarrkirche: Untergeschoß eines spätgot. Chorturms (um 1500) erhalten. 1741–42 wurde ein barockes Schiff angefügt. – *Stuckdecke* im Régencestil. Schnitz-*Kanzel* v. 1652. *Orgel*, um 1840. **Rathaus,** Fachwerkbau v. 1530.

6270 Idstein
Rheingau-Taunus-Kreis

Einw.: 20 850   Höhe: 400 m   S. 354 □ B 4

Als 1255 die Grafen v. Nassau ihre Besitzungen teilten, wurde Idstein Hauptburg und damit Machtmittelpunkt im Taunus und s der Lahn. Um diesen Kern entwickelte sich der Ort, für den Graf Adolf v. Nassau 1287 die Verleihung der Stadtrechte durch Rudolf v. Habsburg erwirkte. 1340 gründete Graf Gerlach v. Nassau-Idstein das Martinsstift zu Idstein. Mit dieser ersten Idsteiner Schule begann eine Schultradition, die Idstein den Namen »Stadt der Schulen« einbrachte.

Ev. Pfarrkirche (sog. »Unionskirche«):

Idstein, Ev. Pfarrkirche >

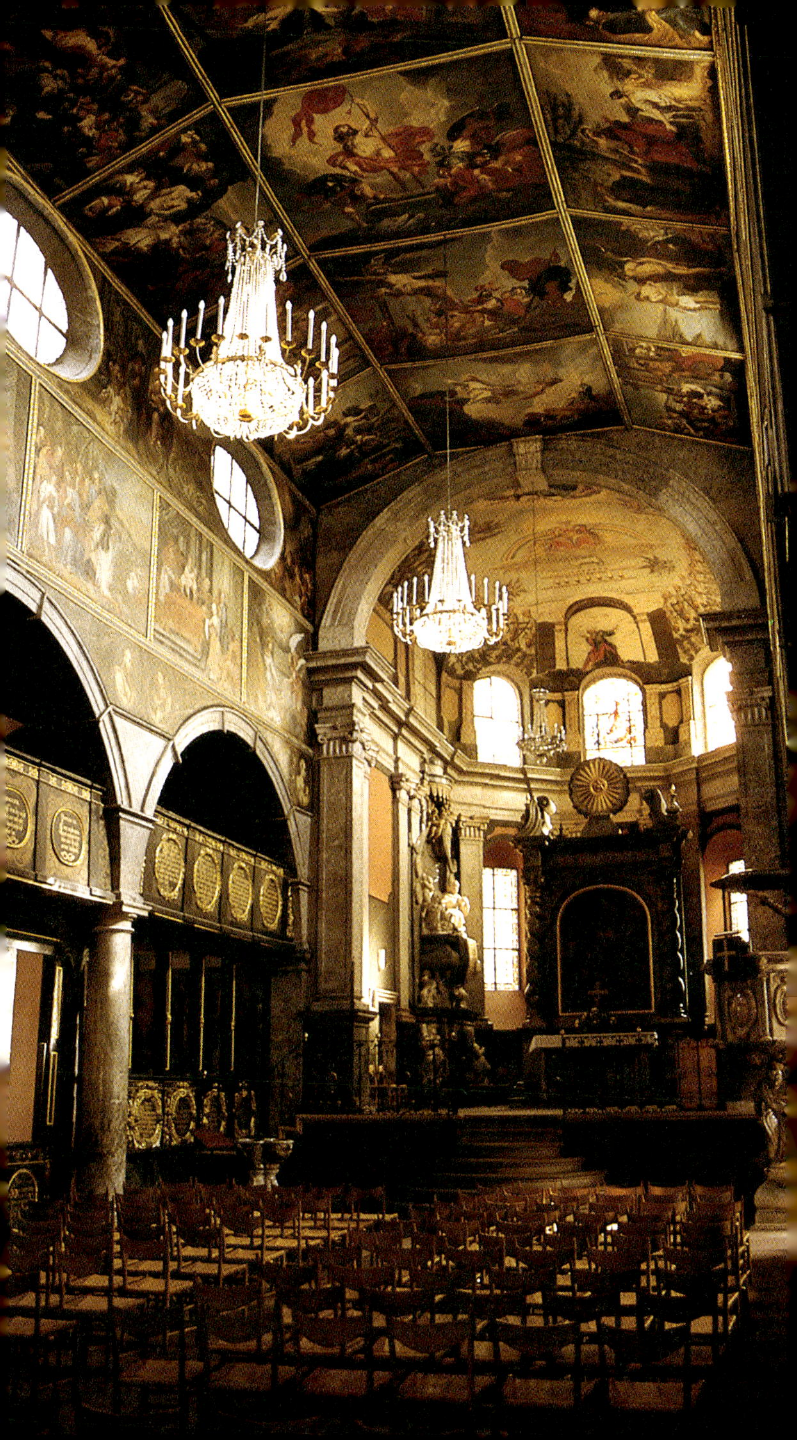

Idstein

1330 Errichtung einer Stadtkirche, v. der man Fundamente in Altarraum, Sakristei und Turm fand. 1665–77 völlige Umgestaltung. Einfacher Außenbau mit Turm. Innenraum durch weit ausladende Rundbögen auf toskanischen Säulen gegliedert. Obergadenfenster als ovale Okuli. Zweifach gebrochene Holzdecke. Auf den Emporenbrüstungen Spruchschilde und Bemalungen v. Jost Bickhart. Ölgemälde mit Evangelienszenen an der Decke und den Obergadenwänden. Bilder im Mittelschiff v. 1673–77, Fresko im Chorgewölbe um 1725; die meisten stammen aus der Rubensschule. – Ausstattung: *Hauptaltar,* 1671, v. Arnold Harnisch (Mainz). *Kanzel,* 1673 v. Chr. Gaßmann aus einem Marmorblock aus Mudershausen gehauen. Der *Taufstein* wurde v. Vigelius, Kanzler zu Weilburg, um 1675 gistiftet. *Grabdenkmäler* der Nassauer-Idsteiner. Fürstengruft unter dem Chor noch teilweise zugänglich.

Burg: 1101 erstmals erwähnt. Erhalten ist der sog. *Hexenturm,* ein hoher, runder Bergfried des 14.Jh.; mehrfach umgebaut. Das *Torgebäude* wurde 1492 zu Ehren Kaiser Maximilians I. begonnen.

Ehem. Schloß: Über die n vor der Burg liegende Steinbrücke zu erreichen. Dreiflügel-Anlage, 1614–34 unter Jost Heer angelegt. Vollendung der Innenräume um 1690. Änderungen erfolgten ab 1700 unter Maximilian v. Welsch. Stukkateur war ab 1713 Carlo Maria Pozzi*. *Hofkapelle* (W-Ende des S-Flügels) v. 1717–18. Malereien im *»Kaiserzimmer«* v. Val. David Albrecht und Luca Ant. Colomba.

Außerdem sehenswert: *Rathaus* v. 1698. Wiederaufbau 1938–44 nach einem Felsrutsch. Verputzter Fachwerkbau. – *Ehem. Kanzleigebäude:* Mit Fachwerkgiebeln versehenes Gebäude, um 1565. – *»Killingerhaus«* (König-Adolf-Platz): Besonders prachtvolles Fachwerkhaus v. 1615.
Dreigeschossig mit großem Mittelerker; zahlreiche bunte Schnitzornamente. Heute *Stadtmuseum.* – *Ehem. Gymnasium* mit Fachwerkfront, 1689–91.

Umgebung

Hünstetten-Wallrabenstein (5 km sw): *Ev. Kirche* v. 1708. Barock ausgestatteter Saalbau.
Burgruine: Die 1393 unter Graf Wallram

Idstein, Ehem. Burg, Bergfried

Idstein, Killingerhaus

v. Nassau-Idstein errichtete Burg verfiel im Dreißigjährigen Krieg. Befestigungsmauer mit Bergfried und 2 Türmchen erhalten.

3524 Immenhausen		
Kassel		
Einw.: 6900	Höhe: 190 m	S. 353 □ D 2

Pfarrkirche: Dreischiffiger Hallenbau des 15. Jh. mit eindrucksvollen Wandmalereien der 2. Hälfte des 15. Jh.; Passionsszenen (»Abendmahl«, »Kreuzigung«) sowie Heiligendarstellungen.

Rathaus: Erbaut 1662 mit sehenswertem Fachwerkobergeschoß.

Glasmuseum (Am Bahnhof 3–5; Öffnungszeiten Mo–Fr 9.00–17.00 Uhr, Sa 9.00–13.00 Uhr, So 10.00–17.00 Uhr): Die Geschichte der Glasherstellung, vor allem des nordhessisch-südniedersächsischen Hüttenwesens, wird in einem umgestalteten Fabrikgebäude aufgezeigt. Interessante Abteilung: *Gebrauchsdesign des 20. Jh.* Lohnend auch der Besuch der Glashütte Süßmuth.

Immenhausen, Rathaus, 1446

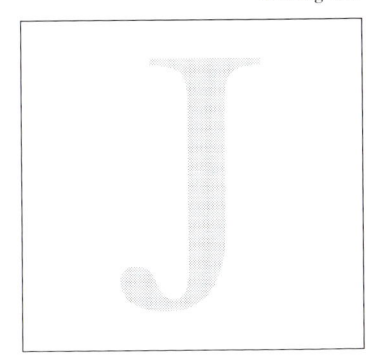

J

3579 Jesberg		
Schwalm-Eder-Kreis		
Einw.: 2800	Höhe: 242 m	S. 353 □ D 3

Hübsch gelegen am SO-Hang des Kellerwaldes – überragt von der Ruine einer ma Burg derer v. Lingsingen, die den Ort 1241 an Mainz verkauften. 1586 wurde Jesberg hessisch.

Ev. Pfarrkirche: Im Kern got. Barockisiert 1714–16. Chorturm v. 1881.

Jesberg, Zehntscheuer

Kassel

Burg: Zu Beginn des 13. Jh. angelegt. Im 15. Jh. durch den hess. Landgrafen Ludwig eingenommen. Wiederaufbau 1524. Endgültiger Verfall seit dem 16. Jh. Mauerreste und Bergfried sind noch erhalten.

Schloß: Für Prinz Maximilian v. Hessen 1723 errichteter einfacher Hauptbau; nur der s Flügeltrakt ist im Ursprungszustand erhalten.

Außerdem sehenswert: An der Durchfahrtstr. (B 3) die *Zehntscheuer*, ein ungewöhnlicher klassizistischer Quaderbau v. 1826 mit Rundfenstern, nach Art der Revolutionsarchitektur; heute Raiffeisen-Lager.

3500 Kassel
Kreisfreie Stadt

Einw.: 190 050   Höhe: 163 m   S. 353 □ E 2

»Chassalla« (lat. »castellum« = Burg; im 15. Jh. »Cassel«, erst seit 1926 ›Kassel‹) ist auf 2 v. Konrad I. unterzeichneten Urkunden erstmals erwähnt. Vermutlich handelte es sich um eine fränkische Königsburg oberhalb der Fulda. Hier hielt sich 940–45 Otto der Große auf. 1122 fiel Kassel durch Heirat an die Thüringer, unter denen vor 1148 ein Kloster auf dem Ahnaberg entstand und eine kleine Ansiedlung mit Befestigungsmauer erbaut wurde. Landgraf Heinrich v. Hessen (»Kind v. Brabant«) ließ sich 1277 eine Burg errichten und sorgte noch vor 1283 für den Bau einer Fuldabrücke sowie die Errichtung der Unterneustadt auf der rechten Flußseite. Seit 1330 wurde eine weitere Siedlung (»Die Freiheit«) im W der Altstadt angelegt. 1378 schlossen sich die 3 Stadtteile zusammen. Nachdem die Bürger 1384 ihre städtischen Privilegien verloren hatten, wurde Kassel Residenz. Seit 1523 ließ Landgraf Philipp der Großmütige die Stadt befestigen; 1527 erfolgte die Einführung der Reformation. Unter Philipp wie unter seinem Sohn Wilhelm dem Weisen und dessen Sohn Moritz dem Gelehrten entwickelte sich die Stadt zum kulturellen Zentrum. – Unter Landgraf Karl (1670 bis 1730) entstanden die Wilhelmshöhe mit dem Herkules und die Orangerie. Seit 1688 bauten sich Glaubensflüchtlinge aus Frankreich und Savoyen im s Teil die Oberneustadt. Landgraf Friedrich II. (1760–85) ließ öffentliche Gebäude sowie den Friedrichsplatz anlegen. Unter Kurfürst Wilhelm I. entstand u. a. Schloß Wilhelmshöhe. 1848 wurde Kassel an das Eisenbahnnetz angeschlossen. 1866 annektierten die Preußen hessische Gebiete und vereinigten sie zur Provinz Hessen-Nassau, deren Hauptstadt Kassel wurde.
Seit der 2. Hälfte des 19. Jh. begann die Entwicklung zur Waggon–, Eisenbahn- und Rüstungsindustriestadt.
1943 wurde ein Großteil der Stadt durch Bomben zerstört; leider ist es kaum noch vorstellbar, daß ehemals Fachwerkbauten das Stadtbild geprägt haben. Nach dem 2. Weltkrieg lag Kassel isoliert in Grenznähe zur ehem. DDR. Seit der Wiedervereinigung nimmt Kassel wieder eine geographisch-zentrale Position in Deutschland ein. Durch den Bau des Schnellbahnhofs Wilhelmshöhe hat die Stadt verkehrspolitisch an Bedeutung gewonnen.
Im Gespräch ist die nordhessische Metropole durch die seit 1955 stattfindende documenta – die weltgrößte Ausstellung zeitgenössischer Kunst.
Kassel, nach Frankfurt und Wiesbaden drittgrößte Stadt Hessens, liegt in einem Kessel, umgeben von dicht bewaldetem Mittelgebirge (Söhre, Habichtswald,

Meißner, Kaufunger- und Reinhardswald).

KIRCHEN

Adventkirche (Lassalle-/Germaniastraße): Historisches Gebäude (1886 bis 1889) mit neogot., polygonal abschließendem Chor und Frontturm.

Brüderkirche (Steinweg): 1292 begonnen, das Langhaus als letzter Bauabschnitt war 1376 vollendet. In der Ordenskirche für Bettelmönche wird auf verspielte Details verzichtet; es handelt sich um ein Hallenschiff mit einfachen, achtseitigen Pfeilern. 1527 wurde die w Travée abgerissen, 2 Jahre später entstand die W-Wand (erhalten). Zerstörung im Krieg, Wiederaufbau 1952–55. Griechisch-orthodoxer Gottesdienst findet heute in dem einschiffigen *Kapitelsaal* mit Netzgewölbe statt, der n an den Chor anschließt.

Christuskirche (Landgraf-Karl-Straße/Baunsbergstraße): Neorenaissancebau, 1902–03 v. Johannes Roth erbaut. Saalbau mit Wölbung, seitlichem Turm und imposantem Portal. Innenbemalung v. 1981.

Friedenskirche (Friedrich-Ebert-Straße): Johannes Roth errichtete 1905–08 die Basilika mit Vorhalle, Querhaus und polygonal abschließendem Chor. Der Turm setzt sich aus 2 Kupferhauben zusammen.

Karlskirche (Obere Karlsstr.): Die 1710 geweihte Kirche schuf Paul du Ry für die Hugenotten. 1943 stark zerstört, 1954–57 v. Walter Seidel mit einigen Veränderungen wiedererbaut. Gestreckter Achteckbau mit Zeltdach, innen neue Gestaltung. Glockenspiel für die Bombenopfer des 2. Weltkriegs. R vom Kirchenportal die Kopie (Original im Schloß Wilhelmshöhe) eines Landgraf-Karl-Denkmals zur Erinnerung an die Aufnahme der Hugenotten.

Karmeliterkloster (Renthof): 1292 gleichzeitig mit der angegliederten Brüderkirche gebaut. Nach Aufhebung (1526) des Ordensbetriebs Nutzung für andere Zwecke. 1599 Einrichtung einer Hofschule. Hier wurde Heinrich Schütz (1585–1672) ausgebildet, der 1612–1617 Organist in Kassel war. 1616–1618 wurde die Anlage durch die Einrichtung einer Ritterakademie umgebaut (s Flügel mit steinernen Zwerchgiebeln und Portal am W-Flügel im Renaissancestil mit Doppelwappen des Landgrafen Moritz und seiner Gemahlin Juliana Gräfin von Nassau). 3. von einem Mansarddach überdecktes Geschoß v. 1785; mit einer im Oval verlaufenden barocken Treppe ausgestattet. Der Gebäudekomplex, der parallel zur Fulda hin verläuft, wurde 1578–80 im Auftrag des Landgrafen Wilhelm IV. errichtet. Der *Renthof*, nachdem das ganze Ensemble benannt war, diente u. a. der Verwaltung (heute: Kulissenhaus des Staatstheaters). Im Hof ein *Wandbrunnen* im Renaissancestil mit männlicher sitzender Gestalt, vermutlich v. Wilhelm Vernucken um 1600 geschaffen; wird als Apollo gedeutet. Erhalten ist der quadratische Eckturm gegenüber dem *Rondell*, früher Teil einer Wehranlage des 16. Jh., das 1811 zerstörte Schloß der hessischen Landgrafen umgab.

Kreuzkirche (Luisenstraße): Ev. Gemeindekirche, ein 1906 von Johannes Roth entworfener Zentralbau, der nach dem 2. Weltkrieg 1958 neu erbaut wurde.

Lutherkirche (Lutherstr.): 1943 brannte der neogot. Bau v. 1893–97 aus, nur der spitze hohe Kirchturm erinnert noch an ihn. An der Stelle entstand ein modernes Kirchen- und Gemeindezentrum, umgeben v. *Altstädter Friedhof*, in dem viele klassizistische *Grabdenkmäler* des späten 18. Jh. und des 19. Jh. stehen.

Martinskirche (Martinsplatz): Die 1364 gegründete Kirche war einst Mittelpunkt der neuen Vorstadt »Freiheit«; 1366 v. Landgraf Heinrich zur Stiftskirche erhoben. Vergleichbar mit der Marburger Elisabethkirche errichtete man eine dreischiffige, sechsjochige Halle mit Doppelturmfassade ohne Querschiff. Der ver-

208 **Kassel**

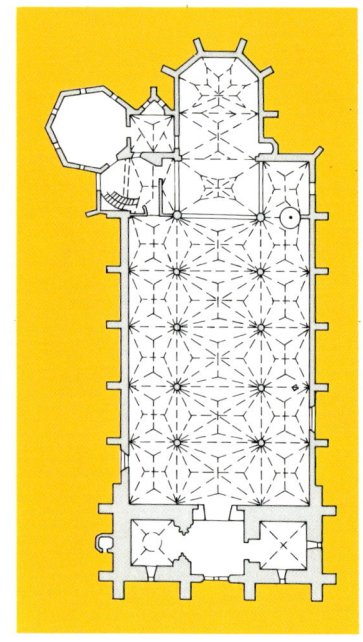

Kassel, St. Martin

hältnismäßig kurze Chor mit $^5/_8$-Abschluß wurde 1367 geweiht; die Weihe des Gesamtbaus erfolgte 1462. Landgraf Philipp der Großmütige hob das Stift 1526 auf und bestimmte es zur Grablege der Landgrafen. Westfassade 1564/65 durch Frührenaissancehelme des Hans v. Ulm ergänzt. Turmoberbau 1889–92 mit neogot. Doppelfassade 1943 zerstört, 1954 v. Heinrich Otto Vogel wiederaufgebaut. – Im urspr. Zustand erhalten ist der Chorraum mit spätgot. Maßwerkfenstern und Sterngewölbe. Die neugestaltete Langhaushalle dient auch für Kirchen- und Musikfeste. *Glasfenster* (1960) des Chors stammen v. Hans Leistikow und Hans Gottfried v. Stockhausen. – **Innenausstattung:** Prunkstück das *Grabmal Philipps des Großmütigen* (gestorben 1567) und seiner Gemahlin Christine v. Sachsen an der n Langhausseite; v. Elias Godefroy* geschaffenes, 12 m hohes Marmor- und Alabaster-Bildwerk im Renaissancestil, aufgebaut wie ein Triumphbogen. Dargestellt sind ›Leben‹, ›Tod‹ und ›Auferstehung‹. Bronzenes *Epitaph* der Landgräfin Christine v. Sachsen (gestorben 1549) sowie ein Brustbild Landgraf Philipps v. 1550 an der n Chorwand. *Prunksärge* des Landgrafen Karl (gestorben 1730) und seiner Ehefrau Marie Amalie v. Kurland in einer modernen Gruft unter dem ehem. *Kapitelsaal. Bild des St. Martin* v. Karl Hofer* (1930).

Pfarrkirche Kirchditmold: Simon Louis du Ry* errichtete 1790–92 das ev. Gotteshaus. Klassizistischer Saalbau mit W-Turm und innen umlaufender Empore; Orgel v. 1792.

Pfarrkirche St. Familia (Kölnische Straße): Eine der wenigen kath. Kirchen in Kassel; 1897–99 v. Georg Kegel erbaut.

Pfarrkirche Wolfsanger: 1725–26 v. Giovanni Ghezzi erbaut (restauriert).

Rosenkranzkirche (Friedrich-Ebert-Straße): Neoroman. Basilika mit 3 Schiffen, Querschiff und w Apsis v. Georg Kegel, 1899–1901.

Ehem. Zisterzienserinnenkloster St. Maria (Nordshausen): Gegründet 1257, aufgehoben 1527. W-Turm der **Klosterkirche** aus dem 13. Jh. Einschiffiges Langhaus, gerade abschließend. Erweitert 2. Hälfte 14. Jh. Spätgot. Sakristei an der nö Ecke des Chors. – *Taufbecken*, 13. Jh.

SCHLOSSANLAGEN, PARKS UND ADELSBAUTEN

Orangerie (im O der Karlsaue): 1701–11 Errichtung des als Gewächshaus konzipierten, gelben Baus mit flankierenden Pavillons für Landgraf Karl und seine Gemahlin Maria Amalia. 1704 Erhöhung des Mittelbaus für den Apollosaal. Um das Flachdach eine von Skulpturen bekrönte Balustrade. Wiederaufbau des im Krieg sehr zerstörten Schlosses bis 1981,

Kassel, Orangerie >

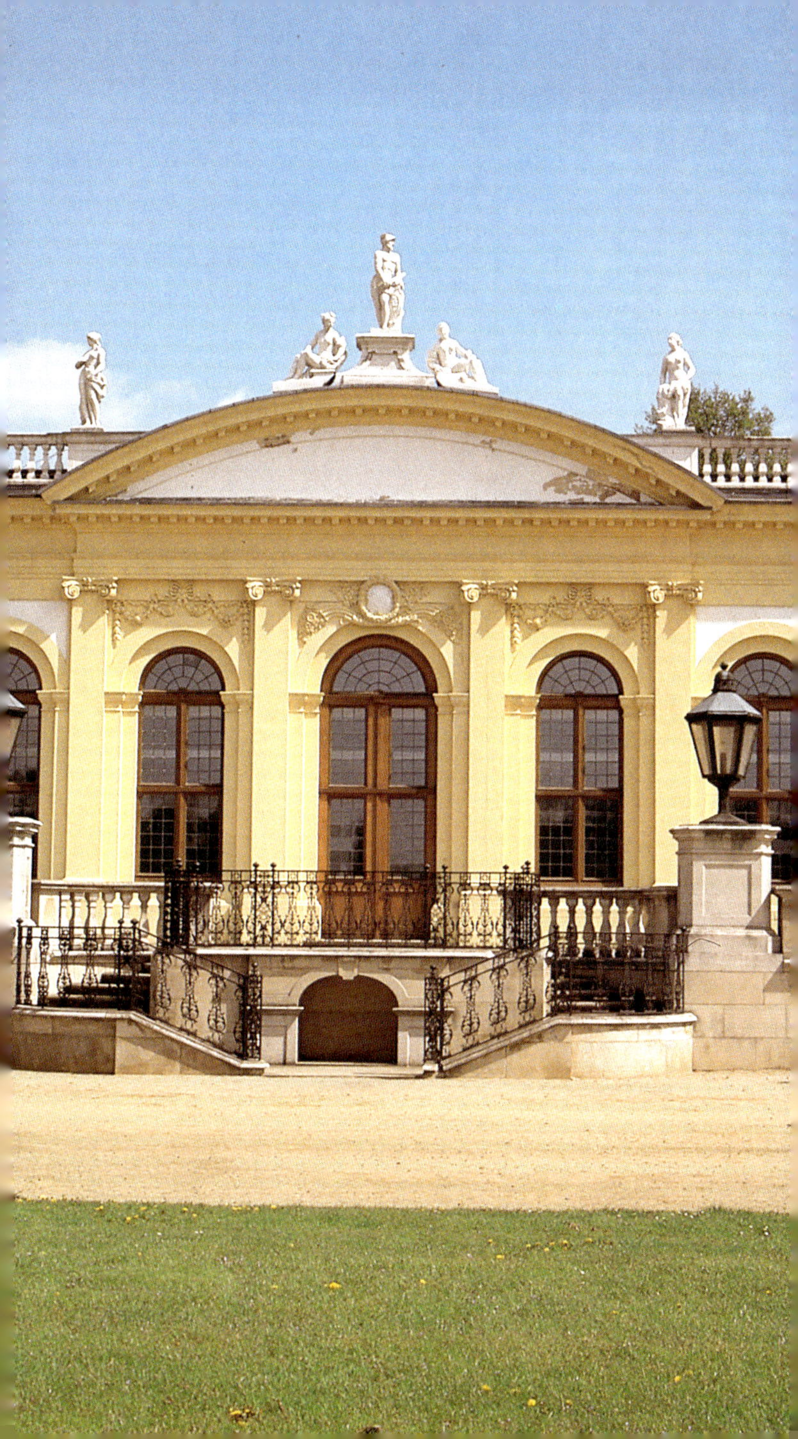

Kassel, Orangerie

Wiederherstellung des Zustands v. 1780. Der Bau dient heute für Ausstellungen; bis 1987 (und teilweise immer noch) für die documenta genutzt. Seit 1990 sind hier das **Astronomisch-Physikalische Kabinett** und die **Abteilung für Technikgeschichte** eingerichtet.

1722–28 Bau des neben der Orangerie liegenden *Marmorbads* (restauriert); zweigeschossiger, flachgedeckter Barock-Pavillon, der durch Pilaster gegliedert ist und mit einer Balustrade abschließt. Achteckiger, prächtiger Innenraum mit Kuppel, Umgang mit Arkaden und Tonnengewölbe. Das Bad wurde nie benutzt, die Wasserhähne sind Attrappen. Diente als Ausstellungsort v. 12 freistehenden Skulpturen und 8 Reliefs v. Pierre Etienne Monnot (1657 bis 1733). Auf der gegenüberliegenden Seite steht der *Küchenpavillon* v. S. L. du Ry* (1765–70); heute als Wohnhaus genutzt.

Karlsaue: Mit 125 ha ist die Karlsaue einer der größten barocken Parks in Deutschland. Angelegt wurde sie urspr. um 1568 unter Landgraf Wilhelm IV., erweitert um 1600. Die barocke Gestaltung erfolgte seit 1700. Der französische Gartenbaumeister Le Nôtre* wurde um Rat gefragt, der eigentliche Architekt ist aber unbekannt. Nach französischem Vorbild ist die Anlage in formaler Strenge gestaltet. V. dem vor der Orangerie liegenden Rasenparterre gehen 3 – ursprünglich waren es 5 – Achsen sternförmig aus. Die beiden äußeren rahmen den Küchen- bzw. Hirschgraben, die mittlere führt zum *Großen Bassin* (1722–28) mit Schwaneninsel mit klassizistischem Tempelchen. Dahinter in einem weiteren Wasserbecken die Insel *Siebenbergen* (Öffnungszeiten April-Oktober Di–So 10.00–19.00 Uhr); die künstliche Aufschüttung des heute mit seltener Vegetation bepflanzten Hügels war 1729 abgeschlossen. Die Umgestaltung in einen Englischen Garten, die G. W. Homburg um 1790 plante, wurde nur teilweise ausgeführt. So bietet sich dem Besucher das

Kassel, Karlsaue mit Orangerie

Bild eines geometrisch durchgeplanten Parks mit einer Art konstruierter »Natürlichkeit« in Form von schlängelnden Wegen, Bewässerung und naturnaher Bepflanzung. Für die 1. Kasseler Bundesgartenschau 1955 wurde der w der Orangerie bei der Schönen Aussicht sich erstreckende *Rosenhang* angelegt. Parallel zum Küchengraben, im W-Teil der Aue, das Gebäudeensemble der *Gesamthochschule Kassel* (GHK). Paul Poseneske errichtete 1964–68 den funktionalistischen Bau aus Beton, Glas und Stahl mit einem Innenhof. Zur 2. Bundesgartenschau (1981) wurde die Fläche des *Fulda-Ufers* als Freizeitanlage ausgebaut. 1977, zur documenta 6, wurde die Karlsaue als Ausstellungsgelände für größere Skulpturen genutzt. – *Auedamm:* Grünanlage am Flußarm der Fulda mit der 1982 zur documenta 7 in den Boden gerammten *Spitzhacke* v. Claes Oldenburg* (liegt auf der Achse des Herkules).

Schloß Bellevue (Schöne Aussicht 2): Das Schlößchen, 1714 v. Paul du Ry* errichtet, diente astronomischen Zwecken, daher das flache Dach als Beobachtungsstandort. V. hier aus hat man einen Blick über die Aue hinweg bis zum Kaufunger Wald. Um 1790 Umbau durch Simon Louis du Ry; Giebel und Mansardendach zeugen davon. 1811–13 bewohnte es König Jérôme. Heute sind in dem Gebäude das Brüder-Grimm-Museum, die *Louis-Spohr-Gedenkstätte* und das *Deutsche Musikgeschichtliche Archiv* untergebracht.

Schloß Schönfeld (Wehlheiden): Das 1777 für Nikolaus v. Schönfeld erbaute Schlößchen diente 1809–13 König Jérôme als Sommersitz. Die kleinen Wohntrakte mit Zwerchgiebeln ergänzte Leo v. Klenze* 1809 durch eine verbindende Galerie.
Seit 1821 wurde sie v. Joh. Konrad Bromeis um 2 Geschosse erweitert. Den umliegenden Park wandelte man seit 1798 in einen Englischen Garten um.

WILHELMVS·I·EL·CONDIDIT

Schloß Wilhelmshöhe: Der 1786 im Auftrag v. Landgraf Wilhelm IX., später Kurfürst Wilhelm I., errichtete Bau ersetzte ein von Landgraf Moritz errichtetes Jagd- und Sommerschloß (»Moritzheim«). Dieses 1606–10 entstandene Renaissancegebäude war wiederum Nachfolgebau eines Augustinerklosters v. 1143.

Die Baugeschichte läßt sich in 3 Abschnitte teilen: 1786 entstand unter Anleitung des Architekten Simon Louis du Ry der s Trakt, der sog. *Weißensteinflügel;* es folgte der im N liegende *Kirchflügel* mit Kapelle (1787–92). Den Mittelbau (1791–98) mit sechssäuligem Portal, Dreiecksgiebel und ausladender Freitreppe (flankiert von 2 Himmelskugeln v. Johann Christian Ruhl) konzipierte Heinrich Christoph Jussow. Die Kuppel wurde nach Zerstörung im 2. Weltkrieg nicht erneuert. Die Bauteile, die den mittleren Flügel mit den beiden äußeren verbinden, entstanden erst 1829.

Stilistisch erinnert die Anlage an palladianische Architektur in England.

Die Risalite in der Mitte der beiden Außenflügel setzen sich aus jeweils 8 langen, die beiden Obergeschosse einnehmenden Säulenreihen zusammen. Darüber eine mit Vasen bekrönte Attika*. Seit 1866 diente die Residenz der hessischen Kurfürsten den Hohenzollern als Sommersitz. Den bekannten Spruch »Ab nach Kassel« gab man Kaiser Napoleon III. im Zusammenhang mit seiner Einkerkerung im Schloß 1870/71 mit auf den Weg. – *Kirchflügel:* Untergebracht sind hier Verwaltung, Kupferstichkabinett und Bibliothek (geöffnet zu den Museumszeiten). – *Weißensteinflügel* (März–Oktober Di–So 10.00–17.00 Uhr, November–Februar Di–So 10.00 bis 16.00 Uhr): Hier sind Möbel verschiedener Stile sowie eine Kunstgewerbesammlung des 19.Jh. zu sehen. Außerdem ein eingerichteter Speiseraum, das Rondellzimmer und das Badezimmer mit Marmorwanne (1825). – Im *Mitteltrakt* sind die *Antikensammlungen* und die *Gemäldegalerie Alter Meister* untergebracht.

< *Kassel, Schloß Wilhelmshöhe, Mitteltrakt*

Ehem. Theater: Das n neben dem Kirchflügel liegende Gebäude (restauriert), mit diesem früher durch eine Galerie verbunden, erbaute Leo von Klenze* 1808–09 für König Jérôme. 1828 Umgestaltung zum **Ballsaal**. Der Haupteingang liegt seitdem an der n Gebäudeseite. – Seit 1985 finden hier wechselnde Ausstellungen statt.

Gewächshaus (gegenüber Schloß Wilhelmshöhe; Öffnungszeiten Januar bis April 10.00–17.00 Uhr): Für das 19.Jh. typische Industriearchitektur aus Glas und Eisen, 1822 v. Bromeis errichtet. Veränderungen im 19.Jh., u.a. die unschöne Erhöhung des Mittelpavillons v. 1888.

Marstall: Nur durch eine Straße getrennt gegenüber dem Gewächshaus gelegen. Begonnen 1791 v. Heinrich Christoph Jussow, erweitert 1822 v. Bromeis. Das U-förmig angelegte Gebäude trägt Dachreiter und Uhr des ehem. Schlosses Weißenstein.

Kavaliershaus (heute: Gartenverwaltungsbüro Wilhelmshöhe), umgestaltet aus einem Gärtnerhaus von Louis du Ry*. 1828 durch J.C. Bromeis umgebaut. – Im 1824–26 v. Bromeis errichteten ehem. *Wachgebäude*, einem klassizisti-

Kassel, Bergpark Wilhelmshöhe, Herkulesdenkmal mit Kaskaden

schen Bau mit Säulenvorhalle, befindet sich heute das Schloßcafé.

Bergpark Wilhelmshöhe: Die in Terrassen ö des Habichtswalds abfallende Anlage ist eines der prächtigsten Beispiele eines Barockparks. Der v. Landgraf Karl beauftragte italienische Gartenbaukünstler Giovanni Francesco Guerniero* gestaltete 1701–18 den oberen »französischen« mit einer Folge v. Kaskaden; der Wasserfall beginnt in Höhe des Herkules und endet – dies entspricht nicht der ursprünglichen Planung – im Neptunbasin. (Die imposanten *Wasserspiele* finden Christi Himmelfahrt bis September jeden Mi, So und an Feiertagen zwischen 14.30 und 15.30 Uhr statt.) Der alles überragende Herkules ist zum Wahrzeichen Kassels geworden, eine 9,20 m hohe Statue auf der Spitze einer Pyramide, die auf einem kolossalen Oktogon-Sockel steht. Die 1717 v. Johann Jacob Anthoni angefertigte Skulptur stellt den „farnesischen Herkules" dar; sein rechter Arm liegt auf dem Rücken, in der Hand hält er die Äpfel der Hesperiden, mit der Linken stützt er sich auf die Keule. Das Thema der vom Menschen besiegten Natur, die er verkörpert, findet sich im Park auf vielfältige Weise wieder. Der Kopf des Riesen im großen Bassin speit nach seiner Niederlage gegen Herkules nun Wasser; aus dem Strahl entwickelt sich die Kaskade.

In der 2. Bauphase unter Landgraf Friedrich II. 1760–85 ließ man sich v. englischen Gärten anregen und Grotten, kleine Einzelarchitekturen und allerlei »Verspieltes« entstehen. Bemerkenswert die Anpflanzung seltener Baumarten; Interessierte können geführte »Pflanzen-Rundgänge« unternehmen. – Einzelbauten im Park: *Cestius-Pyramide* und die Nachahmung des *Vergil-Grabmales* (beide v. 1775), die *Eremitage des Sokrates* mit Säulenvorhalle und die *Grotte der Sibylle* (beide am Philosophenweg) v. 1780. In der Hauptachse unterhalb des Aquäduktes der *Tempel des Merkur* v. 1782–83, ein offener Rundbau, sowie die *Plutogrotte* (vor 1785). 10 Jahre später installierte man hier die *Meerungeheuergruppen*, die Johann August Nahl urspr. für Wilhelmsthal angefertigt hatte. Unterhalb des Schlosses das »chinesische« Dorf *Mulang* (1782–85) mit der *Pagode*, einem hübschen Rundbau mit achteckigem Säulenumgang.

Der *Aquädukt* v. H. Chr. Jussow stammt v. 1788–92, die darunterliegenden *Kleinen Kaskaden* v. 1803; der »Steinhöfer-

Kassel, Bergpark Wilhelmshöhe, Apollotempel

Wasserfall« v. 1792–93 ist benannt nach seinem Erbauer, die malerische *Teufelbrücke* und der *Höllenteich*, beide 1792/93, entsprechen dem romantischen Programm der Zeit. Neben dem *Apollotempel* (1817–18 v. Jussow gebaut) der *Fontänenteich* (1789 bis 1790) mit imposanter Fontäne. Unterhalb des Schlosses der ›*Lac*‹, der 1785–91 erweiterte Schloßteich.

Löwenburg (Schloßpark; Öffnungszeiten März–Oktober Di–So 10.00–16.00 Uhr, November–Februar Di–So 10.00 bis 15.00 Uhr): Kurfürst Wilhelm ließ sich in romantischer Schwärmerei v. Johann Christoph Wussow eine halbverfallene Burg errichten (1793–1801). Nach dem Vorbild englischer Anlagen gestaltete der Architekt in einem Rechteckhof ein gotisierendes Gebäudekonglomerat mit Gräben, Zugbrücken, Söller, Falltor u.a. Die musealen Räume bergen eine *Rüstkammer* mit Waffen und Gerät des 16. und 17.Jh. und einer Reiter- und Pferderüstung. In der Apsis der Burgkapelle das von Joh. C. Ruhl geschaffene Grabmal des Kurfürsten Wilhelm I. Zudem sind Jagdgewehre, Bildteppiche, Bronzen und Glasmalereien des 14. bis 18.Jh. zu sehen.

STÄDTISCHE BAUTEN

Fridericianum (Friedrichsplatz): Das urspr. die Mitte des Platzes einnehmende Gebäude konzipierte Simon Louis du Ry* 1769–76 als Museum und Bibliothek – hier arbeiteten die Brüder Grimm bis 1829. Streng-klassizistischer weißer Bau aus 3 symmetrisch angelegten, zweigeschossigen Flügeln. Fassade durch Kolossalordnung mit ionischen Pilastern gegliedert; Fronteingang in Form einer Vorhalle mit kräftigen ionischen Säulen und einem Dreiecksgiebel. Nach oben Abschluß durch Balustrade und Vasenskulpturen. Mit dem Fridericianum seit 1779 verbunden der quadratische *Zwehrenturm*, um 1330 erbaut. 1941 brannte das Bauwerk vollkommen aus. Nach provisorischer Wiederherstellung und Überdachung bis 1964 nutzte Arnold Bode* außer dem Fridericianum auch dessen Räumlichkeiten für die documenta. *Generalkommando* (Graf-Bernadotte-Platz; heute Sitz des Bundesarbeits- und Sozialgerichts): Bau im neoklassizistisch-monumentalen Stil des Dritten Reichs v. Kurt Schönfeld und Ernst Wendel (1936–38).

Hospital St. Elisabeth (Oberste Gasse 2 bis 8): Stifter des Krankenhauses waren Heinrich I. (Landgraf v. Hessen seit 1264) und seine Gemahlin Mechthild v. Kleve, die den Bau 1330 errichten ließen. Nach der 1586/87 erfolgten Umgestaltung nahm er kranke Hofangestellte auf. Relikt dieser Zeit ist eine Sandsteinkartusche mit Wappen und Aedicula für eine got. Elisabethskulptur im 1. Stock. Nach Kriegszerstörungen im Stil der 50er Jahre wiederaufgebaut.

Heinrich-Schütz-Schule (Dag-Hammerskjöld-Straße): 1929–30 v. Heinrich Tessenow erbauter blockhafter Bau in funktionalistischem Stil.

Marie von Boschan-Aschrott-Heim (Am Aschrottpark): 1929 v. Otto Haesler entworfener Bau in Stahlskelett-Bauweise mit verglaster Südfront.

Kassel, Löwenburg

Kassel

Marstall: Das 1591–93 errichtete urspr. vierflügelige Gebäude (1943 ausgebrannt) wurde beim Wiederaufbau im Innern völlig verändert; das im Renaissancestil gestaltete Äußere ist nahezu beibehalten. Breite Volutengiebel, die mit Ritterskulpturen gekrönt und deren Ansätze mit Löwen besetzt sind, flankieren die Anlage. – Das Obergeschoß des Baus diente wissenschaftlichen Experimenten sowie als Druckerei, Bibliothek und Kunstkammer. Heute findet hier Markt statt.

Murhardsche Bibliothek (Brüder-Grimm-Platz 4a): Der Kernbestand der Bücher geht auf die 1874 der Stadt von den Gelehrtenbrüdern Karl und Friedrich Murhard geschenkte Bibliothek zurück.
Im Zusammenschluß (1957/58) mit der 1580 gegründeten fürstlichen Bibliothek, später *Landesbibliothek,* entstand eine beachtliche Sammlung wertvoller Handschriften und Bücher. Erhalten sind u.a. das *Hildebrandslied* (um 800), ein *Cantatorium der Kaiserin Kunigunde* (vor 1033), eine *Gutenberg-Bibel* und der »*Kasseler Totentanz*«.

Ottoneum (Steinweg/hinter dem Staatstheater): Das als erstes deutsches Schauspielhaus errichtete Gebäude baute Wilhelm Vernucken 1603–06. 1696 gestaltete es Paul du Ry als Kunstsammlung um, seit 1709 waren hier ein Observatorium und eine Anatomie untergebracht. Die Eingangsfassade wird durch einen Volutengiebel und klare Gliederung durch Rundbögen- sowie Rundfenstergeschosse bestimmt.
Seit 1844 ist im Ottoneum das *Naturkundemuseum* (→Museen) eingerichtet.

Rathaus (Obere Königstraße): Als Ergänzung der damals stark zerstörten barocken Oberneustadt v. Karl Roth 1905 bis 1907 über H-förmigem Grundriß im Neobarockstil erbaut. Mit Pilastern besetzter, v. einem Giebeldach bekrönter Mittelbau, zu dessen Eingang eine breite Freitreppe mit Geländer führt. Steinskulpturen schmücken Treppenaufgang und Fassade.
Innenausstattung im Krieg teilweise zerstört.

Stadthalle (Friedrich-Ebert-Straße/Huttenplatz; heute Kongresse, Tagungen und Konzertveranstaltungen): 1911–14 entstandener neoklassizistischer Bau, aus Anlaß der Jahrtausendfeier von

Kassel, Fridericianum

S. Aschrott gestiftet. Max Hummel und Ernst Rothe bauten die Halle mit tempelartigem Fronteingang mit Säulenhalle und einem riesigen Walmdach, dem auf der gegenüberliegenden Seite 2 kleine gelbe Pavillons (heute als Café und Kunstausstellungsraum genutzt) entsprachen.

documenta-Halle: 1991-92 gebaut. Architekten: Jourdan/Müller.

WOHNHÄUSER

Ahnatalstr. 59 (Harleshausen): Fachwerkbau mit massivem Erdgeschoß aus der 2. Hälfte 16. Jh.

August-Bebel-Platz/Ecke Dörnbergstraße: 2 prächtige Jugendstilhäuser auf dem sonst eher nüchternen Platz.

»documenta urbana« (Dönche): Im Rahmen der documenta 7 (1982) gestalteten 9 Architektengruppen moderne Miet- und Eigentumswohnungen.

Martinsplatz Nr. 2: In dem um 1600 errichteten Haus mit gut erhaltenem Säulenportal und barockem Treppenhaus lebte der Architekt Georg Gottlieb Ungewitter 1851-64.

Palais (Brüder-Grimm-Platz 4): 1810 für die Bischöfe v. Corvey und Hildesheim erbaut, seit 1813 v. Tapetenfabrikant Carl Heinrich Arnold bewohnt. In dem klassizistischen Gebäude – heute Kneipe und Geschäftshaus – trafen sich Kasseler Künstler.
Auch war es Anziehungspunkt für durchreisende Prominente, darunter Adolph v. Menzel, Franz Liszt, Felix Mendelssohn-Bartholdy, Karl Friedrich Schinkel.

Rothenbergsiedlung (Rothenditmold): 1929-31 von Otto Haesler errichtete Stahlskelettarchitektur mit 4 Geschossen.

Schöne Aussicht Nr. 9: 1736 erbaut; 1824-26 Wohnhaus der Brüder Grimm. Auch Robert Bunsen, der bekannte Chemiker, lebte hier kurze Zeit.

Ständehaus (Ständeplatz 8): 1834-36 v. Julius Eugen Ruhl für die Ständeversammlungen errichteter Bau in der Art eines italienischen Palazzo.

Kassel, Ottoneum

STRASSEN UND PLÄTZE

Friedrichsplatz: Die Grünanlage in der Innenstadt, heute nur noch teilweise vorhanden, entwarf Simon Louis du Ry* für Landgraf Friedrich II. Von den repräsentativen Gebäuden, die den Platz einst schmückten, stehen nur noch das *Fridericianum* und das *Rote Palais* (heute Kaufhaus), 1821–26 v. Konrad Bromeis errichtet; die Prunkräume wurden 1943 zerstört. Erhalten ist nur der Altan* mit 6 dorischen Säulen und Gebälk. Gegenüber v. Fridericianum das *Denkmal Landgraf Friedrichs II.* v. 1783. Johann August Nahl und sein Sohn Samuel fertigten das idealisierende, überlebensgroße Standbild. – Berühmt wurde der Platz in jüngerer Zeit durch die documenta, z.B. durch die v. Joseph Beuys aufgeschütteten 7000 Basaltsteine (1982), die im Zusammenhang mit der Aktion »Stadtverwaldung statt Stadtverwaltung« standen, und 2 auf der Achse des Mittelteils vom Fridericianum stehende Eichen mit Steinen daneben. Vor dem Friedrichsplatz liegt der Opernplatz, den Paul du Ry 1770 anlegte. In dessen Zentrum das *Louis-Spohr-Denkmal* v. Ferdinand Hartzer (1882).

Königsplatz: Sechs Straßen treffen strahlenförmig auf den kreisrunden Platz, den Simon Louis du Ry 1767 nach Beseitigung der Stadtbefestigung anlegte. Leider hat der heute v. nüchterner Nachkriegsarchitektur gerahmte Platz sein einstiges Flair verloren.

Treppenstraße: Diese älteste deutsche Fußgängerzone wurde 1950 angelegt und ist die Verbindung zwischen Hauptbahnhof und Friedrichsplatz.

Wilhelmshöher Allee: Die 5 Kilometer lange Allee führt auf einer Achse v. Herkules über die Kaskaden bis zum Schloß und weiter in die Innenstadt; 1777 angelegt.
Besonders imposant wirkt sie bei Nacht vom Plateau vor dem Herkules-Oktogon.

TÜRME/PORTALE/BRÜCKEN

Druselturm: Wie der Zwehrenturm des Fridericianums gehörte auch der Druselturm zur **Stadtbefestigung,** die urspr. aus dem 13.Jh. stammte; 1415 wurde er errichtet, 1960 restauriert.

Kassel, Gießhalle der Firma Henschel

Wilhelmshöher Tor: Die 2 klassizistischen Wachthäuser mit dorischen Säulenvorhallen leiten v. der Wilhelmshöher Allee zur Oberen Königsstraße; 1803–06 v. Heinrich Christoph Jussow d. J. gebaut.

INDUSTRIEBAUTEN

Drahtbrücke: Über die Fulda gehängte Eisenbrücke (1870) v. Eduard Rohde und der Firma Henschel.

Gießhalle der Firma Henschel (Mönckebergstraße): 1836–37 vermutlich v. Carl Anton Henschel erbaut. In der Halle mit der 19 Meter im Durchmesser messenden Rundkuppel finden Ausstellungen zeitgenössischer Kunst statt.

Messinghof (Leipziger Str. 291/Bettenhausen): 1679 unter Landgraf Karl entstandene Gießerei und Hammerwerk. Hier wurde auch die Herkules-Statue gefertigt.

Textilfabrik Salzmann u. Comp. (Sandershäuser Straße): Backsteingebäude der 1876 v. Heinrich Salzmann gegründeten Fabrik.

MUSEEN

Antikensammlungen. Gemälde-Galerie Alte Meister (Mitteltrakt v. Schloß Wilhelmshöhe; Öffnungszeiten Di–So 10.00 bis 17.00 Uhr): Die 600 Bilder umfassende Sammlung setzt sich vorwiegend aus den Beständen der Landgrafen, insbesondere Wilhelms VIII. zusammen, der als Gouverneur in den Niederlanden flämische und holländische Barockmalerei sammelte. Im **Erdgeschoß** Kleinobjekte, Sarkophage und Statuen der Ägypter, der griech. und röm. Antike, des Hellenismus, der Etrusker; röm. Kopien des »Kasseler Apoll« und der »Statue der Athena« aus der Phidias-Werkstatt.
Die Gemälde der *Abteilung für holländische Malerei des 17. Jh.* im 1. Stock hängen vor blaugrauem Grund, u. a. Rembrandts* *»Der Jakobssegen«.* In der *Sammlung flämischer Gemälde des 17. Jh.* Bilder v. Peter Paul Rubens*, Antonis van Dyck*, Jacob Jordaens* u. a.
Im **Verbindungstrakt** ist *altdeutsche und altniederländische Malerei* ausgestellt. – Kleinformatige Gemälde holländischer und flämischer Künstler des 17. Jh. im 2. Stock; Genrebilder, Stilleben und Landschaftsstücke, u. a. Jan Steens*

Kassel, Gemäldegalerie, Rembrandt, »Der Jakobssegen«

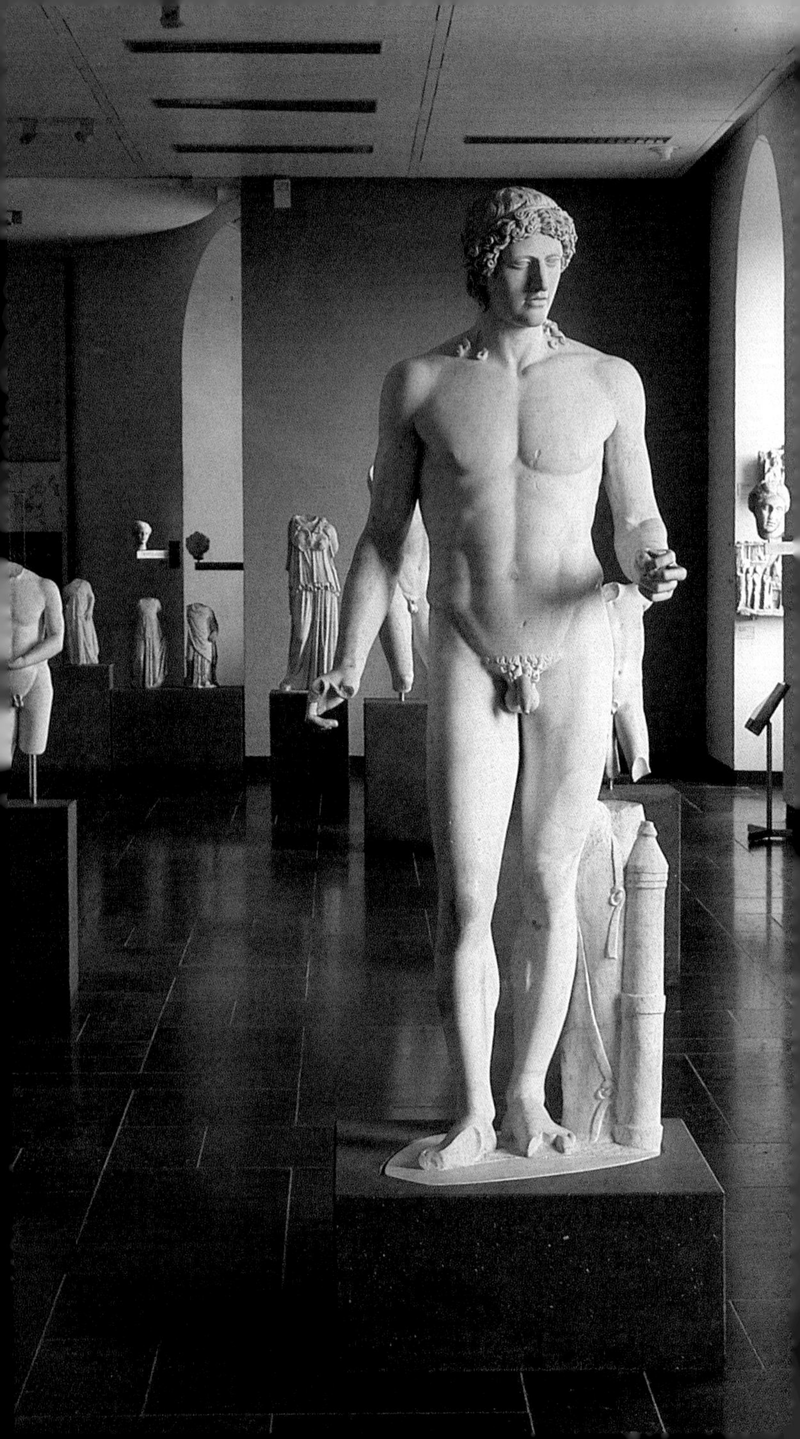

< *Kassel, Antikensammlungen, Staatliche Kunstsammlung. »Kasseler Apoll«*

»Bohnenfest«, Terborchs* Interieurs sowie Landschaftsmalerei v. Ruysdael*. Im 3. Stock *italienische Werke des 16. bis 18. Jh.*, darunter Werke v. Tizian* und Guido Reni*. Vertreter des *französischen Barocks* sind Nicolas Poussin* und Simon Vouet*.

Astronomisch-Physikalisches Kabinett. Abteilung für Technikgeschichte (Orangerie; Öffnungszeiten Di–So 10.00 bis 17.00 Uhr): Neben dem *Instrumentarium* (u. a. *Azimutalquadrant*) der v. Landgraf Wilhelm IV. 1560 in Kassel eingerichteten 1. europäischen Sternwarte *Globen* des 16. Jh. und *Experimentieruhren*. Aus der Regierungszeit des Landgrafen Moritz ein prächtiger *Destillierofen*. Im »Physikalischen Zimmer« zu Ehren des Physikers Denis Papin eine *Zentrifugalpumpe* v. 1689, eine *atmosphärische Dampfmaschine* (1690) und ein *Dampfzylinder* (Anfang 18. Jh.).

Brüder-Grimm-Museum (Schloß Bellevue/Schöne Aussicht 2; Öffnungszeiten tägl. 10.00–17.00 Uhr): Dokumentiert wird anhand von Manuskripten, Briefen, Büchern, Gemälden und persönlichen Gegenständen Leben und Schaffen v. Jakob und Wilhelm Grimm. Reizvolle Bilder ihres malenden Bruders Ludwig Emil Grimm sind ebenfalls ausgestellt.

Hessisches Landesmuseum (Brüder-Grimm-Platz 5; Öffnungszeiten Di–So 10.00–17.00 Uhr): Theodor Fischer baute 1911–13 den Elemente des Jugendstil und des Neobarock aufweisenden Bau; heimatgeschichtliche Sammlung sowie kunsthandwerkliche Exponate. *Abteilung Vor- und Frühgeschichte* mit Funden aus der Steinzeit bis zur Karolingerzeit, u. a. *Megalithgrab von Züschen* mit einer der frühesten Wagendarstellungen, dem berühmten *Wagenstein*. Im 1. Stock das *Deutsche Tapetenmuseum* mit Tapeten des 18. Jh.; Entwicklung der Papiertapete v. 18. bis 20. Jh., u. a. chinesische und Tapa-Wandverkleidungen. In der *Abteilung Kunsthandwerk und Plastik*, im 2. Geschoß Objekte aus der Kunstkammer des 17. Jh., die v. Landgraf Wilhelm IV. angelegt wurde (Silber, Schmuck, Gläser), darunter eine silbervergoldete Schenkkanne – der sog. »katzenelnbogische Willkomm« (1435) – und eine Seladon*-Schale. Daneben ma Altä-

Kassel, Museum für Sepulkralkultur 1992, Historischer Leichenwagen

222 Kassel

Kassel, 7. documenta, Skulptur »Spitzhacke« von Claes Oldenburg, 1982

re, hessische Fayencen, Porzellan, Möbel, Skulpturen u.a.

Museum für Sepulkralkultur (Weinberg): Dieses auf der Welt einzigartige Museum wurde am 24. Jan. 1992 eröffnet.
Auf einer Ausstellungsfläche von 2500 qm² (ehem. Villa Henschel und zusätzlicher Neubau v. W. Kücker) geht es um die Kulturgeschichte des Sterbens und Bestattens.

Naturkundemuseum (Ottoneum; Öffnungszeiten Di-So 10.00–17.00 Uhr): Der Bestand geht auf die Sammlung v. Landgraf Wilhelm dem Weisen (gestorben 1592) und Moritz dem Gelehrten zurück. In der Abteilung *Zoologie* im Erdgeschoß und 1. Stock die Schmetterlings-, Säuger- und Eiersammlung sowie der sog. »Goethe-Elefant« – ein Skelett, an dem Goethe morphologische Untersuchungen vorgenommen hat. Im mittleren Stockwerk geologische Abteilung und Sauriersaal. Im Obergeschoß, der Abteilung *Botanik*, berühmte Kieselalgen- und Moosschau. Reizvolle Pflanzensammlung v. Herbar Ratzeberger aus dem 16. Jh.

Neue Galerie (Schöne Aussicht 1; Öffnungszeiten Di-So 10.00–17.00 Uhr): Der 1872–77 v. Heinrich v. Dehn-Rotfelser errichtete Neorenaissancebau wurde nach Zerstörung (1943) 1963–76 wiederaufgebaut. – Malerei und Plastik v. Mitte 18. Jh. bis zur Gegenwart. Schwerpunkte bilden Gemälde Johann Heinrich Tischbeins*, des Kasseler Künstlerkreises um Ludwig Emil Grimm sowie v. Wilhelm v. Kobell*, Carl Spitzweg*, F. v. Defregger*, H. Bürkel*, H. Makart und F. G. Waldmüller u. a. Den deutschen Impressionismus vertreten Lovis Corinth*, Max Liebermann*, Max Slevogt*, v. den Münchner Malern sind Schuch*, Leibl* und Trübner* zu nennen. Maler des 20. Jh.: Ernst Ludwig Kirchner*, Karl Hofer*, Ernst Wilhelm Nay*, Fritz Winter* u. v. a. Dazu Rauminstallationen v. Joseph Beuys (u. a. »Das Rudel«) und Bilder v. Baselitz und Gerhard Richter. Vor dem Museum eine Steinplastik v. Ulrich Rückriem.

Stadtmuseum (Ständeplatz 16; Öffnungszeiten Di-Fr 10.00–17.00 Uhr, Sa und So 10.00–13.00 Uhr): Dokumentiert wird die Sozial- und Kulturgeschichte der Stadt unter Berücksichtigung der Sozialstruktur und Entwicklung einzelner Bevölkerungsgruppen wie z. B. der Juden und Hugenotten. Daneben Dokumente der Arbeiterbewegung sowie Silber- und Keramikarbeiten.

VERANSTALTUNGEN

documenta: Die weltgrößte internationale Ausstellung für zeitgenössische Kunst, die v. dem Kunstprofessor Arnold Bode 1955 ins Leben gerufen wurde und seitdem alle 4 bzw. 5 Jahre organisiert wird; dauert immer genau 100 Tage und zieht Kunstinteressierte aus aller Welt an.

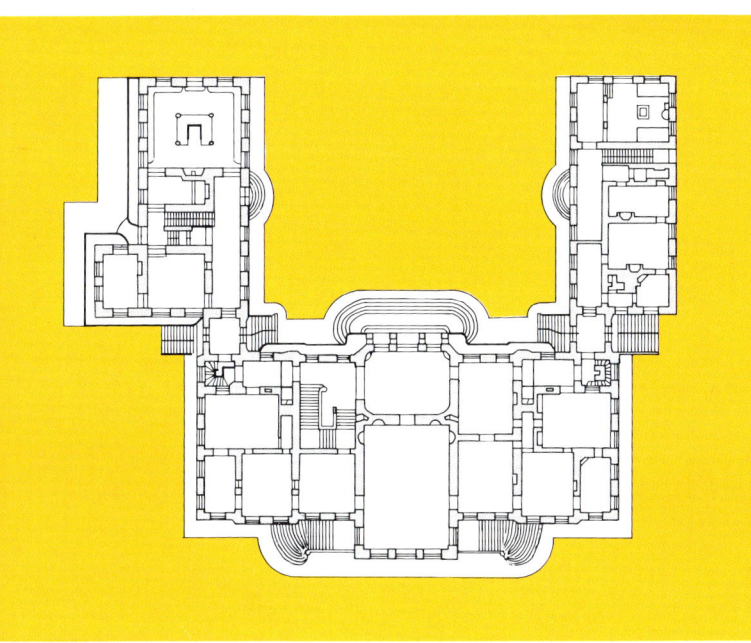

Schloß Wilhelmsthal (Erdgeschoß)

Zissel: Traditionelles Wasser- und Altstadtfest am Fuldaufer und in der Altstadt, das alljährlich Juli/August stattfindet.

Lichterfest: Am 1. Sonnabend im September großes Lichter-Spektakel im Park Wilhelmshöhe.

Umgebung

Calden (13 km n): *Ev. Pfarrkirche:* Dreischiffiger spätklassizistischer Bau mit Frontturm. Das von einer Holztonne überdachte Mittelschiff wird v. Achtecksäulen gerahmt. Rechteckiger flacher Chor. – *Orgelprospekt* (1781) der Gebrüder Heeren.
Fuldatal-Wilhelmshausen (10 km n): *Ehem. Zisterzienserinnenkloster Wahlshausen:* Gründungszeit des Klosters und der Kirche 1142–52. Aufhebung 1527. Kreuzförmige flachgedeckte roman. Basilika mit Querschiff, Chorrechteck, Hauptapsis und 2 Nebenapsiden. Im Langhaus 4 Arkaden im Stützenwechsel; Säulen (stark verjüngt) mit v. Palmettenbäumchen geschmückten Kapitellen. Am s Querschiffarm vermauerte Tür mit der Agnus-Dei-Darstellung im Tympanon. – Achteckiger *Taufstein* mit Tierreliefs (um 1200). *Orgel* v. 1802.
Schloß Windhausen (9 km ö v. Heiligenrode): 1769 v. Simon Louis du Ry* für den Minister M E. v. Schlieffen errichteter zweigeschossiger Bau. – *Backsteinscheune* v. 1888. Nicht mehr gut erhaltener *Schloßpark*, 1781 im englischen Stil angelegt. Gotisierende Ruine (seit 1825 Grabstätte des Bauherrn). *Säulendenkmal* am Weiher, das Schlieffen seinen gehegten Affen widmete, mit rätselhafter Inschrift.
Wilhelmsthal (10 km nw): Mit Schloß Wilhelmshöhe durch die Rasenallee verbundenes Rokoko-Schlößchen. Die Pläne der 1747–55 errichteten Anlage lieferte der Münchner François de Cuvilliés*.

224 Kaufungen

Dem unter Wilhelm I. als Sommersitz konzipierten Dreiflügelbau wurden 2 Wachhäuschen v. Simon Louis du Ry* hinzugefügt. Die Flügel sind zweigeschossig, dem Mittelbau sind Risalite mit Dreiecksgiebeln vorgelagert. Gartenfront mit eleganten, leicht geschwungenen Freitreppen. Die Farbgebung der Fassaden (rekonstruiert 1976–78) v. 1760; das Weiß des Hauptgebäudes kontrastiert mit dem Ockergelb der Seitenflügel. – **Innenausstattung:** Zarter, zurückhaltender Rokokoschmuck. Hauptraum- und Treppenhausdekoration v. Cuvilliés, Stuckarbeiten v. Joh. Michael Brühl, Bildwerke v. Joh. Christoph Kister d.Ä. (1757–60), J.Ph. Kolbe mit Weigelt (1757), Lucas Meyer, Schnitzarbeiten v. Joh. August Nahl, Metallkunst v. J.G. Dauber, Benjamin Eichmann, Falkeisen und Joh. Erdmann Schwartz. Rekonstruktion des Mobiliars und der Wandbespannungen nach historischen Entwürfen. Unter den ausgestellten Möbeln und Kunstwerken sind zu nennen: mehr als 50 *Gemälde* Johann Heinrich Tischbeins d.Ä., David Roentgens *Schreibtisch* und *Sanduhr*, 2. Hälfte 17. Jh., *Pfauenfederkommode* des Landgrafen. – *Park:* V. dem Cuvilliés' urspr. geplanten Dreiachsensystem wurden lediglich die *Süd-* und breitere *Mittelachse* ausgeführt. Auf ersterer liegt die *Grotte* (unter Charles Louis du Ry erbaut) mit figürlichem Dekor; Puttengruppen v. Willem Rottermond, 1746–53. Seit 1962 Rekonstruktion des einstigen Kanals. Wilhelm IX. ließ 1796–1814 den Rokoko-Park als englischen Landschaftsgarten v. Karl Hentze und Daniel August Schwartzkopf umgestalten. Oberhalb des Teiches auf dem Hügel ein neogot. *Turm* nach einem Entwurf v. S.L. du Ry*.

3504 Kaufungen
Kassel

| Einw.: 10 500 | Höhe: 210 m | S. 353 □ E 2 |

OBERKAUFUNGEN
1011 erste urkundliche Bezeugung von »coufunga«. Kaiser Heinrich II. ließ hier im frühen 11. Jh. eine Pfalz anlegen und schenkte sie seiner Frau Kunigunde. Diese gründete 1017 darin ein Benediktinerinnenkloster und trat nach dem Tod Heinrichs 1024 als Nonne ein. 1527 Auflösung des Ordens nach Einführung der Reformation durch Landgraf Philipp den Großmütigen. 1652 großer Brand in Oberkaufungen. 1970 Zusammenschluß v. Ober- und Niederkaufungen.

Ehem. Benediktinerinnen-Reichsstift: 1025 Weihe der *ehem. Stiftskirche Hl. Kreuz* (heute ev. Pfarrkirche) über dem alten Ortskern; eines der bedeutendsten spätottonischen Bauwerke N-Hessens. Trotz Veränderungen hat sie ihre urspr. Form bewahrt. Der geplante Umbau in eine got. Hallenkirche blieb unvollendet. 1469 ersetzte der neue Chor mit $^5/_8$-Schluß die Apsis. Letzte Restaurierungsarbeiten: 1969–73. – Das Äußere der Stiftskirche mit kompakten, kubischen, schmucklosen Formen hat – bis auf den sechseckigen Archivturm – im Laufe der Zeit gelitten. – Inneres: Mitte 13. Jh. entstand durch Umbau die Stufenhalle, gegliedert v. 3 spitzbogigen Arkaden. Wulstkämpfer weisen auf die Wormser Schule. Flache Holzdecke; Seitenschiffe mit roman. bzw. got. Fenstern.

Oberkaufungen (Kaufungen), Ehem. Klosterkirche mit Renterei

Im W Abschluß des Langhauses mit der Herrscherloge der Kaiserin aus 3 roman. Arkaden. – *Malereien* an Pfeilern und Seitenwänden. N-Wand: spätgot. Passionsszenen, N-Querhaus: Anbetung des Kindes. Renaissance-Ornament-Rahmen um eine Gedenktafel. Madonna im Strahlenkranz u.a. Pfeilermalereien. Im Chorgewölbe Evangelistensymbole. – *Grabsteine* der Äbtissin Anna v.d. Borch (gestorben 1512; n Querhaus) und der Annas zu Anhalt v. 1504. *Steinkreuz* auf dem Choraltar und *2 Bronzeleuchter*, 1982, v. Kasseler Hermann Pohl.

Zwischen **ehem. Vogtei** und **Propstei** geht man zur *St. Georgskapelle*, dem ältesten Gotteshaus im n Hessen. Noch vor Klostergründung als Pfalz- und Gemeindekirche entstanden. Der Name des Platzes vor der Kapelle, »Hüttenhof«, erinnert an ihre Funktion als Kupferschmelzofen. Im *Dormitorium* des ehem. Klosters wurden Konventsräume eingerichtet. Zwischen nur teilweise erhaltenem Dormitorium und Stiftskirche Teile des ehem. *Kreuzganges*. – *Stiftshof*, bestehend aus Fachwerkbauten des 17. und 18. Jh., *Renterei* und *Herrenhaus*.

Fachwerkhäuser des 17. und 18. Jh.

Regionalmuseum »Alte Schule« (Schulstr. 33): Die Sammlung von regionalen Ausstellungsstücken, u.a. ein Kolonialwarenladen um 1900, ist in einem ehem. Schulgebäude v. 1842 untergebracht.

Roßgang (Seitenstr., die von der Str. nach Niestetal abzweigt; n Ortsausgang): Achteckiger Holzbau v. 1820. An den Hebeln des Göpels (Drehvorrichtung) zogen 2 Pferde, die auf das Wechselspiel des Ziehens und Stillstand bei der Beschickung der Körbe abgerichtet waren.

6229 Kiedrich		
Rheingau-Taunus-Kreis		
Einw. 3500	Höhe: 164 m	S. 354 □ B 4

Das als »got. Weinort« bezeichnete Städtchen liegt malerisch zu Füßen der Ruine Scharfenstein. Seit 1250 war es selbständige Pfarrei, im späten MA eine Wallfahrtsstätte.

Wichtigster Förderer war der englische Baronet John Sutton (1820–73), der 1865 eine Schule zur Pflege des Gregorianischen Chorals stiftete.

Kath. Pfarrkirche St. Valentin: Errichtung des spätgot. Langhauses, einer dreischiffigen Halle, um 1380/90. Bald darauf entstand unter Einfluß des Frankfurters Madern Gerthener der W-Turm. 1481 Vollendung des Chors. Um diese Zeit auch Erhöhung des Langhauses. Vollständige Restaurierung 1858–74 unter Joseph v. Denzinger (Financier war Baronet Sutton). – Zweiflügeliges Portal mit Tympanon (Verkündigung und Marienkrönung) v. 1410/20; hl. Valentin auf dem Mittelpfeiler. Fünfgeschossiger Turm mit Spitzhelm und 4 Wichhäuschen. Hinter dem Maßwerkfenster über dem Eingang lag urspr. die Michaelskapelle.

Bemerkenswerte Strebepfeiler am Chor. Sakristeien im N und S. Weite Spitzbogenarkaden zur Trennung v. Mittelschiff und Seitenschiffen. Eindrucksvolles Sterngewölbe mit Wappen der Rheingauer Adelsfamilien im auffallend brei-

Kiedrich, Kath. Pfarrkirche St. Valentin

ten Chor. Dem Triumphbogen vorgelagert ein Lettner mit breiten Arkaden und Maßwerkband. – Ausstattung: Als Epitaphaltar für den kurmainzischen Rat Caspar v. Eltz geplanter *Hochaltar*; Übergang v. Renaissance- zum Barockstil. *Katharinenaltar* v. 1620 im s Seitenschiff, mit Statuen und Reliefs. Im n Seitenschiff der *Johannesaltar* (1500) mit bemalten Flügeln v. 1862. Lächelnde *Holzmadonna mit Kind*, auf einem Thron sitzend (1330), im Chor. Um 1480 entstand der *Marienaltar* der s Empore. *Sakramentshäuschen* (Ende 15.Jh.). Sechseckige *Steinkanzel*, 1493, vom Meister des Chorgewölbes. *Chorgestühl* v. 1510 und 1530.
Bei der schönen *Orgel* (vor 1500) handelt es sich um die älteste ihrer Art in Deutschland. *Kreuzigungsgruppen* (Triumphbogen), Anfang 16.Jahrhundert; *Terrakottamadonna* (Schiffspfeiler), um 1450.

Totenkapelle St. Michael: Zweigeschossig, um 1440 errichtet. Zum Hof hin eine Außenkanzel. Im tonnengewölbten Erdgeschoß war das Beinhaus. Kapelle im Obergeschoß mit Netzgewölbe. – Siebenarmiger schmiedeeiserner *Kronleuchter* mit Madonna Immaculata v.

Kiedrich, St. Michael

1510/20 aus dem Umfeld des Hans v. Backoffen.*

Ehem. Wehrkirchhof: Von hohen Mauern eingefaßt. *Kreuzigungsgruppe* (um 1530) aus der Werkstatt Backoffens.

Pfarrhaus v. 1626, *Küsterhaus* des 18.Jh. und *Chorregentenhaus* (spätes 12.Jh.) gehören zum Kirchenbezirk.

Adelshöfe des 17. und 18.Jh. – *Fachwerkhäuser* des 16. und 17.Jh. – *Rathaus*, Renaissance-Steinbau v. 1585–86.

Burg Scharfenstein (n): Um 1215 vom Mainzer Erzbischof als Wehrburg angelegt, einer der 4 Stützpunkte des Erzstifts (neben Eltville, Rheinberg und Ehrenfels). Seit dem 16.Jh. verfallen; Bergfried erhalten.

3575 **Kirchhain**		
Marburg-Biedenkopf		
Einw.: 15 400	Höhe: 219 m	S. 352 □ C 3

Als militärischer und wirtschaftlicher Stützpunkt gegen die mainzische Besitzung Amöneburg wurde Kirchhain unter dem thüringischen Landgrafen im 12.Jh. gegründet.

Ev. Stadtpfarrkirche: Dreischiffige Hallenkirche, nach 1363 errichtet. 1582 folgten Turmbalustrade mit Haube sowie n Anbau. 1669 Vollendung des got., flachgedeckten Neubaus. 1929/30 expressionistischer Umbau im »Marburger Zackenstil«. *Orgel*, 1752, v. Joh. Andreas Heinemann. *Grabsteine.*

Synagoge: 1904 im neoroman. Stil erbaut; wenig gelungener Wohnhausanbau.

Rathaus: Bedeutender, im 2.Viertel des 16.Jh. errichteter, dreigeschossiger Fachwerkbau im spätgot. Stil. Steinerner Treppenturm v. 1562. Große Strebenkreuze.

Blauer Löwe (Borngasse 20), 1623. Auffallend gutes Fachwerkgebäude. 2 Tore mit Beschlagwerkrahmen. Zierkreuzbrüstungen im Fachwerk. Schnitzereien in Pfosten und Fußstreben.

Hexenturm, 1368 vollendet; Überrest der Stadtmauer.

K.-EMSDORF
Kath. Kirche Mariä Himmelfahrt: Saalbau v. 1748 mit reicher Rokoko-Ausstattung.

K.-LANGENSTEIN
Der Name stammt v. sog. »langen Stein«, einem Menhir neben der Friedhofstorhalle des 16. Jh.

Ev. Pfarrkirche (St. Jakob): Umbau v. Schiff und Chor, beide 1. Hälfte 13. Jh., um 1522. Im Chor zweischichtiges Netzgewölbe. – Chor-Ausmalung von 1522 (1954 freigelegt). *Barockkanzel* (Langhaus), barock bemalte Emporenbrüstungen. Klassizistische *Orgel* v. 1855. – Außen an der W-Seite figürliche Reliefs.

K.-STAUSEBACH
(3 km nw): **Kath. Pfarrkirche:** Ende 15. Jh. v. Deutschen Orden errichtet. Dreischiffiger spätgot. Hallenbau mit zweijochigem Chor. Statt eines Turms nur Dachreiter. Mittelschiff und Chor mit Netzgewölbe; hohe Rundpfeiler ohne Kapitele im Langhaus. Zwei- und dreiteiliges Fenstermaßwerk. Gewölbekappen mit farbigen Stukkaturen im Régencestil v. 1743. *Maßwerkkanzel*, 15. Jh. *Kirchhofs-Wehrmauer* mit Schießscharten.

6322 Kirtorf		
Vogelsbergkreis		
Einw.: 3300	Höhe: 260 m	S. 353 □ D 3

1725 brannten Dorf und urspr. Kirche ab. 1731 Beendigung des Baus einer Saalkirche durch Helfrich Müller. Bemalte *Emporen* auf 3 Seiten, *Orgelprospekt* v. Joh. Georg Stertzing (1732).

Rathaus: Fachwerkbau von 1781.

Königstein im Taunus 227

Umgebung

Lehrbach (4 km w): Die Ruine der *Wasserburg Lehrbach* liegt in einem verwilderten kleinen Park. Staffelgiebel und Kamingewände im Innern v. 15. Jh. erhalten – Chor der spätgot. *Lehrbachschen Kapelle* (1499), ehem. Grablege der gleichnamigen Familie. Hauptgebäude der *Wasserburg Schmitthof* (restauriert) im Gleental, einer viereckigen Anlage v. 1538; im 17. Jh. zusätzliches Fachwerkgeschoß. Umgeben v. 3 Turmpavillons.

Wahlen (6 km n): Früherer Burgsitz des Geschlechts v. Wahlen. – *Pfarrkirche:* Saalbau, 1779–81 vermutlich v. Lorenz Friedrich Müller erbaut.

6240 Königstein im Taunus		
Hochtaunuskreis		
Einw.: 15500	H: 400–700 m	S. 354 □ B 4

Über dem Ort die weithin sichtbare Ruine der Burg Königstein. Burg und Stadt fielen im späten 12. Jh. an die Herren v.

Königstein i. Taunus, Ehem. Burg und Festung

Korbach

Münzenberg. Nach mehrfachem Besitzerwechsel wurde der Ort 1581 mainzisch; seit 1866 preußisch. Entwicklung zum Kurort seit 1851.

Burgruine: Erstmals erwähnt 1225. Wahrscheinlich v. den Staufern als Wehrburg angelegt; größte ihrer Art im Taunusgebiet. Unter der Mainzer Herrschaft vollständige Befestigung. 1796 Sprengung durch französische Truppen. Kernburg ist ein dreigeschossiger Vierflügelbau um einen Hof. Im Südwesten ein roman. Bergfried. Tunnelähnlicher Torweg (W-Flügel), *Burgkapelle* und S-Flügel, urspr. Palas, aus dem 14. und 15. Jh.

Kath. Pfarrkirche St. Marien: Saalbau v. 1744–50 mit wenigen Resten roman. Mauerteile. 1749–50 Aufstockung des Turms. Spätgot., nun eingemauertes spitzbogiges Portal des 15. Jh. erhalten. – *Hochaltar* (Aufbau 1758 v. Joh. Peter Jäger) und *Kanzel* – gestiftet v. Erzbischof Friedrich Karl v. Ostein – mit Rokoko-Skulpturenschmuck aus dem Mittelrheinischen v. Heinrich Jung, der auch die Plastiken an Chor- und Langhauswänden schuf. *Muttergottes* aus Stein, um 1440. Zahlreiche *Grabdenkmäler*.

Korbach, Ev. Pfarrkirche St. Kilian

Ev. Immanuelkirche: 1887/88 im neogot. Stil erbaut v. Ludwig Hofmann.

Ev. Martin-Luther-Kirche: Mit Unterstützung Kaiser Wilhelms II. errichtete, 1914 geweihte Jugendstilkirche v. Ludwig Hofmann.

Altes Rathaus: 1671 erbaut. Fachwerkobergeschoß mit Haubendachreiter auf massivem Steinsockel mit großem Rundbogentor der ehem. got. Verteidigungsanlage.

Ehem. Burghäuslein (Kugelherrnstr. 19): Ältestes Haus des Ortes, um 1460 erbaut. Restauriert 1982–84.

Luxemburger Schloß (Kurpark): 1686–94 als Amthaus und Sommersitz der Mainzer Kurfürsten errichtet. Erweitert unter den Nassauer Regenten 1873–77 nach Plänen des Brüsseler Architekten G. N. J. Bordian.

Stadtmuseum (Altes Rathaus): Dokumentation über die Geschichte der Burg; außerdem Ausgrabungsfunde aus der Burgregion.

Burg Falkenstein: Auf einem Berg zwischen Königstein und Kronberg gelegen. Aus einer vermutlich im 11. Jh. durch die Gaugrafen v. Nürings errichteten Befestigungsanlage hervorgegangen. Im späten 13. Jh. als »Neu-Falkenstein« v. den Herren v. Boland neu errichtet. Seit dem 19. Jh. verfallen.

3540 Korbach
Waldeck-Frankenberg

| Einw.: 16 663 | H.: 303–615 m | S. 352 □ C 2 |

Reizvoll am Rande des Sauerlandes gelegen. Früher Hauptstadt des Fürstentums Waldeck. 980 gab es hier einen fränkischen Königshof, aus dem sich im MA die Ortschaft entwickelte. 1188 Ver-

Korbach, St. Kilian, >
Spätgotischer Flügelaltar

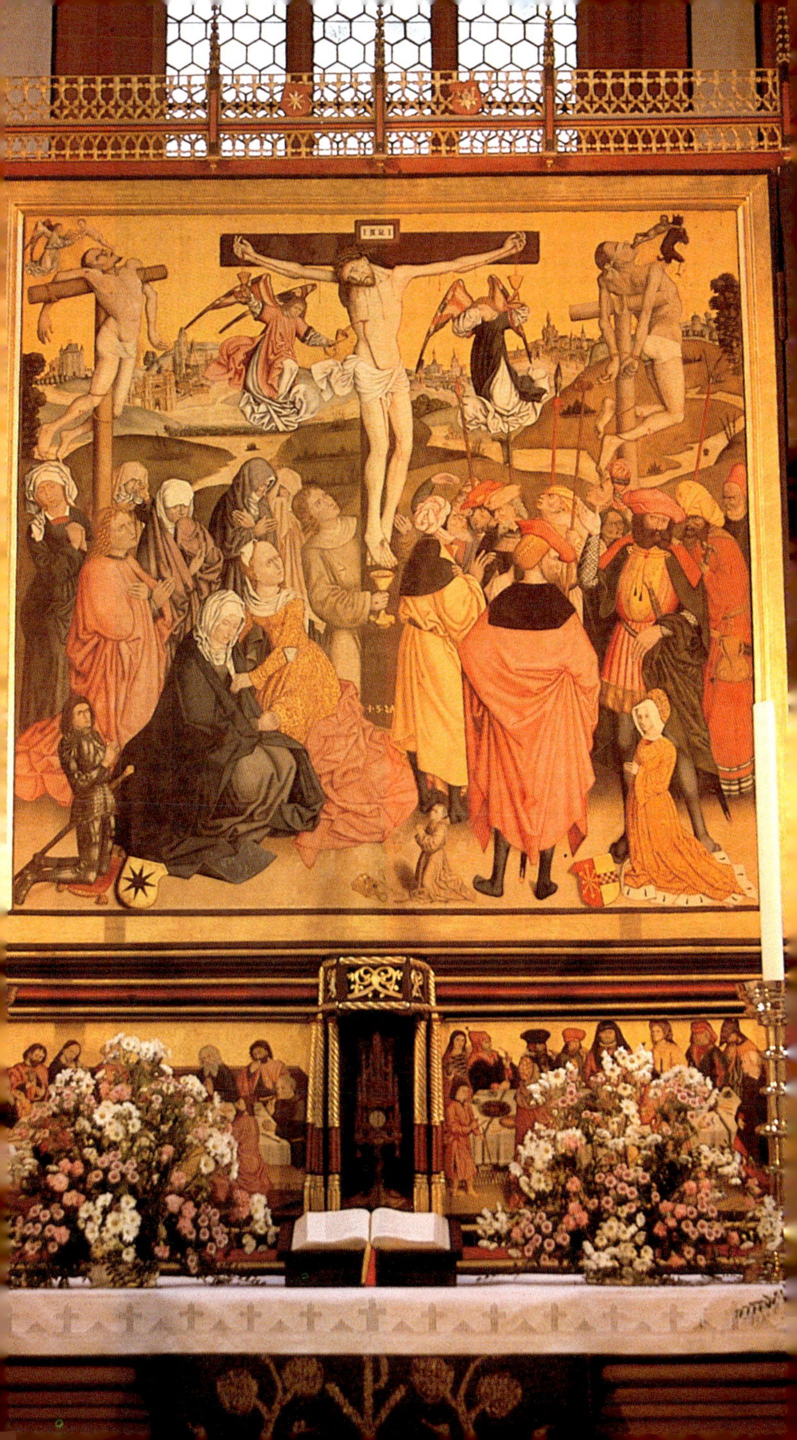

Korbach

Korbach, Steinhaus, Enser Tor 7

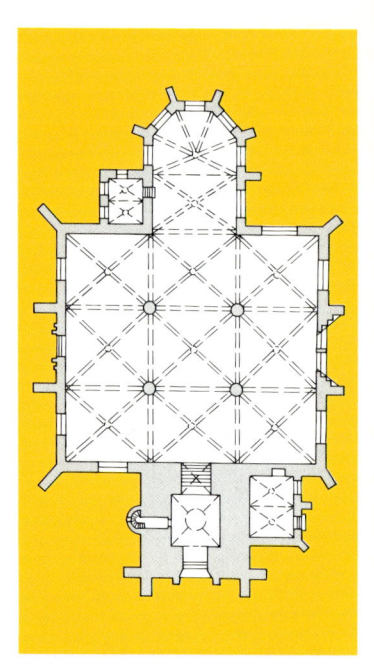

Korbach, St. Kilian

leihung des Soester Stadtrechts. 1377 Zusammenlegung von Alt- und Neustadt. Der Stadtbrand v. 1664 richtete großen Schaden an.

Ev. Pfarrkirche St. Kilian (Kilianstr.): 1335 Baubeginn des Chors. Kurz darauf quadratischer W-Turm mit s gelegener Marienkapelle; 1388 dreischiffiges, got. Hallenlanghaus mit 3 Jochen. Restaurierung 1957 durch Fr. Bleibaum. Früher gelangte man durch das s Hauptportal ins Innere, heute durch den Turm. 7 m hohes Portal mit reichem Figurenschmuck: Madonnenskulptur am Mittelpfeiler, im Tympanon Jüngstes-Gericht-Darstellung, an den Gewänden St. Kilian und der Bischof v. Paderborn. Bild des unbekannten Baumeisters auf der Giebelspitze. Raum mit fast gleich breiten Schiffen v. lichter Farbigkeit. V. der ebenerdigen Orgelempore (1957) bietet sich der Blick in den Innenraum. 4 Rundpfeiler mit facettierten Sockeln tragen das Gewölbe. Schmale Maßwerkfenster in Langhaus und Chor. – Im s Seitenschiff steinerne *Anbetungsgruppe* (Weicher Stil; um 1420) mit den Hl. 3 Königen v. Meister der S-Portal-Madonna. *Chor-Flügelaltar* v. 1527. *Sakramentstürmchen*, 1524–25, v. Bernd und Joh. Bunekeman (Münster) in Anlehnung an das Fritzlarer Sakramentshäuschen geschaffen.
Spätgotische *Kanzel* (nö Langhauspfeiler), deren Korb von Heiligenskulpturen (Ende 14. Jh.) gerahmt wird, mit Madonna auf dem Schalldeckel.
Diakon-Statue (Pultträger, frühes 15. Jh.; Weicher Stil).

Ev. Pfarrkirche St. Nikolai (Neustadt): Turm v. 1359, an eine ins 13. Jh. datierte Kapelle angefügt. An einem Chorstrebepfeiler des Neubaus die Jahreszahl 1454. Bau der dreischiffigen Halle 1460

Korbach, Fachwerkhaus, >
Stechbahn 9, Barockportal

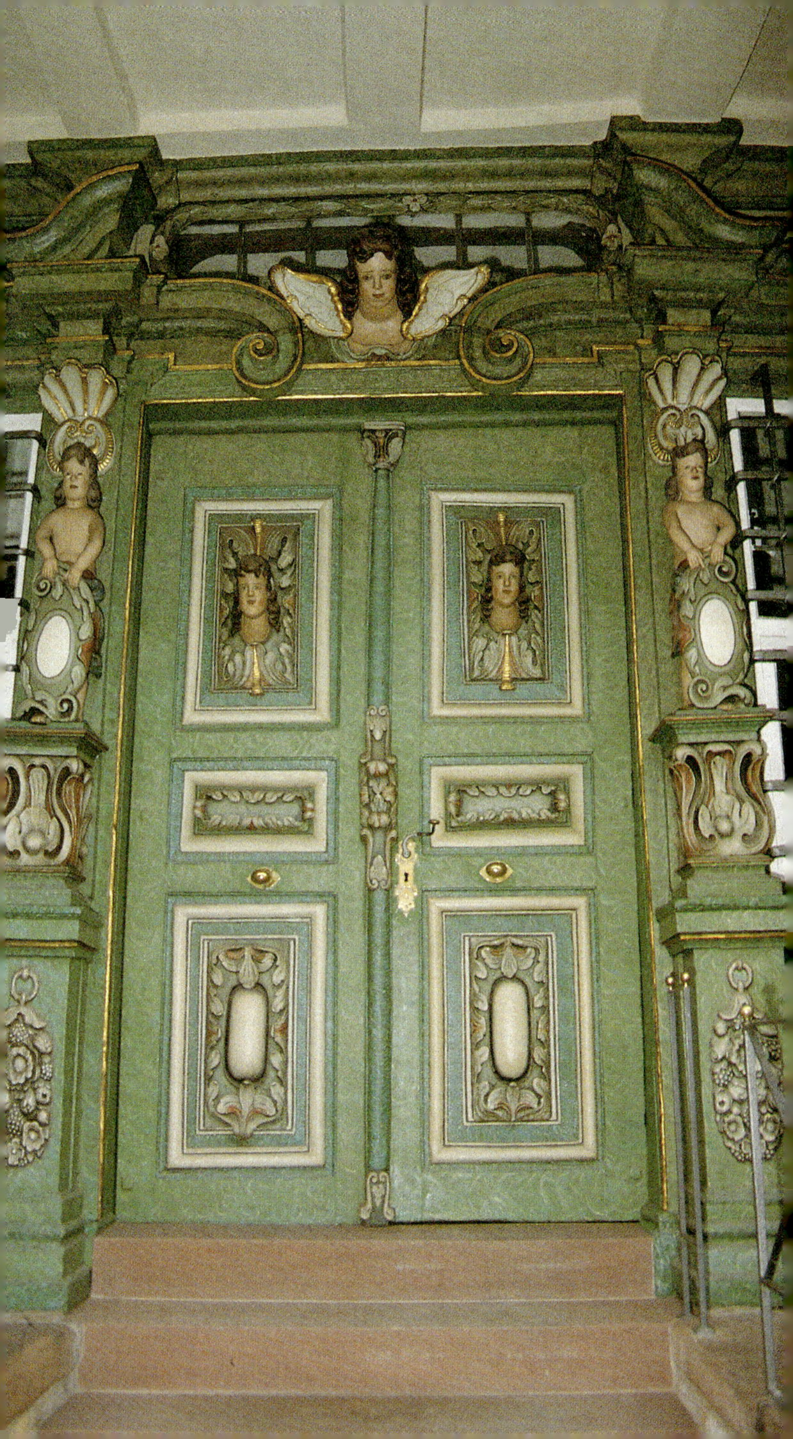

232 Kronberg im Taunus

bis 1467. Innenraum: Schlußsteine des Gewölbes auf Rundpfeilern mit Szenen aus der Passion Christi. Ausstattung: *Flügelaltar* (Chor) v. 1518; Anbetung der Könige (Mittelbild), Verkündigungsszene, Heimsuchung, Geburt Christi, Darbringung im Tempel; außen Maria und Katharina. *Kruzifixus* über dem Altar, um 1500. *Steinkanzel* mit Blendmaßwerk, um 1450/60. *Orgel* v. 1742–44. An der n Wand im Chor dreigeschossiger *Wandepitaph* für Georg Friedrich v. Waldeck (gestorben 1692); Entwurf G. F. Esau, ausgeführt v. H. Papen.
Im unteren Geschoß die Statue des Toten, umgeben von türkischen Kriegern; im 2. Stockwerk das gräfliche Reiterstandbild, bekrönt von Wappen.

Altstädter Markt (ehem. Mittelpunkt der Altstadt): *Gasthaus »Zur Waage«*, im Kern aus dem 14. Jh., Fachwerkkonstruktion v. 1730. *Pranger* mit Halseisen erhalten.

Enser Tor mit Resten einer ma Doppeltoranlage, 1414. An der inneren Stadtmauer der mächtige Tylenturm, der Rote Turm und der Wollweberturm.

Gotische Steinkammern (Enser Tor): 3 spätgotische Häuser, darunter ein *Vierständerhaus* mit Tenne und reichgeschnitztem Tor v. 1732; *Violinenstr. 3*, hochgeschossiges Steinhaus.

Gymnasium Fridericianum: 1487 gegründetes ehem. Franziskanerkloster. Barocker Neubau 1770–74 v. Joh. Matthias Kitz.

Rathaus (zwischen Alt- und Neustadt) Haus mit prachtvollem Staffelgiebel v. 1377. – *Rolandsfigur* (um 1470) an der Nordwestecke.

Stechbahn 9: Fachwerkhaus mit Backstein-Ziergefache und einer geschnitzten Barocktür aus der Zeit um 1710–20.

Heimatmuseum (Kirchplatz 2): in einem gotischen Steinhaus des 14. Jahrhunderts und 2 benachbarten Gebäuden eingerichtet.

6242 Kronberg im Taunus
Hochtaunuskreis

Einw.: 18 000   Höhe: 257 m   S. 354 □ B 4

Burg und Stadt liegen mitten im bewaldeten Vordertaunus-Gebiet auf einer Anhöhe. 1230 erstmals erwähnt. 1330 Erhebung zur Stadt. Stadtbrand 1437. Joh. Schweikart v. Kronberg kämpfte für die Rekatholisierung der reformierten Kronberger. Seit 1860 preußisch.

Ev. Johanneskirche: Eine Kapelle ist 1355 erstmals erwähnt. Chor v. Ende des 14. Jh. Neubau des Kirchenschiffs 1440 bis 1450 unter Frank IX. v. Kronberg; Saalbau mit schmalerem Chor, der mit Maßwerkfenstern versehen ist. Schlußsteine mit Stifterwappen im Chorgewölbe. Holztonne mit Groteskenbemalung (1617) v. Joh. Friedrich Spangenberg. – Ausstattung: *Votivaltar* mit Marientod, um 1440–50. *Taufstein* (vor dem Chor) mit Fischblasenmaßwerk, 15. Jh. *Kanzel* mit Sanduhr, 1. Viertel 17. Jh. *Grabdenkmäler: Epitaph* (Chor) des als Kind 1517 gestorbenen Walter Kronbergs v. Hans Backoffen*. Daneben *Grabmal* Anna v. Kronbergs (gestorben 1549). Im Langhaus mehrere *Doppelgrabmäler* der Spätgotik.

Streitkirche: Aufgrund v. Auseinandersetzungen zwischen Prostestanten und Katholiken so benannt, deretwegen der 1737 begonnene Bau seit 1768 unvollendet blieb. Seit 1891 als Apotheke genutzt.

Burg: Wehrhafte *Oberburg* auf dreieckigem Grundriß aus spätgot. Zeit (1. Hälfte 13. Jh.). Wird überragt v. 46 m hohem Bergfried. Tiefer liegt die *Mittelburg* (Anfang 14. Jh.), deren Rechtecktrakte im rechten Winkel zueinander stehen. Dazwischen ein viereckiger, hoher Turm (Ende 15. Jh.). An der O-Ecke befindet sich ein polygonaler Treppenturm (1505) vor dem n Bauteil, dem sog. *»Flügelstammhaus«*; w das *»Kronenstammhaus«*; Volutengiebel und Obelisken v. 1626. Zur *Unterburg* gelangt man durch einen *Torbau* v. 1692. Burgkapelle v. 1530.

Wiederaufbau des Chors nach Brand von 1943. Darin Grabmäler der Herrscherfamilien. – *Burgmuseum:* Ausgestellt sind Möbel, kunsthandwerkliche Gegenstände, Gemälde; Burgküche mit got. Rauchfang.

Ehem. Rezeptur: Herrenhaus mit Wirtschaftstrakt, 18. Jh.

Schloß Friedrichshof (heute Schloßhotel): Historistischer Bau v. 1889–93.

Stadtbefestigung (14. Jh.): Erhalten das Eichentor und Mauerreste.

6840 Lampertheim
Bergstraße

Einw.: 31 000	Höhe: 96 m	S. 354 □ B 5

Erstmals 832 genannt. 1386–1705 zur Hälfte unter Kurpfälzer Herrschaft, dann wieder ganz den Wormsern zugesprochen. Seit 1803 hess.-darmstädtisch.

Kath. Pfarrkirche St. Andreas: Einfacher Saalbau w. J. G. Schrantz, 1770–71. Turm roman. (bis auf das oberste Geschoß). 1708–1868 war der Bau Simultankirche für Protestanten und Katholiken. – *Muttergottes* v. 1770. Kanzel v. 1771.

Ev. Pfarrkirche im neogot. Stil v. 1863 bis 1868.

Langenselbold 233

Ehem. kurfürstl. Jagdhaus und Rentamt: Barockes Gebäude v. 1754–56. Marienskulptur an der Ecke des Obergeschosses.

Fachwerkbauten des 18. Jh.

Neuschloß (Schloß Friedrichsberg; 4 km ö): 1465–70 unter Friedrich I. v. der Pfalz angelegt. 1544–56 erweitert. V. der Anlage ist nur wenig erhalten.

Rathaus: 1738–39 im Barockstil errichtet. Balkon mit Löwenkonsole.

6456 Langenselbold
Main-Kinzig-Kreis

Einw.: 10 800	Höhe: 122 m	S. 355 □ D 4

Wichtiger Stützpunkt an der alten Handelsstraße Frankfurt–Leipzig. Ehem. im Besitz des Geschlechts v. Selbold.

Ev. Pfarrkirche: Vom Hofbaumeister derer v. Isenburg-Birgstein, Christian Ludwig Hermann, 1727–35 errichtet. Bedeutende protestantische Predigtkirche, die nachfolgende Bauten der Hanauer Gegend beeinflußte. 4 Kreuzarme um einen quer-ovalen Grundriß; über dem sich s ein Turm erhebt.
Einfacher Innenraum mit z. T. zweigeschossigen Emporen. *Kanzelwand* und *Gestühl* 1959–60 verändert. – *Kirchhofsmauer* mit Schießscharten und teilweise Fischgrätenmuster.

Schloß: Vorgängerbau war das ehem. Stift Selbold, das 1525 zerstört wurde. – C. L. Hermann errichtete seit 1722 an für die Grafen v. Isenburg-Birgstein 6 Bautrakte mit kleinem Park. Wohnschloß im O v. 1749. Erdgeschoß-Saal mit prachtvollem Wandstuck v. Johann August Nahl. Geräumiges Treppenhaus. Im Saal im 1. Stock 7 Supraporten*, die Chr. G. Schütz d. Ä. schuf. Porträt des Landgrafen Wilhelm VIII. v. Hessen von Joh. Heinrich Tischbein,* das des Kurfürsten Clemens August v. Köln wird Démarées oder seinem Umkreis zugeschrieben.

234 Langgöns

Fachwerkbauten des 17. und 18. Jh.

Umgebung

Rüdigheim (7 km nw): *Johanniterkommende*, 1257 v. Ritter Helfrich v. Rüdigheim gegründet. Langgestreckter Bau der Kommende. Heute Scheune der Domäne Rüdigheimer Hof. – Kirche bereits 1235 erwähnt; v. den Johannitern erweitert. Einschiffiges frühgot. Langhaus mit Kreuzrippengewölbe, Chor mit $^3/_8$-Schluß. Vermauertes Sakristeiportal mit Doppelkleeblattbogen. – Wiederherstellung der urspr. Bemalung in den 50er Jahren.

6306 Langgöns
Gießen

Einw.: 10 000   Höhe: 170 m   S. 354 □ C 4

Urkundlich bereits im 8. Jh. genannt.

Ev. Pfarrkirche: Kräftiger Chorturm aus der Zeit um 1500. Kirchenschiff im 16. und 17. Jh. errichtet und neu gestaltet; 1970 durch einen Neubau ersetzt.

L.-CLEEBERG
Ev. Kirche: Kirchenschiff eines ma Baus im 17. und 18. Jh. neu gestaltet.

Burg: Fiel im 12. Jh. an eine Seitenlinie der niederösterreichischen Grafen v. Peilstein, nach deren Aussterben 1218 an die Isenburger. Weithin sichtbar sind ein spätgot. Wohntrakt und der Bergfried (um 1200). N davon ein Bau des 18. Jh.

L.-NIEDERKLEEN
Ev. Pfarrkirche, Neubau v. 1728 unter Einbeziehung got. Teile. – Einheitliche Ausstattung aus der Entstehungszeit. – **Fachwerkhäuser** mit den für die Hüttenberger Region typischen großen Hoftoren; reich verzierte Fassaden.

L.-OBERKLEEN
Ev. Pfarrkirche mit wehrhaftem W-Turm der 2. Hälfte 15. Jh. 1767/68 wurde ein

Laubach, Schloß > mit rundem Treppenturm

barocker Saalbau mit einheitlicher Ausstattung angeschlossen.

Altes Rathaus, 1582 errichtet v. Meister Christ (Eisenach); Fachwerkgebäude mit Wilder-Mann-Formen im Obergeschoß.

»Herzenhaus«, benannt nach hübschen Herzmustern in den Brüstungsfeldern; Bauernhaus v. 1691.

Umgebung

Grüningen (6 km ö): Hier wurden Spuren des röm. *Limes* ausgegraben. Im 8. Jh. ist der Ort erstmals genannt. Solmser und Stolbergs erbauten hier eine *Burg* (heute Ruine). Auf einer Anhöhe die *Grüninger Warte*, 1713 zu einer Windmühle verändert; seit 1794 Ruine. – *Ev. Pfarrkirche*: Teile eines roman. und got. Vorgängerbaus vorhanden. Um 1500 erwähnt. Sternrippengewölbe im Chor v. 1520. Langhaus-Flachdecke (1669) mit Stuckmedaillons v. H. J. Hubeler.

Holzheim (5 km sö): *Ev. Pfarrkirche* 1631–32 errichteter Saalbau. W-Turm, im Unterbau ma, mit zweigeschossigem Dachreiter. Innen: Vierseitige Empore; Flachdecke mit Längsunterzug, verziert mit Stuck und farbigen Medaillons. Brüstungsmalereien. – *Kanzel* v. 1632. Klassizistische *Orgel* (1830) v. Hartmann Bernhard.

6312 Laubach
Gießen

Einw.: 9500   Höhe: 250 m   S. 352 □ C 3

Im Wettertal am W-Hang des Vogelsbergs gelegen. Bereits vor 800 im Besitz der Hersfelder Abtei. Unter den Solmsern 1420 Verleihung der Stadtrechte. 1548 Residenz einer Linie der Grafen v. Solms.

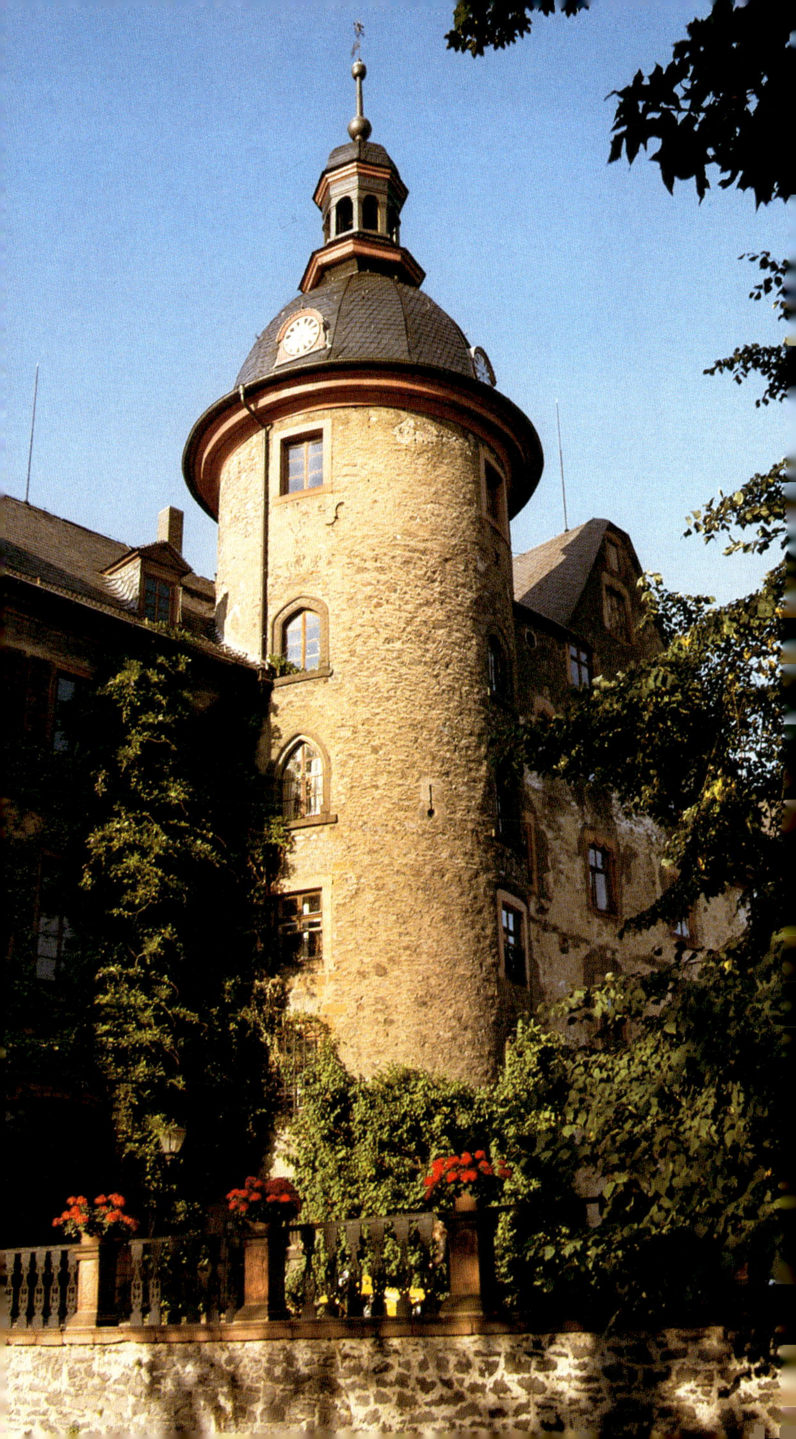

Sellnrod (Laubach), Ev. Pfarrkirche (l); geschnitztes Westportal (r)

Ev. Stadtkirche (verbunden mit dem Schloß durch einen aus Fachwerk konstruierten Gang): O-Teil aus dem 13. Jh.; über der Vierung Turm mit rheinischem Rombenhelm. Chor dreiseitig abschließend. Barockes Langhaus mit Stichbogenfenstern v. 1700–02. Gliederung des Chors durch Ecklisenen und Bogenfries, Rundwulst- und Birnstabrippen überwölben die Räume. Mittelschiff mit Tonnengewölbe. – Im Chor figürliche got. *Malerei* erhalten (St. Georg, Schutzmantelmadonna). N Querhaus mit Groteskenmalerei v. 1563. Im Gewölbe Annaselbdritt*- und Gnadenstuhl-Darstellung sowie Rankenmalerei an den Wänden. – Ausstattung: *Orgel* (1747–51) v. Joh. Caspar Beck und Joh. Michael Wagner. Prospekt v. J. M. Reineck, Bildhauerarbeiten v. Joh. Caspar Wöll. *Grabmäler* der Solmser Familie. – Bei der Kirche der v. Caspar Schellenberger entworfene *Grünemannsbrunnen* (1588/89).

Schloß: Haupt- und Nebengebäude aus verschiedenen Bauepochen. Die ehem. ma *Kernburg*, heutiger Hauptbau, öffnet sich nach N hin zum Hof. Erst um 1700 Einbeziehung des runden Bergfrieds aus dem 13. Jh. Zusammen mit W- und O-Flügel bildete er den ältesten Schloßtrakt. Veränderungen des O-Flügels (ehem. Kemenatenbau) nach 1533, die Erker und Vorhangfenster stammen aus dieser Zeit. Seitenflügel v. Wehrtürmen mit barocken Hauben flankiert. Küche und Hofstube des Spät-MA sowie got. Wandmalereien sind erhalten. Übriges Erscheinungsbild des Schlosses aus der 1. Hälfte des 18. und dem 19. Jh. – Innenhof mit Standbild Graf Friedrich Ludwig Christians, 2. Viertel 19. Jh. – Die teilweise im Schloßmuseum untergebrachte Ausstattung umfaßt Porträts, Möbel des 14.–18. Jh., Objekte aus den Laubacher Glashütten. Die wertvolle Bibliothek birgt ca. 50000 Bände. Ö des großen Schloßhofes der *Nassauer Bau*, im Kern 15. Jh., im 18. Jh. umgestaltet. Prachtvoller Großer Saal mit stuckierter Spiegel-

decke im Régencestil, nach 1739. Musikempore (über dem Gang an der O-Seite) und Wandvertäfelung v. Joh. Martin Reineck. S davon der 1556/57 v. Wolff Werner errichtete *Marstall.* Eigentümliche Zackenkapitelle an den Säulen. 1860–70 Umbau des Obergeschosses durch H. v. Ritgen. – In der Hofmitte ein *Röhrenbrunnen* des 18. Jh. – Die barocken *Beamtenhäuser* grenzen zusammen mit dem Neuen Bau an den *Hauptwirtschaftshof.* S davon schließt das *Armenhaus* an, nach 1700 v. Ph. J. Spener errichtet. Im W die *Herrenscheuer* (1751–53). An der w Stadtseite liegt die 1735–39 erbaute *Friedrichsburg.* – Im *Schloßgarten,* einem Park im englischen Stil, die *Untermühle* – ein einfacher Renaissancebau v. 1589.
Trotz Zerstörungen in der Altstadt von 1960–75 blieben einige Reihen hübscher *Fachwerkhäuser* des MA erhalten, so in der *Grünemauergasse, Grünes Meer, Obergasse, Obere Langgasse.*

L.-FREIENSEEN
Ev. Kirche, erhalten v. einem Vorgängerbau Chorturm des 13. Jahrhunderts, der in einen Neubau von 1770–73 integriert wurde.
Bauliche Anlehnung an Schloßbauten. Emporenbrüstung mit Medaillons, die gemalte Szenen des Alten und Neuen Testaments zeigen. *Rokoko-Orgel* hinter dem Altar.

Löbergasse 1 und **8** sind gut erhaltene Fachwerkhäuser.

L.-GONTERSKIRCHEN
Ev. Pfarrkirche (1260/70) im Übergang vom roman. zum got. Stil. 1930 Erneuerung des Langhauses. – *Empore* und *Kanzel,* 17. Jh.; *Orgel* v. 1770. Roman. *Messingkruzifix.*

L.-RUPPERTSBURG
Ev. Pfarrkirche, ein Saalbau (quergelagert) v. 1750–57. W-Turm mit Haubenhelm und ö anschließender Sakristei. Zu einer Einheit verschmolzen Altar und Kanzel (Sakristeiwand). – *Orgel* (1805 bis 1810) v. Joh. Georg Bürgy. – *Grabdenkmal* von Joh. W. Buderus (gestorben 1806) im *Kirchhof.*

Umgebung

Sellnrod (12 km nö): *Ev. Pfarrkirche,* Fachwerkkonstruktion höchster Qualität v. 1697–98. »Hess. Mann«-Formen in der Mitte der S-Seite und umlaufend am Obergeschoß. Dreiecksgiebel des Eingangs v. Säulen im Volkskunststil getragen.

6420 Lauterbach
Vogelsbergkreis
Einw.: 10000 Höhe: 285 m S. 353 ☐ D 3

Erstmals 812 genannt. Gehörte ehem. zum Kloster Fulda. Stadtrechte 1265. Seit 1806 hess.

Ev. Stadtkirche (Marktplatz): 1764–67 v. Georg Koch und Sohn Georg Veit errichteter barocker Saal. Überhöhung der Fassade durch einen Mittelturm. Außen mit Pilastern und Attika-Aufsätzen gegliedert. Viele Portale. Klassizistisch sind Turmaufsatz und Haube. Im Innern Spiegelgewölbe und Emporen. – Barokke Ausstattung: *Kanzelwand* hinter dem Altar. *Orgel* mit Rokokodekor. *Renaissance-Epitaphien,* z. T. v. Andreas Herber.

Burg der Freiherrn Riedesel zu Eisenbach: Mauerreste aus der Zeit um 1265 erhalten. Dreigeschossiger Bruchsteinbau u. 1679. Pächterhaus an der Seite des Burghofs. 1680. – Brunnenbecken des 17. Jh.

Fachwerkhäuser im Renaissance- und Barockstil.

L.-FRISCHBORN
Ev. Pfarrkirche, ein Saalbau v. 1702–05, v. Matthäus Matthei errichtet. W-Turm mit achteckigem Obergeschoß v. 1732 bis 1733.

Schloß Eisenbach, Renaissanceanlage der hess. Familie Riedesel zu Eisenbach, auf einer Anhöhe zwischen Lauterbach und Herbstein gelegen. *Kernburg* durch

Frischborn (Lauterbach), Schloß Eisenbach, Einfahrt in Vorburg

Frischborn (Lauterbach), Schloß Eisenbach

einen Graben v. der Vorburg getrennt. An der Nordwestfront ein Eckbau (1595), die Neue Kemenate, der Torweg (16.Jh.), der Bergfried (1287, im 15.Jh. verändert) und ein Eckbau v. 1586. – An der ö Seite zum Tal hin das 1515 errichtete *Wohngebäude der Linie Hermannsburg.* Obergeschoß und Renaissancegiebel v. 1581. Gegenüber auf der w Hofseite das *Wohngebäude der Altenburger Linie* (ersetzte nach 1515 die Alte Kemenate). Anstelle einer urspr. Schildmauer errichtete 1848 Hugo v. Ritgen einen neogot. Querbau. Vor der *Vorburg* der Torbau v. 1557. In der Nähe der Neuen Kemenate die 1671–74 errichtete *Kirche.* – Innen: Dreiseitig umlaufende Emporen, *Kanzelaltar* (Knorpelstil), 1673, v. Caspar Wiedemann. Spätgot. *Malereien* des Vorgängerbaus v. 1440 erhalten. Spätgot. *Taufstein.* Die *Zwinger* der äußeren Befestigung sind erhalten. Am Fuß des Schloßbergs spätgot. *Annenkapelle* (1517).

Umgebung

Angersbach (4 km sö): **Ev. Pfarrkirche:** Spätgot. Chorturm (1498) des Vorgängerbaus erhalten. Kirchenschiff v. 1762 bis 1763.
Stichbogenfenster und dreiseitige Emporen. Spätgot. Rankenmalereien und Evangelistensymbole an Fenstergewänden und Gewölbe.
Taufstein v. 1502. *Altarkruzifix* des 17.Jh.; *Kanzel,* um 1680. *Orgel* (1785–86) v. Joh.Schlottmann. Bilder zum Alten und Neuen Testament, 1786 v. Friedr.Hoffmann.
Von der **Burg Wartenberg** sind Bergfried, 2 Palasbauten, Kapelle und Tore erhalten.
Dirlammen (8 km südwestlich): *Evangelische Kirche* mit schöner Fachwerkkonstruktion, seit 1704, großteils verschindelt; Schnitzportal. – Ursprüngliche Ausstattung.

Lich, Schloß

6302 Lich
Gießen

Einw.: 11 600 Höhe: 170 m S.352 □ C 3

Bereits 788 erwähnte Talsiedlung. Von den Münzenbergern ging der Ort in der 2. Hälfte des 13. Jh. in Falkensteiner Besitz über. 1290 Stadtrechte. 1418/19 übernahm Joh. v. Solms die Herrschaft, Lich wurde Residenzstadt. Ab 1806 hess.-darmstädtisch.

Ev. Pfarrkirche (Ehem. Stiftskirche St. Maria): Philipp III. v. Falkenstein gründete 1316 ein Kollegiatsstift. Weihe der Kirche 1320. Neubauentwurf vorwiegend v. Graf Philipp v. Solms. Vollendung des Langhauses um 1514, des Chors um 1525. Tonnenwölbung des Mittelschiffs 1740.
Zweigeschossige Stufenhallenkirche mit 3 Schiffen und 5 Jochen. Chor im ⁵/₈-Schluß. Typus der spätgot. Hallenumgangskirche, da die Seitenschiffe teilweise mit Netzgewölben um den Chor herumgeführt sind. Auffällig die Seitenschiffarkaden, deren Profile in die Rundpfeiler übergehen. Die Emporen öffnen sich mit spitzbogigen Arkaden. Tonnengewölbe mit Gurten im Mittelschiff. Spätgot. Maßwerk in Chor und Seitenschiffen.
Malereien mit Rollwerkornamentik über den Emporenarkaden (1951 freigelegt). Wertvolle barocke *Kanzel* mit Figuren (1772–74) von Martin Lutz v. Rockenberg aus dem Kloster Arnsburg. *Kruzifixus* (am Chor), um 1510. *Orgel* (1621/22) v. Georg Wagner. *Sakramentsnische* v. 1536 mit Renaissance-Rahmung. Zahlreiche *Grabmäler*, u. a. des Kuno v. Falkenstein und seiner Gemahlin Anna, 14. Jahrhundert, in weichem, naturalistischem Stil.
Noch älter das Grabmal des Werner v. Falkenstein (gestorben 1297); spätgoti-

240 Limburg

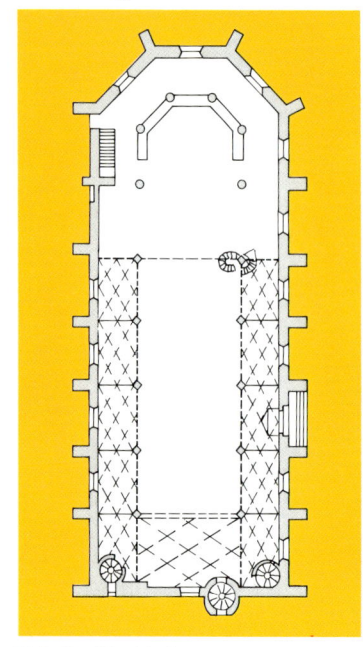

Lich, Ev. Pfarrkirche

sche Denkmäler des Grafen Johannes v. Solms und seiner Frau Elisabeth v. Cronberg (gestorben 1457 bzw. 1438).

Kath. Pfarrkirche St. Paulus: 1956 v. Helmut Bilek errichteter Hallensaal.

Schloß: Baubeginn um 1300. Vierflügelbau mit flankierenden Rundtürmen. Umbau und Barockisierung 1673–82 und 1764–66 (Abriß des 4. Flügels, Welschen Hauben* kamen hinzu); offenes Wohn-Schloß. 1836 Treppenhausbau v. Georg Moller.
1911–12 Festsaalanbau an der nordöstlichen Ecke v. J. Metzendorf. – *Marstall* (neben dem Schloß), klassizistischer Bau, Kern um 1500.

Rathaus: Spätklassizistischer Bau v. 1848/49 in Palazzo-Art.

Stadtmauer, einige Teile noch gut erhalten.

L.-LANGSDORF
771 erstmals genannt. Kam 1403 als Erbe an die Solmser.

Ev. Pfarrkirche (ehem. St. Maria): V. urspr. Bau stammt noch der Chorturm (13. Jh.). Im O Neubau v. 1780–82. Quersaal mit Stichbogenfenstern. Schauseite v. einem Giebelrisalit geschmückt. Klassizistische, dreiseitig umlaufende Empore. – *Altar, Rokokokanzel* (1782) und *Orgel* (erneuert 1872) bilden eine Einheit.
Unter den **Fachwerkgebäuden** ist das *»Haus im Hegerich«* (Reichsgasse 23) sehenswert; 1563 v. Chr. Gabriel erbaut; Schnitzrosetten in der Brüstung.

6250 Limburg
Limburg-Weilburg

Einw.: 30 000   Höhe: 110 m   S. 354 □ B 4

Schon im 7. oder 8. Jh. wird eine Burg erwähnt; seit 821 Sitz der Niederlahngauer Grafen. Im 10. Jh. Herrschaft der Konradiner. Ausbau des Ortes seit dem 11. Jh. zur Kaufmannssiedlung. Stadtrechte seit 1214. Ausbauten und Erweiterungen. 1806–66 gehörte Limburg zum Herzogtum Nassau, wurde anschließend preußisch.

Dom (ehem. Stiftskirche St. Georg): Der berühmte Bau erhebt sich eindrucksvoll über steilem Felsen. Putz und Farbe, erdfarbenes Rot und Weiß, wurden nach originalen Befunden 1970 wiederhergestellt. Neben der Architektur sind die roman. Wandmalereien, die fast vollständig erhalten sind, v. unschätzbarem Wert (seit 1974 freigelegt). 910 Gründung des Stifts durch Graf Konrad Kurzbold. 1058 Weihe einer dreischiffigen Basilika über kreuzförmigem Grundriß mit Chorkrypta. Bei Grabungen fand man 3 unterschiedliche Fußböden, die 3 Bauten vermuten lassen. Weihe des heutigen, 1206 begonnenen Baus 1235. 1863–65 Türme des s Querhauses. – Äußeres: 7 dichtste-

Limburg, Dom-Fassade >

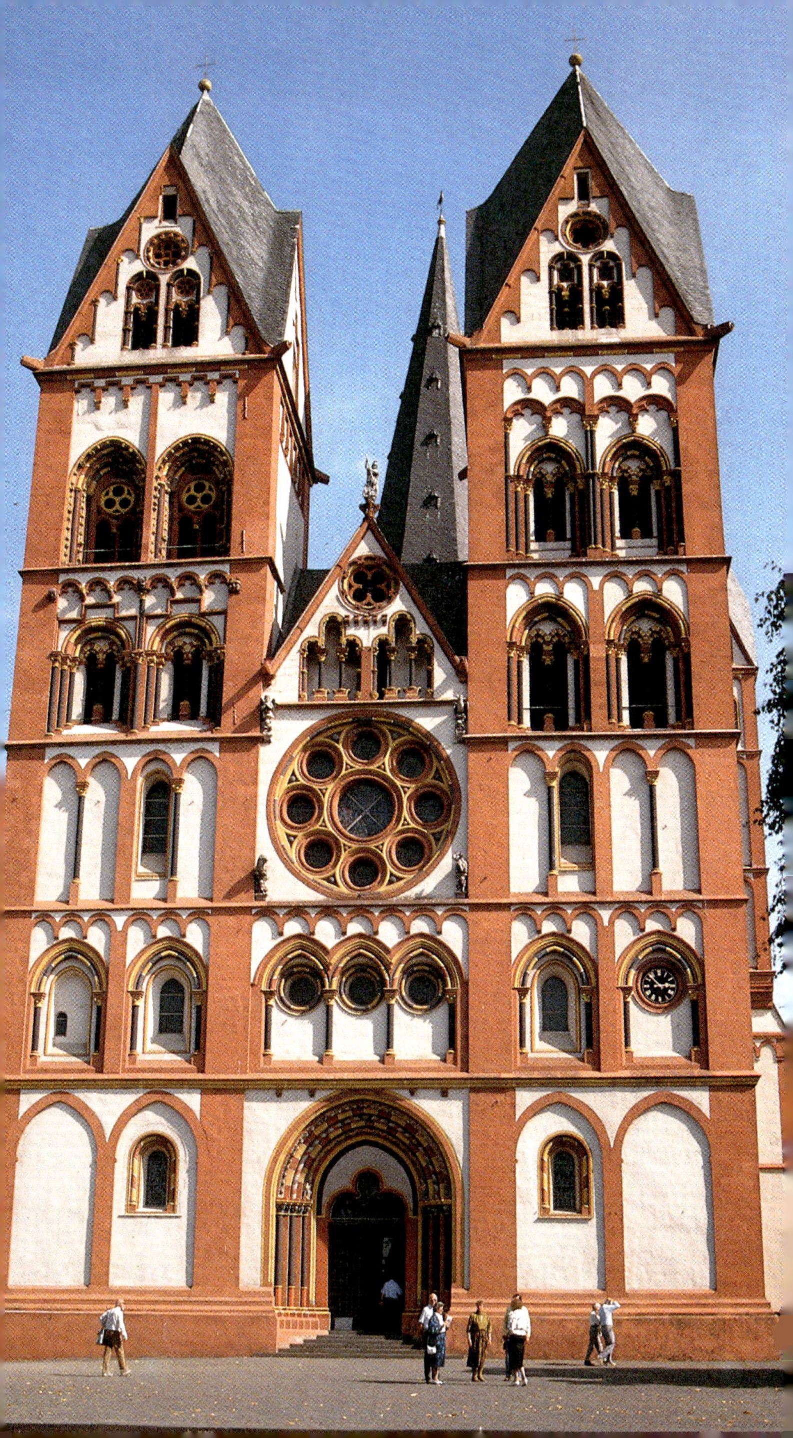

Domansicht von alter Lahnbrücke

Limburg, Dom 1 Erasmuskapelle **2** Sakramentskapelle

hende Türme, an französische Vorbilder erinnernd, betonen die Vertikale. Die monumentale w Doppelturmfassade mit riesiger Rose markiert den Übergang v. der Romanik zur Gotik. Hauptportal mit eingestellten Säulen und ornamentierten Archivolten*. Die Gestalt r am Fuß des inneren Bogenlaufs mit Schwert und Mantel zeigt den Bauherrn, die l den Baumeister. Gliederung des gesamten Außenbaus durch Rund- und Spitzbögen. Obergaden v. Chor, Langhaus und Querschiff mit umgebendem Laufgang. Starke Strebepfeiler als Stützen der Hauptpfeiler des Mittelschiffs. S Seitenschiff mit Bogenfries. Der Chor ist von einer Zwerchgalerie* umzogen, über der ein gerades Gebälk verläuft. Am höchsten ragt der achteckige Vierungsturm auf, dessen Helm 1774 noch erhöht wurde. Rechteckig verkleidete Nebenapsiden zwischen Querhaus und Hauptapsis. Inneres: Zweijochiges, kreuzförmiges Langhaus mit 3 Schiffen; Umlaufgang im Chor. Vierteiliges Aufrißsystem der Wände: über den spitzbogigen Erdgeschoß-Arkaden gleich hohe Emporen-Arkaden mit zweigeteilter Öffnung unter Blendbögen. Vierteiliges Triforium im 3. Geschoß mit Rundstäben. Die durchlaufenden Dienste der kräftigen Hauptpfeiler bilden in Kopfhöhe des Triforiums eine Kapitellzone, abschließend die Obergadenfenster-Zone. Gewölbebögen, anders als die Wandbögen, stark zugespitzt. W-Türme, Turmhalle und Seitenschiffe sind gratgewölbt. Ähnlich aufgegliedert wie die Langhauswand ist die des Querhauses (Emporen mit 3 Öffnungen). Vierungsturm auf Trompen, die den Übergang zum Vierungsquadrat bilden. – Ausmalung: Funktionelle Architekturglieder sind durch Mäander- und Rankenmuster sowie ornamentale Bänder betont. Füllmauern in weißer Farbe bzw. mit figürlichem Dekor (Emporen-Zwickel: Propheten und Apostel, Tugenden und Laster). Im Langhaus-Gewölbe die Elemente ›Feuer‹ und ›Wasser‹ und die Erzengel. – Ausstattung: *Taufstein* (um 1235) in der Taufkapelle; Knospenkapitelle bilden den Übergang v. den 8 Säulen zum Becken. *Grabmal* des Gaugrafen (und Stifters) Konrad Kurzbold (gestorben 948); Grabplatte auf 6 Säulen, davor ein Kleriker mit Löwe und Bär. Steinerne *Chorschranken*, um 1235. Spätgot. *Sakramentshäuschen*. *Annenaltar* (fränkisch?) des frühen 16. Jh. *Epitaph* Daniel v. Mudersbach und seiner Gemahlin (gestorben 1477 bzw. 1461). – Auf dem kleinen Friedhof nebenan steht die **Totenkapelle St. Michael**. Hauptaltar v. 1280.

Staurothek, Domschatz und Diözesanmuseum Limburg (Domstr. 12): Die Sammlungen sind in 3 Geschossen des »Leyenschen Hauses«, einer Hofanlage des 16.–18. Jh., untergebracht. – *Staurothek:* Prunkvollstes Exponat des Domschatzes, der Reliquiare, liturgische Gegenstände und bischöfliche Insignien umfaßt, ist die »Limburger Staurothek«, ein goldenes Kreuzreliquiar (10. Jh.) aus Byzanz. – Im *Diözesanmuseum* werden Holzbildwerke des 14.–19. Jh. sowie Paramente und liturgisches Gerät gezeigt; »Dernbacher Beweinung« (um 1415), eine aus der Rheingauer Gegend stammende tönerne Skulptur.

Ehem. Franziskanerkirche St. Sebastian (Stadtpfarrkirche und Bischöfliche Hauskapelle): Gegründet als eine der 1. Niederlassungen des Deutschen Ordens durch das Ysenburger Geschlecht 1223. 1300 Beginn eines Neubaus. 1738–43 Neubau der Klostergebäude. – Die Kirche ist eine dreischiffige Basilika mit Flachdecke. Chor in Mittelschiffbreite mit $^5/_8$-Schluß. Anstelle eines Turms Bekrönung durch sechseckigen Dachreiter. Weitläufige, zugespitzte Arkaden. Barocke Spiegeldecke mit Medaillons und Stuck und figürlichen Abbildungen (1742 v. Angelus Homburg). – Ausstattung: 2 spätgot. *Schnitzaltäre* des Pfarrers Münzenberger aus Frankfurt, Anfang 14. Jh. *Hochaltar* v. 1891, im Schrein Heilige, auf den Flügeln die Passion Christi.

Limburg, Dom, Blick in Querschiff

Grabplatten (Chor) des Johannes de Limburg (gestorben 1312). Im n Seitenschiff Epitaphien des 16. und 17. Jh. Prächtiger *Orgelprospekt* v. Pater Adam Oehringer. Reste got. *Glasmalereien* im ö Chorfenster.

Ehem. Wilhelmiterkloster, heute **Kath. Kirche St. Anna**: Einfacher Kirchenbau des 14. Jh., 1650–52 umgestaltet. – Bemerkenswerte *Glasgemälde* (um 1350 bis 1360) des mittleren Chorfensters. *Annaselbdritt*-Skulptur, Anfang 16. Jh. v. sog. Meister mit dem Brustlatz.

Pallottinerkirche (Frankfurter/Ecke Wiesbadener Str.): Expressionistischer Bau v. Hubert Pinaud, 1924–27. Dreischiffige Basilika mit Doppelturmfassade. Aufnahme traditioneller Bauformen, die, durch Vereinfachung und Überziehung sämtlicher Bögen zu aufsteigenden Parabeln, eine ganz neuartige Wirkung hervorrufen. – *Hochaltar* (1933) v. Karl Baur.

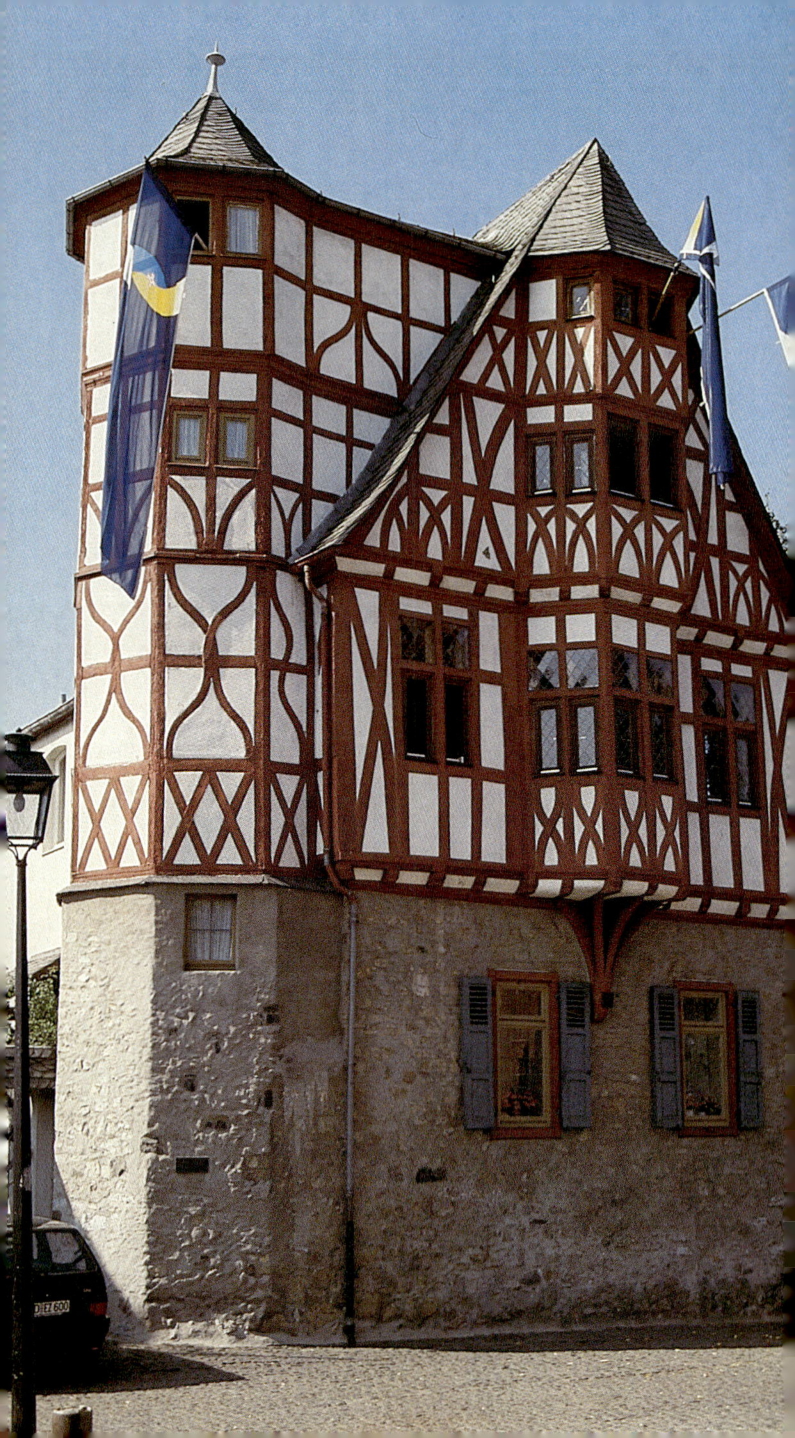

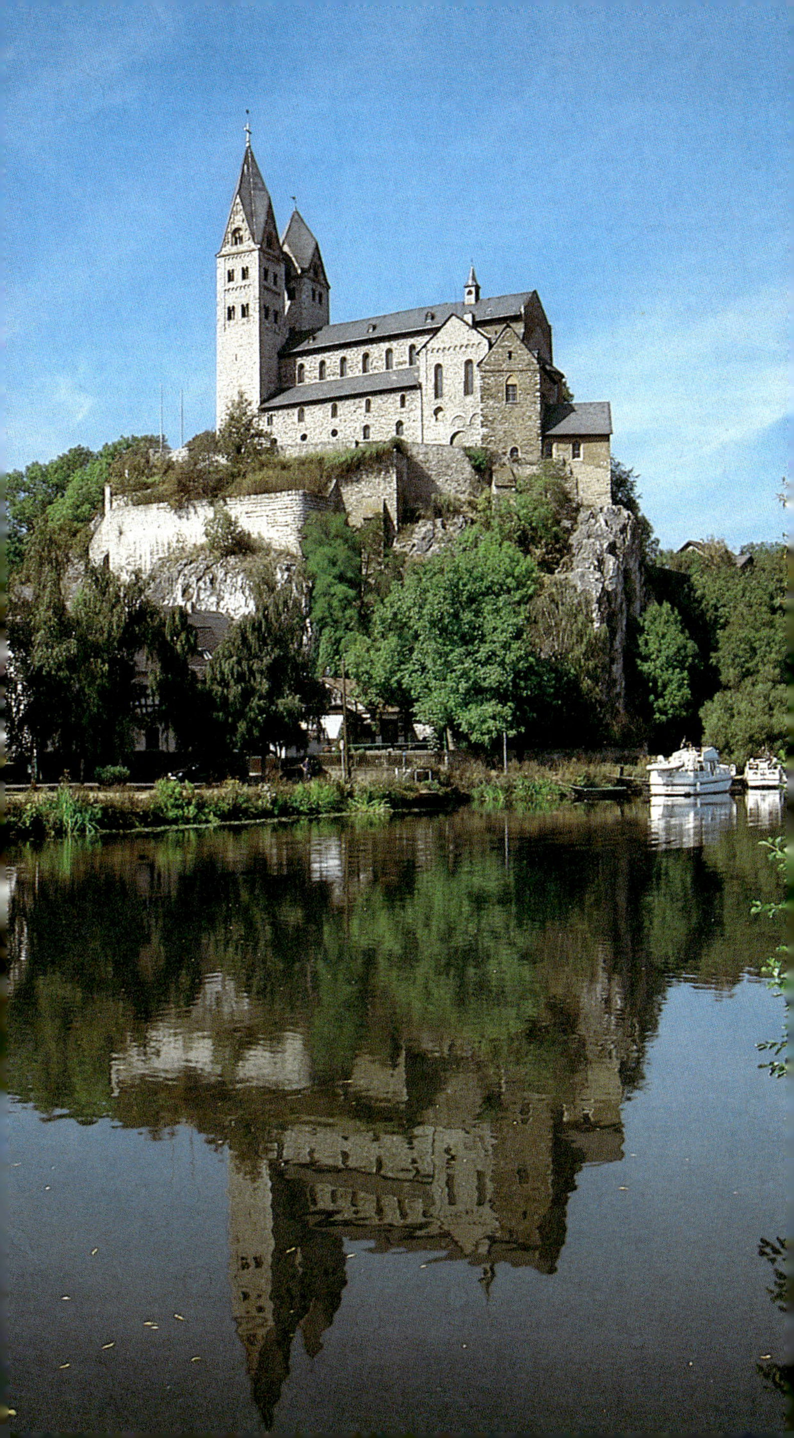

246 Lindenfels/Odenwald

Ehem. Eberbacher Hof: Gegründet 1250 als Niederlassung des Klosters Eberbach. Hier steht die 1322 erbaute **Kapelle**. **Wohnhaus** v. 1777.

Außerdem sehenswert: Eine Vielzahl schöner Plätze und Straßenzüge, die überwiegend von **Fachwerkhäusern** gesäumt sind. *Römer 1, 2, 6,* spätes 13.Jh. Spät-ma Häuser sind u.a.: *Salzgasse 17* v. 1349, *Fischmarkt 55* v. 1355, *Kleine Domtreppe 1* v. 1425. Hübsche spätgot. Fachwerkbauten sind *Rütsche 15, Domplatz 7, Bischofsplatz 7,* Kornmarkt 3, *Brückengasse 9, Roßmarkt15, Fischmarkt 3/4.* Renaissance-Elemente *Nonnenmauer 7* v. 1584, *Rütsche 5/7, Plötze 17/19, Salzgasse 21, Frankfurter Str.2* und *Fischmarkt 20* auf. Reine Renaissance-Bauten: *Domtreppe 1, Fischmarkt 5* und *Barfüßerstr.6.* Kornmarkt 1, Mitte 18.Jh., ist ein schöner Barockbau. Seltener sind **Steinhäuser** wie *Barfüßer Str. 2, Fischmarkt 1* und *12.* Um einen got. Wohnturm handelt es sich beim *Waldorffschen Hof* in der Fahrgasse 5 v. 1665–81.
Der **Brückenturm** (im Kern 13.Jh.) gehört zur Stadtbefestigung. – Steinerne **Lahnbrücke** v. 1315–41.

Kunstsammlungen der Stadt Limburg (Am Fischmarkt 21): In dem um 1615 errichteten Bau werden Werke verschiedener Künstler ausgestellt.

L.-DIETKIRCHEN
Ehem. Stiftskirche St. Lubentia und Juliana: Erwähnung fand das Kollegiatsstift erstmals 841. Die Kirche war Sitz der rechtsrheinischen Trierer Kirchen. – Der einen Saalbau aus dem 8.Jh. ersetzende Neubau wurde im späten 10. od. beginnenden 11.Jh. aufgeführt. Im 11.Jh. Vergrößerung der dreischiffigen Basilika. Statt des W-Turms entstand die Doppelturmfassade, ein neuer Chor und ein breiteres Langhaus wurden gebaut. Weiterer Umbau zum heutigen Zustand in der 2.Hälfte des 12.Jh. nach rheinischen Vorbildern. Dem Limburger Dom nachempfundene Rombendächer der Türme aus dem 2.Viertel des 13.Jh.; restauriert 1955–58. – In der Außenansicht ist der salische Bau noch präsent. Die ungleich hohen Türme sind bis zum Mittelschiffsgiebel ungegliedert. Schallarkaden und Rundbogenfriese an den oberen Geschossen. Am Querhaus wird die urspr. Höhe des Mittelschiffs deutlich. Die *Michaelskapelle* (um 1000) ist n an den Chor angefügt; darunter das Beinhaus. – Im Innern das kurze, hoch aufragende dreigeschossige Schiff; Arkaden auf kräftigen Rechteckpfeilern. Die Empore über den 3 mittleren Arkaden weist je 4 Arkaden mit kleinen Säulen auf, die v. einem Blendbogen überfangen werden. Kurzes Querhaus mit Kreuzrippengewölbe. – Frühbarocke *Malereien* des 16.Jh. auf der Holzdecke. Im Chorscheitel: Darstellung der Paradiesflüsse. – Ausstattung: Spätroman. *Taufstein* mit 6 Säulchen (um 1220). Barocke *Orgel* (w Empore) v. 1711. Das *Kopfreliquiar* des hl.Lubentius im Kirchenschatz; Kopf v. 1270, Büste um 1477. Metallener *Löwenkopf-Türklopfer* mit Evangelisten-Symbolen an der Sakristeitür, frühes 13.Jahrhundert.

6145 Lindenfels/Odenwald
Bergstraße

Einw.: 5400 H.: 400–500 m S.354 □ C 5

Seit 773 Besitz des Klosters Lorsch. Die Burg erstmals erwähnt um 1080, ein Ort »Lindenvels« 1123. 1277 erwarben die Wittelsbacher die Burg. Stadtrechte vor 1336. Erweiterung der Burg und Errichtung der Stadtbefestigung seit 1504. Von 1802 an hess. Seit 1969 offiziell »Heilklimatischer Kurort«.

Kath. Kirche St. Peter und Paul: Weihe 1745. Rechteckiges Schiff mit fünfseitig abschließendem Chor. Holzempore über dem Eingang mit einer Orgel v. 1757. – *Kath. Pfarrhaus* (unterhalb der Kirche): Stattlicher Barockbau v. 1750–52. Äuße-

---

Vorhergehende Seiten:
Links: Limburg, Fachwerkhaus am Domplatz
Rechts: Dietkirchen (Limburg), ehemalige Stiftskirche

res durch Ecklisenen und Gewände aus rotem Sandstein gegliedert.

Ev. Kirche: Nachfolgebau einer Vorgängerkirche des MA. 1825 nach Entwürfen Georg Mollers entstanden. Orgel v. 1837.

Burg Lindenfels: 1080 v. Abt Winither aus Lorsch als »Slirburc« gegründet. Burgherr war, nach denen v. Hohenberg und Henneberg, Konrad v. Hohenstaufen, Bruder Kaiser Barbarossas. Ab 1277 im Besitz der Wittelsbacher. Zerfall seit dem 18. Jh. Um 1880 Beginn der Restaurierung.

Rathaus: Mitte 18. Jh. v. Joh. Franz Schlunkard erbaut. Seit 1786 öffentlich genutzt.

Bürgerturm: Beeindruckendes Bauwerk des 14. Jh. mit einer Höhe von 19 m und einem Durchmesser von 8 m. Keine Verbindung zur Stadtmauer.

Frucht- oder Zehntspeicher: Dreigeschossiges Gebäude, 1781–84 aus dem v. der Burg abgetragenen Material erbaut.

Lindenfelser Museum: Exponate zur Geschichte der Landwirtschaft und des Handwerks in dem Städtchen; Burg- und Stadtmodell; Odenwalder Trachten.

Veranstaltungen und Brauchtum: Internationaler Ostereiermarkt, jeweils 1 Woche vor Ostern. Lindenfelser Burg- und Trachtenfest auf der Burg, 1. Augustwochenende.

3554 Lohra
Marburg-Biedenkopf

Einw.: 5300   Höhe: 200 m   S. 352 □ C 3

Ev. Pfarrkirche: Dreischiffige Pfeilerbasilika des 13. Jh. im spätroman. Stil. 1909 wurde das S-Seitenschiff mit Fachwerk aufgestockt. Got. Kreuzrippengewölbe. Spätroman. Quaderbemalung rekonstruiert. – Ausstattung des 17. und 18. Jh. *Chorempore* (1699) mit Brüstungsfeldern v. 1772, bemalt v. Wilhelm Hermann Werner. *Orgel* v. 1691 mit bemalten, verschließbaren Flügeln.

Fachwerkbauten in der Umgebung der Kirche: *Rathaus* v. 1713, *Schulstr. 2* v. 1702, und **6** v. 1818.

6304 Lollar
Gießen

Einw.: 8900   Höhe: 180 m   S. 352 □ C 3

Wichtiger Industrieort seit der 1852 fertiggestellten Main-Weser-Bahn Kassel–Frankfurt.

Bauten der Main-Weser-Hütte (1853 gegründet, seit 1861 im Besitz der Firma Buderus): *Gichtturm* mit 4 Geschossen im klassizistischen Stil; wehrhafter Charakter. N des Areals die neogot. *Fabrikantenvilla*, bekrönt von einem schlanken Turm. Gründerzeitliche *Häuserzeile* am Stadteingang in der Marburger Str., angelegt für die Arbeiter.

L.-KIRCHBERG
Ev. Pfarrkirche (St. Maria), ehem. Wehranlage auf einem Berg über der Ortschaft. Kleiner Rechteckbau v. 1495 bis 1508. Asymmetrie des Grundrisses: Das s Schiff ist breiter als das n. Kreuzgewölbe über Rundpfeilern, Chor mit Sterngewölbe. – *Grabmäler* derer v. Rohlshausen und v. Rodenhausen mit Renaissance-Formen.

L.-SALZBÖDEN
Ev. Kirche mit Wehrkirchturm des 13. Jh. Umgestaltung des Kirchbaus Ende 15. Jh., Saalanbau und Chor um 1600. Emporenbrüstungsmalereien (18. Jh.) v. Georg Ernst Justus Kayser und Sohn Joh. August. *Rokoko-Orgel*. *Renaissance-Grabmäler* im Chor.

Außerdem sehenswert: Torbogen v. 1663 in der Mauer des *Wehrkirchhofes*. – *Altes Schloß Battingsfeld* (bei der Schmelzmühle): Bei Ausgrabungen konnte man eine karolingische Burganlage des 8. Jh. nachweisen. – *Steinbrücke* (um 1800), über die Straße in Richtung Schloß.

248 **Lorch**

Lorsch, Ehemalige Benediktinerabtei, Königshalle (oben)

Königshalle, Halbsäule mit Kapitell und Blätterfries (unten)

Umgebung

Staufenberg (2 km n): Um Ober- und Unterburg wurde die Stadt am Hang angelegt. 1233 als Veste der Ziegenhainer Grafen genannt. Seit 1450 hessisch; 1647 zerstört. Verfall im 18. Jh. Wiederaufbau durch Hugo v. Ritgen 1860–62. Die *Oberburg* ist Ruine. V. der 1487 datierten *Unterburg* existiert ein dreigeschossiger Rechteckbau mit Treppenturm in der Mitte. Seitlich von Ecktürmchen flankiertes Dach.
Wißmar (5 km w): *Ev. Kirche:* Eindrucksvoller klassizistischer Quersaalbau, 1828–30 v. Schinkel-Schüler Friedrich Louis Simon* entworfen.

6223 Lorch
Rheingau-Taunus-Kreis

| Einw.: 4500 | Höhe: 88 m | S.354 □ A 4 |

Besiedelung schon in der Römerzeit. Fränkisch-karolingischer Königshof, 983 an Mainz. Seit den Karolingern wurde hier Wein angebaut. Tuchmachergewerbe im späten MA. Seit 1860 preußisch. Günstige Lage am Ende des Wispertals; hier wurde die Fracht größerer Schiffe auf kleinere Boote und Wagen umgeladen, da die Strömung des »Binger Lochs« gefährlich war.

Kath. Pfarrkirche St. Martin: Über der Stadt auf einer Anhöhe gelegen. Spätroman. Reste (hellgrauer Stein). Teile eines O-Turms und der W-Front. Jetziger Kirchenbau stammt aus dem späten 13. Jh. Zweijochiger Chor mit $^5/_8$ Abschluß; Maßwerkfenster und v. Fialen besetzte Strebepfeiler. Kreuzgewölbe über verzierten Laubkapitellen. Langhausbau v. Anfang 14. Jh.; erweitert 1400 um das n Seitenschiff. Vorhallen v. 1480. Ausstattung: Reicher, geschnitzter *Hochaltar* v. 1483. 10 Statuen liegen in den Schreinnischen in 2 Stockwerken übereinander, im Mittelpunkt die Madonna; aufwendig gestaltetes Gesprenge, Einflüsse oberrheinischer Meister. *Chorgestühl* (Ende 13. Jh.) mit Pflanzen und tierhaften Gestalten in den Wangen. Schön bekröntes *Sakramentshäuschen*, Anfang 15. Jh. *Taufstein* v. 1464. *Vesperbild*, 2. Hälfte 14. Jh. Großes *Kruzifix*, 1. Hälfte 13. Jh. *Renaissance-Grabmal* Joh. Hilchen v. Lorchs (gestorben 1550), kaiserlicher Feldmarschall. – **Kirchhof** mit *Steinkreuz* v. 1491 und Kruzifix des 18. Jh.

Pfarrhof: Verschiefertes Fachwerkhaus, urspr. v. 1690. Umgestaltet 1820 und erweitert um einen Flügel. – *Marienskulptur*, um 1400.

Burgruine Nollig: Gegenüber v. Lorch liegt der einst dreigeschossige wehrhafte Fachwerkturm (14. Jh.).

Hilchenhaus (Rheinstr.): Gilt als einer der prächtigsten Adelssitze des mittelrheinischen Gebiets. Renaissancebau v. 1546–48. Namensgeber war der Bauherr Feldmarschall Joh. Hilchen. Dreigeschossiger Steinbau, bekrönt v. vierstöckigem gestaffeltem Giebel. Seitlich ein Treppenturm. Repräsentative Frontseite zum Rhein hin.

Wohnbauten: Vorwiegend verputzte Häuser im barocken und klassizistischen Stil. – Reste des karolingischen *Saalhofes* im Hof des Hauses Marktplatz 1. Spätgot. *Zehnthof* (beschädigt).

Brücke aus Stein v. 1552 über die Wisper.

Kunst- und Heimatmuseum (Rathausplatz): Funde aus der Zeit der Besiedelung durch die Römer, Ausstellungsstücke aus MA und Barock; sakrales Gerät des MA (Kruzifixe, Skulpturen, Reliquiare u. a.).

6143 Lorsch
Bergstraße

| Einw.: 11 000 | Höhe: 100 m | S. 354 □ C 5 |

Ehem. Benediktinerabtei, eine der mächtigsten des frühen MA. Gaugraf Cancor und Willswind stifteten 764 das

Lorsch, Basilika, Ansicht der drei Joche des Mittelschiffes einer karolingischen Kirche

Kloster und übergaben es Erzbischof Chrodegang v. Metz, der Benediktinermönche nach Lorsch rief. Seit 766 Bau des Klosters. 772 Karl d. Großen unterstellt, Lorsch wurde Reichsabtei. Unter Karolingern, Ottonen und Saliern fanden Stadt und Kloster starke Unterstützung; kulturelle Blütezeit. 1090 Zerstörung der karolingischen Klosteranlage durch Brand. Weihe des Neubaus 1130. Aufhebung der Propstei 1556. Langsamer Verfall der Anlage. Aufgrund von Grabungen kennt man den Grundriß der Anlage, aber nicht das Äußere. 1927–36 gründliche Restaurierung der kunsthistorisch bedeutsamen Lorscher *Königshalle*. Sie stand vermutlich im Vorhof des Klosters und wurde wohl als Triumphtor für Karl d. Großen nach 774 errichtet. Zweigeschossiges rechteckiges, kleines Gebäude mit je 3 zu den 2 Frontseiten geöffneten Arkaden im unteren Geschoß. Zwischen den breiten Bögen je eine

Halbrundsäule mit Kompositkapitell; horizontales Friesband. Ähnlichkeit mit antiken Triumphbögen. Obergeschoß v. 10 Pilastern mit spitzen Giebeln gegliedert. Jeder Arkade in der offenen Halle ist ein Rundbogenfenster zugeordnet. Die feingliedrigen Giebelpilaster erinnern an Holzbauweise. Konsolengesims als Abschluß zum Dach. Interessante Fassadengestaltung aus weißen und roten Steinen. An beiden Schmalseiten ein runder Treppenturm; Treppen führen ins Obergeschoß in einen rechteckigen, einst flach gedeckten Saal. 1936 wurden Reste (karolingischer?) Wandmalerei freigelegt und vielfach ergänzt: die Ausmalung entspricht dem Äußeren der Halle. Das antike Gliederungsschema ähnelt den Kanontafeln der Palastschule Karls d. Großen. Got. Bemalung: im N eine Marienkrönung mit dem himmlischen Jerusalem, im S eine Schmerzensmann-Darstellung. – Über die Funktion des Bauwerks konnte man sich bis heute nicht einigen: Es konnte Königs- oder Gerichtshalle oder eine Kapelle gewesen sein.

Basilika St. Peter und Paul und St. Nazarius, nur noch Reste des Mittelschiffs sind erhalten; Steinräuber haben den Bau geplündert. – Innen ein Pilastersarkophag aus karolingischer Zeit.

Rathaus v. 1715 mit massivem Untergeschoß, auf dem sich ein Fachwerkgeschoß erhebt. Die Frontseite weist einen Mittelerker mit Haubenlaterne und 2 Eck-Erkern auf.

Fachwerkhäuser des 18. und 19. Jh.; darunter das ehem. *Wohnhaus der Freiherrn v. Hausen* (Bahnhofstr. 18), ein verputzter Fachwerkbau v. 1775.

Tabakmuseum (Altes Rathaus): Das Alte Rathaus birgt eine umfangreiche Sammlung zur Tabakverarbeitung; soziale, wirtschaftliche und handwerkliche Aspekte; Ausstellung v. Zigarettenhaltern, Tabakdosen u. a.

Veranstaltungen und Brauchtum: Johannisfest am 24. Juni; Kirchweih am 3. Wochenende im September.

3550 Marburg
Marburg-Biedenkopf

Einw.: 78 000   Höhe: 213 m   S. 352 □ C 3

Schon in vorgeschichtlicher Zeit besiedelt. Im MA trafen hier wichtige Fernstraßen zusammen. Im 9. oder 11. Jh. Burganlage auf der Augustenruhe. Ausbau der Burg (heutiger Schloßberg) durch die thüringischen Grafen. Ausbau der Stadt um den Marktplatz seit 1140. 1222 erstmals als Stadt (civitas) genannt. 1228 gründet Elisabeth, Tochter des Königs v. Ungarn und Witwe Landgraf Ludwigs IV. v. Thüringen, das Franziskushospital. 1231 starb sie; 1235 Heiligsprechung. Zu dieser Zeit Bau der Elisabethkirche durch den Deutschen Orden. 1236 feierliche Überführung der Gebeine der Heiligen; Marburg wurde Wallfahrtsort. Seit 1260 Ausbau Marburgs zur Residenz und Festung. 1319 verheerender Brand. Landgraf Philipp gründete 1527 die 1. Universität. 1529 Religionsgespräche zwischen Luther und Zwingli im Schloß. 1802/03 Clemens Brentano, die Brüder Grimm, Bettina v. Arnim, Friedrich v. Savigny in der Stadt. 1809 Teil des Königreichs Westfalen unter Jérôme Bonaparte. Seit 1866 preußisch.

Elisabethkirche: Wichtigstes Baudenkmal N-Hessens. Weihe des Hohen Chors 1249. Außer als Grabstätte für die Gebeine der hl. Elisabeth (Überführung 1236) und als Wallfahrtsstätte war sie of-

Marburg, Elisabethkirche

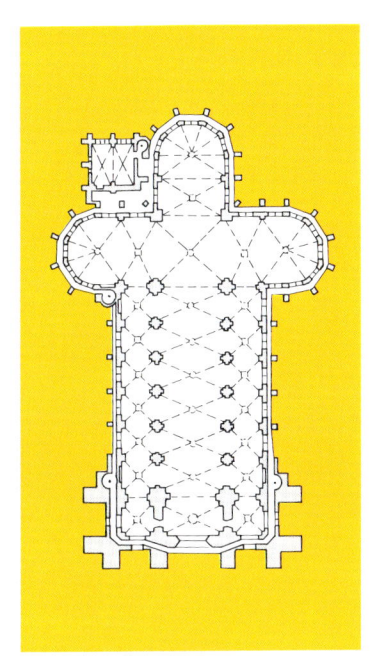

Marburg, Elisabethkirche

fiziell ein Deutschordensbau sowie Grablege der Landgrafen. Zunächst stellte man hier den Sarg der Heiligen auf. 1257/58 wurden S- und N-Chor errichtet. 1270 Weiterführung der Außenmauern, die w Turmfront als Widerlager für das Gewölbe entstand. Endgültige Kirchenweihe 1283. 1290 Weihe des Hochaltars. Letzte Bauarbeiten (am w Mittelgiebel) Mitte 14. Jh. – Neben der Trierer Liebfrauenkirche ist die Marburger Elisabethkirche der 1. hochgot. Kirchenbau Deutschlands. Einflüsse französischer Kathedralbaukunst werden deutlich. Doch entschied man sich für den zweigeschossigen Aufriß und Dreikonchen-Abschluß im Chor (die 3 Chorarme enden jeweils in einem Halbrund und sind gleich lang). So zeigt der O-Teil mit der Vierung zentralistische Tendenz. Daran anschließend das siebenjochige Hallenlanghaus, das Mittelschiff hat die doppelte Breite der Seitenschiffe. – Das *Äußere* der Kirche zeigt starke Vertikaltendenz. Die Strebepfeiler, die bis zur Höhe der Gewölbekämpfer ragen, setzen sich um das gesamte Gebäude im Wechsel mit den spitzbogigen Maßwerkfenstern fort. 2 Türme (80 m hoch) mit Schallarkaden und steinernen Spitzhelmen. In der Mitte der Front das aufwendig gestaltete große Portal (um 1270/80), v. dreifach gestuften Säulengewänden gerahmt; im Tympanon über der Mittelsäule eine Madonnenstatue (Hinweis auf die Patronin des Deutschen Ordens) vor Weinlaub und Rosen, flankiert v. 2 Engeln. Türflügel mit eisernen Beschlägen, jeweils in der Mitte das Muster des Deutschordenskreuzes. Urspr. war der Bau außen farbig bemalt – Reste sind noch teilweise vorhanden. – Entsprechend dem äußeren Strebesystem verlaufen im *Innern* die Wandpfeiler. Rundpfeiler mit 4 Diensten lenken nach O zum Chor, der vom Langhaus durch den Lettner (1343) getrennt ist. Pfeiler mit Knospen- und Blattkapitellen, in die Scheidbögen, Kreuzrippen und Gurte münden. Im n Chor die Grabstätte der

*Marburg, Elisabethkirche,
hl. Elisabeth mit Kirchenmodell*

hl. Elisabeth, im s die des Bauherrn Konrad, später der Landgrafen v. Hessen. – *Ausstattung:* Die 50 Skulpturen des Lettners ließ Landgraf Moritz 1607 zerstören (Bildersturm), bis auf die Statuen v. Jakobus und Philippus, die zu beiden Seiten des Portals im s Seitenschiff stehen. Vor dem Lettner auf dem Pfarraltar *Bronzekruzifix* v. Ernst Barlach*. Auch das Innere war farbig gestaltet; erhalten sind am 4. Schiffspfeiler 2 gemalte Heilige, eine Marienskulptur flankierend. Über der *Orgel* (W-Wand) *Glasfenster* v. Georg Meistermann. Spätgot. *Elisabethskulptur* im N-Schiff, um 1480. Im Elisabethchor der um 1517/18 v. Ludwig Juppes geschaffene *Marienaltar.* In der Predella das *»Marburger Vesperbild«*, eine Pietà v. 1390 (Salzburger Raum) im Weichen Stil. Im Schrein die Marienkrönung dargestellt. Auf der ö Seite des N-Chors *Mausoleum der hl. Elisabeth;* steinerner rechteckiger Baldachin v. 1280, eine Kombination aus Heiligengrab und Ziborienaltar. Auf den Längs- und Querseiten unterschiedlich breite, verzierte Spitzbogen. Ranken und Blumen schmücken auch den Rechteck-Rahmen. Bündelpfeiler flankieren die Kanzen. In dem imposanten Aufbau steht ein leerer Sarkophag. In der linken Wandnische der *Katharinenaltar* mit Wandmalereien (u. a. Szenen aus dem Leben der hl. Katharina) des 2. oder 3. Viertels des 15. Jh. Die r Altarnische birgt den *Elisabethaltar* (geweiht 1294), mit Szenen aus dem Leben der Heiligen. Am westlichen Ende des Schiffs steht der *Elisabethaltar* (1513) v. L. Juppe, der auch den *Sippenaltar* (1511) auf der gegenüberliegenden Seite schuf.

Der *Hochaltar* in der Vierung ist mit Wimpergen und Fialen besetzt. In den Nischen, immer in Dreier-Gruppen, Maria mit 2 Engeln, r Elisabeth, gerahmt von den hll. Katharina und Magdalena sowie neuere Figuren. Seitlich neben dem Hochaltar in *Zelebrantenstuhl* mit feingliedriger Bekrönung v. 1397. Eindrucksvolle *Glasmalerei* im mittleren Chorfenster. Obere Reihe l (um 1314), u. a. Maria und das Kind; mittleres Fenster: Gottvater in Gestalt Christi, die Schöpfungsgeschichte, Ecclesia und Synagoge; r: »Noli me tangere«-Szene. Untere Fensterreihe: l die hl. Elisabeth, Johannes Evangelista, Madonna Mater Misericordiae und hl. Franziskus, Mitte: Kreuzigung, Johannes d. Täufer; r Fenster: *Medaillonfenster* mit Szenen aus dem Leben der Elisabeth. – Die Mehrzahl der bedeutenden *Grabdenkmäler* im s Querhausarm, dem sog. Landgrafenchor. Grabmal des 1240 gestorbenen Ordens-Hochmeisters Landgraf Konrad; Einzelgrab (Ottos oder Heinrichs?) mit Platte auf Arkaden; Doppelgrab zweier nicht erkennbarer Landgrafen; Grabfigur Ludwigs I. (1471) v. Meister Hermann; Grabmal Wilhelms II. (gestorben 1509) v. Juppes; Grabplatten an den Chorwänden. – *Sakristei:* Seitlich vom Eingang 4 Engelsskulpturen und 2 Deutschordensritter in einer Sakramentsnische. Dazu Paulus, Johannes Evangelista, Jakobus und Matthäus. *Elisabethschrein,* geschützt durch ein schmiedeeisernes Gitter v. 1326, eine Goldschmiedearbeit höchster Qualität.

Marburg, Elisabethkirche, Mausoleum

Zur Übertragung der Gebeine 1240 vollendet; Form einer Kirche mit Mittelschiff und verkürztem Seitenschiff. Auf der einen Längsseite in der Mitte Christus zwischen 6 Aposteln, auf der anderen rahmen die übrigen 6 Reste einer Kreuzigungsgruppe; an den Schmalseiten: Maria mit Kind und die hl. Elisabeth.

Deutschordensgebäude: Nur noch wenige Gebäude sind erhalten. Inmitten einer Dreiflügelanlage der Hauptbau, das sog. *Herrenhaus;* 1252 begonnen, 1480 umgestaltet. 1780–87 zusätzliches Fachwerkgeschoß. Den W-Flügel bildet das *Brüderhaus* (unterstes Geschoß: 1. Hälfte 13. Jh.); Grundriß entspricht dem der hier gestandenen Franziskanerkirche, der urspr. Grablege Elisabeths. R davon das alte *Komturhaus,* dem sich seit 1483 s der *Neue Bau* anschloß. Ö der 1530/31 entstandene Chorerker der Hauskapelle; v. der Alten Komturei ist eine Renaissance-Säulengalerie erhalten. Am s gelegenen Firmaneiplatz der prächtige got. *Kornspeicher* (auch Backhaus) v. 1515. Ruine der *Firmaneikapelle* (ehem. Hospitalkapelle) aus dem 3. Viertel des 13. Jh. S des Chores auf der Rasenfläche ein *Steinkruzifix.* Am Berghang gegenüber der Elisabethkirche liegt die 1268 bis 1270 errichtete *Michaelskapelle,* genannt »Michelchen«; umgeben von einem ehemaligen ma Pilgerfriedhof mit Grabsteinen des 16. bis 19. Jh.

Kilian: Auf der Mitte des Schuhmarktes entstand die Kilianskapelle, 1. Kirchengebäude Marburgs, vermutlich um 1200 im roman. Stil errichtet. Seit 1584 teilweise abgetragen und zerstört. Statt dessen fügte man 1 Fachwerkgeschoß hinzu. Gut erhalten das Westportal mit hübschen Kapitellen, nun zum Fenster vermauert.

Marienkirche (luth. Pfarrkirche): Ein Neubau des Deutschen Ordens Ende 13. Jh. ersetzte den um 1190 entstande-

Marburg

Marburg, Elisabethkirche, Doppelgrabmal thüringisch-hessischer Landgrafen

nen roman. Vorgängerbau. Weihe des Chors 1297, Baubeginn des got. Langhauses 1370; Tyle v. Frankenberg war vorwiegend an der Fertigstellung beteiligt. 1447–73 Bau des spätgot. W-Turms. Infolge der Reformation beanspruchten die Landgrafen die Kirche für sich und bestimmten sie zur Grablege. An der O-Seite Treppenvorbau (nach 1604) im Renaissancestil. Innen: Dreischiffige Hallenkirche, kreuzgratgewölbter Chor mit $^5/_8$-Schluß. Dazwischen tiefe Fensternischen. Dreikantform der nach innen gezogenen Strebepfeiler. Langhaus mit einfachem Kreuzrippengewölbe. – Ausstattung: Auf Befehl des Landgrafen Moritz Vernichtung der ma Ausstattung. Frühbarocker *Altar* mit Alabasteraufsatz v. Adam und Philipp Franck, 1626. *Messing-Taufkessel*, um 1625, mit spätgot. Taufschale. *Doppelgrabmal* Ludwigs IV. v. Hessen-Marburg (1567–1604) und v. dessen Gemahlin (gestorben 1590) auf der n Chorseite. *Orgelprospekt* (1721–22) v. Joh. Nikolaus Schäfer; Schnitzwerk v. Joh. Friedr. Sommer. *Apokalypsenfenster* v. 1958 in der Turmhalle v. Erhard Klonk.
Der 1370 errichtete *Pfarrhof* liegt gegenüber dem W-Portal. Vermutlich entstanden Eckturm und Unterbau aus Steinen der urspr. Marienkirche. Östlich davon der *Kerner* (1320), ein ehemaliges Beinhaus.

Kugelkirche: Nach den Brüdern v. gemeinsamen Leben, den »Kugelherren« (wegen ihrer Mützen), benannt. Aufgrund einer Schenkung konnte 1477 mit dem Kirch- und Klosterbau begonnen werden. Einwölbung und Bemalung v. 1516. Dreischiffiges Langhaus mit einschiffigem Chor. Schönes, den Raum überziehendes Netzgewölbe, an den Schnittpunkten mit Ranken bemalt. – *Sakramentshäuschen* (um 1520) v. Bernd Bunekeman. – W das 1506 ausgebaute *Kugelhaus* (vermutlich v. Hans Jakob v. Ettlingen).

Universitätskirche, ehem. Kirche des Dominikanerordens: Typ der reduzierten Hallenkirche, 1291 bis um 1320 erbaut. Unvollendetes Langhaus. – *Taufbecken* und *Kanzel* des 17. Jh. Expressionistischer *Lettner* und *Orgelprospekt* v. 1927. – *Universitätsgebäude*, anstelle des Klosters 1874–78 v. Carl Schäfer in neogot. Formen angelegt. Aula v. 1887–91.

Schloß: Hoch über der Stadt auf einem nach 3 Seiten abschüssigen Hang gelegen. Erstmals wurde hier eine thüringische Burg genannt. Unter Herzogin Sophie v. Brabant ab 1260 Weiterentwicklung der heutigen Anlage. Ihr Sohn Heinrich I. wurde 1292 in den Reichsfürstenstand erhoben. Unter Heinrich III. und dessen Sohn Wilhelm III. Vergrößerung der Residenz (seit 1458). 3. Bauperiode 1567–1604. – Um einen trapezförmigen Hof liegen hufeisenförmig 3 Flügel. Die Spitze bildet der vorgelagerte, durch einen Arkadengang (1870 v. Heinrich Regenbogen) mit der Hauptanlage verbundene *Wilhelmsbau* (1493–97 v. Hans Jakob v. Ettlingen). Der S-Flügel setzt sich aus dem *Landgrafenbau*

Marburg, Elisabethkirche, Elisabethschrein

(13. Jh.) mit Eingangshalle und der *Schloßkapelle* zusammen. Ersterer im 15. und 16. Jh. stark verändert. Im *Landgrafenzimmer* fand vom 1.–3. Oktober 1529 das berühmte Marburger Religionsgespräch zwischen Luther und Zwingli statt. Eine Wendeltreppe führt zur Kapelle. Der zweigeschossige Bau wurde 1288 geweiht, Innenausbau bis 1316. Im Obergeschoß der eigentliche Kirchenraum, eine Verbindung v. Längs- und Zentralanlage. Got. Malerei in hellen Farben. In der W-Nische *Christophorusdarstellung*, um 1300. S vor der Kapelle die *Rentkammer*, die 1572 Ebert Baldewein errichtete. – Im N befindet sich der zweigeschossige *Saalbau* (1292 bis Anfang 14. Jh.) mit übereck gestelltem Treppentürmchen. Ein Risalit mit Staffelgiebel springt aus der Mitte hervor, starke Verstrebungen stützen den Bau. Im obersten Geschoß der got. *Fürstensaal*. 4 Achteck-Pfeiler teilen den Raum in 2 Schiffe mit jeweils 5 Gewölbefeldern. Schlußsteine mit Masken, Tieren und vegetabilen Formen geschmückt. Auffallend tiefe Lage der Kämpferpunkte. Maßwerkfenster. S Hauptportal mit Intarsienholztür v. Nikolaus Hagenmüller (1573). W der Innenhof mit dem 1486–87 errichteten *Frauenbau*. Ehem. *Marstall* im W des Schlosses. 1575 Aufstockung des Untergeschosses um 2 Fachwerkgeschosse. Aufwendig gestaltetes Renaissanceportal v. 1573. – *Hexenturm* (nw), angeblich v. Hans Jakob v. Ettlingen 1478 errichtet. – Reste der *Befestigungsmauer* mit Türmchen und Kasematten des 17. Jh. – 100 m tiefer *Ziehbrunnen* im inneren Schloßhof. – Ehem. *Kanzlei* v. Ebert Baldewein, 1573–76; Renaissancebau mit Volutengiebeln und Treppenturm.

Rathaus: Neben Elisabethkirche und Schloß Wahrzeichen der Stadt. Begonnen 1511 v. Steinmetzmeister Klaus v. Wetzlar. Nach Unterbrechungen veranlaßte Landgraf Philipp 1523 den Weiterbau. Vollendung 1526. Das zur Talsei-

te gerichtete Untergeschoß war für die Fleischhändler bestimmt, das Erdgeschoß wurde ebenfalls zum Verkauf genutzt. In der Mitte der zur Marktseite hin gewandten Front ein sechseckiger Treppenturm. Steinernes Relief (Stadtwappen und Elisabeth-Darstellung) v. Ludwig Juppe über dem Tor. Seitlich ein Staffelgiebel mit aufgesetzten Ecktürmen.
W der *Küchenbau* (1574–75) v. E. Baldewein. *Kunstuhr* mit Weltkugel, Gockel, Totenbläser, Tod und Justitia.

Stadtmauer, teilweise gut erhalten. W der Altstadt das roman. *Kalbstor* und der etwas jüngere *Bettinaturm*. In der ö Mauer steht noch die *Dominikanerpforte*. Barock das *Torhäuschen* am Barfüßer Tor v. 1784.

Treppen: Jakob Grimm schrieb über die Stadt: »Zu Marburg muß man seine Beine rühren und treppauf, treppab steigen«; zahllose Treppen prägen sich jedem ein, der zu Fuß durch die Altstadt geht.

Universitätsbauten: *Zootomie* v. 1825; *Anatomie,* 1840–42 v. Arend und Rudolph errichteter Ziegelbau; *Dörneberger Hof* im klassizistischen Stil; *Botanisches Institut, Physiologie* und *Bibliothek der Universität,* 2. Hälfte 19. Jh.; »*Jubiläumsbau*« in spätexpressionistischer Manier v. 1927.

Wohnbauten: Zahlreiche Fachwerkhäuser, u. a. *Hirschberg 13* v. 1321; *Schloßtreppe 1,* Ständerbau v. 1418; *Markt 19, Barfüßerstr. 27, 33, 35, 48*. Aus Stein gebaut das *Steinerne Haus* (Obermarkt) v. 1319–23; das »*Hochzeitshaus*« (Nikolaistr. 3) v. 1527–30.

Kindheitsmuseum (Barfüßer Tor 5): Spielzeug, Schulbücher und Lithographien zum Thema ›Kindheit‹.

Marburger Universitätsmuseum für Kunst- und Kulturgeschichte (Biegenstr. 11): Im 1926/27 errichteten Museumsgebäude sind neben Porträts namhafter Marburger Professoren Kunstwerke des 19. und 20. Jh. ausgestellt (u. a. Bilder Spitzwegs und der Willingshäuser Künstler). Im Untergeschoß volkskundliche Exponate. Im Museum für Kulturgeschichte ist (O-Flügel des Schlosses) eine Ausstellung zur Stadtgeschichte eingerichtet.

Mineralogisches Museum (Firmaneiplatz): Umfangreiche Mineralien- und Gesteinssammlung der Philipps-Universität.

Religionskundliche Sammlung (Landgraf-Philipp-Str. 4): Umfangreiches Material zur Religionsgeschichte.

Völkerkundliche Sammlung (Kugelgasse 10): Kult- und Gebrauchsobjekte aus Asien, Amerika, Australien, Ozeanien und Afrika.

Veranstaltungen und Brauchtum: Historischer Bauernmarkt (jährlich im Oktober): folkloristische »Sommerkonzerte« im Juli/August auf der Schloß-Freilichtbühne.

M.-MICHELBACH
Ev. Pfarrkirche, eine einschiffige Chorturmanlage der Spätromanik, um 1220/30. Turm mit Schallarkaden. An der S-Seite gestuftes Portal, an den eingestellten Säulen Kapitele. – Chorgewölbe mit spätroman. Malereien.

M.-SCHRÖCK
Attraktion sind die Fronleichnamsprozessionen. **Kath. Pfarrkirche St. Michael,** Saalbau v. 1712–20 (Weihe: 1726); pilastergegliederte Quaderfassade. – *Hauptaltar* v. 1743, *Seitenaltäre,* nach 1713, v. Joh. Friedrich Sommer. – Um die Kirche hübsche *Fachwerkhäuser,* z. B. *Roßdorfer Str. 2.*
Außerhalb des Dorfes, am Lahnberg, der **Elisabethbrunnen,** 1596 unter Ludwig IV. angelegt; zweigeschossiges Brunnenhaus mit manieristischer Sandsteinfassade. Tische und Bänke aus der gleichen Zeit; hier fanden einst landgräfliche Feiern statt.

Marburg, Altstadt mit >
Lutherischer Pfarrkirche und Schloß

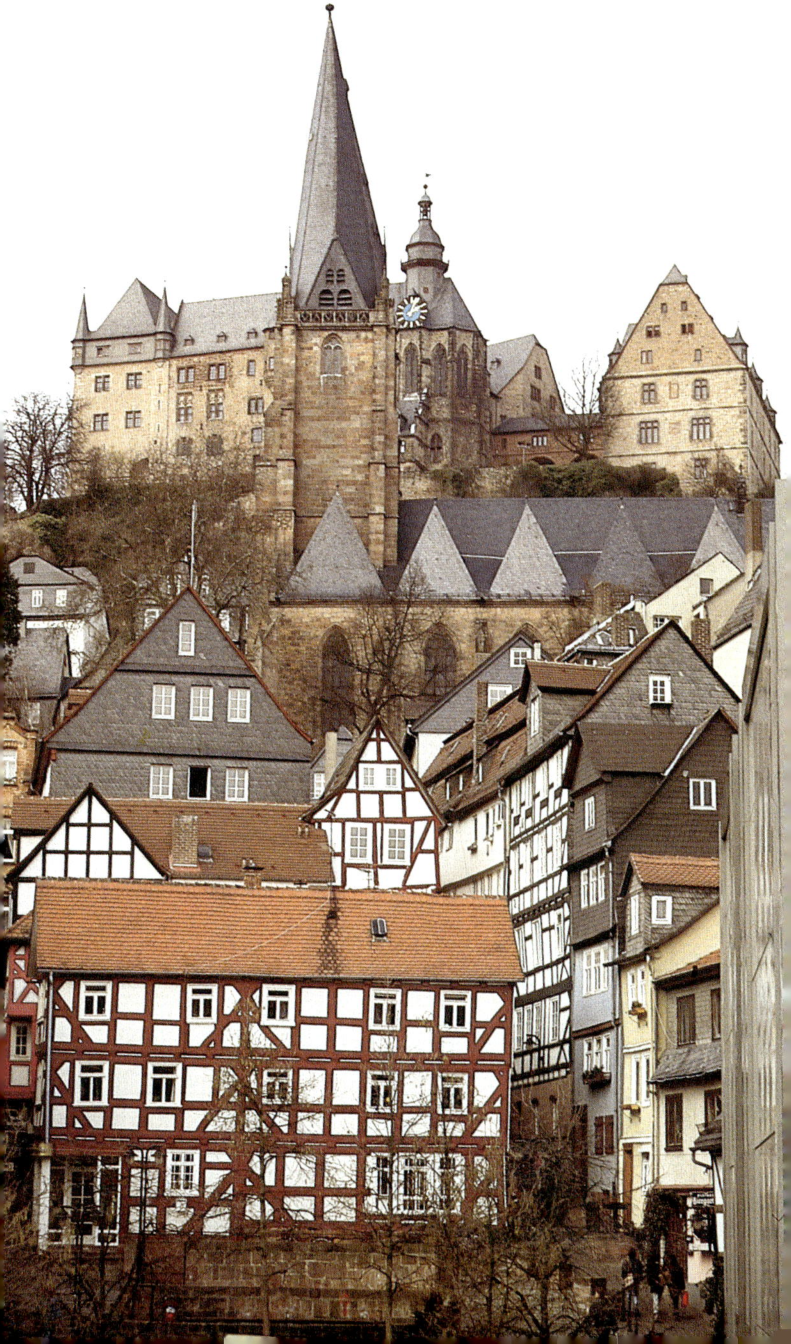

Umgebung

Caldern (11 km nw): *Ehem. Zisterzienserinnenkloster,* urkundlich genannt 1250. *Kirche* Mitte 13.Jh.; Bau mit 2 Schiffen, Chor, Apsis und W-Turm. Rundbogenportal an der S-Wand. Langhaus mit Kreuzgratgewölbe, Seitenschiff mit Stichkappentonne. Fischgrätenmuster im Chorfußboden.
Kruzifix aus Holz, 1.Hälfte 14.Jh. *Orgel,* 1703 v. Joh.Christian Rindt, mit ländlichem Schnitzwerk. Frühgot. *Taufbecken* vor der Kirche.

3447 Meißner
Werra-Meißner-Kreis

| Einw.: 3600 | Höhe: 250 m | S.353 □ E 2 |

Ehem. Prämonstratenser-Doppelkloster: 1144 v. Graf Rugger II. v. Bilstein gegründet. Zwischen 1213 und 1243 in ein Nonnenkloster umgewandelt. Aufhebung 1527.
Kirche: Dreischiffige Basilika (Mitte 12.Jahrhundert) mit vierjochigem Langhaus und direkt anschließendem dreischiffigem Chor über einer Krypta. Im W Doppelturmfassade; 3 parallele Apsiden. – Äußeres: Die O-Front dominiert die von einem Stufen-Sockel umzogene Kirche. S-Turm (restauriert 1904) mit bekrönender Haube v. 1742. – Inneres: Mittelschiff mit Kreuzgratgewölbe zwischen Gurt- und Schildbögen, erstere liegen auf abgekragten Konsolen. Seitenschiffe und Krypta mit Kreuztonnengewölbe. Die Arkaden ruhen abwechselnd auf Hauptpfeilern und schlankeren Pfeilern mit Kantensäulen. – *Nonnenkrypta:* Dreischiffige Säulenhalle; Würfelkapitelle mit Flachreliefs, verziert mit Tier- und Pflanzenmotiven. – Ausstattung: *Holzemporen* der w und n Seite mit Schnitz-Gesimse (1605) v. Hans Schindewolf. *Orgel* (1700) v. Alstetter. – *Klostergebäude:* Erhalten sind die des W-Flü-

Germerode (Meißner), Klosterkirche, Ostansicht

Melsungen, Rathaus

Germerode (Meißner), >
Ehem. Prämonstratenser-Doppelkloster

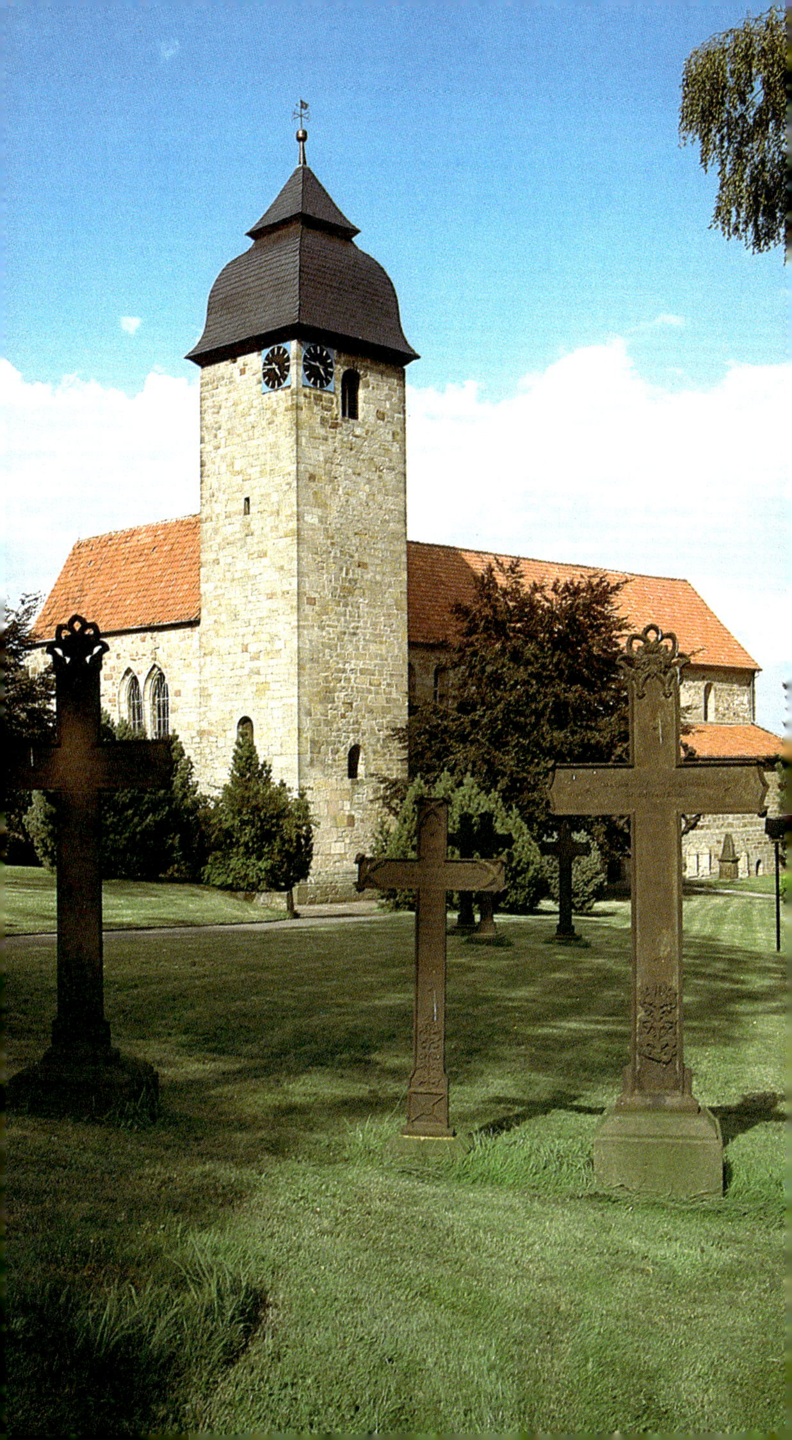

Melsungen, Rathaus (Längs- und Querschnitt)

gels. Heute Gedenkstätte für Kriegsopfer (im Stadtteil M.-Germerode).

Umgebung

Abterode (3 km nö): *Ehemalige Pfarrkirche:* Einschiffiger Bau aus dem 14. Jh. seit 1809 Ruine. – *Ev. Pfarrkirche:* historistischer Bau nach Entwürfen v. *Carl Arend* und *Johann Philipp Lichtenberg* 1867–68 anstelle einer um 1076 gegründeten Benediktinerpropstei erbaut. *Orgel* (1869) v. *Gustav Wilhelm*. – *Synagoge:* 1870 entstandener Quaderbau. – *Besucherwerk »Grube Gustav«* (Kupfergasse 8): 1497 bis 1849 wurde im Höllental Kupferschiefer, später Spatschwer abgebaut. Die Grube ist Besuchern zugänglich.

3508 Melsungen
Schwalm-Eder-Kreis

Einw.: 14 050   H.: 160–460 m   S. 353   □ E 2

Schon Anfang 9. Jh. als »pagus Milisunge« genannt. Günstige Lage am Fulda-Übergang der Sälzerstraße; die Salzwagen nahmen diesen Weg. Zudem verläuft s v. Melsungen die alte Heer- und Handelsstraße »durch die langen Hessen«.
Seit 1263 bieten bis heute hess. Markt- und Kirchplatz in ihrer Platz- und Straßenanordnung das urspr. Bild des 13. Jh. 1554 Stadtbrand.

Ev. Stadtkirche: Anstelle eines Vorgängerbaus errichtete got. Hallenkirche v. 1415–25. Äußerlich schlichter Bau, gegliedert durch Strebepfeiler und umlaufendes Gesims. Im Untergeschoß vorgelagerter roman. Turm, um 1225; Spitzhelm v. 1434. 2 quergestellte Walm-

Melsungen, Bartenwetzerbrücke

dächer über dem Schiff. Got. Wasserspeier s des Schiffs.
Durch ein roman. Portal in der Turmhalle gelangt man ins Langhaus. Schlußsteine des Gewölbes mit plastischem Schmuck. – Um die Kirche gut erhaltene Grabsteine. – Vor dem Kirchgarten ein *Barockbrunnen*.

Ehem. landgräfliches Schloß (N-Rand der Stadt): Neubau v. 1550–57 unter Landgraf Wilhelm IV. v. Hessen im Renaissancestil (ersetzte eine erstmals 1325 erwähnte ma Burg). Dreigeschossiger Hauptbau, durch Treppentürmchen und Erker gegliedert. Treppenturm in der Mitte der Hauptfront mit Fachwerk-Dacherker und 2 Spitzbogen-Eingängen. Im rechten Winkel wurde 1557 der *Marstall* angefügt, mit dem Schloß durch eine Galerie verbunden. – *Schloßpark* mit altem Baumbestand.

Rathaus: Frei stehender Bau auf dem Marktplatz v. 1555/56. Über einem Steinsockel erheben sich 3 Voll- und 2 Giebel-Fachwerkgeschosse. Alle 4 Seiten sind mit Treppenaufgängen und gleichmäßiger Fachwerkgliederung als Fassaden ausgebildet, die Stockwerke durch leicht vorkragende Balkenlage voneinander getrennt. Krüppelwalmdach mit Dachreiter. Gebäudekanten mit Ecktürmchen. »Wilder-Mann-Form« in der Mitte der Längs- und Giebelseiten. Ausgewogenheit zwischen Senkrechten und Waagerechten. Portal mit Stabprofilen und geschnitzten Halbrosetten an der Hauptfront.

Stadthalle (ehem. Kasino): Klassizistische Anlage v. 1837.

Wohnhäuser: Unter den Patrizierhäusern am *Marktplatz* steht das stattlichste, das an der Ecke Marktplatz und Brückenstraße, nach 1554 gebaut. Beide Eckseiten als Fassaden betont. Zur Brückenstraße hin fast lebensgroße Männerfigur in der Tracht des späten 16. Jh. 1524 ent-

262 Merenberg

stand das Haus *Fritzlarer Str. 15;* Haus *Nr. 3* (1600) hat einen mächtigen Giebel über 3 vorkragenden Obergeschossen. In der *Brückenstr.* sind die Häuser Nr. *2, 7, 9, 19* und *24* schöne Fachwerkbauten, *Kirchplatz 8* und *Fritzlarer Str. 3* reizvolle Barockgebäude. Klassizistisch das Doppelhaus *Markt 17/18*. Hübsch die Rokoko-Eingänge von *Brückenstr. 5, Mühlenstr. 9, 14, 42, Kasseler Str. 2, 22, Brückenstr. 17.*
Gemauerte sechsbogige **Bartenwetzer-Brücke,** die 1595/96 anstelle einer Zugbrücke des 13. Jh. über der Fulda errichtet wurde.

Reste der **Stadtbefestigung** gehen auf das 12. Jh. zurück; erhalten ist der *Eulenturm* v. 1556.

Noch im Bau befindlicher **Gebäudekomplex** der Firma *Braun-Melsungen* am Ortsrand; Architekten: James Stirling* und Michael Wilford.

Heimatmuseum (Brückenstr. 30): Im einstigen Elektrizitätswerk Sammlung zur industriellen und handwerklichen Entwicklung der Region. Rathaus-Modell zur Veranschaulichung der Fachwerkarchitektur.

Umgebung

Dagobertshausen (11 km s): *Ev. Pfarrkirche,* um 1400; einheitlicher Bau der Spätgotik. Der mächtige W-Turm erhielt 1841 ein Zeltdach. Einfaches W-Portal. Nahezu quadratisches Schiff mit Flachdecke v. 1784. Spätgot. Maßwerkfenster und plastische Arbeiten im Inneren. – *Sakramentshäuschen:* Kreuzigungsrelief der 1. Hälfte des 15. Jh. *Orgel* (1841) v. Friedrich Bechstein.

6295 Merenberg		
Limburg-Weilburg		
Einw.: 2700	Höhe: 180 m	S. 354 □ B 4

1129 ist die Burg, Sitz der Herren v. Merenberg und Vögte v. Wetzlar, erstmals erwähnt, seit 1328 im Besitz der Nassauer. 1290 und 1331 Stadtrechte.

Ev. Pfarrkirche: Der einfache Saalbau v. 1719 erhielt erst 1819 seinen W-Turm; spätgot. Sakristei.

Burgruine: Bis auf den Bergfried des

Melsungen, Werksgelände der Firma B. Braun

14. Jh. sind nur Reste der früheren Gebäude erhalten.

Fachwerkhäuser des 17. und 18. Jh.; *Mittelgasse 3* v. 1682 mit Schnitzwerk im Knorpelstil.

Stadtbefestigung, nur ein quadratischer Turm existiert noch.

6120 Michelstadt
Odenwaldkreis

| Einw.: 14 800 | Höhe: 208 m | S. 355 ☐ D 5 |

Malerische Fachwerkstadt am n Odenwald. – Einhard, Ratgeber und Biograph Karls d. Großen, erhielt 815 v. Ludwig dem Frommen die Mark Michelstadt und übergab sie 819 dem Kloster Lorsch. 1307 Zerstörung des Orts durch den bayrischen Herzog Pfalzgraf Rudolf. Die Erbacher bauten Burg und Stadt wieder auf und errichteten eine Befestigungsanlage. Gehört seit 1806 zu Hessen-Darmstadt.

Ev. Pfarrkirche: Schon um 821 stand hier eine Holzkirche; die heutige Kirche ist eine spätgot. dreischiffige Basilika. Chor v. 1461, Langhaus v. 1475. 15 Jahre später Baubeginn im Hauptschiff des W-Giebels, Vollendung des Glockenturms 1537. Eberhardskapelle, ein Anbau an das s Seitenschiff, v. 1542, die Erbachsche Familiengruft im spätgot. Stil v. 1678. – Inneres: Holztonne im Hauptschiff erst 1967 eingezogen; netzgewölbte Seitenschiffe. – Ausstattung: Bedeutende Grabdenkmäler der Familie Erbach. *Grabmal Georgs III.* im manieristischen Stil (gestorben 1605) an der S-Wand, ebenso wie das *Grabmal des Friedrich Magnus* (gestorben 1618) v. Michael Kern. Das *Doppelgrabmal* der Schenken Philipp I. (gestorben 1461) und Georg I. (gestorben 1481) gehört zum Besten, was die ma deutsche Bildhauerkunst hervorgebracht hat. *Tischgrab Georgs II.* (gestorben 1569) und Elisabeths v. der Pfalz (gestorben 1564). *Alabastermonument* (s Chorwand) für Graf Georg III. (gestorben 1605). *Epitaphien* für Magnus und Joh. Casimir (17. Jh.) schuf M. Kern.

– *Kirchenbibliothek* (oberstes Turmgeschoß) gestiftet v. Nikolaus Matz.

Rathaus: Das auf dem Marktplatz stehende Bauwerk ist eines der schönsten und ältesten Rathäuser in Deutschland. 1484 wurde der Fachwerkbau mit offener Halle auf hölzernen Ständern errichtet. Die Frontfassade mit starker Vertikaltendenz an der Schmalseite; das Obergeschoß, flankiert von 2 spitztürmigen Eck-Erkern, krönt eine Giebelwand. Auf dem steil zulaufenden Walmdach ein Dachreiter. Andreaskreuze gliedern das Äußere. – Gegenüber v. Rathaus der 1575 angelegte *Marktbrunnen* mit Justitia-Attributen, 18. Jh.

Fachwerkhäuser hess.-fränkischer Bauart des 16. und 17. Jh. – Originelles Wirtshausschild des am Kirchplatz stehenden *Gasthauses Drei Hasen* v. 1813.

Ehem. Gasthaus Zum Löwen (1755) steht mit seinen mächtigen Steinmauern und Barockformen im Kontrast zum zierlichen Rathaus.

Gräfliche Kellerei: Ehem. Burg der Reichsabtei Lorsch. Heute Gebäudegruppe aus dem 16. und 17. Jh., um einen weitläufigen Innenhof.

Stadtmauer: Reste des ma Bauwerks sowie der *Diebsturm* sind erhalten.

Landesrabbiner-Dr.-Lichtigfeld-Museum (Mauerstr. 19): Nach dem Oberhaupt der jüdischen Gemeinde in Hessen benannt. Das Gebäude war einst eine Synagoge (1719 erbaut), die 1938 v. den Nationalsozialisten verwüstet wurde. Gezeigt werden neben Kultgegenständen Fotos und Dokumente über das Judentum und die Verbrechen an den Juden im Dritten Reich.

Odenwaldmuseum (Regionalmuseum): Das im Speicherbau der Kellerei eingerichtete Museum dokumentiert die städtebauliche Entwicklung Michelstadts. Schwerpunkt ist die Abteilung für Forstwirtschaft, Landwirtschaft, Imkerei und Leineweberei. Eine kleine Galerie zeigt Werke Odenwälder Künstler.

Michelstadt, Motiv an der Wehrmauer mit Stadtkirche

Steinbach (Michelstadt), Einhardsbasilika

Spielzeugmuseum Michelstadt (Amtshaus): Spielzeug aus verschiedenen Epochen und Ländern; Hauptthema: Papier-Spielzeug.

M.-STEINBACH
Einhards-Basilika, benannt nach Einhard; 827 wurden die Gebeine der Heiligen Marcellinus und Petrus aus Rom hierher in die Krypta überführt. 1 Jahr später kamen sie nach Seligenstadt. Weihe 1073. Übernahme durch Benediktiner. Ab 1232 Nonnenkloster und Grablege derer zu Erbach. Spital ab 1542. – Eine der bedeutendsten karolingischen Kirchen in Deutschland; erhalten sind Mittelschiff mit Apsis, Krypta und n Nebenchor. Die Langhausarkaden mit eckigen Pfeilern aus Backsteinen wurden kurz nach 1300 vermauert. Darüber die Obergadenfenster. Ö Außenseite noch im urspr. Zustand, W-Giebel aus dem 16. Jh. – Innen ein einfacher, einschiffiger Saal mit offenem Dachstuhl. Apsishalbrund mit Bogenfenstern und kreisrunden Öffnungen. Wandmalerei-Reste in der Apsis und am Konsolenfries der S-Wand. – Gut proportionierte Krypta aus 2 Gängen mit Tonnengewölben, die ein lateinisches Kreuz bilden. – *Reliefplatten* Anna v. Erbachs († 1375) und Elisabeth Lochingers (gestorben 1512). Die Klostergebäude existieren nicht mehr.

Schloß Fürstenau: Um 1300 an der Mümling angelegte Wasserburg des Mainzer Erzbischofs. Seit 1454 im Besitz der Erbacher, seit 1718 Linie Erbach-Fürstenau. Der Gebäudekomplex entwickelte sich im 14.–19. Jh. – Das *Alte Schloß*, dessen 3 Flügel früher von Wassergräben umgeben waren, schließt den Wehrbau aus dem 14. Jh. ein. Im Nordwesten gelegener Eckturm des 15. Jh., Roter Turm im Südosten v. 1542. N- und S-Flügel sind durch eine Bogengalerie v. 1588 mit bekrönender Rollwerkbalustrade verbunden. Im Renaissancestil der Aufbau des südöstlichen Eckturms und der im Hof stehende Treppenturm. Den inneren Schloßhof begrenzt im W das sog. *Neue Palais* v. 1810, n die *Beschlie-*

Michelstadt, Rathaus >

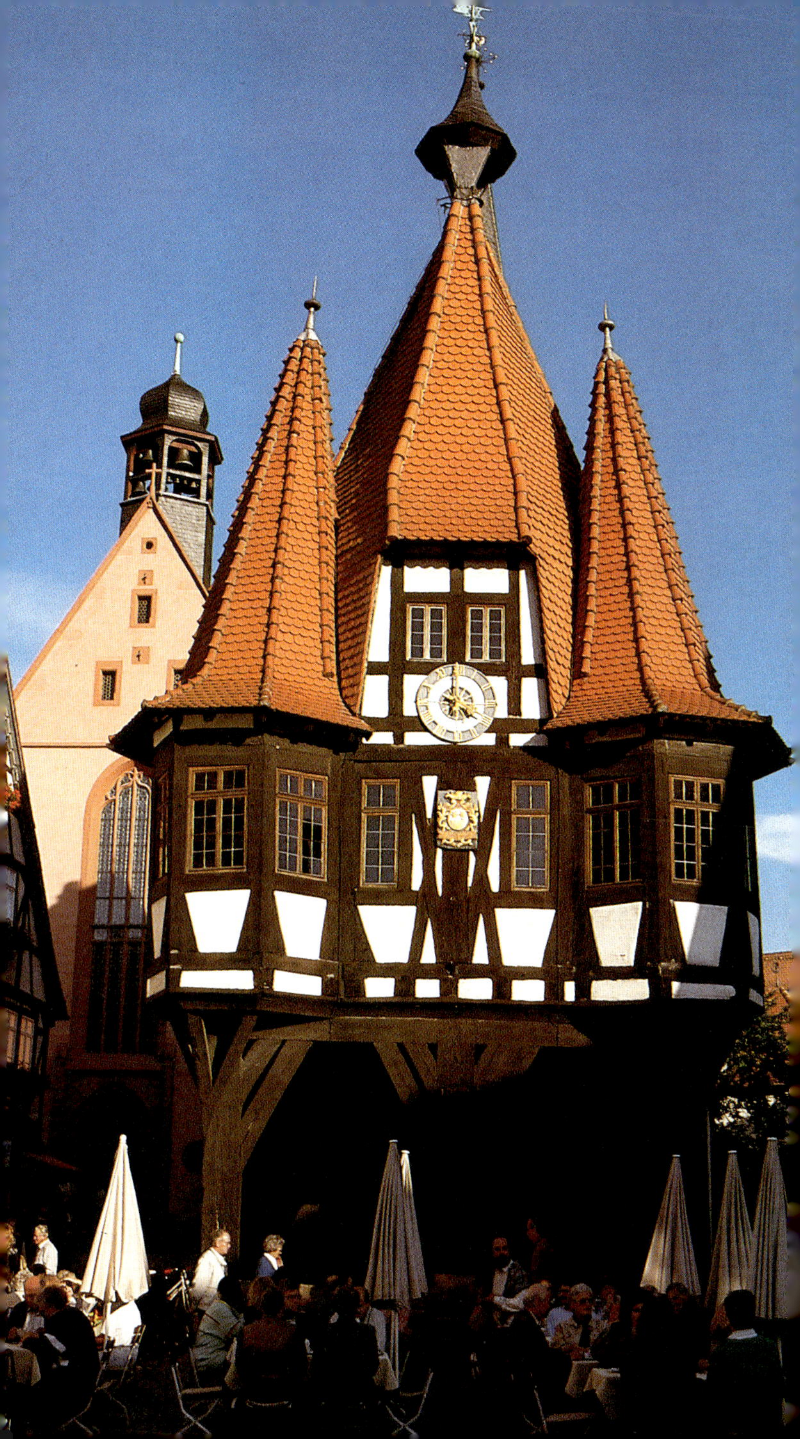

Morschen

Altmorschen, Klosterkirche

ßerei des späten 16. Jh. Vor dem *Torbau* (1765), durch den man in den äußeren Schloßhof gelangt, die *Schloßmühle* (Ende 16. Jh.), hinter der Brücke der *Gartenpavillon* v. 1756. Die gesamte Anlage ist v. einem Park umgeben.

3509 Morschen		
Schwalm-Eder-Kreis		
Einw.: 3800	Höhe: 175 m	S. 353 □ E 2

M.-ALTMORSCHEN

1234/35 durch Hermann I. v. Treffurt (Spangenberg) Ansiedlung eines Zisterzienserinnenkonvents und Gründung des Klosters Heydau. Fiel im 14. Jh. an die hessischen Landgrafen, die den Klosterbetrieb 1527 einstellten. Landgraf Moritz veranlaßte den Umbau der Anlage, die als Jagdschloß benutzt wurde. (Gegenwärtig Restaurierung der Klostergebäude.)

Klosterkirche: Einschiffiger Bau des 13. Jh., in dem die 2 w v. insgesamt 4 Jochen mit einer Nonnenempore ausgestattet sind. An die Kirche schließen sich Klausurgebäude um den Kreuzgang an. Die zum größten Teil noch ma Gebäude sind zweigeschossig. Im *Engelssaal* über dem Refektorium ein Kamin v. 1619 mit Ornamentik der Spätrenaissance. Der Saal hat eine hölzerne Tonnendecke mit illusionistisch-barocker Malerei.

Bahnhof: 1848 erbaut nach Plänen von J. E. Ruhl.

Ehem. Burggrafenhaus: Das 1606–08 errichtete Gebäude ist durch hinzugekommene Scheunen verbaut. – *Orangerie:* 1. Viertel 18. Jh.

Paul-Frankfurth-Str. 62 Fachwerkhaus aus der Zeit vor dem Dreißigjährigen Krieg.

Herrenhaus: Einfacher barocker Bau v. 1696 am südlichen Ende des *Wirtschaftshofes.*

6309 Münzenberg		
Wetteraukreis		
Einw.: 5200	Höhe: 160 m	S. 354 □ C 4

Ev. Pfarrkirche: Erweiterung eines roman. Baus um einen mächtigen Chorturm mit gedrehtem Holzhelm, Mitte 13. Jh. Frühgot. Turmfenster. Kreuzgewölbter Chorraum mit Birnstabrippen. Im S liegt die Sakristei. – *Kruzifix* (Choraltar) des späten 14. Jh. In der Nordost-Ecke des Schiffs ein *Ziborienaltar*, Mitte 13. Jh. Got. *Taufstein. Sakramentsnische,* frühes 15. Jh. *Herrschaftsgestühl* und *Orgelempore* des 17. und 18. Jh. *Grabmal* des Ritters Joh. Daniel v. Bellersheim (gestorben 1601).

Hospitalkirche: Vor 1284 errichteter einfacher Rechteckbau. – Davor ein *Ziehbrunnen* v. 1776.

Münzenberg, Blick über >
Burgruine in Wetteraulandschaft

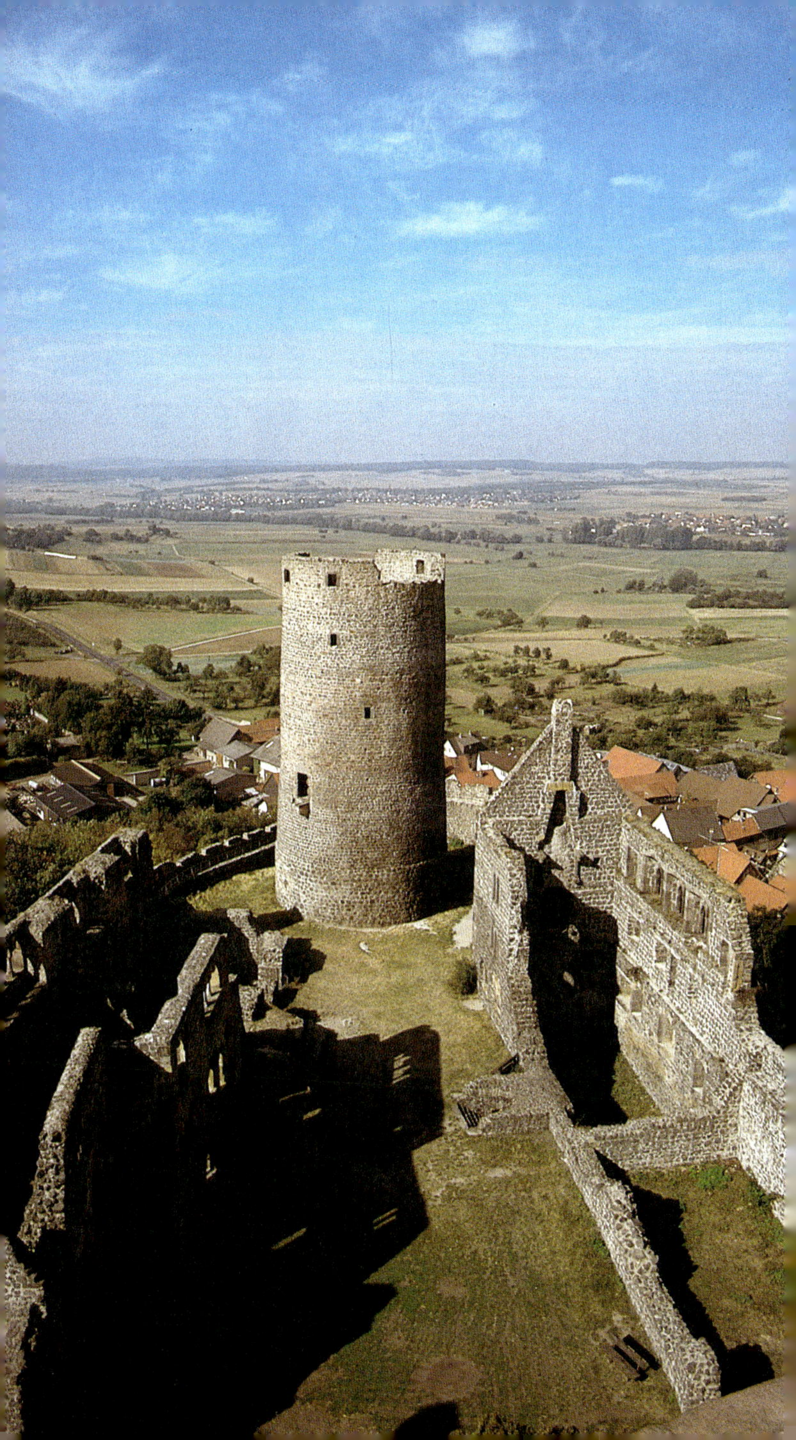

268 Neckarsteinach

Burgruine Münzenberg: Auf einem Basaltkegel gelegen, genannt das »Wetterauer Tintenfaß«. – Unter Kuno I. – seit 1156 Kuno v. Münzenberg genannt – Errichtung der Burg. Eine Burgmannensiedlung ist 1244 erstmals erwähnt. Verfall seit 1600. – Ovale Anlage v. 120 m Länge, flankiert v. 2 hohen Rundtürmen. S liegt das Haupttor, zu dem man über 2 Tor- und Zwingeranlagen gelangt. Eine Mauer mit Wehrgang umgibt die Anlage. Hinter dem Torlauf der innere Burghof. Im S Reste des mit ausgezeichneten Zierstücken und einer Reihe v. 8 Fensterarkaden versehenen *Palas* und die Kapelle. Gegenüber der *Falkensteiner Bau* (13. Jh.) mit 3 Arkaden.

Außerdem sehenswert: *Rathaus* v. 1554. Fachwerkgeschoß mit Erker und Treppengiebeln. – Reste von *Burgmannenhöfen* des 16. Jh. – Zahlreiche *Fachwerkhäuser* des 16.–18. Jh. – *Stadtbefestigung* um den Burghügel, im got. Stil erweitert.

6918 Neckarsteinach
Bergstraße

| Einw.: 3850 | Höhe: 129 m | S. 354 □ C 6 |

Burgen: Die Relikte v. 4 Burgen stehen auf dem schmalen Höhenrücken zwischen Neckar und Steinach; Besitzer waren die Herren v. Steinach, die ihren Stammsitz auf der *Hinterburg* (heute Ruine) hatten. Bergfried mit Buckelquaderwerk des späten 12. Jh., Kernburg 13. Jh. Palas mit Lanzettfenstern. – W davon die *Ruine Schadeck*, als »Schwalbennest« bezeichnet, in der 2. Hälfte des 14. Jh. angelegt.
Im O der Hinterburg die *Mittelburg* (gegründet 1. Hälfte 13. Jh.). Ihr Äußeres geht großteils auf Veränderungen um 1820 zurück. Die *Vorderburg* (16. Jh.), noch weiter ö gelegen, ist durch Schenkelmauern mit dem Ort verbunden. Got. Überreste erhalten.

Fachwerkhäuser: Bemerkenswert sind *Hirschgasse 1* v. 1587, *Burggasse 28* v. 1541/42.

Rathaus: 1835–37 in der Tradition G. Mollers errichtet v. G. A. Lerch.

Stadtmauer mit darauf gebauter »Rindenscheuer«, Mitte 18. Jh. (vierfach abgestuftes Dach zum Lüften).

6446 Nentershausen
Hersfeld-Rotenburg

| Einw.: 3400 | Höhe: 260 m | S. 353 □ E 2 |

Ev. Pfarrkirche (auf einer Anhöhe oberhalb des Ortes): Im Kern spätma Langhaus, an der S-Seite dem runden (ehem. Wart-)Turm v. 1247 (?), der in den Innenraum halb mit einbezogen ist, vorgelagert. Außenbau v. 1613, Veränderungen im Inneren v. 1696–1706. Turmhaube v. 1711. Spitzbogenfenster mit Rundstabprofilierung der Renaissance. Kirchenraum barock gestaltet. Ausmalung v. Simon Steffen und Joh. Fabarius. Bemalte Brüstungstafeln an den Emporen. Orgel (1696) v. Jost Friedr. Schäffer.

Von-Baumbachscher Gutshof: Zweigeschossiges Fachwerk-Herrenhaus, oberhalb des Talgrundes gelegen, v. Anfang des 18. Jh. Haustür Mitte 19. Jh.

Neustadt/Hessen, Burganlage, >
Junker-Hansen-Turm

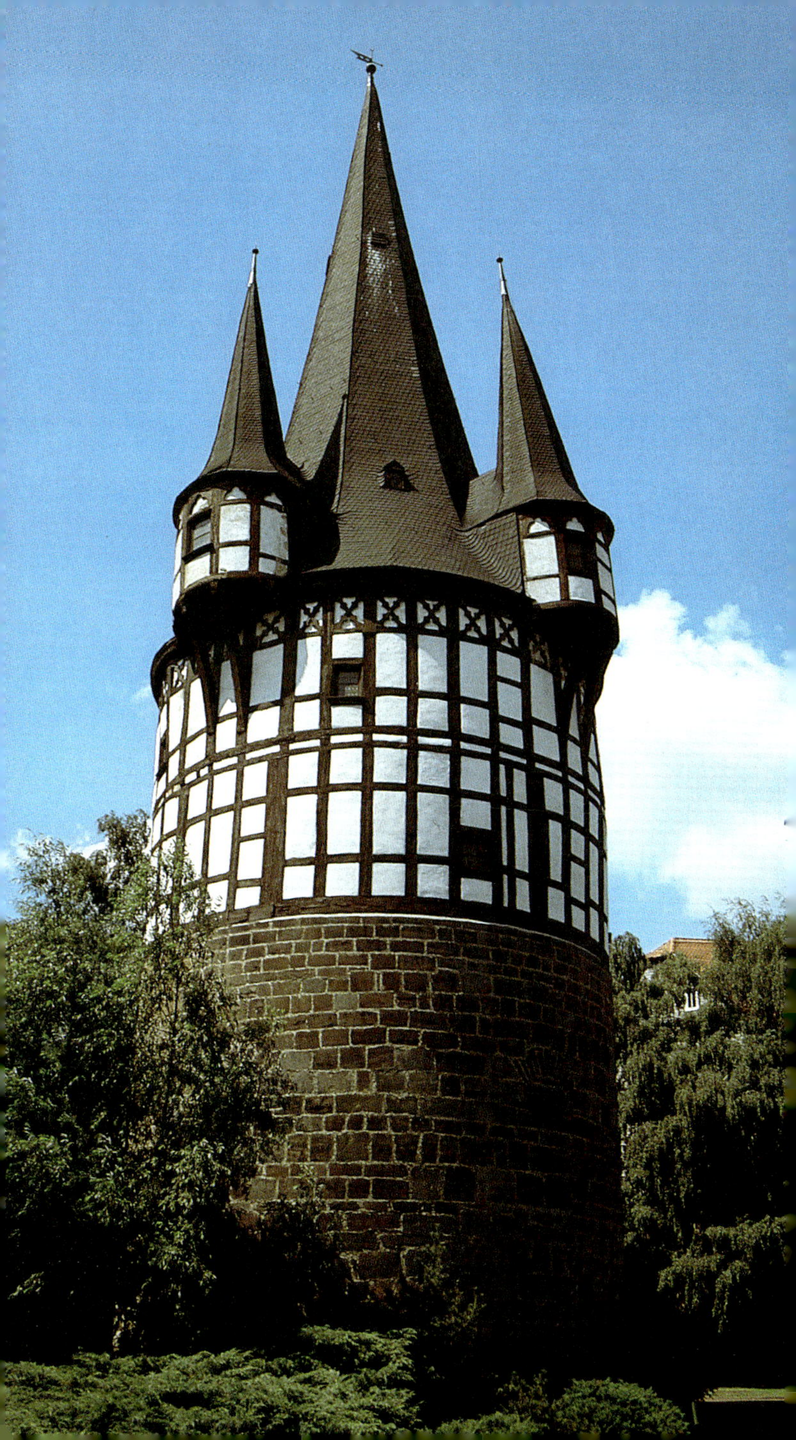

270 **Neuhof**

Ehem. hessischer Amtshof (Forsthaus) in Ruhl. 1735 errichteter Barockbau mit Rokokotür.

Umgebung

Burg Tannenberg (2 km sö des Ortes): Spätma Anlage auf einer Erhebung. Vor 1349 unter Ludwig v. Baumbach errichtet. Zu der reizvollen Baugruppe gehören der viergeschossige Wohnturm des 14. Jh., die w davon liegende Ruine eines Baus v. 1543, ein direkt neben dem Tor stehender *Fachwerkbau* (1690) sowie der *Marstall* (heute Bergbaumuseum), 1546 umgebaut, mit Erkern und gekuppelten Lanzettfenstern.

6404 Neuhof
Fulda

| Einw.: 10 200 | Höhe: 275 m | S. 355 ☐ E 4 |

Der Name der Stadt geht auf das Abtsschloß Neuhof (Fulda) zurück.

Kath. Pfarrkirche St. Michael: Dreischiffiges Langhaus in neobarocken Formen v. 1831; spätgot. W-Turm n der Fassade; barocke Innenausstattung.

Ehem. Schloß: Anstelle einer got. Wasserburg wurde v. Karl Philipp Arnd dieser spätbarocke Bau angelegt, von dem – nach Abriß 1959 – nur die 4 Ecktürme des Schloßhofes und Mauerteile erhalten sind.

Ehem. Amtsgericht v. 1700–14; heute Rathaus.

Fluraltar aus Stein im Barockstil an der s Straße Richtung Schweben, v. 1768.

3577 Neustadt/Hessen
Marburg-Biedenkopf

| Einw.: 8400 | Höhe: 220 m | S. 353 ☐ D 3 |

Zum Schutz gegen die hess. Landgrafen gründete Graf Ludwig II. v. Ziegenhain um 1270 Stadt und Burg Neustadt. Mit Unterbrechung blieb die Stadt bis 1802 mainzisch.

Kath. Pfarrkirche St. Johannes: Zwei-

Neustadt/Hessen, Bahnhof, Empfangsgebäude

Niddatal

schiffige Halle mit Mittelschiff und n Seitenschiff. Seitenchor v. 1462, Langhaus v. 1502. W-Turm (Ende 13.Jh.) des Vorgängerbaus erhalten. Gewölbe auf starken Rundpfeilern ohne Kapitellzone. – Spätgot. *Wandtabernakel* und *Taufbecken* im Chor. 12 Apostelstatuetten an der Emporenbrüstung aus der Bauzeit. Barocker *Hochaltar* v. 1700; reicher architektonischer Aufbau mit Statue der Dreieinigkeit, Evangelisten und Christus Salvator. – Spätgot. *Epitaph* (Choraußenseite) v. 1448. *Kruzifix* (Anfang 16.Jh.).

Ev. Kirche (beim Bahnhof), 1858–61 v. G.G.Ungewitter erbaut.

Burganlage: Der beeindruckende *Junker-Hansen-Turm* innerhalb der Anlage – benannt nach dem Bauherrn Hans v. Dörnberg – ist der größte Fachwerkturm Deutschlands. Errichtet v. Hans Jakob v. Ettlingen. Über 2 Sandsteingeschossen mit Schießscharten 2 Fachwerk-Stockwerke, die von einem Spitzhelm bekrönt und v. 4 Dachtürmchen gerahmt werden. Innen Wendeltreppe.

Burgsitz der Herren v. Linsingen (nw der Kirche): 1738 entstandener barocker Fachwerkbau.
Burgsitz Ritterstr.8: 1545 für Reinhard Schenk errichtet; Renaissance-Konsole erhalten.

Altes Rathaus (Marktplatz) v. 1557/58; Fachwerkgebäude v. F.J.Hamm. Verstrebungen wie beim Alsfelder Rathaus.

Bahnhof v. 1849–50 mit turmartigem Mittelrisalit.

Ev. Stadtkirche Zum Hl. Geist: 1616–18 (angeblich v. Jakob Wustmann) errichteter dreischiffiger Saalbau mit Satteldach und mächtigem Chorturm. Profane Wirkung durch zweigeschossige Anordnung der Fenster und seitlichen Türme. Flachdecke mit Stuckrahmenwerk (1616), die u.a. das darmstädtische Wappen zeigen. Rokoko-Orgel.

Niddaischer Bau: Anstelle der ehem. Wasserburg um 1600 errichtet, schönes Renaissanceportal.

Fachwerkbauten des 16.–18.Jh.

N.-BAD SALZHAUSEN
Idyllischer Kurort zwischen Vogelsberg und Wetterau. 1824 entstanden die 1.Badehäuser. Justus v. Liebig untersuchte die Salzhausener Quellen und bestätigte ihre Heilwirkung.

Ev. Kirche: Urspr. 1824 als Laboratorium für K.v.Liebig entworfen, anschließend Wohn- und Feuerwehrhaus. Seit 1969 Kirchengebäude.

Kurhaus: Klassizistischer Bau; Mittelteil 1826 im Auftrag v. Großherzog Ludwig I. v. Hessen v. Georg Moller gebaut. Erweiterung um 2 Seitenflügel 1836.
Ehem. **Tanzsaal** (Park): 1827 erbaut von G.Moller.

Glockenhaus mit Glockenturm Mitte 18.Jh.

Wasserrad: Um 1754 erbaut, seit 1863 im Kurpark; diente als mechanisches Kunstrad zum Antrieb des Pumpwerks in den Gradieranlagen. Wahrzeichen der Stadt.

6478 Nidda
Wetteraukreis

Einw.: 16200   Höhe: 150 m   S.355 □ D 4

Siedlungen sind hier bereits um 500 entstanden; erstmals erwähnt ist der Ort im 9.Jh. Fuldische Schenkung im 10.Jh. Fiel 1450 v. den Ziegenhainern an Hessen. Seit 1604 bei Hessen-Darmstadt.

6361 Niddatal
Wetteraukreis

Einw.: 8300   Höhe: 120 m   S.354 □ C 4

N.-ASSENHEIM
Schloß: Reste der ehem. ma Burg im 19.Jh. wiedergenutzt. – Hauptgebäude des Schlosses besteht aus dem noch bewohnten Trakt (Kern 17.Jh.) und einem

Niddatal

Seitenflügel, der 1786–90 im Louis-seize-Stil verändert wurde. Heute *Museum;* Gemälde des 18.Jh. (u.a. v. Tischbein*), und eine Gläserkollektion im Mittelpunkt der Sammlung.

Ev. Pfarrkirche: 1788–90 v. Johann Philipp Wörrishöfer erbaut, Orgel (1786) stammt v. Johann Georg Dreuth.

Rathaus v. 1744, **Fachwerkhäuser** aus dem 17. und 18.Jh.

Schloßmuseum (Hauptstraße 40) Kunst- und kulturgeschichtlichen Exponaten.

N.-ILBENSTADT

Ehem. Prämonstratenserkloster: 1132 nach Stiftung v. Gottfried v. Kappenberg erstmals erwähnt. Geweiht 1159. Aufhebung des Mutterklosters 1803.

Ehem. Klosterkirche, heute **Kath. Pfarrkirche:** Gehört zu den wichtigen roman. Kirchen Deutschlands. – Dreischiffige Basilika mit Querschiff, an dessen Armen 2 Nebenapsiden anschließen. Rechteck-Chor. 2 fünfgeschossige quadratische W-Türme, gegliedert durch Rundbogen, Lisenen und Blendnischen, rahmen die offene Vorhalle. O-Ansicht zarter gegliedert als der W-Teil; N-Turm aus späterer Zeit. Vierungs-Dachreiter v. 1617. – Im Innern 9 abgetreppte Bogen der Arkaden, in der n Reihe Wechsel zwischen quadratischen Pfeilern und Rundsäulen. Vorgelegte Halbsäulen mit Würfel- und Korbkapitellen. Kreuzrippengewölbe v. 1500. N Säulenportal noch roman. Letztes Langhausjoch im O angehoben. Querhaus, Vierung und Chor sind mit v. Ranken und tierhaften Gestalten geschmückten Kämpfern versehen. Bildwerke in Vorhalle und O-Teil zeigen Nähe zur mittelrheinischen Kunst. – S Chorwand: Malerei-Reste, Mitte 14.Jh. – Ausstattung: *Kanzel* (1690) und plastische Arbeiten an den *Seitenaltären* im Querhaus (1696) v. Wolfgang Fröhlicher. Frühgot. steinerne *Madonna* (ö Chorwand) mit Barockfiguren v. 1744. *Orgel* v. 1733–35. *Apostelfiguren* und *Maria* an den Langhauspfeilern, um 1700. *Stiftergrabmal* Gottfried v. Kappenbergs im Chor, Ende 13.Jh.

Klostergebäude (s der Kirche): Neubauten unter Abt Andreas Brandt 1709–25. *Torbau,* sog. »Gottfriedsbogen«, 1721, v. Zisterziensermönch Bernhard Kirn entworfen. Die Gebäude sind 1963 teilweise ausgebrannt.

Ilbenstadt (Niddatal), Ehem. Prämonstratenserkloster (l); Gottfriedsbogen (r)

Ober-Mörlen

Umgebung

Hofgut Wickstadt (2 km ö): 1231–1803 im Besitz v. Kloster Arnsburg. Rechteckiges, barockes *Herrenhaus* v. 1792. Davor der Wirtschaftshof (18.Jh.) mit Scheunen, die als Torhäuser dienen. *Wehrspeicher* (1.Hälfte 15.Jh.): Turmbau mit 2 steinernen und 2 darüberliegenden Fachwerkgeschossen. Daneben ein Wirtschaftshof, bestehend aus Fachwerkbauten (18.Jh.) und 2 spätklassizistischen Häusern. – *Rokoko-Orgel* v. 1759 in der *Kath. Pfarrkirche St. Nikolaus* (Saalbau v. 1707–14).

Kath. Wallfahrtskirche Sternbach (4 km ö): (einsam im Wald bei Wickstadt gelegen; gehörte früher zu dem seit dem 16.Jh. öden Dorf Sternbach): Langhaus (um 1200) mit Flachdecke, Chor v. 1455, Vorhalle 19.Jh. – *Hochaltar*, frühes 18.Jh.; in der Mitte ein schmiedeeisernes Gitter v. 1748, dahinter Gnadenbild.

6352 Ober-Mörlen
Wetteraukreis

| Einw.: 5200 | Höhe: 150 m | S.354 □ C 4 |

Pfarrkirche St.Remigius (1716–28) mit Ausbauten v. 1929. Altar v. 1720.

Marienkapelle (Richtung Nieder-Mörlen), frühes 18.Jh., Zentralbau über achteckigem Grundriß.

Schloß v. 1589, Treppenhausvorbau v. 1691. Wirtschaftshof (1704), Ziehbrunnen (1710).

Umgebung

Langenhain (5 km w): Ort am Limes. Ö ein Kohortenkastell. – *Ev. Pfarrkirche:* Aus der Ursprungszeit (11.Jh.) ist die im Fischgrätenverbund gemauerte Wand erhalten. W-Turm vom 14.Jh. aus gleicher Zeit Erhöhung und Erweiterung des Baus. – Taufbecken, um 1200.
Münster (9 km nw): *Evangelische Pfarrkirche* v. 1630. Urspr. dreischiffige Basilika, um 1830 durch klassizistischen Neubau ersetzt. – Kanzel und Taufstein v. 1630.
Ziegenberg (6 km w): *Burgruine* der Herren von Falkenstein v. 1356–88. 1557 Sitz der Freiherren v. Diede zum Fürstenstein. 1944–45 Führerhauptquartier. Zerstörung Ende des 2.Weltkriegs. Neuerrichtung 1965–82. Erhalten der Bergfried. – *Denkmal* (1782) unterhalb der

Oestrich-Winkel, Katholische Pfarrkirche St. Martin

274 Oberursel (Taunus)

Burg nach einem Plan Goethes für Wilhelm Christoph v. Diede.

6370 Oberursel (Taunus)
Hochtaunuskreis

Einw.: 40 000 Höhe: 225 m S. 354 □ C 4

---

791 erstmals genannt. Seit 1444 Stadtrechte, seit 1481 Bau einer Befestigungsanlage. Gegenreformatorische Bestrebungen durch Besitzwechsel; die Stadt fiel an Kurmainz.

Kath. Pfarrkirche St. Ursula: Spätgot. Neubau um die Mitte des 15. Jh. anstelle eines 880 urkundlich genannten Baus. Der Chor stammt eventuell schon aus dem 14. Jh. W-Turm v. 1479–89. – Zweischiffige Hallenkirche über asymmetrischem Grundriß. Zweijochiger Chor mit $^5/_8$-Schluß. Kräftiger W-Turm mit Maßwerkbrüstung, auf der O-Achse gelegen. N-Schiff mit Kreuzrippengewölbe. Spätgotisches Maßwerkfenster in Langhaus und Chor. Brand v. 1645 zerstörte den Innenraum. – Ausstattung: Gut gearbeitete *Kanzel,* um 1660. *Hochaltar* (1670) mit Heiligenstatuen. *Orgel* v. 1790. – Vor der Kirche eine *Kreuzigungsgruppe* v. 1676 und spätgot. *Taufstein* (um 1490).

Altes Rathaus, in ein got. Stadttor integriert. Fachwerkgeschoß v. 1658. – Malerische **Altstadt.**

Vortaunusmuseum und Hans-Thoma-Gedächtnisstätte (Marktplatz 1): Sammlung vor- und frühgeschichtlicher Funde (keltische Figuren und eine Maske). Nachlaß des Malers H. Thoma* (1839 bis 1924) und Werke v. ihm.

6227 Oestrich-Winkel
Rheingau-Taunus-Kreis

Einw.: 11 000 H.: 50–580 m S. 354 □ A 4

OESTRICH
Kath. Pfarrkirche St. Martin: Älteste Kirche im Rheingau. 1508 wurde an einen roman. Turm ein Neubau angefügt. Dreischiffiges Hallenlanghaus mit höherem Chor. Nach einem Brand v. 1663 Restaurierung 1893–94 (Sterngewölbe). 5 spätgot. Statuen am Hochaltar. Heiliges Grab, um 1440.

Oestrich-Winkel, Rheinkran (l); Schloß Vollrads (r)

Rheinkran: Quadratischer, verschalter Holzbau mit drehbarem Oberteil, Anfang 16. Jh.

Schloß Reichardshausen (1,5 km ö): Bau v. 1742. Künstlich angelegte *Ruine* v. 1894 im Park. *Wachhaus,* Anfang 19. Jh. 2 *Pagoden,* um 1900.

WINKEL

Kath. Pfarrkirche St. Walpurgis: 1674–78 Umgestaltung des got. Schiffs. Im N der roman. Turm mit Zwiebelhaube (um 1675). Auf dem Kirchhof: Quadratische *Totenkapelle* mit Haubendach v. 1680. *Grabmal* der deutschen Dichterin Karoline v. Günderode, die sich 1806 im Rhein ertränkt hat.

Graues Haus (Graugasse 8): In der 2. Hälfte des 11. Jh. oder spätestens Mitte 12. Jh. errichteter Burgsitz der Herren v. Winkel gen. Greiffenclau. Schlichter Bau mit Bogentor im S und darüberliegender Fenstergalerie mit Bogenquadern im Schichtenwechsel (Ziegel und Sandstein).

Brentanohaus (Hauptstr. 89): Durch die Romantiker und Goethe berühmt geworden. 1751 errichtet (1782 erweitert). Seit 1804 Sommersitz der Familie Brentano aus Frankfurt. Saal (Obergeschoß) mit Rokoko-Kartuschen. Porträts v. K. Stieler.

Schloß Vollrads (3 km n): Im frühen 14. Jh. von den Herren v. Vollrads beerbt. Quadratischer *Wohnturm* (1. Drittel 14. Jh.) mit achteckigem Treppenturm v. 1471. Diesen umgibt ein Weiher. Barockes Haubendach. Zweiflügeliges, dreigeschossiges Schloß v. 1680, an der S-Seite mit Ecktürmen.

O.-W.-HALLGARTEN

Kath. Pfarrkirche Mariä Himmelfahrt: Roman. Teile des 12. Jh. Schiff v. 1744, 1895 vergrößert. – *Madonna Immaculata:* Tonfigur im Weichen Stil v. 1415. Außen eine *Kreuzigungsgruppe* (um 1530).

O.-W.-MITTELHEIM

Ehem. Augustinerinnen-Klosterkirche St. Ägidius: Reste eines ottonischen Vorgängerbaus ausgegraben. Kirchenneubau 2. Viertel 12. Jh., vergrößert um 1170. 1263 Aufhebung des Klosters, seitdem kath. Pfarrkirche. – Dreischiffige roman. Pfeilerbasilika mit Querhaus, das in 2 Nebenapsiden endet. Eingezogene Apsis am Altarraum. Flachdecke über dem

Mittelheim (Oestrich-Winkel), Ehem. Augustinerinnen-Klosterkirche St. Ägidius

Offenbach am Main

Offenbach, Ehem. Isenburger Schloß

Langhaus; Pfeiler ohne Kämpfer. Stufenportal an der W-Fassade. – Roman. *Hochaltar* (Blockform) mit Confessio. Sechseckige *Kanzel* v. 1511.

6050 Offenbach am Main
Kreisfreie Stadt

Einw.: 115000   Höhe: 100 m   S. 354 □ C 4

---

977 erstmals erwähnt. Blütezeit unter Graf Reinhard v. Ysenburg; seit 1556 Residenz. 2. Hälfte 18. Jh. Verleihung der Stadtrechte. Anstieg der Einwohnerzahl im 19. Jh. durch Industrialisierung. Leider hat das malerische Stadtbild gelitten und wurde zusätzlich durch Bombenschäden im 2. Weltkrieg und Sanierungsmaßnahmen beeinträchtigt.

Französisch-Reformierte Kirche: Saalbau v. 1717/18 für die 1699 hierher geflohenen Hugenotten.

Ehem. Isenburgisches Schloß: 1556 begonnener Umbau einer got. Burg. 1564 Schäden durch Brand. Die wehrhafte Mainfront kontrastiert mit der zwischen 2 achteckigen Treppentürmen in Loggien aufgelösten Hofseite (1570–78) im Renaissancestil.
Über den Erdgeschoßarkaden, die durch kannelierte Pilaster gerahmt sind, erheben sich Kolonnaden. Karyatidhermen am 1. Obergeschoß und Wappenfries v. 1901. Innen 2 raffinierte Wendeltreppen-Spindeln.

Büsing-Palais: 1775/76 als dreiflügeliges Stadtpalais der Schnupftabak-Fabrikanten Bernard und d'Orville errichtet. Benannt nach Adolf v. Büsing, der das Herrenhaus 1901–07 zu einer neobarocken Anlage ausbauen ließ.

Lilipark: Benannt nach Goethes Jugendliebe Lili Schönemann.
1792 ließ sich hier der Frankfurter Bankier Metzler einen Sommersitz errichten. *Badepavillons* (1798) v. Salins de Montfort.

Schloß Rumpenheim: Landhaus v. 1680. Ging 1768 an den hess. Landgrafen Karl. 1781 ließ dessen Bruder Friedrich den Englischen Garten anlegen.

Theater der Goethestraße: Heutiges Theater mit mächtiger Kuppel wurde 1913 bis 1916 als Synagoge mit Betsaal und Unterrichtsräumen erbaut; Umbau 1951.

Deutsches Ledermuseum (Frankfurter Str. 86): 1917 gegründet. Ausgestellt werden Lederprodukte verschiedener Epochen und Regionen.
Neben koptischen und ägyptischen Arbeiten, frühmittelalterlichen Möbeln und Kleidungsstücken Werke mit orientalischer Handvergoldung und Raumdekorationen aus »Korduanleder«. – Hier ist auch das **Deutsche Schuhmuseum** untergebracht.

*Offenbach a. M., Deutsches >
Schuhmuseum, Damenschnallenschuh,
1710, Rosettenschuh, 1640*

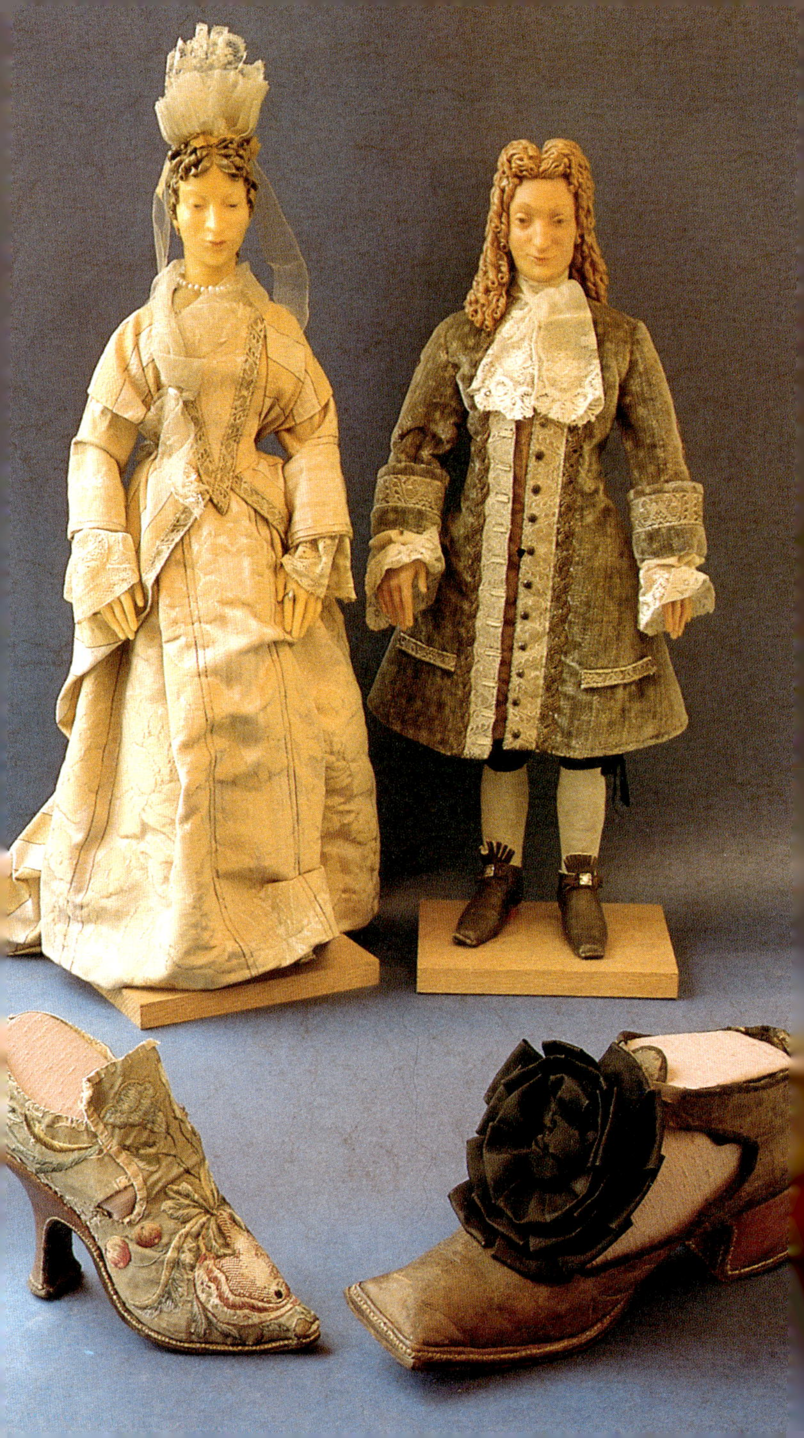

Offenbach a. M., Büsing-Palais

Klingspor-Museum (Herrnstr. 80): Karl Klingspor, der mit seinem Bruder eine Schriftgießerei betrieb, vermachte seine Privatsammlung moderner Buch- und Schriftkunst der Stadt, die den Fundus u.a. durch Illustrationen v. Paul Klee*, Chagall* etc. vergrößerte. Alljährlich Ausstellung der schönsten Kinderbücher.

Stadtmuseum (Parkstr. 60): Ausstellung zur Stadtgeschichte v. der Stein-, Bronze- und Eisenzeit bis zur Industrialisierung; u.a. ein über 2 m hohes Puppenhaus (v. 1754) sowie die bekannten Offenbacher Fayencen des 18. und 19. Jh.

Umgebung

Neu-Isenburg (8 km südwestlich): Das *Zeppelinmuseum* (Kapitän-Lehmann-Str. 2/Zeppelinheim) zeigt eine Dokumentation der durch Ferdinand v. Zeppelin begründeten Luftschiffahrt; u.a. das Promenadendeck des Zeppelins »Hindenburg« mit Ausblick auf Rio de Janeiro.

6474 Ortenberg
Wetteraukreis
Einw.: 7900   Höhe: 135 m   S. 355 □ D 4

Auf einem Bergvorsprung am linken Nidderufer gelegen. Das Geschlecht v. Ortenberg ist bereits im 12. Jh. erwähnt.

Ev. Marienkirche: Erhalten sind von einer roman. Kirche des 12. Jh. Teile der W-Wand und das W-Portal, die n Chorwand und die N-Wand. Heutiger Bau wurde 1385 begonnen. Fertigstellung des dreischiffigen Langhauses Mitte 15. Jh. – Bis 1866 stand hier der »*Ortenberger Altar*« des frühen 15. Jh. im Weichen Stil (heute im Hess. Landesmuseum Darmstadt).

Schloß: Steil über der Nidder gelegene Burg des 12. Jh. Durch den Torbau v. 1622 gelangt man zur Schloßanlage. *Stolbergisches Schloß* mit freigelegten romanischen Teilen im S. Im Nordosten ein spätgot. *Rundturm* mit Wetterfahne v. 1775.

Ehem. Hanauisches Haus (vor der Burg): Um 1800. – **Fachwerk-Rathaus**, 1. Hälfte 15. Jh. – Ma **Stadtbefestigung** mit gut erhaltener **Oberpforte** (neben der Kirche), 2. Hälfte 13. Jh.

Umgebung

Selters (3 km sw): *Ehem. Prämonstratenserstift Konradsdorf*, gestiftet vor 1191 v. den Eltern Hartmanns II. v. Büdingen. Aufhebung 1581.
Von der *Stiftskirche*, einer ehemaligen dreischiffigen, flachgedeckten Pfeilerbasilika (Ende 12. Jahrhundert) fehlt das nördliche Seitenschiff. Rundbogen auf quadratischen Pfeilern; W-Giebelfront mit abgetrepptem Rundbogenportal. –

Sog. *Nonnenhaus* mit roman. Fenstergruppe. *Herrenhaus* (oberhalb des Klosters), um 1800.

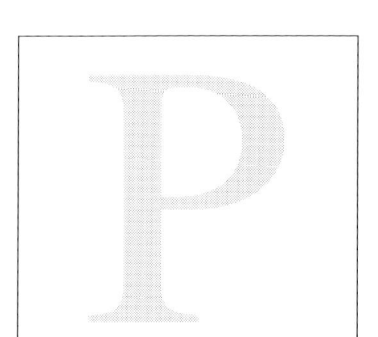

6102 Pfungstadt
Darmstadt-Dieburg

| Einw.: 24 000 | Höhe: 103 m | S. 354 □ C 5 |

Ev. Pfarrkirche: Strenger Saalbau, 1746 bis 1748 nach Entwürfen Joh. Konrad Lichtenbergs errichtet. Umbau des im Kern ma W-Turms erfolgte 1751–52.

Rathaus v. 1614, teilweise über dem Flüßchen Modau gebaut. Gliederung des zweigeschossigen Baus durch Volutengiebel und Treppenbau.

Mühlen: Einige der ehem. zahlreichen Mühlen am Flußlauf sind noch gut erhalten. Fachwerk-*Mühle Markt 2*, um 1700. *Kirchenmühle* v. 1570, Fachwerkgeschoß 1630.

Galgen (Straße nach Darmstadt-Eberstadt) des einstigen Zehntgerichts.

Umgebung

Burgruine Frankenstein (bei Nieder-Beerbach 4 km ö): 1252 unter Konrad Reiz v. Breuberg entstanden. Seit 1662 hessischer Besitz. Die Kernburg (heute Ruine) ist von einem äußeren Hof umgeben.

Philippsthal (Werra) 279

6433 Philippsthal (Werra)
Hersfeld-Rotenburg

| Einw.: 4700 | Höhe: 220 m | S. 353 □ F 3 |

Ehem. Benediktinerinnenkloster Kreuzberg: Hersfelder Gründung vor 1191. 1526 aufgehoben.
Seit 1593 hessischer Besitz. Landgraf Karls Bruder Philipp baute nach 1685 die noch existierenden Klosterteile zum Schloß um.
Ehemmalige Klosterkirche St. Jakob (Evangelische Pfarrkirche): Romanische dreischiffige Säulenbasilika (ohne Querschiff) des späten 12. Jahrhunderts; durch Miteinbeziehung in den Schloßbau 1733 Verlust der Seitenschiff-Apsiden; Abtrennung des südlichen Seitenschiffs durch Logen, so daß die Kirche nur einer zweischiffigen, asymmetrischen Stufenhalle entspricht. Dreigeschossige Apsis mit Lisenen- und Halbsäulen-Gliederung.
Ausstattung: *Steinkanzel* mit spätgot. Maßwerk, 1581; *Taufstein* mit Bandschlingenmuster (um 1500); *Orgel* mit dreigeschossigem Prospekt, 1779, v. Joh. K. Teubner und Thielemann Möller. *Rittergrabstein*, um 1260.
Klostergebäude, z.T. ins **Schloß** integriert. S-Flügel (der Kirche) durch Zwischenbau mit n Flügel verbunden. Ein Querbau schließt sich an. *Bibliothek* (Südwest-Trakt des Hauptflügels) mit Putten- und Rankenschmuck (1730-33) an der Decke. Klassizistische Tapeten im *Speisesaal*.
Ehem. Kath. Schloßkirche im nördlichen Teil.
Im Park eine *Orangerie* v. 1731. Eingeschossiger Bau. Hauptsaal mit stukkierter Decke. Davor herrlicher barock angelegter Teich.

Bogenbrücke aus Stein (1342) über die Werra.

R

Rasdorf, St. Johannes d. T., Tierkapitell, 12. Jahrhundert

Rauschenberg, Rathaus

6419 Rasdorf
Fulda

Einw.: 1700   Höhe: 280 m   S. 353 □ E 3

Ehem. Kirche des Kollegiatsstifts St. Johannes d. T. (Kath. Pfarrkirche): 815 Gründung eines Fuldaer Filialklosters; aufgehoben 1803. Einsturz der 1. Kirche. 1274 Bau der heutigen kreuzförmigen, dreischiffigen Basilika mit got. Maßwerkfenstern. Im Innern 5 Arkaden mit roman. Säulen des Vorgängerbaus, die vielleicht schon aus der karolingischen Epoche stammen. Kapitelle unter der W-Empore mit menschlichen und tierhaften Figuren. Kämpfer des 9., 12. und 13. Jh. – Barocke Ausstattung. *Orgel* (1767) v. J. Östreich.

Außerdem sehenswert: *Friedhof* (O-Rand des Dorfes) mit Wehrmauer. – *Haus am Anger 20* mit Jugendstilrahmungen.

3576 Rauschenberg
Marburg-Biedenkopf

Einw.: 1800   Höhe: 260 m   S. 352 □ C 3

Stadtrechte seit 1251. Als fuldisches Le-

Rauschenberg, Evangelische > Pfarrkirche, Flügelaltar

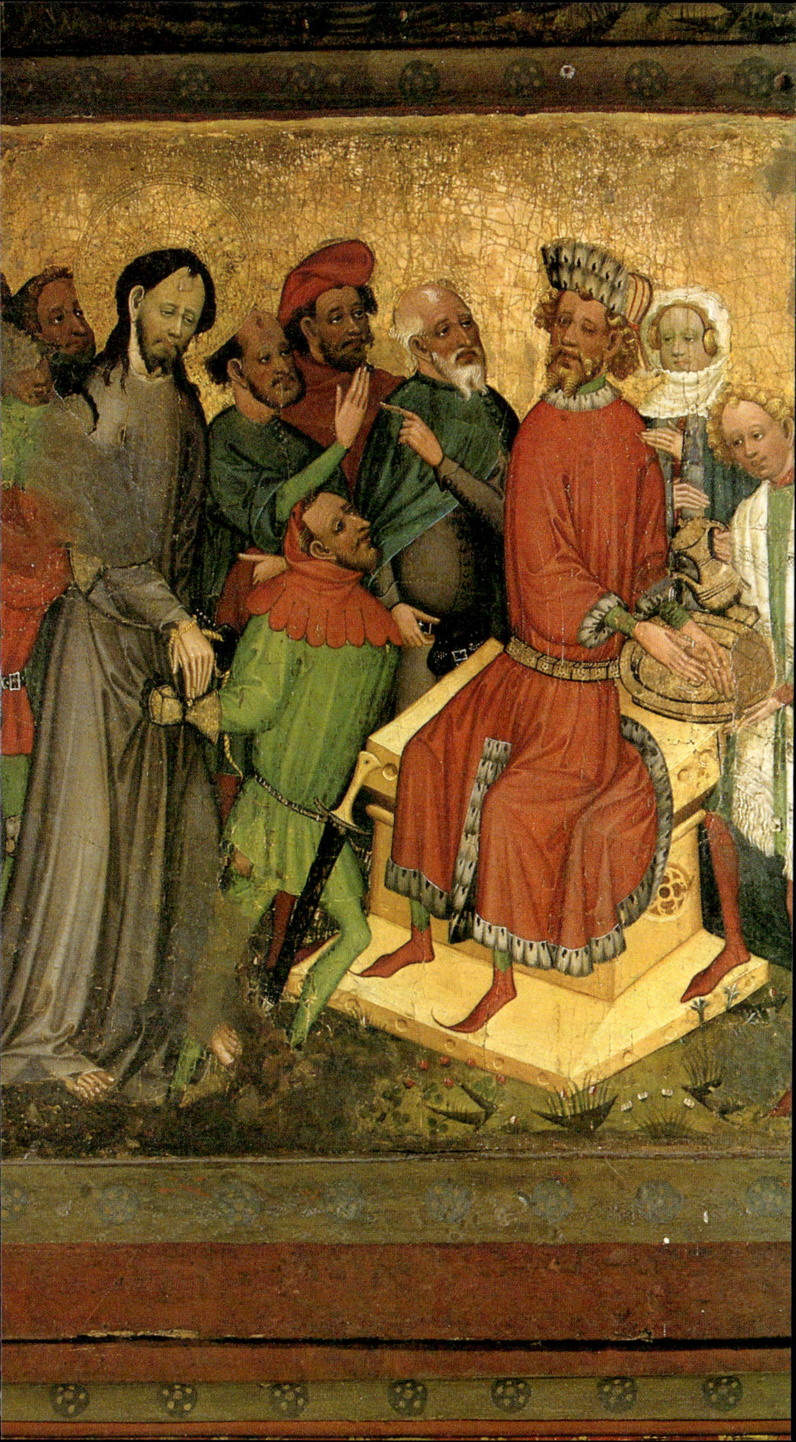

282 Reinhardshagen

Netra (Ringgau), Wasserschloß

hen in Ziegenhainer Besitz, seit 1450 landgräflicher Ort.

Ev. Pfarrkirche: Bau des 14. Jh., W-Wand des 13. Jh. 1453 erneuert. Turm v. 1517/18, die Kuppeln sind mit Eck-Erkern besetzt. Hohes Mittelschiff mit Kreuzrippengewölbe, Chor mit Netzgewölbe (1517). – Spätgot. *Wandbild des Jüngsten Gerichts* am Triumphbogen. *Flügelaltar* (um 1430) in der Nachfolge des Wildungers Konrad v. Soest*. *Madonna Immaculata* v. 1420/30.

Burg: Erbaut im 13. Jh.; zerstört 1646. Dreigeschossiger Turmbau, Mitte 13. Jh.

Rathaus: 1557 errichteter, prächtiger dreigeschossiger Fachwerkbau mit Wendeltreppenturm (1557). Dachreiter mit offener Galerie v. 1702. Renaissance-Turmportal v. Philipp Soldan.

Fachwerkhäuser (16.–19. Jh.), u. a. beim Marktplatz.

3512 Reinhardshagen
Kassel

| Einw.: 4700 | Höhe: 114 m | S. 353 □ E 2 |

R.-VAAKE
Ev. Pfarrkirche: Reizvoll am Weserufer gelegene, einfache spätroman. Kirche (Mitte 13. Jh.) mit querrechteckigem Turm. – *Wandmalereien* im Chor, um 1400 im mittelrheinischen Stil.

R.-VECKERHAGEN
Ev. Pfarrkirche: Barockbau v. 1778 mit stattlichem Haubendachreiter.

Schloß: 1689–90 für Landgraf Karl im barocken Stil erbaut. Entwurf vermutlich v. Paul du Ry.*

Ehem. Eisenhütte (ö Ortsrand), einst im Besitz der Firma G. E. Habichs Söhne. W liegt die *Gießhalle* in basilikaler Form. Haustüren des *Direktorenhauses* (s) mit eigenwilligen Ornamenten. *Maschinenhaus*, bestehend aus 2 Gebäudetrakten. Ornamente und Fenstermaßwerk aus Eisenguß. Die 1666 gegründete Hütte wurde 1903 eingestellt. Hier fertigte man den Dampfzylinder v. Denis Papin.

3438 Ringgau		
Werra-Meißner-Kreis		
Einw.: 3600	Höhe: 300 m	S. 353 □ F 2

R.-LÜDERBACH
Ev. Vikariatskirche: Umbau 1837/38 durch Joh. Friedr. Matthei, der den spätgot. Chorschluß beibehielt. *Hochaltar:* spätgot. Werk der »Eisenacher Werkstatt der Beweinungsaltäre« v. 1500.

Herrenhaus im Renaissancestil. Der zweigeschossige Bau wurde 1560 für die Herren v. Capellan errichtet. – Auf einer Anhöhe der **Obelisk** derer v. Capellan v. 1776.

R.-NETRA
Ort mit urspr. hübschem Dorfbild.

Ev. Pfarrkirche (St. Jakob): Klassizistischer Saalbau, 1842/43 v. Anton Jakob Spangenberg errichtet. Got. Chorturm.

Wasserschloß (Talsenke): Wuchtige, kubische Anlage (Mitte oder Ende 16. Jh.) mit 4 übereck gestellten Erkern.

6309 Rockenberg		
Wetteraukreis		
Einw.: 3700	Höhe: 200 m	S. 354 □ C 4

Kath. Pfarrkirche St. Gallus: Auf einer Anhöhe gelegen, schon von weitem sichtbar der weiße got. W-Turm; Spitzhelm mit 4 Ecktürmchen. Langhaus v. Joh. Adam Paul 1752–54 erbaut, ein Saal, der 1967 zur Basilika umgestaltet wurde; Stuckrahmendecke. *Hochaltar* und *Nebenaltäre* aus der Erbauungszeit.

Burg: Einst Sitz der Ritter v. Rocken-

Rotenburg an der Fulda 283

Rotenburg a. d. Fulda, Rundturm aus Stadtbefestigung

berg. Seit 1581 mainzisch. Viergeschossiger Wohnturm, im Kern 13. Jh.; Rundbogenportal (S-Seite) des 16. Jh. V. der *Ringmauer* (15. Jh.) sind 3 der 4 Ecktürme erhalten. *Ehem. Rentamt* (O) im Régencestil, 1720/30.

Ehem. Zisterzienserinnenkloster Marienschloß (heute Jugendgefängnis) am w Ortsrand: Neubau der Kirche 1733–41. Saalbau mit beeindruckender Rokoko-Ausstattung. *Hochaltar* v. 1776. Got. *Doppelgrabmal* des Stifters Joh. v. Bellersheim († 1343) und seiner Ehefrau.

6442 Rotenburg an der Fulda		
Hersfeld-Rotenburg		
Einw.: 13 400	Höhe: 187 m	S. 353 □ E 3

Mitte des 12. Jh. errichteten thüringische Landgrafen die Befestigung Rotenberg,

Rotenburg an der Fulda

seit 1197 eine stadtartige Siedlung. 1248 als Stadt bezeichnet. Nach Übernahme durch Hessen Erneuerung der Stadtbefestigung. Ausbau des Schlosses im 16. Jh. und Ende 18. Jh.

Jakobikirche (Marktplatz der Altstadt): Nach Stadtbrand 1478 als zweischiffige dreijochige Hallenkirche mit n Seitenschiff errichtet. 1548 Vollendung des Turms. W-Chor mit Kreuzgratgewölbe, flachgedecktes Langhaus. – *Altartisch* aus Alabaster (1581) v. Wilhelm Vernukken. *Kanzel* v. 1663. *Orgel*, 1682 v. J. F. Schäffer.

Neustädter Kirche (ehem. Kollegiatskirche St. Elisabeth und St. Maria): Gegründet 1352, 1357 hierher verlegt. Aufhebung zur Zeit der Reformation. – Kirche 1370 begonnen. Weihe des Chors 1379. Nach Unterbrechung 1481–1501 vollendet. Zerstörungen im 18. und 19. Jh. Abbruch des Chors 1771, erst 1892 wieder erneuert. Helm des s Chorflankenturmes v. 1859–61.
Dreischiffiges Hallenlanghaus. Gruft mit allegorischen Malereien.

Hospitalkapelle (s der Altstadt) aus dem 13. und 14. Jh.; heute verbaut.

Schloß (Fuldaufer): Unter Landgraf Wilhelm IV. 1570 begonnen. Vollendet 1607 unter Landgraf Moritz. W Hauptflügel 1750–56 umgebaut. Urspr. vierflügelige Renaissance-Anlage mit 4 Treppentürmen; jetzt nur noch dreiflügelig, nach O hin zum Park geöffnet. Dreigeschossiger Kapellenbau innerhalb der sonst zweigeschossigen Anlage. 2. Obergeschoß aus Fachwerk wurde später hinzugefügt. W-Fassade barockisiert mit 1 Mittelrisalit und 2 Seitenrisaliten. An der Hofseite ein Portal v. 1572. Der O-Flügel mit dem berühmten v. W. Vernukken gestalteten *Rittersaal* wurde 1790 abgerissen. – *Kath. Schloßkapelle* um 1739. Im S-Flügel gewölbte Erdgeschoßhalle mit Rundpfeilern, W-Flügel mit kreuzgratgewölbten Räumen, N-Flügel in klassizistischem Stil umgestaltet. Bibliothek mit Galerie und Stuckdecke.
Im W der *Marstall* v. 1603 – ein einfaches, zweistöckiges Gebäude.

Burg Rotenberg: Reste auf dem Hausberg sind erhalten.

Fachwerkhäuser des 15.–18. Jh.; u. a. *Löbergasse 16* (16. Jh.) mit Spitzbogentür und gebogenen Streben. – **»Hexenturm«** bei der ma Stadtmauer.

Rotenburg a. d. Fulda, Schloß, Marstallteil

Gutshaus Ellingerode: Dreigeschossiger Fachwerkbau v. 1686 für Joh. Caspar Aitinger.

Rathaus: 1597/98 errichtet, Ausbau mit Fachwerkgiebel 1656. Dreigeschossige Marktfassade mit prächtigem Renaissanceportal und Rokoko-Freitreppe.

Steinhäuser: »*Steinernes Haus*« (Steinweg 1) aus dem 14. Jh., urspr. zweigeschossig. Fachwerketage und Portal aus dem 17. Jh. Rokoko-Haustür. Mönchsfigur, der sog. »Türke«, an der Fulda-Ecke. – *Alte Landvogtei* (Steinweg 15) v. 1555; zweigeschossig, Renaissancefenster und Fachwerkaufbau. – *Fürstliche Landvogtei* (Steinweg 13) mit klassizistischem Eingang. – *Alheimer Klause:* Obergeschoß in rheinischem Fachwerk v. 1650; 1785 umgebaut.

Umgebung

Braach (4 km w): *Ev. Pfarrkirche* (ehem. Archipresbyterkirche): Bauinschrift v. 1134. Roman. Saalbau mit Emporen v. 1594 und aus dem 18. Jh. *Taufstein* v. 1517, *Barock-Orgel* v. 1787.

Rüdesheim am Rhein 285

6220 Rüdesheim am Rhein
Rheingau-Taunus-Kreis

| Einw.: 9500 | Höhe: 90 m | S. 354 □ A 5 |

Bekanntes Weinstädtchen; Besiedelung seit der Römerzeit. 1090 erstmals erwähnt.

Pfarrkirche St. Jakob: Roman. Turm (N-Seite), an den um 1400 der flachgedeckte (1489 eingewölbte) Saal angefügt wurde. N Seitenschiff v. 1489; Ausbau 1912–14, Langhaus und Chorneubau nach dem 2. Weltkrieg. Im Tympanon des W-Portals Anbetung der Könige und hl. Veronika. – *Marienaltar;* nur das Mittelrelief (um 1600) erhalten. *Kreuzigungsgruppe,* um 1420. *Spätrenaissance-Grabmal* für Heinrich Engelhard Bromser (gestorben 1567).

Brömserburg, Niederburg, im W gelegene mächtige Wasserburg-Anlage des 12. Jh. Freistehender Bergfried, v. Mauern od. Wohntrakten mit 3 Geschossen umgeben. Nach Verfall 1812 Wiederaufbau durch Georg Moller. *Museum für Geschichte des Weines – Rheingauer Museum in der Brömserburg:* Sammlung v.

Rotenburg a. d. Fulda, Fachwerkbauten an der alten Fuldabrücke

286 Rüdesheim am Rhein

Rüdesheim, Klunkhardshof

Eibingen (Rüdesheim), Ehem. Benediktinerinnenkloster St. Hildegard

Trinkgefäßen und Gläsern (ab der Antike). Roman. Bergfriede der *Ober-* und *Vorderburg* erhalten.

Brömserhof (Obergasse 6–10) der Brömser v. Rüdesheim. Anlage um einen langen Hof, bestehend aus Bauten der Spätgotik und Renaissance. *Hauptbau* (N-Seite) des 17. Jh. Spätgot. Kapelle und Ahnensaal. *Fachwerkturm* (w) mit 3 Geschossen, spitzem Helm und 4 Wichhäuschen, um 1500.
Sogenanntes *Mangsches Haus* von 1609. Ornamentierter Steingiebel und reizvolles Portal. – *Ziehbrunnen* im Hof, frühes 17. Jh. – *Klunkhardshof*, Anfang 16. Jh. errichtetes Patrizierhaus mit 2 Fachwerkgeschossen.

Siegfrieds Mechanisches Musikkabinett (Oberstr. 29): Selbstspielende Instrumente der letzten 3 Jh.

Burgruine Ehrenfels (2,5 km stromabwärts, am Hang des Niederwaldes): Ehem. Mainzer Zollburg des 13. Jh. Ausbau 1356. Zerstört 1689, heute Ruine. Hangseite von mächtiger Schildmauer, Wehrgang und Ecktürmen geschützt. Zum Rhein gewandt stand ehem. ein Palas; runder ö Eckturm mit Achteckaufsatz. Auf der Rheininsel der *»Mäuseturm«*, ehem. Wart- und Zollturm, frühes 14. Jh.; viergeschossig mit sechseckigem Treppenturm.

Niederwalddenkmal (w von Rüdesheim): Zu Fuß oder per Gondelbahn, an Weinbergen vorbei, gelangt man zu dem 225 m hohen Monumental-Denkmal der Wilhelminischen Ära mit Kolossal-Germania (10,5 m); 1883 eingeweiht. – Von hier hat man den sog. »Binger Blick«. – N das **Jagdschloß Niederwald** v. 1764. Im *Park* einige romantische Bauten wie die künstlich angelegte Ruine Rossel.

Umgebung

Assmannshausen (5 km nw): Der malerisch am Rhein liegende, erstmals 1108 erwähnte Weinort, mit Höllenberg, einer berühmten Weinlage. Durch touristi-

Runkel, Burg

schen Ansturm hat der Ort viel von seinem Reiz verloren. – **Heilig-Kreuz-Kirche,** 1325 erstmals erwähnt; Ende 15. Jh. Neubau; Restaurierung und Verlängerung um ein Joch, 1869. – Spätgot. Schiff mit 3 Jochen (urspr. Bau). – Innenausstattung: *Altargemälde* (Marientod) v. 1480, 2 Holzstatuen (hl. Euphemia v. 1700, Marienbild Mitte 18. Jh.), 2 Seitenaltäre (Ende 18. Jh.).

Eibingen (2 km n): *Benediktinerinnenklosterkirche St. Hildegardis:* Über dem Ort inmitten von Weinbergen gelegen. 1904 errichtet. Neoroman. Äußeres. – *Ehem. Benediktinerinnenkloster* (heute kath. *Pfarrkirche*): 1148 gegründet. Seit 1165 v. Hildegard v. Bingen mit ihren Benediktinerinnen bewohnt. Aufhebung 1814. Nach Brand 1932 Wiederaufbau in veränderter Form. – 3,5 km entfernt liegt *Kloster Nothgottes.* Erhalten ist die *Wallfahrtskirche* v. 1390, erweitert Anfang 17. und 18. Jh.

Dreischiffige Hallenkirche. Tympanon des W-Portals mit ›Christus am Ölberg‹-Darstellung. – Seitlich am Klostergarten: ein originelles *Bienenhaus* (18. Jh.) mit Schnitzereien.

6258 **Runkel**		
Limburg-Weilburg		
Einw.: 9100	Höhe: 180 m	S. 354 □ B 4

Seit dem 12. Jh. war die Burg Stammsitz derer v. Runkel, spätere Fürsten v. Wied (noch heute im Besitz der Anlage), 1866 preußisch. – Reizvoll zwischen Lahn und Bergfelsen gelegener Ort.

Burg: Kernburg (Ruine), um 1150 (?); Ausbau und Erweiterungen des späten 14. Jh. Zerstörung 1634. – Bis ins 18. Jh. Wiederaufbau der *Unterburg;* dreiflügeliger Bau mit reizvollen Höfen. Mittlerer Querflügel mit got. Resten. Mittelflügel mit spitzbogiger Durchfahrt. Im inneren Hof eine Wendeltreppe,, über die man

288 **Schenklengsfeld**

zur Kernburg gelangt. Auf den Felsplateaus ragen *Wehrtürme* auf.

Siedlung um die Burg mit **Fachwerkbauten** des 17. und 18.Jh. Reste des Mauerrings.

Lahnbrücke (um 1440) mit 4 Steinbögen, Pfeiler wechselweise rund und eckig.

Heimatmuseum (in der Burg; Nordwestflügel): Porträts derer v. Wied. Waffensammlung,, niederländische Möbel und Hausgerät.

Burg Schadeck (gegenüberliegendes Lahnufer): Um 1280 angelegt; einfacher langer Bau mit spätgot. Ecktürmchen und Barock-Haube.

6090 Rüsselsheim
Groß-Gerau

Einw.: 60 000   Höhe: 88 m   S. 354 □ B 5

An der Römerstraße gelegen; 830 erstmals urkundlich genannt. Lehen der Grafen v. Katzenelnbogen an die Herren v. Heusenstamm im 14.Jh. Stadtrechte 1437. Beginn des Burgbaus. 1479 zu Hessen. Seit dem 19.Jh. Ausbau der Industrie; Standort der Firma Opel. Historischer Kern im 2. Weltkrieg stark zerstört.

Festung: Vor 1399 Bau eines »festen Hauses« zur Sicherung der Mainfurt. Seit 1437 größerer Burgbau, vollendet erst 1486 v. Hans Jakob v. Ettlingen. 1547 Schleifung der Festung, 1560 Wiederaufbau. Sprengung durch die Franzosen 1689. – Festungsmauer mit Kasematten noch vorhanden, ebenso Reste der 4 vorspringenden Eckrondelle.

Schäfergasse 16: Rokoko-Herrenhaus. Schmiedeeiserne Treppe im Hauptgebäude.

Museum der Stadt Rüsselsheim (Hauptmann-Scheuermann-Weg 4): Auf dem Areal der Festung gelegen. Wegen moderner Ausstellungskonzeption Museumspreis des Europarats (1979). Kulturelle, soziale, ökonomische und politische Aspekte der Stadtgeschichte v. der Frühzeit bis ins 20.Jh.

Umgebung

Flörsheim (3 km n): *Kath. Pfarrkirche St. Gallus:* W-Turm v. 1706, Schiff v. 1766–68. Deckengemälde (1768) v. Franz Joh. Ignaz Heideloff. – Seitenaltäre mit Altarblättern v. Christian Georg Schütz. Orgel v. 1710. *Karthäuser Hof:* Einfaches Gebäude mit Mittelrisalit v. 1733.
Ginsheim-Gustavsburg (7 km w): *Ev. Pfarrkirche:* An einem Rheinarm gelegener Saalbau v. 1744–46. – *Verwaltungsgebäude der MAN:* 1954/55 errichtet v. Klaus P. Fesch. Stahlskelettbau in großzügig-klarer Erscheinung.

6436 Schenklengsfeld
Hersfeld-Rotenburg

Einw.: 4600   Höhe: 310 m   S. 353 □ E 3

Ev. Pfarrkirche: Got. Chorturm mit Helm v. 1822–23 in barocken Formen. 1733–38 nach Entwürfen Adam Joh. Erdingers errichtetes Kirchenschiff mit w Polygonal-Abschluß. Emporen v. 1746. – Got. *Sakramentshaus* (beschädigt) und *Taufstein* (um 1550) im Chor. – Bei der Kirche die **Dorflinde**, in 4 Stämme geteilt. Der Legende nach v. Bonifatius gepflanzt; uralter Fest- und Versammlungsplatz.

Friedhof (n außerhalb des Ortskerns): *Totenkapelle* über Achteck-Grundriß. 263 aufgereihte *Grabsteine* des 17. bis 19. Jh.

6407 Schlitz
Vogelsbergkreis

| Einw.: 9500 | Höhe: 247 m | S. 353 □ E 3 |

---

812 erstmals genannt, als Erzbischof Richolf v. Mainz in Anwesenheit des Fuldaer Abtes Ratgar eine Kirche weihte (Reste in der jetzigen Kirche). Fast vollständige Ummauerung des Städtchens.

Ev. Pfarrkirche (St. Margaretha): Außen und innen sind mehrere Bauepochen ablesbar. Grabungen unter P. Weyrauch konnten die komplizierte Baugeschichte aufklären. Weihe 812. Reste einer frühromanischen, vermutlich karolingischen Basilika wurden gefunden. Ein ehem. Chorturm ersetzte die Apsis der Entstehungszeit (heute Turmunterbau in der Langhausmitte). Später querhausähnlicher Anbau im O (Ende 11. Jh.?). Heutige spätroman. Choranlage aus der Mitte des 13. Jh. Im N Nebenchörchen (jetzt Sakristei). Achteckiger Aufbau des Turmes um 1300. Frühgot. W-Portal, spätgot. Maßwerkfenster und Spitzhelm. Umgestaltung zur Predigtkirche nach der Reformation (2. Hälfte 16. Jh.): O-Bogen des Turmuntergeschosses durchbrochen und erweitert, W-Bau wurde zur Halle, 2 runde Treppentürme kamen als Emporenzugänge hinzu. V. 1639 stammt die farbige Stuckdecke des Altarraums (ehem. ö. Querbau). Nach Beratung durch Johann Dientzenhofer* wurden 1712–13 die n und s Rundbogen in das Turmuntergeschoß eingeschnitten. Umbau zum Emporensaal und Langhausdach 1766. Ende 19. Jh. restauriert, 1964 bis 1966 innen neu gestaltet. – Ausstattung: *Taufstein* v. 1467. *Orgel* v. 1718. *Grabmäler* derer v. Schlitz, 16.–18. Jh.

Friedhofskapelle (Sandberg): Flachgedeckter Saalbau v. 1612.

Burgen der Grafen v. Schlitz: Am imposantesten die *Vorderburg*. 2 Flügel mit 3 Geschossen treffen im stumpfen Winkel aufeinander. An den ma Bergfried

Schenklengsfeld, Grabstein 17. Jh.

Schlitz, Schachtenburg, Giebelhäuser

290 Schlüchtern

Schlüchtern, Westturm des ehem. Benediktinerklosters

Schotten, Liebfrauenkirche, Flügelaltar, Leiden Christi

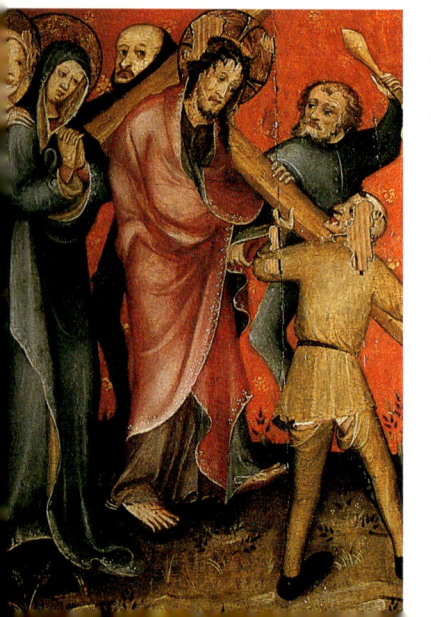

schließt der ö Renaissance-Flügel an (ausgebaut im 16.Jh.). *Ziehbrunnen* v. 1600 mit Fachwerkbrunnenhäuschen. Im *Heimatmuseum* sind Schlitzer Trachten und Exponate der Gegend ausgestellt. *Hinterburg:* Erhalten ist der schmale Bergfried (14.Jh.); angefügt das steinerne Burghaus mit Fachwerkgeschoß v. 1553; Treppenturm im S. Die südöstlich gelegene *Schachtenburg* besteht aus 2 Bauten: dreigeschossiger N-Flügel mit Fachwerkgeschoß, älterer S-Bau. *Ottoburg* v. 1653–81. Im Innern: Spätrenaissance-Türen. – Im Tal liegt die *Hallenburg* von 1755. Klassizistisches 3. Obergeschoß, um 1800.

Außerdem sehenswert: *Rathaus* des 16.Jh. – *Benderhaus* v. den Steinmetzen der Vorderburg um 1600 errichtet. – Fachwerkhäuser des 16.–18.Jh. *Villa Wittgenstein;* 1859 v. Hugo v. Ritgen für Prinz Franz v. Sayn-Wittgenstein erbaut. *Hallenburg-Brücke* v. 1812 über die Schlitz.

S.-FRAUROMBACH
Ev. Kirche: Einfaches roman. Langhaus mit spätgot. Chor. Bemerkenswerte got. *Wandmalereien* (vor Mitte 14.Jh.) an der ö Langhauswand und Seitenwänden (Herakliuslegende und Legende des Hl. Kreuzes).

6490 Schlüchtern
Main-Kinzig-Kreis

| Einw.: 1500 | H.: 220–500 m | S. 355 □ E 4 |

Entstanden nach der Benediktiner-Klostergründung im 8.Jh. Gewerbe und Handel blühten dank der günstigen Lage an der Straße Frankfurt–Leipzig. 1562 zur Stadt erhoben. Seit 1866 preußisch.

Ehem. Benediktinerklosterkirche: V. der karolingischen Anlage ist die Krypta erhalten. Langhaus um 1100 nach W verlängert; W-Turm: 1.Hälfte 15.Jh. Abbruch des Schiffs, Errichtung einer Halle

Schotten, Liebfrauenkirche, >
Flügelaltar

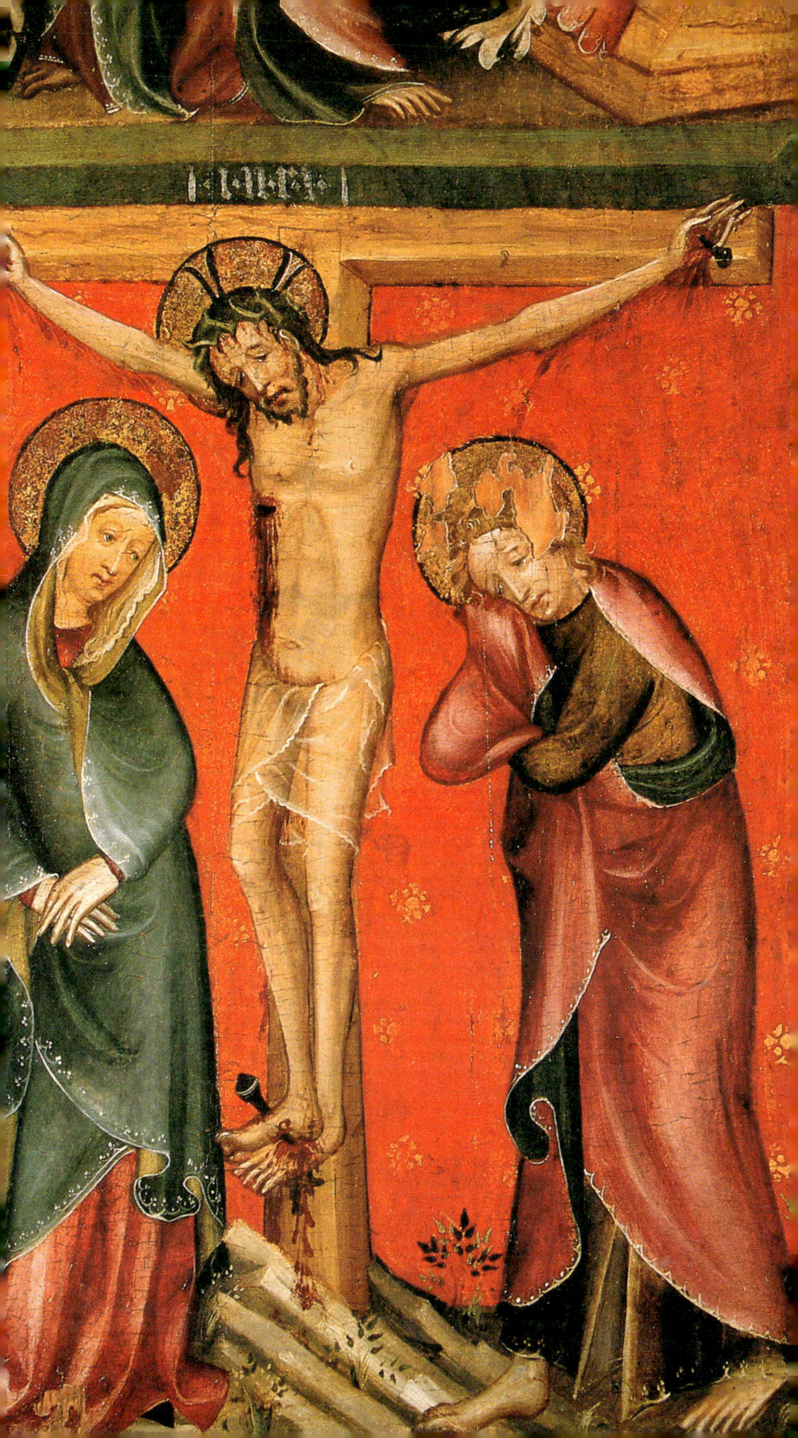

292 Schmitten

und eines Chorflankenturms. Maßwerkfenster an der N-Wand noch vorhanden. Zerstörung des Baus durch Einbau einer Schulaula 1836. Ausstattung: *Epitaph* der Tamburg v. Hutten (gestorben 1353) in der Katharinenkapelle. *Renaissance-Denkmal* des Paters Lotichius (gestorben 1567). – *Klostergebäude,* häufig umgebaut.

Lautersches Schlößchen: 1440 v. den Herren v. Lauter errichtet. 1948 Gründung der »Europa-Akademie«. Heute **Bergwinkel-Museum.**

Veranstaltungen und Brauchtum: Weitzelfest am 1. August-Wochenende, Kalter Markt am 1. November-Wochenende.

S.-VOLLMERZ-RAMHOLZ:
Ev. Pfarrkirche: Saalbau (1788) mit eingestelltem W-Turm. Innen umlaufende Emporen. *Barock-Orgel* mit Knorpelwerk und aufwendig verzierten Pfeifen, 1788.

Schloß: 1893 v. Emanuel und Gabriel v. Seidl in niederländischen Renaissance-Formen erbaut. *Park* mit Barockskulpturen (Umfeld Ferdinand Dietz).

Schotten, Liebfrauenkirche, Flügelaltar, Leiden Christi

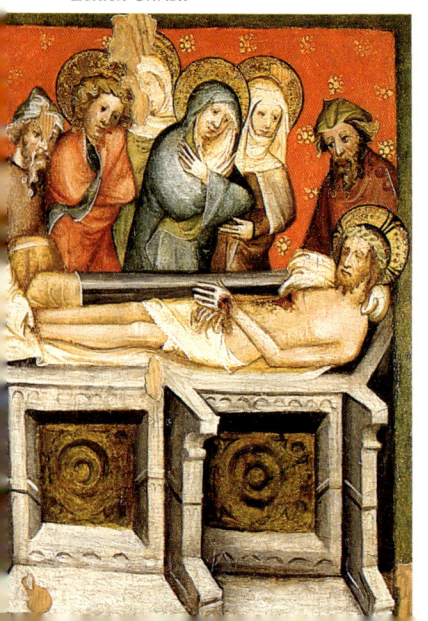

Steckelburg: 1388 unter Ulrich v. Hutten errichteter Bau; Verfall im 17. Jh.

Umgebung

Schwarzenfels (16 km sö): *Burg:* Anstelle der 1276 zerstörten Steckelburg. Baureste des 16. Jh. vorhanden. Bergfried und vereinzelte Mauerteile aus der Ursprungszeit. Kernburg mit Renaissanceportal. Marstall in der Vorburg. Torturm mit achteckigem Fachwerkaufbau v. 1571.

6384 Schmitten
Hochtaunuskreis

| Einw.: 7500 | Höhe: 460 m | S. 354 □ B 4 |

S.-OBERREIFENBERG
Burg Reifenberg: Im 12. Jh. angelegt, im 14. Jh. mit rechteckigem sechsgeschossigem Wohnturm und dicken, von 2 Rundtürmen flankierten Mauern ausgestattet. Dahinter ein Feldbergmassiv, beliebtes Wanderziel (höchste Erhebung des Rheinischen Schiefergebirges).

Bassenheimer Schlößchen: 1770 im Barockstil errichtetes Herrenhaus.

6479 Schotten
Vogelsbergkreis

| Einw.: 11 500 | Höhe: 280 m | S. 355 □ D 4 |

Am S-Hang des Vogelsberges gelegen; geht vermutlich auf eine Gründung durch iro-schottische Mönche Ende 8. Jh. zurück. Ort erst 1293 erwähnt. Seit 1356 Stadt. Seit 15. Jh. hessisch.

Liebfrauenkirche: 1326–50 errichteter O-Teil. Dreischiffige Hallenkirche mit 3 Jochen, eingezogenes Querhaus und

Schotten, Liebfrauenkirche, >
Flügelaltar, Leiden Christi

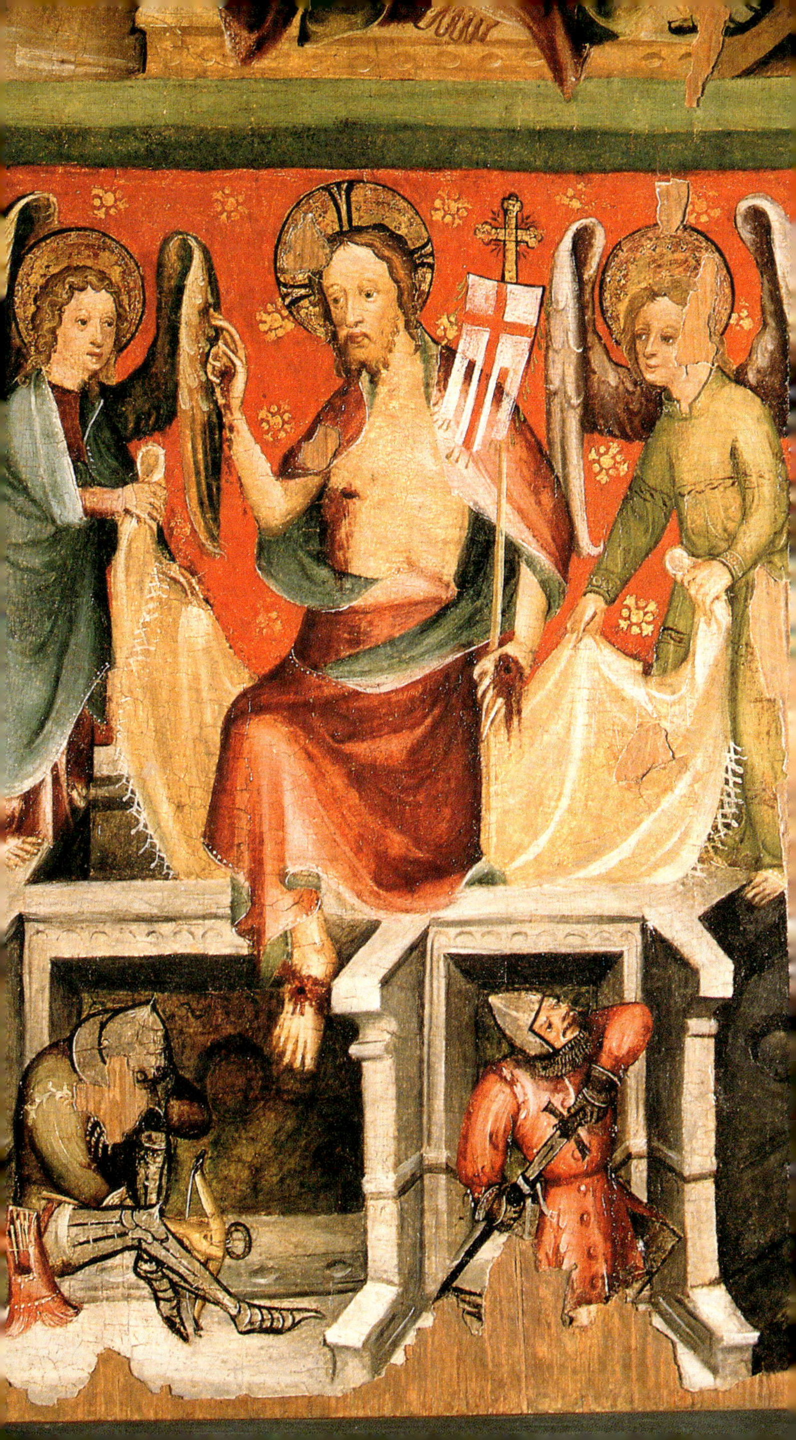

294 Schotten

Schotten, Rathaus

Schotten, Liebfrauenkirche

schmaler Chor mit $^5/_8$-Abschluß. Breit vorgelagerter W-Bau (bis um 1382). Außen dominiert der hohe Vierungsturm. Mächtige Strebepfeiler an den Außenwänden des W-Baus, und die Pfeiler innen sollten vermutlich 2 Türme tragen. Über spitzbogigen Maßwerkfenstern durchbrochene Galerie mit Reitertürmchen. Breites W-Portal mit Anbetungsgruppe im Zwischensturz vor Blendarchitektur. Zählt zum Umkreis des Erfurter Severi-Meisters. S-Portal-Tympanon mit Madonnen- und Stifterdarstellung.
Innen: Eng beieinander stehend verschiedene Pfeiler. Der berühmte »Schottener Altar«, ein Hauptwerk der hessischen Malerei, wird um 1400 datiert. Mittelschrein mit der thronenden Madonna.
In geschlossenem Zustand 8 Passionsszenen, im geöffneten 16 Szenen aus dem Marienleben. Retabel-Mitte: Schnitzfigur der Maria.
Got. *Taufbecken* mit Blendmaßwerk, Taufschale v. 1615. Barocker *Orgelprospekt*, 1782, v. Joh. Benedikt Ernst Wegmann. *Kreuzigungsgruppe*, um 1500. Got. *Vesperbild*.

Rathaus: Prächtiger zweigeschossiger Fachwerkbau v. 1520 Vorkragende Geschosse; gekrümmte Streben.

Alteburg (s der Altstadt) Herrenhaus v. 1515. Neuzeitlicher Fachwerkbau. – **Fachwerkhäuser** des 17.–19. Jh.

Vogelsberger Heimatmuseum (Vogelsbergstr. 95): 1816 errichtetes Fachwerkgebäude mit 1908 im Jugendstil umgestalteten Innenräumen; geologische, vorgeschichtliche und ma Sammlung. Daneben Möbel und Hausrat des 18. und 19. Jh.

S.-BREUNGESHAIN
Ev. Kirche v. 1708–15. Fachwerkbau des Zimmermeisters Hans Georg Haubruch aus Herbsten.

S.-EICHELSACHSEN
Evangelische Kirche, Fachwerkbau v. 1722–23.

3579 Schrecksbach
Schwalm-Eder-Kreis

Einw.: 3200   Höhe: 230 m   S. 353 □ D 3

S.-HOLZBURG
Ev. Pfarrkirche: Saalbau v. 1752–54.

Dorfmuseum Holzburg (Brunnenstr. 11): Informiert wird über das Leben in der Schwalm. Schwerpunkt: Trachten der Region.

S.-RÖLLSHAUSEN
Ev. Pfarrkirche: 1722–24 errichteter Barockbau v. Lorenz Gruber. Ausstattung aus der Entstehungszeit (bis auf die Orgel).

Ev. Kirche (Schönberg): Heute Friedhofskirche v. Röllshausen. Ehemalige Wehrkirche der Neuenberger Propstei (11. bis 13. Jh.), später des Klosters Haina. Saalbau des 12. Jh.; Chorneubau im 13. Jh.
Spätere Veränderungen. Längsunterzug der Balkendecke lastet auf Holzpfosten. Bekrönender barocker Dachreiter mit Glocke v. 1506. – Chorausmalung.

Friedhof: Roman. Taufbecken und Grabsteine des 18. und 19. Jh.

3578 Schwalmstadt
Schwalm-Eder-Kreis

Einw.: 18 000   Höhe: 230 m   S. 353 □ D 3

S.-ROMMERSHAUSEN
Ev. Pfarrkirche: Im Kern roman. mit got. Chor; teilweise mit Fachwerk aufgestocktes Schiff. – *Grabstein* der Margaret Rinch v. Philipp Soldan, 2. Viertel 16. Jh.

Schlößchen: »Schmuckstück« ländlicher Renaissance in Hessen. 1535 kaufte Reichart Rinck das Areal, ab 1539 Bau der

Rommershausen (Schwalmstadt), Fenster im Steingeschoß, Detail

Anlage. 3 Einzelgebäude gruppieren sich um einen trapezförmigen Hof. N-Flügel v. 1539; massiver Unterbau, darüber Fachwerkgeschoß. O-Bau, eigentliches Stockwerk, auch mit Stein- und Fachwerketage. Interessant sind Portal und Fenster (Steingeschoß) mit Formen der Spätgot. und Frührenaissance, wie Ranken, Fabelwesen und bildhafte Darstellungen, angelehnt an niederländische Renaissance-Grafik. Initialen ›PS‹ für Philipp Soldan. Innen ein reizvolles Treppenhaus. Der letzte Flügel wurde 1672 im Barockstil errichtet. N-Front: Beeindruckender Rittersaal mit Gußeisenofen.

S.-TREYSA
Bereits um 800 Besitz der Abtei Hersfeld. Siedlung vermutlich um 1200 entstanden. Erwähnung v. Burg und Stadt im 13. Jh. – Reizvoll gelegen über dem l Schwalmufer. Schöne Silhouette durch zahlreiche Türme.

Schwalmstadt

Treysa (Schwalmstadt), Rathaus

Totenkirche (ehem. Pfarrkirche St. Martin): Nach 1830 zur Ruine geworden. Seit dem 16. Jh. Totenkirche. Mitte 13. Jh. errichtete spätroman. dreischiffige Pfeilerbasilika. Von 2 urspr. vorgesehenen W-Türmen ist nur der s ausgeführt. Knospenkapitelle und Wandvorlagen mit frühgot. Elementen. Einfaches Äußeres mit Strebepfeilern. Lisenengliederung am Turm – eigenwillig der achteckige Helm über 4 Giebeln – und W-Fassade. Im Innern Spitzbogenarkaden; an den quadratischen Pfeilern Dienstbündel. Höher gelegener Chor (1300) mit Handwaschbecken und Nischen. Wappen der Grafen v. Ziegenhain und Nidda an den Stützsäulen. An der N-Seite Beinhaus und darüberliegende Sakristei (1521) v. Meister Balser. N Chorwand: Sakramentsnische, um 1350.

Ehem. Dominikanerkirche St. Maria, heute ev. Pfarrkirche: Klostergründung vor 1287. 1527 aufgehoben. Kirche um 1300 begonnen als zweischiffige (reduzierte) Hallenkirche. Kirchturm v. 1838 bis 1840. Chor mit ⅝-Schluß. Fensterlose W- und N-Wand. – Ausstattung: Spätgot. Tonreliefs (Stationsbilder) an den Strebepfeilern der äußeren S-Seite. – *Barockorgel* v. 1723–24. *Grabstein* (Weicher Stil) des Titularbischofs Hermann v. Wildungen (gestorben 1396). *Grabstein* Margarete v. Holzheims (1569) v. Philipp Soldan.

Ehem. Hospital: *Kapelle* um 1400 errichtet. Hübsches Glockentürmchen über W-Giebel. Innen eine Wandnische mit Steinfigur des Leichnams Christi aus der Spätgotik. – Spätgot. *Hospitalgebäude.*

Ehem. Hainaer Klosterhof (Burggasse 6): Spätgot. Unterbau des 16. Jh.

Rathaus: Dreigeschossiger Steinbau des 14. oder 15. Jh. Wiederaufbau nach dem Dreißigjährigen Krieg, z. T. in Fachwerk. S-Seite mit Spitzbogenfriesen und figürlichen Konsolen. 2 Ecktürmchen an der W-Seite; Treppenhausanbau v. 1696.

Außerdem sehenswert: *Fachwerkhäuser,* nur wenige vor 1650. – *Marktbrunnen* mit Rolandsfigur, 1683, v. Joh. Ingebrandt. – *Bahnhof:* Klassizistischer Backsteinbau v. 1849. – *Steintorbrücke* über die Schwalm. Barock gestaltete, eindrucksvolle Steinbogenbrücke, 1701–05 errichtet; leider 1968 abgebrochen. – *Eisenbahnviadukt* (über die Schwalm), um 1850. – *Stadtbefestigung* des 13. und 14. Jh. noch gut erhalten.

Umgebung

Neukirchen (9 km sö): *Ev. Pfarrkirche,* Hallenkirche in got. und spätgot. Formen mit W-Turm. An den Chor aus der Mitte des 14. Jh. schließt sich n eine zweigeschossige Sakristei an. Umbau und Vergrößerung 1497. – Spätgot. Wandmalereien. – *Marienkapelle* (heute Fried-

Treysa (Schwalmstadt), >
Ruine der Totenkirche

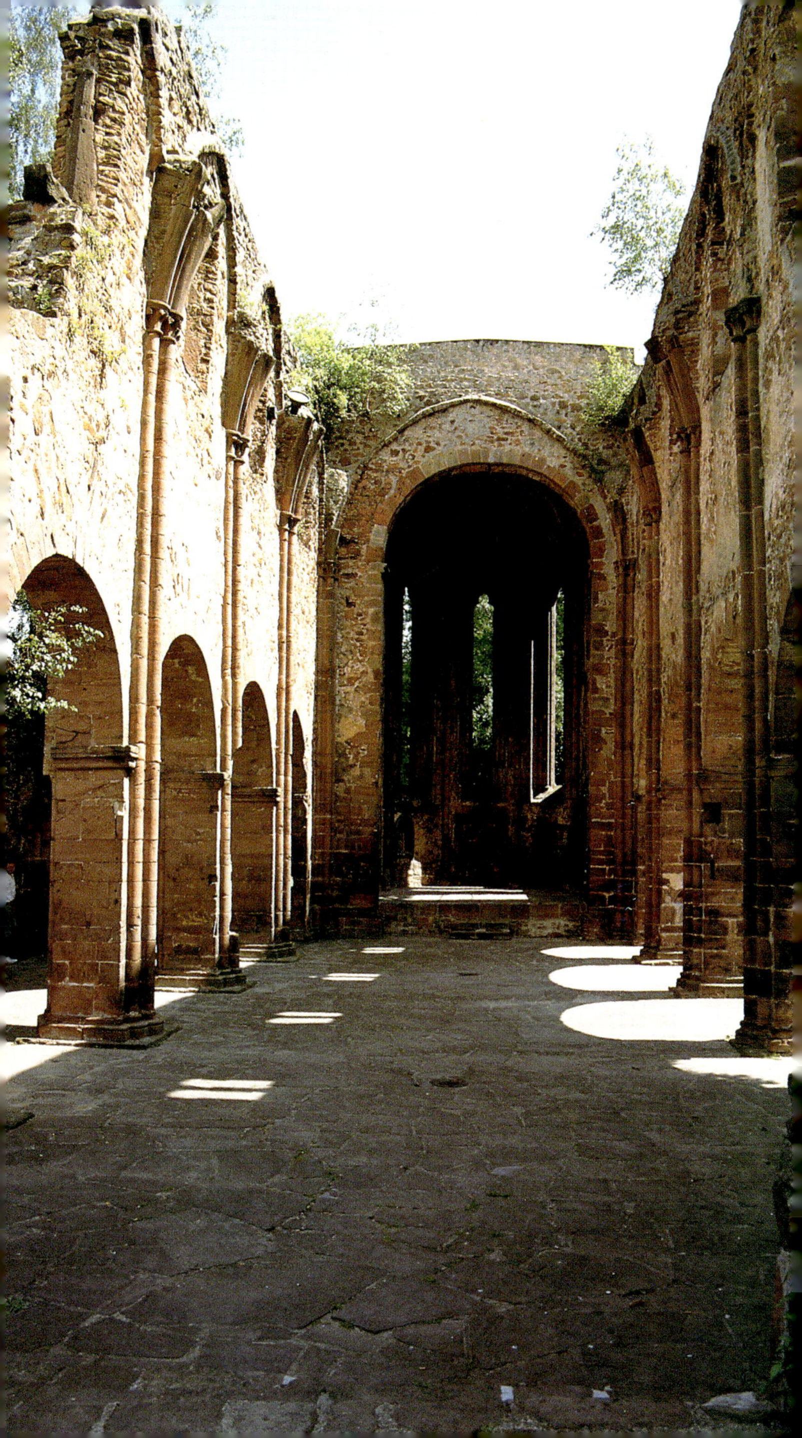

Ziegenhain (Schwalmstadt), Haus »Zum Rosengarten«

hofskapelle) auf dem Frauenberg. Rechteckbau v. 1443 mit bemerkenswerten Maßwerkfenstern.
Rathaus: Fachwerkbau mit 3 Geschossen und hohem Satteldach v. 1536. – *Fachwerkbauten.*

S.-ZIEGENHAIN
Mitte des 11.Jh. ist hier ein Straßenübergang bezeugt. Sitz eines Grafengeschlechts, das sich seit 1144 »Cigenhagen« nannte. Der Ort fiel um 1200 an die Grafschaft Nidda, dann mehrfacher Besitzwechsel zwischen Mainz und Hessen. 1274, nach Bau einer Befestigungsmauer, wird Ziegenhain als Stadt bezeichnet. 1450 hessisch. Im 15. und 16.Jh. Ausbau der Stadt zur Residenz. Im Siebenjährigen Krieg von Franzosen besetzt.

Ev. Pfarrkirche: Saalbau v. 1665–67 mit Barockportal und spätklassizistische Ausstattung. Prächtige *Barockorgel* (1769–71) v.Joh. Andreas Heinemann.

Wappengrabstein für B.v.Weitolshausen (gestorben 1529) v. Ph.Soldan.

Ehem. Schloß (seit 1842 Gefängnis): Unregelmäßig um einen fünfeckigen Hof gruppierte Bauten des späten MA, meist in der 2.Hälfte 16.Jh. umgebaut. Alter Palas im N-Flügel. Am W-Flügel Portal mit Löwen v. Ph.Soldan.

Altes Brauhaus (ehem. Schloßküche): Erbaut im 14.Jh. Neugestaltet 1883 im neogot. Stil.

Fruchtspeicher (Sicherungsverwahrung für Männer) v. 1576–79.

Fachwerkhäuser, u.a. *Am Lüdertor 1*, ma Bau mit gebogenen »Nasen« an den Fassaden-Fußbändern; *Haus Zum Rosengarten* (Muhlystr.3) v. 1620 mit Barockportal v. 1760.

Steinernes Haus: Mauerteile des 14.Jh. erhalten. 1659–60 für Hofmarschall Jakob v.Hoff errichtete Dreiflügelanlage. Hier befindet sich das *Museum* der Schwalm zur Geschichte der Region und der ehem. Grafschaft Ziegenhain.

Ehem. Synagoge, ca. 1840 als Anbau an das Haus *Kasseler Str.28.*

6104 Seeheim-Jugenheim
Darmstadt-Dieburg

Einw.: 16 200   Höhe: 105 m   S.354 □ C 5

Ev. Pfarrkirche: Frühgot. Chorturm mit Schallarkaden. Langhaus häufig (grundlegend 1820) verändert. Spätgotische Maßwerkfenster. Dreiseitig umlaufende, klassizistische Emporen. An der N-Chorwand Reste v. Wandmalereien der Früh- und Spätgotik. Barocker *Orgelprospekt* v. 1750.

Rathaus: Zweiflügel-Fachwerkbau von 1599. Hübsche Hölzeranordnung; Rauten- und Andreaskreuze; großer Obergeschoßsaal. – **Fachwerkhäuser** des 17.Jh.

Burgruine Tannenberg: Die Burg wurde

angeblich Ende 12.Jh. errichtet. 1399 zerstört. Erhalten sind nur Mauerreste.

Umgebung

Jugenheim an der Bergstraße (2 km n): *Ev. Pfarrkirche:* Ehem. frühgot., s Seitenschiff, um 1480, W-Turm 1575 hinzugefügt. 1855–56 umgestaltet zu einem Saalbau mit neogot. Formen. – *Ehem. Nonnenkloster Heiligenberg:* Anstelle einer ma Kirche ließ Großherzogin Wilhelmine v.Hessen 1831 eine künstliche Kirchenruine errichten. – *Schloß Heiligenberg:* Vermutlich v. Georg Moller* 1814–16 gebaut.

6453 Seligenstadt
Offenbach/Main

Einw.: 19000   Höhe: 117 m   S.354 □ C 4

Röm. Kastell und Siedlung (um 260 zerstört) nachgewiesen. Ludwig d. Fromme schenkte Einhard 815 das spätere fränkische Königsgut. Dieser gründete um 830 ein Benediktinerkloster, in das die Gebeine der Märtyrer Marcellinus und Petrus überführt wurden. Aus der Ortsbezeichnung ›Obermühlheim‹ wurde Seligenstadt. Um die Abtei bildete sich ein städtisches Gemeinwesen, das unter Kaiser Heinrich IV. an Mainz fiel. Um 1500 kulturelle Blütezeit. 1803 fiel die Stadt an Hessen-Darmstadt. Gut erhaltenes, urspr. Stadtbild. Geburtsstadt (1434) des Malers Hans Memling*; Matthias Grünewald* lebte hier 1500–25.

Einhards-Basilika (ehem. Benediktinerabteikirche): Größter erhaltener karolingischer Kirchenbau. Baubeginn zwischen 831 und 834. 840 wurde Einhard hier beigesetzt. Ursprungsbau (gut erhalten) war eine dreischiffige, flachgedeckte Basilika mit durchgehendem Querhaus, an das ehem. direkt die O-Apsis anschloß. Zweiturmfassade des 11.Jh. Chorverlängerung und Vierungsturm vor 1253. Ende 19.Jh. neoroman. Bauteile an der W-Front. W- und O-Seite verfälschen daher

Seeheim-Jugenheim, Rathaus 1599

das Bild. Gut erhalten ist die n Schauseite mit dem langen Querhaus. Spätbarocke Haube auf dem frühgot. Vierungsturm. Statue des Engels Gabriel v. 1743. – Einfacher Innenraum mit klarer Raumwirkung. Über 9 Rundbogenarkaden zieht sich in der Wandmitte horizontal ein Gesims, darüber die Obergadenfenster. Urspr. gelangte man vom Mittelschiff über Stufen in den höher gelegten Chorraum. Darunter lag das Grab der röm. Märtyrer in der Ringkrypta mit Tonnengewölbe. W des Grabes befanden sich in einem Räumchen die Särge Einhards und seiner Frau Imma. An n Querhausarm wurde im 11.Jh. ein kleiner Bau mit Kreuzgratgewölbe (Abteiarchiv) angefügt. Vierungsbogen (2. Viertel 13.Jh.) und Trompen, die zum achteckigen Turmgeschoß überleiten, zeigen

*Folgende Seiten:
Links: Seligenstadt, Einhards-Basilika
Rechts: Seligenstadt,
Steinheimer Torturm*

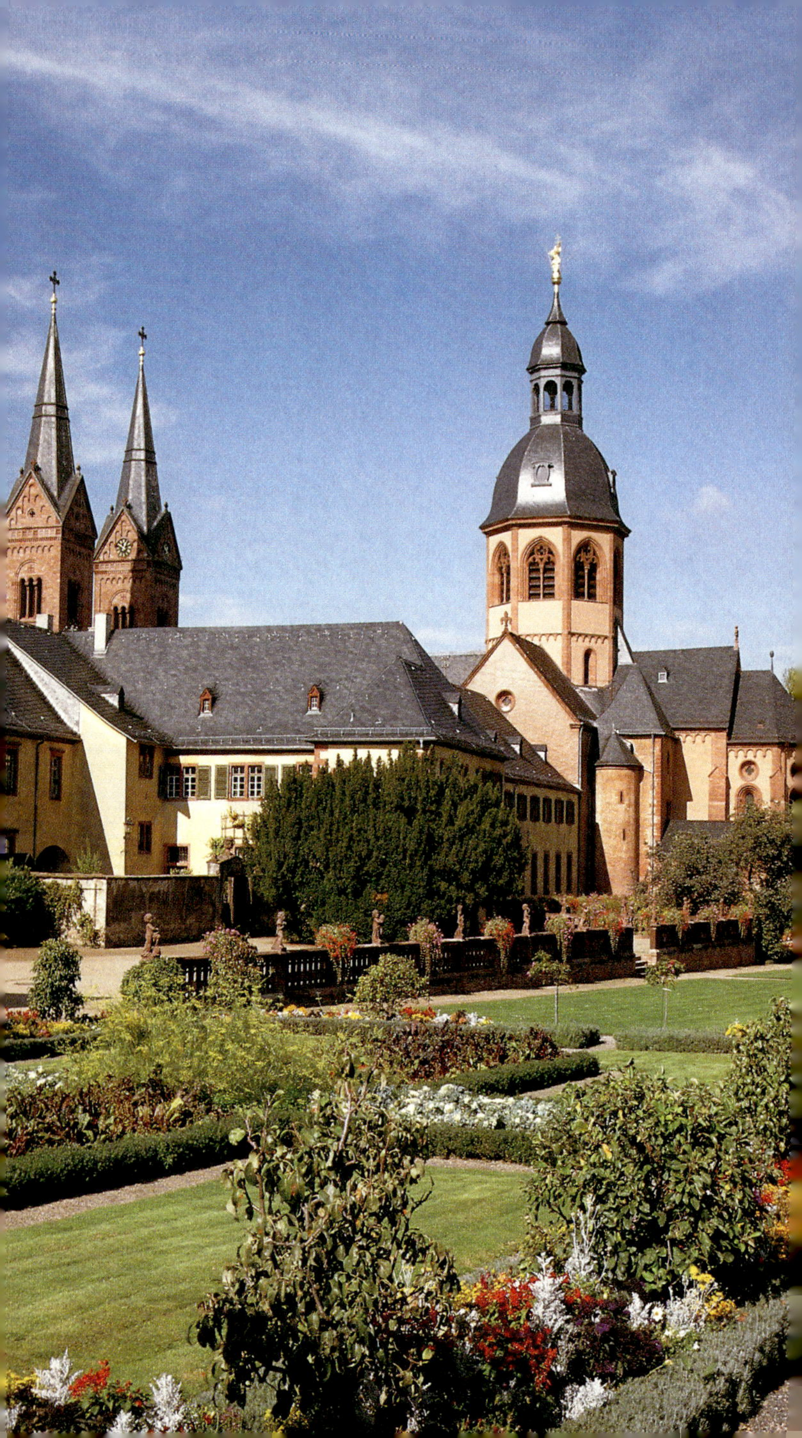

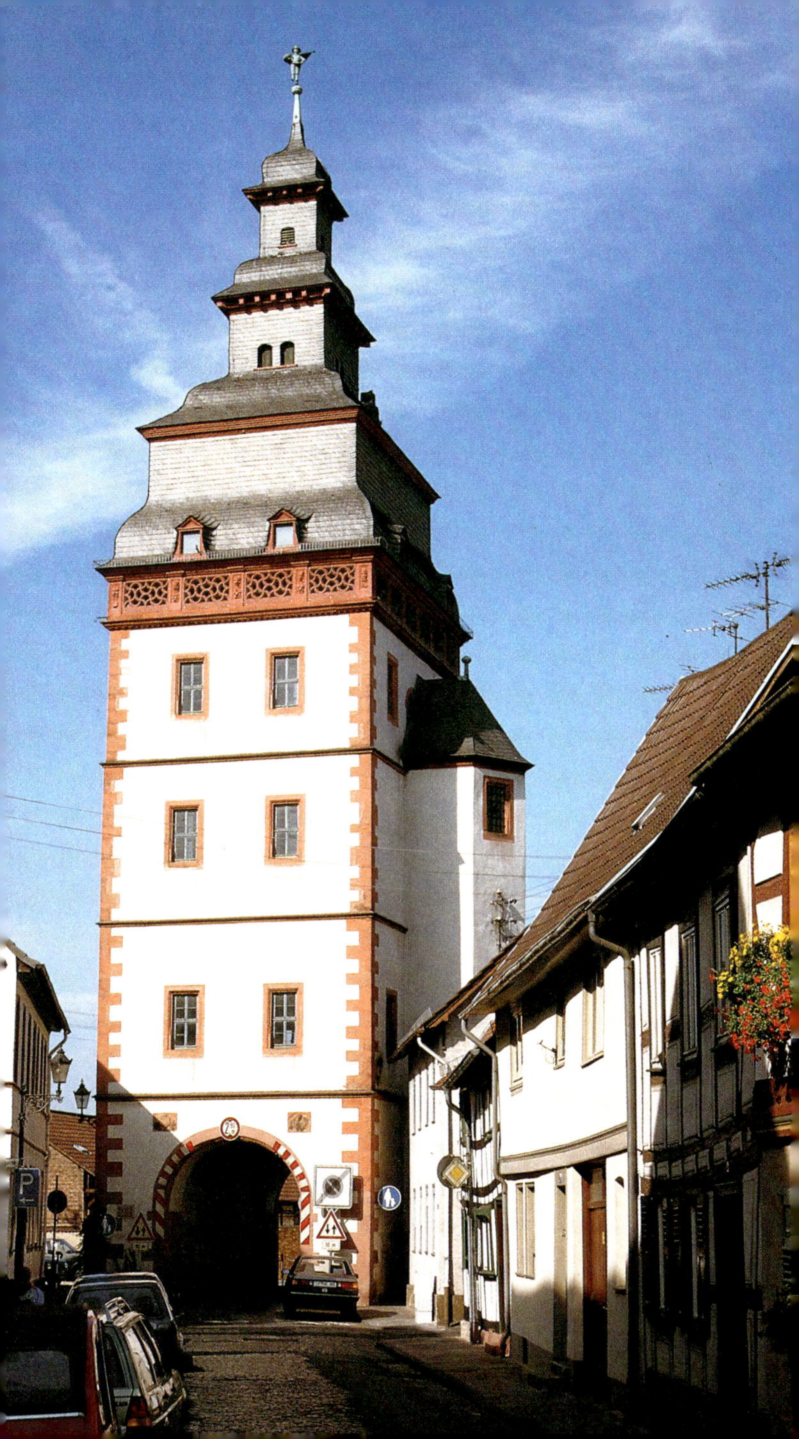

frühgot. Formen. Chor mit aufwendig gestalteten Arkaden. – Ausstattung: *Hochaltar* (1715) nach einem Entwurf Maximilians v. Welsch. Alabaster-Figurenschmuck (u. a. Kirchenväter) wird Burkhard Zamel zugesprochen. Hauptaltar und die 2 barocken *Wandelaltäre* (Querhaus) stammen aus Mainz. *Kanzel* v. 1720–30. Engelsskulptur am *Chorlesepult,* Anfang 18. Jh. Schmiedeeisernes Chorgitter v. 1720. *Apostelstatuen* über den Mittelschiffpfeilern, 1. Hälfte 18. Jh. *Steinskulpturen* (Figuren v. Marcellinus und Petrus, Erzengel Gabriel, Kreuzigungsgruppe) bei der Kirche unter Abt Petrus IV. (1715–30) entstanden. – S erstreckt sich der *Klosterbezirk,* zum Großteil mit Gebäuden der Barockzeit (einzelne Reste des 11. Jh. erhalten). Reizvoller Klosterhof mit *Prälatur* (1699), heute *Museum. Klostermühle* v. 1574. Am *Kreuzgang Konvent-* und *Krankenbau.* Illusionistische Barock-Malerei in der Bibliothek und im Sommerrefektorium.

Kaiserpfalz: Durch Kaiser Friedrich II. um 1235–40 mainabwärts als Jagd- und Wohnschloß angelegt. Zerstört im 15. Jh. Erhalten ist nur die repräsentative Schauseite am Main. Einbeziehung der Ruine in die Stadtmauer v. 1462. – Rechteckiger, zweigeschossiger Quaderbau. Zwischen 2 rundbogigen Eingängen ist ein Altan vorgelagert. Im Obergeschoß 3 prachtvolle Doppelfenstergruppen. Zutritt zu den kaiserlichen Räumlichkeiten vermutlich v. der flußabgewandten Seite.

Rathaus: Klassizistischer Neubau v. 1823 anstelle des früheren Renaissance-Rathauses.

Einhardhaus (Aschaffenburger Str. 13) v. 1596. Prachtvoller Eckerker mit dem Spruch »Selig sei die Stadt genannt, da ich meine Tochter wiederfand«, den Karl d. Gr. vor Einhard gesagt haben soll.

Steinernes Haus: Ende 12. Jh., verändert 1271–72. Rundbogenarkaden und Zwillingsfenster mit Überfangbogen im 1. Geschoß.
Zahlreiche spätma **Fachwerkhäuser** (in der *Großen Fischergasse*) und solche des 16.–17. Jh.

Stadtbefestigung: Längsovaler Bering mit dem stattlichen *Steinheimer Torturm* v. 1605 und Wehrtürmen des späten MA.

Wasserburg: In Richtung Babenhausen, sö der Stadt gelegen; als Gartenhaus der Abtei angelegt seit 1705; zweigeschossig mit französischem Dach.

Veranstaltungen und Brauchtum: Geleitfest zur Erinnerung an die Kaufmannszüge v. Nürnberg und Augsburg nach Frankfurt und historischer Löffeltrunk auf dem Marktplatz; Termine variabel zwischen Juni und August.

6336 Solms
Lahn-Dill-Kreis

Einw.: 12 500   Höhe: 150 m   S. 352 □ B 3

S.-OBERBIEL
Ev. Pfarrkirche: Barocker Saalbau v. 1784. Deckenspiegel aus Kloster Altenberg/Lahn.

Ehem. Prämonstratenserstift Altenberg: Um 1178 gegründet. Blütezeit unter Äbtissin Gertrud (1248–97), die um 1251 die Kirche errichten ließ. Aufhebung 1802. *Ehem. Klosterkirche St. Maria,* ev. Kirche, eine einfache Anlage mit Langhaus v. 1280–1300. Chor mit $5/8$-Abschluß. Nur n Querhausflügel ausgeführt. Anstelle des S-Flügels die Sakristei. 6jochiges einschiffiges Langhaus mit zweigeschossigem Aufriß. – Innen: Spitzbogige Kreuzgewölbe. Im Chor Runddienste mit Laubschmuck an den Kelchkapitellen; Gurtdienste an den Vierungspfeilern. Über der zweischiffigen Unterkirche erhebt sich im W-Teil eine Nonnenempore. – Wandmalereien des ausgehenden 13. Jh. (1950 freigelegt). Farbige Hervorhebung der Architekturglieder (rot und gelb). Marienkrönung (S-Seite der Vierung), Christophorus (s Langhauswand), Sitzende Madonna (nö Chor). – Ausstattung: Steinmensa des got. *Hochaltars* (um 1350?). *Levitensitz* aus der Entstehungszeit der Kirche. *Orgel* (zweigeschossig), 1757, v. Joh. Wilhelm Schöler. *Grabmäler* der Gertrud (gestorben 1297) und einer weiteren Äbtissin sowie einiger Solmser Grafen. – *Klostergebäude* (s der Kirche), um 2 Höfe gruppiert.

Besucherbergwerk Grube Fortuna (Karl-Kellner-Ring 51): Der Eisenerzbergbau – bis in die 20er Jahre des 20. Jh. wichtiger Wirtschaftsfaktor der Region – wird während einer Grubenfahrt v. ehem. Bergleuten erläutert; *Bergbaumuseum* mit Dokumentationsmaterial.

6443 Sontra
Werra-Meißner-Kreis

| Einw.: 9000 | Höhe: 242 m | S. 353 □ E 2 |

1232 erstmals genannt. Seit 1433 hessisch. Die inmitten bewaldeter Hügel liegende kleine Stadt gewann wirtschaftlich Bedeutung durch den Kupferbergbau, der aber schon 1638 wiedereingestellt wurde.

Stadtkirche: 1480–93 errichtete got., asymmetrische Hallenkirche v. geringen Ausmaßen. Ungeklärt ist die Datierung des W-Turms, der spätroman., aber auch v. 1601–04 sein könnte. Spätgot. Fischblasenmaßwerk an den Fenstern. Neue Sakristei v. 1799. Ornamentale Malereien an den Langhauspfeilern v. 1568 (restauriert 1934). Farbige Gestaltung der Kreuzrippengewölbe. Ausstattung: Bemerkenswerte *Orgel* mit 3 Türmen, 1710–11, v. Joh. Adam Gundermann. *Grabdenkmäler* (Turmhalle), u. a. des Ritters Philipp v. Diede, 1568.

Rathaus in Fachwerk mit achteckigem Dachreiter; 1668–70 v. Jakob Schaller errichtet. Zum Markt gerichtete Fassade mit mehrgeschossigem Giebel. »Mann-Formen« und Andreaskreuze als Zierde. Hübsches Portal. – Das Stadtbild ist nach Brand (1821) und durch schlecht sanierte Häuser nicht mehr im urspr. Zustand.

S.-BERNEBURG
Pfarrkirche, 1743–47 v. Giovanni Ghezzi.

Sontra, Rathaus

Wohnturm, wenig nach 1385 v. den Herren v. Berneburg erbaut. Fünfgeschossig; ehem. Wassergraben eingeebnet.

S.-MITTERODE
Ev. Vikariatskirche des 13. oder 14. Jh.; im Kern noch got. Steinbau mit Fachwerkaufbau vor 1500, Chor v. 1580. Stichbogentonne um 1700. Barocke Ausmalung mit Wolken- und Sternenhimmel. Orgel v. 1728. Régence-Empore.

S.-WICHMANNSHAUSEN
Ev. Pfarrkirche: Roman. Chorturm, Obergeschoß v. 1484, barockes Langhaus v. 1702. Ausmalung v. 1714. *Orgel* (1730 bis 1731) v. Joh. Eberhard Dauphin. Klassizistisches Grabmal der Caroline v. Boyneburg (Chor).
Oberhalb v. Wichmannshausen im O liegt die **Boyneburg;** 1144 als Reichsfeste ausgebaut. Dreimal wohnte hier Kaiser Friedrich Barbarossa. Weihe der Kapelle 1188. 1292 hessisches Lehen. Verfall während des Dreißigjährigen Kriegs.

304 Spangenberg

Umgebung

Cornberg (6 km sw): *Ehem. Benediktinerinnenkloster:* Gegründet 1230. Zwischen 1292 und 1296 an die heutige Stelle verlegt. 1526 Aufhebung.
Stilistische Parallelen zum Kloster Heydau sind erkennbar. Einschiffiger gotischer Bau (um 1300) mit schlankem Turm aus der Gründungszeit. Nonnenempore mit Wölbung. – S schließen *Klostergebäude* um einen quadratischen Hof an.

3509 Spangenberg
Schwalm-Eder-Kreis

Einw.: 6400   Höhe: 264 m   S. 353 □ E 2

Ging als Lehen v. den Herren v. Ziegenhain 1214 an die Herren v. Treffurt, die kurz darauf die Burg anlegten und die Stadt gründeten. Gestaffelt angeordnete Häuser.

Ev. Pfarrkirche (St. Johannes d. T.): Dreischiffiges Hallenlanghaus mit nur wenig niedrigeren Seitenschiffen (Pseudobasilika) des 13.–16. Jh. Spätgot. Gewölbe und Maßwerk im Chor. Eingangshalle v. 1421 (n W-Joch). Um 1400 Aufstockung des W-Turms. – Ausstattung: *Vesperbild* (Chor), Ende 15. Jh. *Orgel* v. Joh. Schlottmann, 1783–86. *Tumba* (Vorhalle) der Landgräfin Anna (gestorben 1462), *Grabstein* der Margarete v. d. Saale (gestorben 1566).

Hospitalkirche: In der 2. Hälfte 14. Jh. errichteter, einfacher Bau. Reizvolle Maßwerkfenster. S-Wand mit Malereien des 16. Jh.
Hospital: Fachwerkhaus der 2. Hälfte 16. Jh. – *Friedhof* mit Renaissance- und Barock-Grabsteinen.

Burg: Oberhalb der Stadt gelegen, nach und nach zur Festung ausgebaut, häufig vergrößert und umgestaltet. Heute Gaststätte und Hotel.
Kernschloß über die äußere Befestigung und den Zwinger erreichbar. Spätgot. Tor, durch mächtigen Torturm mit 4 Wichhäuschen und 2 seitlichen Flügeln gesichert. Neubau v. 1952 an der Schmalseite. Polygonaler Treppenturm im hinteren Hofwinkel. – Renaissance-Brunnenschale mit Beschlagwerk und Köpfen.

Spangenberg, Ev. Pfarrkirche Westportal, Detail (l); Burg (r)

Rathaus v. 1820 unter Einbeziehung ma Mauerteile des Vorgängerbaus; Erhöhung 1881. – Hübsches Stadtbild mit zahlreichen got. und Renaissance-Fachwerkbauten *(Marktplatz 2, 3, 5, Burgstr. 2, Baadergasse 2, Junkerhof in der Untergasse, Rathausstr. 1, Lange Gasse 2, 3, 5, 8).*

Heimatmuseum Spangenberg (Burgsitz 1): In dem Fachwerkbau des 16. Jh. und im Torhaus Ausstellung zur Stadtgeschichte; Exponate der geologischen Sammlung.

3570 Stadtallendorf		
Kreis Marburg-Biedenkopf		
Einw.: 20 800	Höhe: 255	S. 353 ☐ D 3

S.-ALLENDORF
Pfarrkirche St. Katharina: Barocke Saalkirche, 1732–33 nach Entwürfen v. Charles Louis du Ry* erbaut. Der got. Westturm (ehem. Wehrturm) mit abschließender Haube (1753) stammt noch aus dem 13. Jahrhundert. Von Stichkappen gegliederte Spiegeldecke mit wertvollen Stukkaturen v. Simon Lang aus Stockach und v. Johann Michael Schratz aus Tirol.
Innenausstattung: *Hochaltar*, 1734, v. Isaak Ferber. Figurenschmuck, 1747, v. Christoffel Hagemann (Heiligenstadt). Relief mit Marienhimmelfahrt, im Auszug Marientod. *Orgel* v. 1748, *Kanzel* (v. Schratz oder Lang) v. 1751. – Teile der alten Kirchhofsmauer sind erhalten geblieben.

S.-SCHWEINSBERG
Noch heute Sitz des Geschlechts Schenck zu Schweinsberg. Reizvoll liegen Burg und Ort auf einem Basaltkegel.

Ev. Pfarrkirche (St. Stephan): 1506 Neubau der Hallenkirche. Nach Bränden im 17. Jh. wiederhergestellt, restauriert 1956. Dreischiffiger Bau mit schmalen Seitenschiffen. Im N an Chor grenzende Sakristei. Im Innern Netz- und Sterngewölbe auf Achteckpfeilern. Rankenmalereien (1664) an den Gewölben. Ausstattung: *Taufstein* v. 1619. *Grabsteine* der Schenck zu Schweinsberg.

Burg: 1231–34 v. Guntram v. Marburg, Stammvater der Freiherrn Schenck zu Schweinsberg, angelegt. Im 17. Jahrhundert z. T. zerstört. Durch ein Spitzbogenportal mit Fachwerküberbau gelangt man zur Oberburg, von der nur noch Mauerreste vorhanden sind. Äußere Zwingermauer v. Hans Jakob v. Ettlingen* um 1482 errichtet. *Hexenturm* noch erhalten. Davor liegt die Vorburg, durch einen Graben von der Oberburg getrennt. *»Fähnrichsbau«* (neben dem inneren Torbau) v. 1530/40 mit 2 Kellergeschossen und steinerner Giebelwand mit Rechteckfenstern, Schießscharten und Pechnasen.
Neue Kemenate, zwischen 1459 und 1497 unter Konrad Schenck gebaut. Steile Staffelgiebel, Ecktürmchen und Treppenturm. – N der Burg befinden sich der *Unterhof* (16. Jh.), 1661 aufgestockt, der um 1720–30 entstandene *Mittelhof* mit Freitreppe und barocker Terrasse, und der *Oberhof* (18. Jh.) mit Fachwerkobergeschoß.

Fachwerkbauten des 17.–19. Jh.

Spangenberg, Fachwerkhäuser und Teile der Stadtbefestigung

Steinau a. d. Straße, Schloß

Steinau a. d. Straße, Hanauisches Amtshaus

6497 Steinau an der Straße
Main-Kinzig-Kreis

Einw.: 10 500   H.: 184–434 m   S. 355 □ D 4

Um 900 im Besitz Fuldas; 1273 als Ort »Steina« erstmals urkundlich erwähnt. Stadtrechte 1290 durch Rudolf v. Habsburg. Befestigt 1311 unter Ulrich II. v. Hanau. Zeitweise Residenz der Hanauer Grafen. Die Bezeichnung »an der Straße« bezieht sich auf die Lage an der Handelsstrecke Frankfurt–Leipzig. Verwüstungen im Dreißigjährigen und Siebenjährigen Krieg. – Die Brüder Grimm verbrachten hier ihre Kinderjahre (1791 bis 1796). Die Stadt mit ihren Wehrmauern und Fachwerkhäusern bezogen sie in die Märchen ein.

Ev. Katharinenkirche: Auf einer Terrasse zwischen Schloß und Rathaus gelegen. 1272 erstmals erwähnt. Um 1500 wurde eine got. Kirche durch die zweischiffige Hallenkirche ersetzt. Benannt nach der Schutzpatronin der Stadt. – *Grablegungsgruppe*, Mitte 15. Jh.

Reinhardskirche: 1724–31. Ev. Barockkirche, unter Joh. Reinhard III. v. Hanau errichteter Quersaal im Régencestil. Kanzel und Altar (N-Wand) als liturgisches Zentrum.

Welsbergkapelle (auf dem Friedhof): Einfacher Saalbau v. 1616.

Schloß (sw Stadtberg): V. der frühma Wehrburg (1290) des Ulrich v. Hanau ist nur der Turm (Burghof) erhalten. Spätgot. Umgestaltung v. 1479. Schloßausbau im Renaissancestil 1528–58, ausgeführt v. Asmus aus Steinau. 5 m tiefer Trockengraben um die Anlage. Spätgot. erscheinende imposante Gebäude mit Vorhangbögen über den Fenstern und Erkern am Saal- und Kapellenbau. Treppentürme mit Welschen Hauben. Großer Speisesaal des *Saalhaus* (1528) mit Resten einer Stuckdecke. Wandmalereien des 16. Jh. Öffentlich zugänglich sind die Kapelle mit Porträts der Hanauer Grafen, frühere Repräsentationsräume sowie der anstoßende Küchenflügel v. 1564. Im zur Stadt gerichteten Tortrakt die *Brüder-Grimm-Gedenkstätte*.

Hanauisches Amtshaus: Giebelhaus mit Fachwerk v. 1563. Hier lebte die Familie Grimm. Im Obergeschoß Gedenkstätte mit persönlichen Erinnerungsstücken.

Marstall v. 1558. Sitz des Marionettentheaters »*Die Holzköppe*«, das Brüder-Grimm-Märchen aufführt. Ständige Ausstellung: ›Puppenspiel in aller Welt‹.

Pfarrhaus: Um 1550 errichteter Fachwerkbau mit davorstehender alter Pferdetränke.

Rathaus mit Markthalle v. 1561. Spätgot. und Renaissanceformen. In den Mauernischen Bronzeskulpturen v. 1977 (Henning).

Tropfstein-»Teufelshöhle« (3 km Richtung Freiensteinau): 1889 erstmaliger Einstieg.

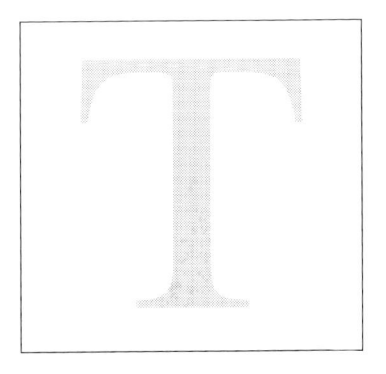

6413 Tann/Rhön
Fulda

Einw.: 4900   H.: 400–700 m   S. 353 □ F 3

Ev. Pfarrkirche: 1888–89 nach Zerstörung des Vorgängerbaus errichtete neogot. Kirche.

308 Trendelburg

Evangelische Friedhofskirche (ehemals St. Nikolaus): Flachgedeckter Barockbau von 1741.
Ostturm mit Zwiebelhelm. – *Doppelgrabmal* des Melchior v. d. Tann und der Agneta v. Milchling, 1608.

Schlösser: Nach der ursprünglichen Farbgebung benannt; bilden eine Gesamtanlage. – *Rotes Schloß:* Dreigeschossiger Renaissancebau mit flankierenden Polygonal-Türmen. Treppenturm an der Hofseite.
Im S schließt das *Blaue Schloß* an. Portal und Fenster v. 1716. Das *Gelbe Schloß* v. 1699 bildet die W-Front. Prachtvolles Barockportal mit Wappentafel. Mittelrisalit an der Ulstertalseite. Im Innern Ahnensaal mit barocker Stuckdecke. – Im Hof Brunnen mit Vierpaßbecken v. 1686.

Altstadt v. Tann mit dem v. 2 Rundtürmen flankierten *Stadttor* (1557) aus Rustikaquadern; Mansarddach v. 1767 über dem Obergeschoß. – *Neuer Bau* (beim Marktplatz) v. 1689 mit *Natur- und Jagdmuseum. Elfapostelhaus*, ein Fachwerkbau des 17. Jh.; bemerkenswerter Schmuckpfosten mit Aposteldarstellungen in der Brüstung. – *Ehem. Rentamt* (Marktplatz 1), ein steinerner Barockbau.

Löwenbrunnen: Mittelpfeiler v. 1710; Löwe aus neuerer Zeit.

Rhöner Museumsdorf Tann (Schloßstraße): Freilichtmuseum mit unterschiedlichen Gehöftarten aus der Rhön-Region.

3526 Trendelburg		
Kassel		
Einw.: 5600	Höhe: 190 m	S. 353 □ D 1

Kleines Bergstädtchen mit Burganlage. 1304 Stadtrecht durch die Herren v. Schöneberg.

Evangelische Stadtkirche (St. Maria): Nach 2 Bränden (1443 und 1456) errichtete dreischiffige Halle. Turm mit barocker Haube. Figürliche Malereien an den Seitenschiffwänden – Kreuzigung, hl. Christophorus, Anbetung der Könige – des späten 15. Jahrhunderts Epitaph Hans v. Stockhausens v. Andreas Herber (1578).

Tann/Rhön, Elfapostelhaus, Detail

Katholische Kirche Hl. Kreuz: Einfacher Saalbau, gebaut (1960–61) v. Joh. Reuter.

Burg: Vor 1303 unter Konrad v. Schöneberg auf einem Bergrücken angelegt. Palaskern und Mauerzüge in 1,2 m Tiefe. Seit 1305 1. Stützpunkt Hessens im Diemeltal. Fiel 1429 an Landgraf Ludwig v. Hessen. 1443 Brand und Umbau. 1631 Niederbrennen der Burg und Plünderungen bis 1646. 1757 v. den Franzosen erobert. 1900 Besitz derer v. Stockhausen. Restaurierung bis 1939 nach alten Plänen. Seit 1949 Hotel- und Gaststättenbetrieb. – Fünfeckiger Grundriß, Wohn- und Wehranlage. Innenliegender, freistehender, rechteckiger Palas (15. und 17. Jh.) als Wohnhaus mit Bergfried, der im Kern aus dem 13. Jh. stammt. Oberbau v. 1443 und 1456 mit 4 Pechnasen. Im Erdgeschoß des Palas an der N-Seite Reste der spätgot. Burgkapelle St. Pankratius.

Außerdem sehenswert: *Rathaus:* Zweigeschossiger Fachwerkbau von 1582. Innen eine große Diele (17. Jahrhundert verbaut). – Zahlreiche *Fachwerkbauten* des 17.–19. Jahrhunderts; *Haus Rathausstr. 3* v. 1458–59.

Ehemaliges Schloß Wülmersen: Bauteile und einige Gebäude des 17.–19. Jh. erhalten.

T.-DEISEL
Ev. Kirche der Spätgotik. – Hübsche **Fachwerkhäuser.**

T.-GOTTSBÜREN
Aufschwung ab 1330 durch Entstehung eines Wallfahrtsortes (nach Fund einer »blutenden Hostie«). Aus den eingenommenen Geldern finanzierte Kloster Lippoldsberg den Bau einer Wallfahrtskirche. Hier verläuft auch die »Straße der Weserrenaissance«. – **Ev. Pfarrkirche** (ehem. Wallfahrtskirche Zum Hl. Leichnam): Begonnen 1332 mit einem 2jochigen Chor und der n daran anschließenden Sakristei. Erweiterung des Langhauses zur dreischiffigen Halle und W-Turm, 2. Hälfte 14. Jh. Achteckpfeiler tragen das Kreuzrippengewölbe. Runddienste, urspr. mit Kämpferplatten. – Wandmalereien: Rankenwerk in den Gewölben; szenische und figürliche Darstellungen in den Seitenschiffen, 15. und Anfang 16. Jh.
Barocker *Orgelprospekt*, um 1678. – Niederdeutsche **Fachwerkbauten** mit großen Dielentoren.

Trendelburg, Rathaus (l); Gottsbüren (Trendelburg), Ev. Pfarrkirche, Portal (r)

Ulrichstein

Unter-Seibertenrod (Ulrichstein), Barockkanzel i. d. ev. Kirche

Volkmarsen, Katholische > Pfarrkirche St. Maria, Südportal

gend aus dem 13. und Mitte 14. Jh.; seit dem 19. Jh. Ruine; weithin sichtbare Höhenburg.

U.-BOBENHAUSEN
Ev. Pfarrkirche: Rokokokirche, 1765–68 v. Lorenz Friedr. Müller an einen roman. W-Turm angefügt; Mansardendach; Turmhalle mit barockem Portal. Im Innern romanische Längstonne, zweigeschossige Wandgliederung. Freistehende Orgelemporen im O mit Mittelstütze. Zwischen den 2 Stichbögen die Kanzel, davor der Altar. *Orgel* (1780) v. Joh. Benedikt Ernst Wegmann. – Bemalte Emporenbrüstungen (Szenen aus Altem und Neuem Testament).

U.-UNTER-SEIBERTENROD
Ev. Kirche: Fachwerkbau v. 1738–39. Kanzel v. den Brüdern Momberger.

6390 Usingen
Hochtaunuskreis

Einw.: 11 300   Höhe: 270 m   S. 354 □ C 4

Kam als Reichslehen 1207 an die Grafen v. Diez, 1326 an die Grafen v. Nassau. Stadtrechte seit der 2. Hälfte des 14. Jh.; 1659–1744 nassauische Residenz. Nach Stadtbrand (1692) Wiederaufbau und Anlage der Neustadt.

Ev. Pfarrkirche: Kirche v. 1475–1518; nach dem Brand v. 1653 wiedererrichtet (1651–58). W-Turm aus der 1. Bauphase, dreischiffiges Langhaus jedoch stark verändert. Achteckpfeiler stammen aus der Kirche Landstein. – Barocke Ausstattung. S Außenwand: Grabdenkmäler Carl v. Stockheims (gestorben 1551) und Reinhart v. Schlettens (gestorben 1609).

Ehem. reformierte Kirche: Unvollendeter Bau, 1700 v. Benedikt Butscher begonnen.
Ehem. Schloß: Prächtige barocke Anlage, 1873 niedergebrannt. Reste des Parks

---

6314 Ulrichstein
Vogelsbergkreis

Einw.: 3200   Höhe: 570 m   S. 353 □ D 3

Burgruine: Die Anlage stammt vorwie-

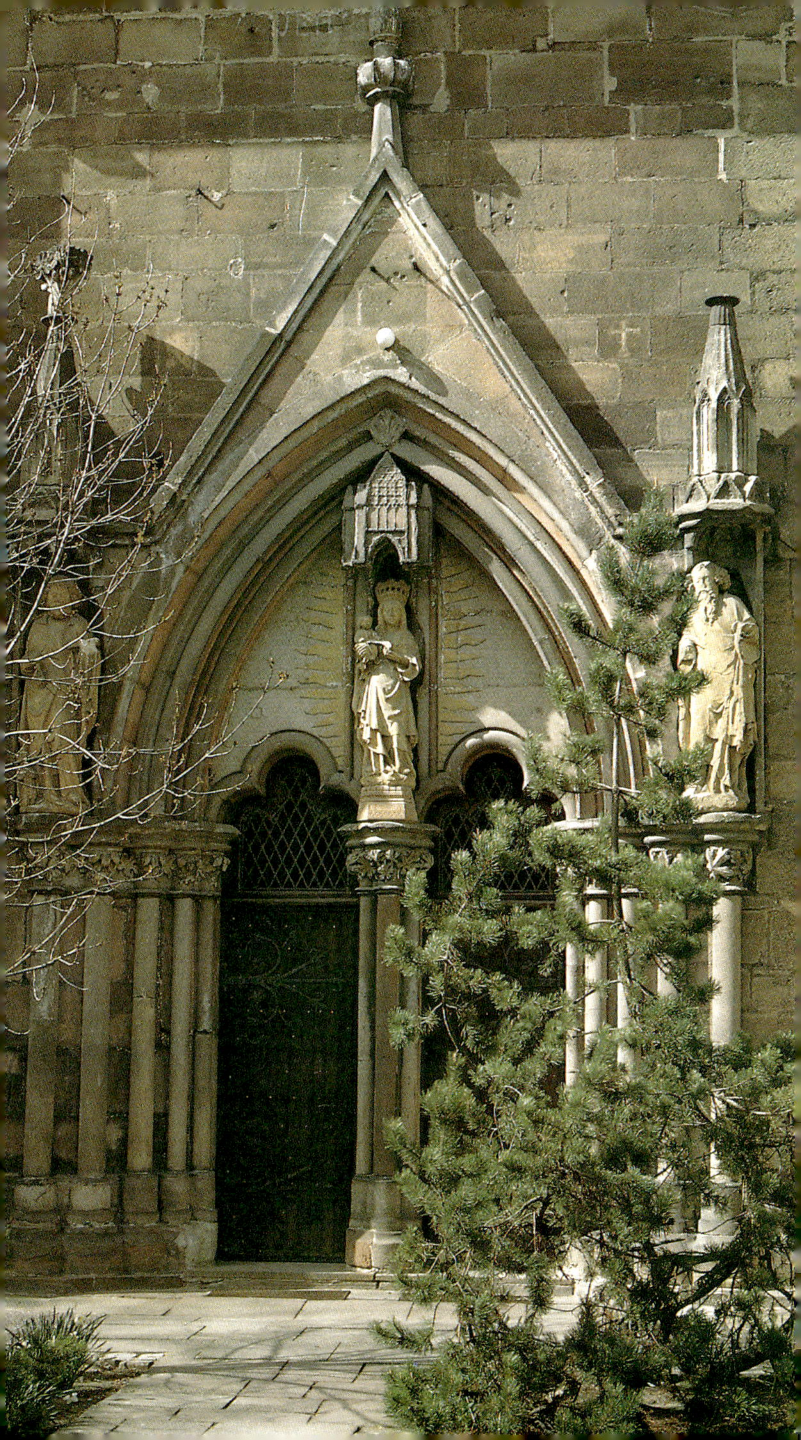

und der Einfriedung noch vorhanden. – Ersetzt durch einen Backsteinneubau.

Rathaus: Fachwerkbau mit 3 Geschossen v. 1687. – **Fachwerkhäuser** u. a. am *Marktplatz, Wirthstr.*

U.-KRANSBERG
Kath. Pfarrkirche St. Johannes d. T. v. 1872–75; hier befindet sich die manieristische *Limburger Domkanzel* v. 1609.
Burg: Um 1200 v. den Cranichen v. Cranichsberg gegründet. Erhalten aus der Zeit ist der Bergfried. Palas der Spätgotik 1875 verändert. Im unteren Burghof: *Wirtschaftsbau*, 2. Hälfte 17. Jh.

1404 hinzugefügt. Um 1270 kam eine neue Krantechnik zum Anheben der Mauersteine auf. Ritzzeichnung eines solchen Krans an einem Strebepfeiler. Innenraum: Kräftige Rundpfeiler mit Blattkapitellen. – *Gestühl* mit geschnitzten Wangen, 17. Jh.

Ev. Pfarrkirche: Nach Plänen v. Julius Eugen Ruhl 1845–47 im »byzantinischen Stil« errichtet.

Kugelsburg: Die Ruine der um 1200 v. den Grafen v. Everstein erbauten Burg beherrscht die Stadt; Rundturm mit Palas und quadratischem Turm erhalten.

Rathaus: Frei stehendes, im Kern spätma Gebäude.

3549 Volkmarsen
Waldeck-Frankenberg

| Einw.: 6500 | Höhe: 180 m | S. 353 ☐ D 2 |

1233 erstmals als Stadt erwähnt. Planmäßige Stadtanlage der Staufer; rechtwinkliges Straßensystem.

Kath. Pfarrkirche St. Maria: Sandsteinquaderbau, größtenteils aus der 2. Hälfte des 13. Jh. Steinmetze der Warburger Pardan-Werkstätte vollendeten ihn Anfang 14. Jh. Frühgot. Hallenkirche mit fast quadratischem Chor und starkem W-Turm; letzterer im N v. der spätgot. Marienkapelle (1504), s v. Treppenturm eingefaßt. Figuren des S-Portals wurden

3583 Wabern
Schwalm-Eder-Kreis

| Einw.: 7200 | Höhe: 160 m | S. 353 ☐ D 2 |

Ev. Pfarrkirche: 1722 im Auftrag Landgraf Karls errichteter Bau über gestrecktem Achteck. Fürstenloge im W-Polygon. *Rokoko-Orgel* v. 1774.

Jagdschloß (Ortsrand): 1701/02 v. Baumeister Giesler als Jagdschloß für die Landgräfin Amalie v. Kurland angelegt; umgeben von einem Park. 1770 durch Simon Louis du Ry* zur Dreiflügelanlage

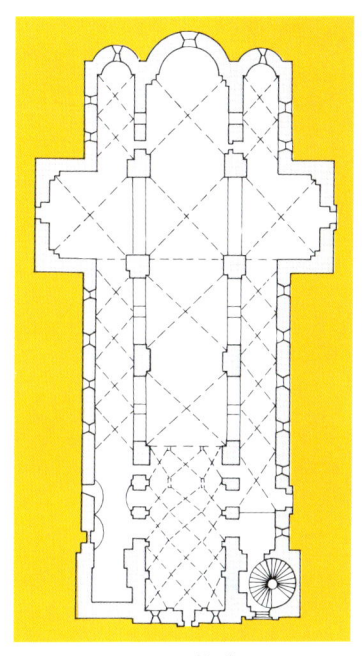

Lippoldsberg, Klosterkirche

Wabern, Jagdschloß

erweitert. Dreigeschossiger Hauptbau mit Mansarddach. Überhöhte Mittelrisalite. Stuckdecke v. Giovanni Ghezzy und Giovanni Batt. Clerici (1704/05).

W.-FALKENBERG
Oberburgruine: Kriegsschäden im 14. Jh. Verfall seit dem 17. Jh. Erhalten sind Teile des Bergfrieds und Umfassungsmauern der Burg.
Unterburg: Zu Beginn des 16. Jh. errichtet, seit 1613 hessischer Fachwerkbau, ausgebaut 1560.

Schloß: Vor 1236 als Wasserburg errichtet. Seit 1458 im Besitz des Ysenburgischen Geschlechts. Rechteckbau, der mehrfache Umgestaltungen und Erweiterungen erfuhr. Englischer Garten v. 1816; die Wassergräben wurden zugeschüttet.

Altes Rathaus: 1495 erbaut mit Fachwerkgiebel. Heute *Heimatmuseum* mit Ausstellungsstücken des regionalen Handwerks und der Alltagswelt. – **Fachwerkhäuser** des 17. und 18. Jh.

6480 Wächtersbach		
Main-Kinzig-Kreis		
Einw.: 10 300	Höhe: 164 m	S. 355 □ D 4

3417 Wahlsburg		
Kassel		
Einw.: 2600	Höhe: 120 m	S. 353 □ E 1

Ev. Pfarrkirche: 1354 errichteter Wehrturm v. 1514. Umgestaltung 1702. Erhalten sind der W-Teil und Chorwände sowie Flügelanbauten mit Treppenhäusern.

W.-LIPPOLDSBERG
Das dortige Kloster beeinflußte die Baukunst der Zeit nachhaltig. 1142–53 wurde die **ehem. Klosterkirche St. Georg und**

314 **Wahlsburg**

Lippoldsberg (Wahlsburg), Ehem. Klosterkirche

Lippoldsberg (Wahlsburg), Ehem. Klosterkirche, Krypta

Maria errichtet. Sie gehört zu den am besten erhaltenen roman. Bauten in Deutschland. Dreischiffige Pfeilerbasilika mit ö Querhaus und dreischiffigem, basilikalem Chor, an den 3 Halbrundapsiden anschließen. V. den 2 W-Türmen ist der s erhalten. Einfaches Äußeres. Rundbogiges W-Portal mit zweigeteiltem Tympanon. S-Portal mit Giebelsturz. – Innenraum: Kreuzgratgewölbe im Hauptschiff. Stützenwechsel v. kreuzförmigen Hauptpfeilern und Pfeilern der Zwischenarkaden. Seitenschiffe mit Kreuztonnengewölbe. Gurtbogen liegen über verzierten Kämpfern. – Ausstattung: Bemerkenswerter spätroman. *Taufstein* des frühen 13. Jh. mit 6 Halbrundtürmchen und figürlichen Reliefs. Spätgot. *Sakramentsnische.* – *Klostergebäude*, ehem. n der Kirche gelegen. Erhalten sind Reste des Kreuzgangs und der Klostermauer.

Fachwerkhäuser des 17. und 18. Jh.

Ehem. Hammerwerk (s vom Kloster): Eisenhammer, 1555 unter Landgraf Philipp d. Großmütigen angelegt. Zweigeschossiger, massiver Bau v. 1819. Walmdach mit Sollingplatten. *Verwaltungsgebäude:* Fachwerkbau des 17. Jh.

Museum und Werkstatt im Schäferhaus Wahlsburg (Schäferhof 22). Wechselausstellungen zur Geschichte und Volkskunde der Gegend.

Mühlenmuseum (Ortsrand/Am Mühlenplatz): Kleine Mühlen, Wasserschloß- und Burgmodelle in Miniaturform.

3544 Waldeck
Waldeck-Frankenberg

Einw.: 6800   Höhe: 400 m   S. 353 □ D 2

Malerisch liegen Burg und Stadt über dem Edersee.

Ev. Stadtpfarrkirche: Got. Hallenbau, um 1300. Asymmetrische Anlage v. Hauptschiff und n Seitenschiff. Nordöstlicher Turm v. 1560. Das Gewölbe lastet

Waldeck, Schloß Waldeck

auf Rundpfeilern. – Spätgot. *Schnitzaltar* (um 1500; Chor) mit Marienkrönung: Verkündigung und Anbetung der Könige. *Kanzel* v. 1646. *Wandgrabmal* (Chor) für Johanna Agatha v. Waldeck (gestorben 1636).

Schloß Waldeck (Hotel): Ausbau der vor 1189 auf einem Bergsporn entstandenen Anlage ab 1228. Um 1300 Errichtung des Bergfrieds. N-Flügel seit 1500. Wappensteine v. 1574–77 v. Andreas Herber. Zur Zeit des Dreißigjährigen Krieges: Anlage weiterer Schanzen. Veränderungen bis ins 19. Jh.
Burgmuseum: Das mittelalterliche Burgleben wird in der »Eisenbergischen Küche« des frühen 16. Jh. gut veranschaulicht. Daneben sind u. a. Ofenplatten des 17. und 18. Jahrhunderts und Waffen ausgestellt.

Edertalsperre (oberhalb v. Hemfurth): 1910–12 angelegt, 400 m lange und fast 50 m hohe Sperrmauer (Fassungsvermögen der Sperre: 202 Millionen Kubikmeter).

W.-NETZE
Ehem. Zisterzienserinnenkirche Marienthal: Stiftung der Grafen Volkwin und Adolf v. Schwalenberg und Waldeck v. 1228. *Klosterkirche St. Maria:* Zweischiffiger Hallenbau des 13. und 14. Jh. Got. *Flügelaltar* (hessischen oder westfälischen Ursprungs) mit Kindheits- und Passionsszenen Christi. Nach Vergleich mit dem Altar Konrad v. Soests in Bad Wildungen um 1370 datiert.

Waldecker Kapelle der gleichnamigen Grafen. Bedeutende Grabdenkmäler des Waldeckschen Geschlechts.

3442 Wanfried
Werra-Meißner-Kreis

Einw.: 4800   Höhe: 171 m   S. 353 □ F 2

Bereits 800 genannt. 1626 verheerender Stadtbrand. Gut erhaltene Fachwerkstadt.

Netze (Waldeck), Ehem. Zisterzenserinnenkirche, Flügelaltar, Anbetung der Könige

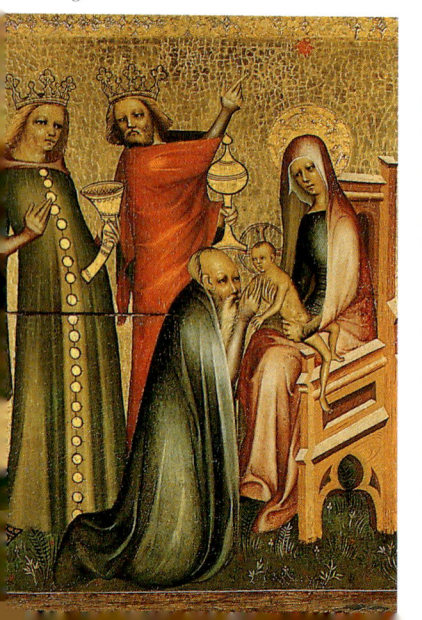

Fachwerkbauten: *Alter Posthof* (Marktstr. 15): Fachwerk an der Straßenseite von 1654, reizvolle Hofanlage. *Gasthaus Zum Schwan* (Marktstr. 20): 2 Fachwerkgeschosse über steinernem Unterbau. *Schlaghaus* (Werra-Brücke), Speicherhaus des 16. Jh. mit Fachwerkgeschoß aus dem 17. Jh. *Marktstr. 43* (mit Rokokoportal) und *56* (»Wilde-Mann«-Formen).

Ehem. Schulgebäude in klassizistischem Stil.

Landgräfliches Schloß: Seit 1589 unter Wilhelm II. errichteter einfacher Bau.

W.-AUE
Rittergut: Fassade des stattlichen Herrenhauses mit 2 Fachwerkgeschossen (im 18. Jh. erneuert) und seitliche Risalite des 17. Jh.; weiterer Ausbau des Gutshofes im 19. Jh.

Wasserburg: Die Ruinen wurden im 19. Jh. historistisch verändert. Die ehem. Wasserburg war Sitz der Herren v. Aue. Vom alten Bau existieren noch Gräben, Räume des Erdgeschosses, got. Portale und Renaissance-Wappen.

Ev. Kirche: Die klassizistische Saalbaukirche wurde 1831/32 v. Friedrich Matthei erbaut.

6290 Weilburg an der Lahn
Limburg-Weilburg

Einw.: 14 000   H.: 128–250 m   S. 354 □ B 4

Bereits im 10. Jh. existierte hier eine Burg. Nach Besitzerwechsel fiel sie 1294 an die nassauischen Grafen. 1355 wurde sie Residenz der Linie Nassau-Weilburg; 1675–1719 unter Fürst Johann Ernst zur Barockresidenz ausgebaut.

Ev. Schloßkirche und Rathaus: Neubau (1703–13) v. Julius Ludwig Rothweil nach Vorbild holländischer protestantischer Kirchenbauten. Amtsräume an der Markseite. Got. Turm des Vorgängerbaus erhalten. Im Innern querrechtecki-

Waldeck, Edertalsperre

Weilburg a. d. Lahn, Schloß

Weilburg an der Lahn

Weilburg a. d. Lahn, Arkaden im Renaissancehof

ger, gut proportionierter Raum mit 2 Halbrundnischen an den Langseiten. In der s Kanzelaltar v. Anton Ruprecht; darüber die Orgel (1710) v. Johann Jakob Dahm (Mainz). Herrschaftsloge in der n Apsis, dreigeschossige Logen in den Eckräumen. Wandpilaster mit Korbbogenarkaden. Spiegeldecke mit Stuck (1710–12) v. Andreas Gallasini*. Emporenbrüstungsmalereien v. Georg Christian Seekatz d. Ä.

Heiliggrabkapelle (Friedhof, s der Stadt): Achteckiger Zentralbau v. 1505. Zweigeschossiger Umgang. *Kalvarienberg* mit bemerkenswerter Kreuzigungsgruppe (Anfang 16. Jh.).

Schloß: Über dem Steilhang eines Lahnfelsens gelegene, eindrucksvolle Staffelung verschiedener Baukörper.
Mauerteile der Burg des 14. Jh. erhalten. Renaissance-Neubau im 16. Jh.: Vierflügelanlage um einen unregelmäßigen Hof. 1533–39 erbaute N. Schickedanz den ö Flügel, Balthasar Wolff fügte 1540–48 S- und W-Trakt hinzu, v. Ludwig Kempf stammen Schloßturm (1567) und n Flügel (1570–73). Barockisierung der Anlage 1695–1703. Bis 1719 unter Bauleitung v. Julius Ludwig Rothweil. Obere Orangerie (verbindet Hofkirche und Schloß) v. 1703–05, Untere Orangerie v. 1710–14. An den w Schloßplatz schließt der Viehhof mit Bautrakten v. 1703–08 an. Tiefergelegene hufeisenförmige Heuscheuer v. 1743–46.

Das *Kernschloß* zählt zu den am besten erhaltenen hess. Renaissanceschlössern; auch got. Formen erkennbar. Steinerne geschweifte Giebel, Steinportale, Erker, Zwerchhäuser gliedern den Bau. An der Hofseite ein Arkadenvorbau mit ionischen Säulen. Weißer Putz mit roten Gliederungen. *Brunnen* mit wappenhaltendem, wasserspeiendem Löwen im Schloßhof, 1704 nach Entwurf v. Rothweil. – Innenräume und -einrichtung zum großen Teil aus dem 18. und frühen 19. Jh. Renaissance-Wandbemalung in

der »Hofstube«. *Ehem. Gerichtssaal* (N-Flügel) mit Sterngewölbe v. Hans v. Gleiberg. *Ehem. Kanzlei* mit Gewölbebemalung. Bad (im Erdgeschoß des n Flügels) mit marmorner Wanne (1710–12) v. J.L. Rothweil.
Darüber das sog. »Chinesische Zimmer« mit Stuckdekor und Zinnintarsien im Fußboden. S-Flügel-Inneneinrichtung vorwiegend v. Rothweil entworfen. Stukkaturen des Treppenhauses v. Andreas Gallasini, 1711. Klassizistisch das sog. Pariser Zimmer mit Tapete (1814) v. Dufour.

Obere Orangerie: Setzt sich aus einem Mittelpavillon mit 2 Geschossen sowie Dreiecksgiebeln und 2 Flügeln mit Mansarddach zusammen. Hübsch die Rundbogenarkaden im Erdgeschoß. Stukkaturen v. Carlo Maria Pozzi (1704). Lustgarten v. 1706–10. *Untere Orangerie* (heute Café), 1710–14 (nach Versailler Vorbild), eingeschossig. Rundbogenfenster v. Pilastern gerahmt.
Unterhalb der Schloßanlage, auf dem flacheren w Hang, erstreckt sich die reizvolle Stadt mit dem im Quadrat umschreibenden **Marktplatz,** dessen rahmende Häuser 1712 v. J.L. Rothweil angelegt wurden.
Den **Neptunbrunnen** schuf 1709 Wilckens. Einheitlich bebaut sind noch: Markt-, Schwanen-, Bogen-, Pfarr-, Lang- und Neugasse, die Mauerstr. sowie der Stadteingang an der *Lahnbrücke* (1764–69 v. Wilhelm v. Sckell* errichtet); in deren Achse die *Turn-und-Taxissche Post,* ein zweigeschossiger Bau mit Lisenengliederung und Mittelrisalit.

Lehmhäuser in der *Hainallee, Bahnhofstr.11, Frankfurter Str.* – **Fachwerkhäuser** des 16.–19. Jh.

Amtsgericht (Mauerstr. 25), 1775–76 errichtet. Mittelrisalit mit Lisenen.

Gymnasium v. 1779–80. An den Eckrisaliten verzierte Steinportale.

Ehem. Kettenbrücke v. Joh. Ludwig Leidner 1784–86 über die Lahn gebaut. – *Lahntunnel:* Schiffahrtskanal durch den Berg v. 1847.

Weilburg a. d. Lahn, Neptunbrunnen vor der Schloßkirche

Schloß Windhof (nach Weilburg): Für den Grafen 1713–26 v. J.L. Rothweil erbautes Lustschloß. 3 voneinander getrennte Flügel um eine hufeisenförmige Anlage; 1936 wiederhergestellt.

W.-HIRSCHHAUSEN
Dillhäuser Fachwerkhaus im Wildpark »Tiergarten Weilburg«: 1685–88 ließ Graf Johann Ernst v. Nassau-Weilburg den Wildpark, in dem heute einheimische Tierarten in natürlicher Umgebung gehalten werden, anlegen.

Ev. Kirche v. 1763–64; außen Rundbogenfenster; achteckiger Zentralraum; Emporen mit Girlandenbemalung.

W.-KUBACH
Höhlenmuseum, Kubacher Kristallhöhle, Freilicht-Steinmuseum: 1974 entdeckte man hier die einzige Kristallhöhle Deutschlands. Im Museum Fossilien und Mineralien.

Weilrod

Amönau (Wetter/Hessen), Gartenhäuschen

Umgebung

Freienfels (4,5 km sö): *Burgruine:* 1327 erstmals genannt. 1466–1687 Sitz der Grafen v. Schönborn. Seit dem 18. Jh. verfallen. Liegt auf steilem Felsen mit einer Ringmauer um die Anlage. *Burgtor* (westlich) mit Turm. Quadratischer Bergfried. Dreistöckiger Palas mit 2 Giebeln.

6395 Weilrod
Hochtaunuskreis

Einw.: 5700   Höhe: 275 m   S. 354 □ B 4

W.-ALTWEILNAU
Um 1200 angelegte **Burg** der Grafen v. Diez (auch v. Weilnau genannt). Seit 1631 verfallen; hoher runder Bergfried erhalten.

Ev. Pfarrkirche v. 1865.

Fachwerk-Rathaus des 18. Jh. – **Fachwerkhäuser** im malerischen Ortskern.

Kirchenruine Landstein (Weiltal): Hallenbau des 15. Jh., im Dreißigjährigen Krieg zerstört; erhalten sind der W-Turm und 2 Seitenräume.

W.-NEUWEILNAU
Burg v. 1302; erhalten sind Turmreste.

Schloß-Neubau (1506–13) im Auftrag v. Ludwig v. Nassau-Weilburg. Umbau 1564–66 unter Graf Albrecht v. Nassau-Weilburg; einfacher Renaissancebau mit achteckigem Treppenturm an der Hoffront.

3552 Wetter/Hessen
Marburg-Biedenkopf

Einw.: 8700   Höhe: 222 m   S. 352 □ C 3

An der ehem. N-S-Verbindung, der Weinstraße, lag wohl eine karolingische Curtis. Die Ansiedlung »Wetrechen« ist 850 erstmals erwähnt. Ein Kanonissenstift entstand um 1015, um 1200 die spätstaufische Stadtbefestigung. Blütezeit der Stiftsschule im 14.–17. Jh., das Stift wurde 1527 aufgehoben.

Ehem. Kanonissenstift St. Maria: 1015 gegründet. Unter dem Chor der Kirche wurden die roman. Krypta und ein Teil des Langhausmauerwerks ausgegraben. Das Stift war einst reichsunmittelbar. 1223 ist die Marienkirche bereits als Pfarrkirche erwähnt. Seit 1528 im Besitz der Stadt. Heutige Kirche seit Mitte 13. Jh. Um 1270 Beginn des Chorbaus. Langhaus um 1300. Der W-Turm wurde 1506 erbaut; heutiger Spitzhelm v. 1957 bis 1958. Strebepfeiler an den Querhausfronten von 1859–64 im Zuge der Restaurierung unter Georg Gottlob Ungewittern hinzugefügt. Dreischiffige Hallenkirche über kreuzförmigem Grundriß, Seitenschiffe in halber Mittelschiffbreite. Urspr. waren 2 W-Türme geplant (erkennbar an den kräftigen

Langhauspfeilern im W). Spätroman. Formen lassen westfälische Architekturvorbilder erkennen. Daneben Parallelen zu Marburg und Haina deutlich. – Einfacher Außenbau mit Strebepfeilern, am Chor Lisenen mit darüberliegendem Kranzgesims. Frühgot. Plattenmaßwerk mit Dreipässen an den Chorfenstern. Im Innern Kreuzgewölbe mit Birnstabrippen. »Marburger Rundpfeiler« mit 4 Diensten, um die Schaftringe liegen. Spitzkuppelig nach oben gezogene Gewölbebögen. Wände, Gewölbe und Pfeiler sind altrot bemalt, Rippen und Dienste des Chors gelb, Langhaus und Querschiff weiß. Gewölbe mit Sternmusterung. Im Chor Wandgemälde (16. Jh.) mit Marienkrönungsdarstellung. Ausstattung: Spätroman. *Altarretabel*, vermutlich 2. Viertel 13. Jh.; 7 Passionsszenen zwischen Rundbögen. *Taufstein* des 13. Jh. Geschnitzter *Zelebrantenstuhl*, 1466 gestiftet. *Orgel* (1763–66) v. Joh. Andreas Heinemann.

Fachwerkhäuser des 16.–18. Jh. (u. a. *Markt 7* und *9*).

W.-AMÖNAU
Schloß: Ältester Teil – der rückwärtige Flügel – im 15. Jh. v. den Herren v. Hohenfels erbaut. Der Hauptflügel in Fachwerk stammt aus dem 18. Jh.

Gartenhäuschen: Reizvolles kleines Haus mit Fachwerkobergeschoß in der Nähe des Schlosses; 1615/16 für Hedwig v. Bodenhausen gebaut.

Ehem. Gerichtsstätte: Kreisförmige Anlage mit einer Linde in der Mitte, ö vor dem Ort auf einer Anhöhe gelegen.

W.-MELLNAU
Burg Mellnau: Um 1250 v. Mainzer Erzbischof errichtet. Seit 1464 verwahrlost.

W.-TREISBACH
Ev. Pfarrkirche St. Barbara mit eindrucksvoller Innengestaltung. Kreuzgratgewölbtes Schiff und kreuzrippengewölbter Chor der 2. Hälfte des 13. Jh. Eingeschossige Emporen, dreiseitig umlaufend. Bemalung: Langhausgewölbe mit Himmelsdarstellung, Evangelisten-

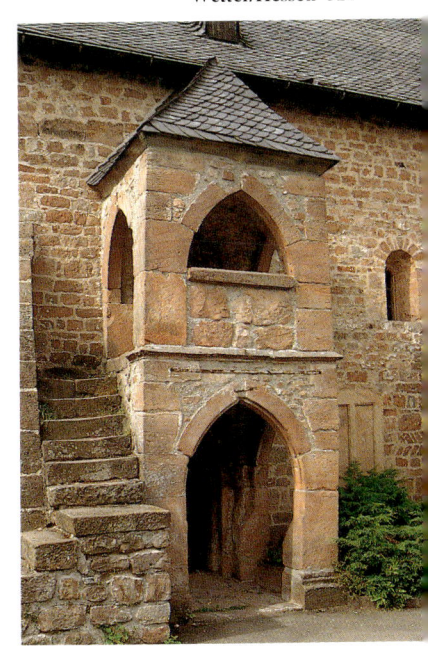

Christenberg (Wetter/Hessen), Spätgotische Außenkanzel

symbole an den Gewölbekappen im Chor. Emporenbrüstungsfelder mit Szenen des Alten und Neuen Testaments. *Taufstein* v. 1626, *Kanzel* v. 1616, *Kruzifix* aus dem 17. Jh., *Orgel* v. 1818–19.

Umgebung

Christenberg (3 km ö im Burgwald von Münchhausen): Ursprünglich Kesterburg genannt. Ausgrabungen wiesen einen Keltensitz v. 447 v. Chr. nach. Karolingische Festung v. 720–840. Im heutigen Parkplatzbereich ehem. Befestigungsanlagen. Die *Kirche St. Martin* auf dem Plateau gelegen, urspr. Bau des 11. Jh.; spätma Turmhelm mit 4 Wichhäuschen. Roman. Neubau mit Polygonalchor (1520). Außen: Gestaffelte Anordnung der Bauelemente. An der S-Seite liegt eine spätgot. Außenkanzel für Gottesdienste unter freiem Himmel.

Wetzlar, Ehem. Stifts- und Pfarrkirche (»Dom«) St. Maria, Südportal

6330 Wetzlar
Lahn-Dill-Kreis
Einw.: 52 000 H.: 145–401 m S. 352 □ B 3

Die Altstadt liegt an einem Hügel, auf dessen höchstem Punkt sich der Dom erhebt. Eigenkirche (der Konradiner?) 897 geweiht, seit dem 10. Jh. Bau des Marienstifts. Blütezeit der verkehrsgünstig gelegenen Stadt zwischen 12. und 14. Jh. 1393 ging sie ein Schutzbündnis mit dem hessischen Landgrafen ein. 1693–1806 war hier Sitz des Reichskammergerichts, an dem 1772 der junge Goethe ein Praktikum absolvierte. Zu der Zeit lernte er Charlotte Buff kennen (ihr ehem. Elternhaus ist heute Goethe-Gedenkstätte).

Ehem. Stifts- und Pfarrkirche (»Dom«) St. Maria: Eine vermutlich spätkarolingische Kirche mit einem Schiff, Querhaus und 3 Apsiden ist nachweisbar. Rechteckchor in salischer (11. Jh.) Zeit. Ende 12. Jh. Bau einer dreischiffigen roman. Pfeilerbasilika mit Querschiff; Doppelturmfassade mit Zwischenbau als Verbindung zum Schiff. Neubau des Chorpolygons erfolgte 1231 (beeinflußt vom Limburger Dom). Um 1278 fügte man s die Nikolauskapelle (mit der Muttergotteskapelle verbunden) an. Ö an die Sakristei schließt sich die frühgot. Stephanuskapelle. Langhaus und Querschiff entstanden 1250 bis Anfang 14. Jh. Got. W-Bau um 1336 begonnen (wohl v. Meister Tyle v. Frankenberg nach 1360 hochgeführt bis über das Erdgeschoß). S-Turm erst um 1500. Starke Schäden im Zweiten Weltkrieg. – Äußeres mit dominierendem, weithin sichtbarem Südwestturm, der Marien-, Nikolaus-, Stephanuskapelle sowie der Sakristei am Chor und dem hochaufragenden Lang- und Querhaus. Der dreigeschossige Südwest-turm wird v. abgetreppten Strebepfeilern gestützt; der Helm über der Maßwerkgalerie ist dreifach gestuft. Im S ein prächtiges Portal. Daneben das Erdgeschoß des geplanten N-Turms. W-Portal zwischen den Türmen. Die Stirnwand des Querhauses ist durch dreiteilige Fenster mit dreipaßgefüllten Kreisen gegliedert. Über dem Gesims erstreckt sich ein Giebel mit 3 Öffnungen, gerahmt von 2 schlanken Türmchen. Langhaus mit Strebewerk. Hauptportal am 2. ö Joch. Johanneskapelle zwischen Quer- und Langhaus. N-Seite mit aufwendigem Maßwerk und Strebepfeilern. Über Lang- und Querhauskreuz die achteckige Zentralkuppel. Bemerkenswert sind die zahlreichen qualitätvollen Portale: Der Eingang zur W-Vorhalle ist ein Doppelportal mit mittlerer Säule und Adlerkapitell. Die Hängekonsole des s Langhausportals zeigt die Heiligen Jakobus d. Ä., Maria Magdalena, Katharina und Petrus. Hochgot. sind die s und w Portale der neuen Fassade: Madonna als Mittelpfeilerfigur, Gewändefiguren. Skulpturen in den Bogenfeldern. – Im Innern dreischiffige Halle mit Lichtgadentriforium; Hallenpfeiler mit 4 Diensten. Rötli-

Wetzlar, »Dom«, Vesperbild >

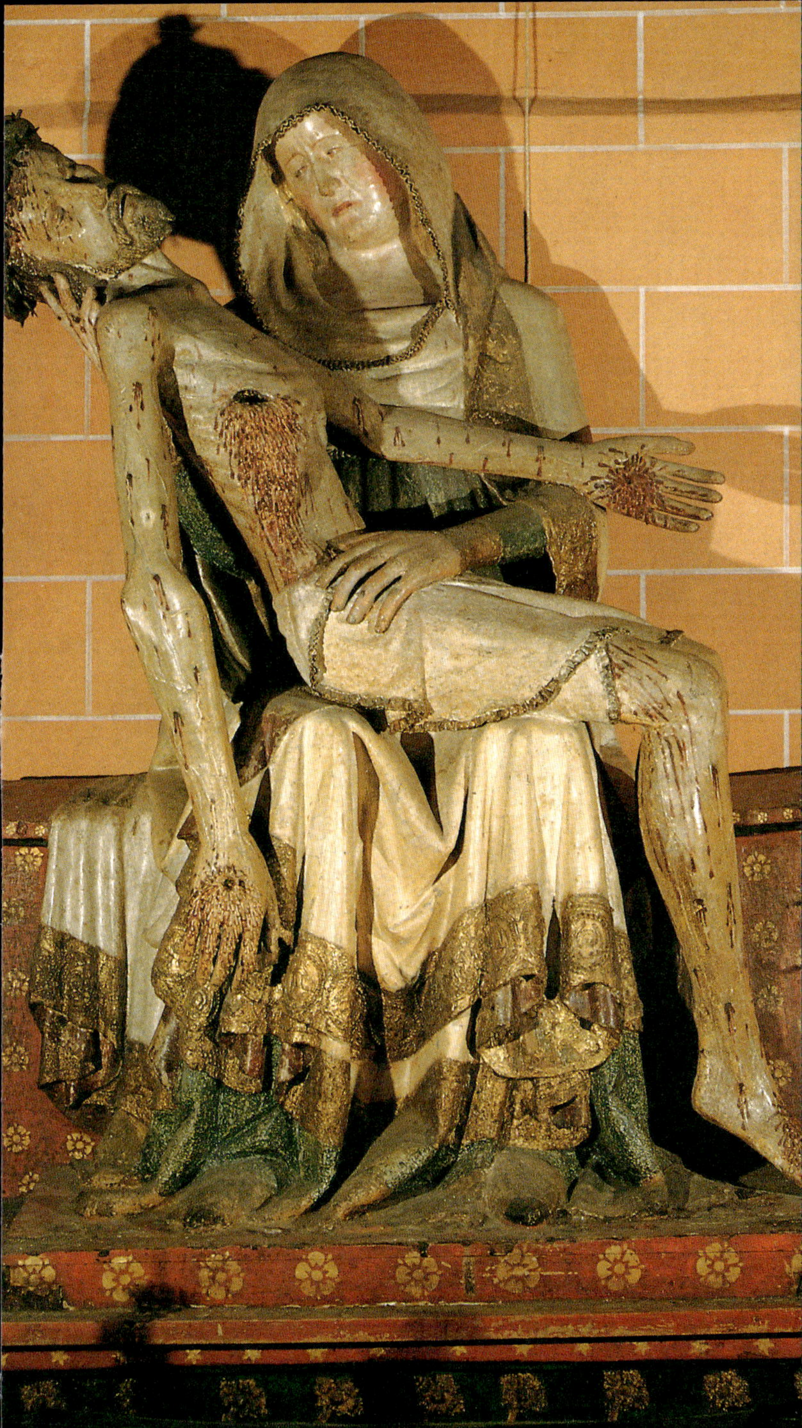

Wetzlar, Alte Lahnbrücke mit ev. Hospitalkirche

che Farbgebung. Christophorus-Figur (Mitte 14.Jh.) an der w Wand, Szenen in den Querhausnischen aus dem 14. und 15.Jh. Ausstattung: Künstlerisch bedeutender Lettner des 14.Jh. im 2.Weltkrieg zerstört.
Hölzernes *Vesperbild* (nach Mitte 14.Jh.), *Madonnenfigur* (Chor), um 1500; *Kronleuchter* (frühes 16.Jh.) mit Madonna und Engelsfiguren. *Verkündigungsgruppe* der 2.Hälfte 13.Jh. – Im *Dommuseum* und *Domschatz* u.a. ma Skulpturen.

Kath. Michaelskapelle (beim Dom): 1292 erstmals als Karner erwähnt. Dreischiffige Halle der Frühgotik mit barockem Haubendachreiter. Ausstattung im Zopfstil.

Ehem. Franziskaner-Klosterkirche: Das Kloster wurde 1263 gegründet, 1826 aufgehoben. Ehem. dreischiffige Halle. Erhalten ist der Chor mit Kreuzrippengewölbe.

Ev. Hospitalkirche: 1755–64 v. Joh. Ludwig Splitterdorf errichteter Rokoko-Saalbau mit Haubendachreiter. Im Innern vierseitig umlaufende Emporen in schwingender Korbbogenfolge. Spiegeldecke mit Darstellungen der Taufe Christi und des Pfingstwunders v. Georg Friedrich Repp (1764). *Orgel* von 1764 bis 1765.

Kath. Pfarrkirche St. Bonifatius: V. Rudolf und Maria Schwarz 1960–64 errichtet. Ein langgestrecktes Oval wird durch 2 Konchen erweitert. Außen reizvolle Schwingungen.

Reichskammergericht: Großer Gebäudekomplex, der teilweise zerstört wurde. »Alte Kammer« (Fischmarkt 13), häufig umgestaltet. Im 14.Jh. als Rathaus angelegt. *Archivbau* (Haubergasse) v. 1782 bis 1792.

Ehem. Deutschordenshof: *Herrenhaus* (im Kern vermutlich mittelalterlich) aus

Wetzlar, Alte Lahnbrücke mit Stadt und »Dom«

der 1. Hälfte des 18. Jahrhunderts *Zehntscheune*, seit 1529 errichtet; *Lottehaus* (nach Charlotte Buff), Mitte 18. Jahrhundert Fachwerkobergeschoß, heute Museum. *V. Zwierleinscher Hof* (Pariser Gasse 22) von 1760. – *V. Avemannscher Hof* (später Palais Papius; Kornblumengasse 1): 1740. Erweitert seit 1756, heute Museum. – *Solmser Hof,* Ende 18. Jahrhundert.

Altes Rathaus (Domplatz 8) v. 1790. Spätbarockes Portal und Mittelrisalit.

Burgruine Kalsmunt: Als Reichsburg unter Kaiser Friedrich I. angelegt. Verfall seit dem 16. Jh. Bergfried aus der 2. Hälfte des 12. Jh.

Wohnhäuser: Zum großen Teil verputzte Fachwerkbauten. Besonders hübsch die Häuserzeile am *Domplatz* und *Fischmarkt, Eisenmarkt, Kornmarkt. Schillerplatz 2,* Rokoko-Eingang. *Pfaffengasse 2* (klassizistisch).

Lahnbrücke: 1334 erstmals genannt mit 7 Steinbögen.

Stadtbefestigung: Im 13. Jh. begonnen. Erhalten sind im S der *Säuturm,* die *Kalsmuntpforte* (w), die *Brühlsbacher Warte* v. 1391 und die *Grabenheimer Warte.*

Museen: *Reichskammergerichtsmuseum:* Seit 1987 im Avemannschen Haus untergebracht. Bildwerke, Druckschriften und Möbel zeugen von der interessanten Geschichte der bedeutenden Institution. – *Optisches Museum Leitz* (Ernst-Leitz-Str.): Zur Geschichte der optischen Geräte (z.B. Mikroskope), die die Firma Leitz seit 1865 in Wetzlar herstellt. – *Sammlung Dr. Irmgard v. Lemmers-Danforth, Europäische Wohnkultur aus Renaissance und Barock* (Kornblumengasse 1): In dem vierflügeligen Barockpalais sind wertvolle Möbel und schönes Kunsthandwerk sowie Teppiche und Tapisserien ausgestellt. – *Stadt- und Indu-*

326 Wiesbaden

Greifenstein (Wetzlar), Burgruine mit Nassauer Turm und Glockenturm

striemuseum, Lottehaus und Jerusalemzimmer (Lottestr. 8–10): Die städtische und regionalgeschichtliche Abteilung zeigt u. a. Funde zur Vor- und Frühgeschichte, Teile des Domschatzes und Reste des zerstörten Lettners aus dem Dom. Im Lottehaus Bilder und Schriftstücke der Familie Buff.

Veranstaltungen und Brauchtum: Freilicht-Festspiele im Rosengarten (Juli/August).

W.-HERMANNSTEIN
Burg: 1373–79 unter dem hess. Landgrafen Hermann angelegt. Kam 1481 an die Schenken v. Schweinsberg. Allmählicher Verfall. *Oberburg* (v. Tyle v. Frankenberg errichtet?), um 1483. Trapezförmiger Wohnturm mit Wehrplatten, an dem 3 Ecktürme aufragen. Im O davon die *Unterburg*, die wohl als Wohnburg diente. Erdgeschoß und Reste des Obergeschosses noch vorhanden.

Umgebung

Greifenstein (ca. 20 km nw): *Ev. Pfarrkirche* (ehem. Burgkapelle; s Ecke des 3. Berings): Zweigeschossiger Bau v. 1448–76. Einbeziehung eines älteren Turmes in die Oberkirche erfolgte 1683. Barockisierung 1691. – *Stuckdecke* v. Jan van Paeren; Fürstenloge mit prachtvollem Wappenschmuck derer v. Solms-Greifenstein und Hessen-Homburg. – *Burg:* Weithin sichtbar über dem Dillgrund aufragend. Erstmals um 1200 urkundlich erwähnt. Ehem. Residenz der Grafen zu Solms-Greifenstein. Über Jahrhunderte wurde an ihr gebaut. Stilelemente v. der Frühgotik bis zum Barock. Hier sind das *Burg- und Ortsmuseum* sowie das interessante *Deutsche Glockenmuseum* eingerichtet.
Hohensolms (12 km n): *Ev. Pfarrkirche*, 1448 als Burgkapelle errichtet. – *Wandgemälde* (hl. Christophorus), um 1500. – *Schloß* (heute Jugendburg). Die mehrfach zerstörte Burg war vom frühen 15. Jh. bis 1718 Sitz der Grafen v. Solms-Hohensolms. 2 drei- und viergeschossige Flügel bilden das Hauptgebäude des 14. bis 16. Jh. – Im Inneren eine prächtige Treppe mit geschnitzter Brüstung; im ehem. Schlafgemach Schnitzwerk an Türen und Alkoven-Umrahmung. Rittersaal mit Kreuzgewölbe, Batterieturm teilweise verfallen.

6200 Wiesbaden
Hauptstadt von Hessen
Einw.: 270 000   H.: 80–250 m   S. 354 □ B 4

12–41 n. Chr. entstand während des Chattenkrieges des Caligula die Befestigungsanlage der Römer beim heutigen Mauritiusplatz. 83–86 Errichtung eines Steinkastells auf dem »Heidenberg«. Entwicklung einer zivilen Siedlung (röm. Badeanlagen). Verlegung der röm. Truppen 121. Nachweislich gab es schon Kur-

*Wiesbaden, >
Schloßplatz mit Marktbrunnen*

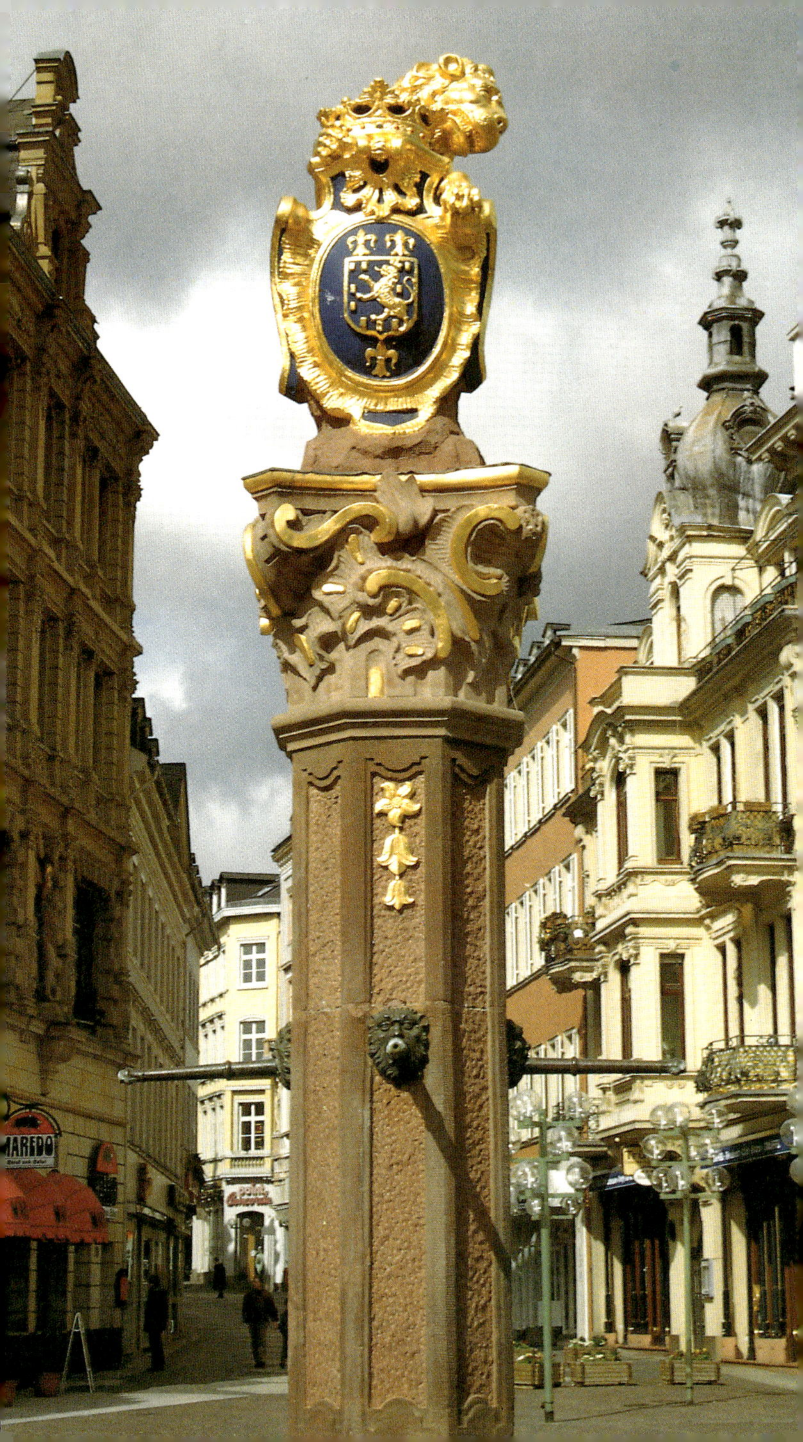
MAREDO

Wiesbaden, Hessisches Staatstheater

betrieb. Um 370 Baubeginn der Stadtmauer. 406 geben die Römer die Rheingrenze auf. Um 830 berichtet Einhard über »wisibada«. Wiesbaden wird 1123 als Königshof bezeichnet. 1215 1. urkundliche Erwähnung der Mauritiuskirche; Entwicklung zur Reichsstadt. 1270 nassauisch. Um 1370 sind 16 Badehäuser nachgewiesen. 1637–44 fällt die Stadt an Mainz. 1644 zerstörte sie ein Brand. Regierungszeit des Fürsten Georg August Samuel v. Nassau 1684–1721; Wiesbaden wird nach Idstein zur 2. Residenz. Neubefestigung und Erweiterung der Stadt. 1744 ließ Fürst Karl v. Nassau-Usingen die Residenz in das Schloß Wiesbaden-Biebrich verlegen. Um 1800 Ausbau der Stadt. 1945 schwere Zerstörungen durch Bomben. 1946 wird Wiesbaden Landeshauptstadt von Hessen. Bedeutende Künstler wie Dostojewski, Johannes Brahms, Max Reger und Alexej Jawlensky* waren zeitweise Bürger der Stadt. – Landschaftlich reizvoll gelegen zwischen Taunus und Rheinstrom bietet sich Wiesbaden als Ausgangspunkt für Fahrten in den Rheingau an. Neben seiner Bedeutung als Kur- und Badestadt ist es ein wichtiges Wirtschaftszentrum im Rhein-Main-Gebiet.

Ev. Marktkirche: Carl Boos errichtete sie 1851/53–62 als Basilika mit 4 Eckürmchen. W-Turm (95 m hoch) weithin sichtbar. Backsteinbau in neogot. Formen. Ganzseitig umlaufende Emporen. Im Innern Gewölbe mit Sternenbemalung. Im Chor Marmorskulpturen Christi und der 4 Evangelisten v. E. A. Hopfgarten.

Ev. Ringkirche (Kaiser-Friedrich-Ring): 1892–94 v. Josef Otzen errichteter Sandsteinbau. Zwillingstürme, 65 m hoch. Altar, Kanzel und Orgel in harmonischem Verbund, wie es für protestantische Kirchen typisch ist. Absage an den historischen Stil.

Griechische Kapelle (Neroberg): V. Phi-

Wiesbaden, Kurhaus

lipp Hoffmann 1847–55 angelegt in byzantinisch-russischen Formen. Grabmal der nassauischen Herzogin Elisabeth Michailowna, beeinflußt v. Rauchs Grabmal der Königin Louise in Berlin-Charlottenburg.

Kath. Pfarrkirche St. Bonifatius (Luisenplatz): Dreischiffige Hallenkirche. Doppelturmfassade v. 1863–64. Langhaus mit Achteckpfeilern.

Synagoge (Friedrichstr. 31): 1966 an dem Ort der zerstörten Synagoge errichtet. Rote und blaue Glasfenster im Gedenken an die 12 Stämme Israels.

Schloß (heute Landtagsgebäude): Äußerlich einfaches Stadtpalais, das 1837 bis 1842 nach Entwürfen Georg Mollers* für Herzog Wilhelm v. Nassau errichtet wurde. Runder Eingangspavillon mit Säulenportikus, an dessen 2 Stirnseiten jeweils ein dreigeschossiger Flügel anschließt. Das dunkle Gesims kontrastiert mit dem weißen Verputz. Gestaltung der Innenräume noch großteils aus der Entstehungszeit. Klassizistische Malereien. Treppenhaus mit Kassettendecke. Statuen Ludwig v. Schwanthalers*. *»Pompejanisches Zimmer«*, kuppelgewölbter Festsaal mit Pilastern, Portalen und Spiegeln an den Wänden. Daran angeschlossen ein Erweiterungsbau mit *Sitzungssaal des Hessischen Landtags.* – Kavaliershaus (neben dem Schloß; heute Verwaltung des Hessischen Landtags): 1826 errichtetes, langgestrecktes Gebäude mit Mittelrisalit.

Altes Rathaus (Marktstr.) v. 1609–10. Zweigeschossiger Bau mit historistischem Obergeschoß.

Neues Rathaus (Marktplatz) v. 1886–87 im Neorenaissancestil v. Georg Hauberrisser*.

Bahnhofshalle: 1904–06 v. Friedr. Klingholz in Jugendstilformen gebaut.

Wiesbaden, Kurhaus, Brunnenkolonnaden

Erbprinzenpalais (Wilhelmstraße 24): Joh. Christian Zais errichtete 1813–17 den dreigeschossigen Bau mit Mittelrisalit.

Heidenmauer (Heidenberg): Reste der in Gußwerk ausgeführten röm. Befestigung, die Valentinian gegen germanische Angriffe anlegen ließ.

Hessische Landesbibliothek: 1913 errichteter Bau. In der Vorhalle eine Büste v. Gustav Freytag. Zu den Schätzen der 600000 Bände umfassenden Sammlung zählt der Nachlaß Jacobowsky.

Hessisches Staatstheater: Neorenaissancebau v. 1892–94.

Kaiser-Friedrich-Bad (Langgasse 38–42): 1910–13 nach Entwürfen v. A. O. Pauly gebaut. Im Innern Wandgemälde v. H. Völker.

Kochbrunnen (Kochbrunnenplatz): Das salzhaltige Wasser des Brunnens sprudelt seit 1971 aus der Brunnenschale v. E. Heydoch. Achteckiger *Kochbrunnentempel* v. 1854.

Kurhaus: Hufeisenförmige neoklassizistische Anlage, 1905–07 v. Friedrich v. Thiersch an den Vorgängerbau v. Chr. Zais v. 1810 angebaut; seitliche *Kolonnaden* (mit 129 m die längste europäische Säulenhalle!), die Zais 1825 anlegte. Davor Wasserbecken mit 2 dreischaligen Brunnen v. 1860. – 1810 verlegte man die *Spielbank* ins Alte Kurhaus. 1852 Anlage des *Kurparks* mit altem Baumbestand im englischen Stil v. Carl Friedrich Thelemann.

Regierungsgebäude (Luisenstr. 13): Carl Boos entwarf das 1838–42 entstandene dreistöckige Gebäude. – *Landeshaus* 1904–07 v. Werz und Huber angelegt. – *Statistisches Bundesamt* (Gustav-Stresemann-Ring) v. 1955; grüne Majolikaverkleidung an Rasterfassade.

Biebrich (Wiesbaden), Schloß

Waterloo-Obelisk (Luisenplatz): Zum Gedenken an die 1815 unter Napoleon gefallenen Nassauer 1934 aufgestellt.

Wohnbauten: Zumeist klassizistische und historistische Gebäude des 19. Jh. und der Gründerzeit. *Luisenstr. 9, 11* v. 1824–28, *Luisenplatz 1, 3* v. 1840; *Friedrichstr. 32, Mühlgasse 7. Wilhelmstr. 2, 4, 12, Marktplatz, Bismarck-* und *Kaiser-Friedrich-Ring, Langgasse 5/6, 8, Ringstr., Mühlgasse 11/13.*

Museum Wiesbaden: 1912–15 v. Theodor Fischer im neoklassizistischen Stil errichtetes Gebäude. Fassadenschmuck v. A. Hensler und W. Bierbrauer. Den Schwerpunkt in der Abteilung *Kunstsammlungen* bilden Gemälde und Zeichnungen des russischen Malers Alexej Jawlensky*, der v. 1921 bis zu seinem Tod Wiesbadener Bürger war. Zudem sind Werke Beckmanns*, Karl Schmidt-Rottluffs*, Kandinskys*, Lovis Corinths*, Carl Hofers*, Emil Noldes*, der Konstruktivisten und weiterer bekannter Maler der Klassischen Moderne und zeitgenössischer Künstler ausgestellt. Auch die Zeit des 16.–19. Jh. ist vertreten. *Naturwissenschaftliche Sammlung* mit geologischen, zoologischen und paläontologischen Exponaten; Insektensaal mit zahlreichen Präparaten.
Die *Sammlung Nassauischer Altertümer* umfaßt Exponate v. der Steinzeit bis zum 19. Jh.

Frauen-Museum (Nerostr. 16): Ausstellungen über weibliches Kulturschaffen; daneben Diskussionsveranstaltungen, Seminare u. ä.

Veranstaltungen und Brauchtum: Maifestspiele im Hessischen Staatstheater; Pfingstreitturnier im Park des Biebricher Schlosses; Rheingauer Weinwoche (ab 2. Samstag im August).

W.-BIEBRICH
Schloß: Langgestreckter Barockbau.

332 Wildeck

1700–09 wurden w und ö Pavillon für den Fürsten v. Nassau-Idstein errichtet. 1707–21 durch den runden *Mittelteil* (Doppeltreppe an prachtvoller Rheinfront v. 1824) v. Maximilian v. Welsch und durch die Verbindungsgalerien erweitert. 1734–44 Bau v. O- und W-Flügel durch Fr. J. Stengel. Sandsteinfiguren v. Göttern auf der Rotundenattika. Im Erdgeschoß die *Schloßkapelle,* darüber der *Kuppelsaal* mit 8 korinthischen Säulen. Deckenfresko (1719) v. L. A. Colomba.
Schloßpark: V. Ludwig Sckell* 1811 angelegt. Alter Baumbestand. – *Klassizistische Villen* an der Straße Am Schloßpark.

W.-BIERSTADT
Ev. Pfarrkirche: Urspr. salischer Bau des 11. Jh. (Rundbogenfriese außen). W-Turm aus dem 12. Jh. 1733–34 Barockisierung. Kanzelaltar mit Altartafel, um 1500.

W.-NAUROD
Ev. Pfarrkirche: 1727–30 vermutlich v. Joh. G. Bager errichteter achteckiger Zentralbau. Außen gegliedert durch toskanische Pilaster. Kuppeldach mit Zwiebelhaube. – Ornamentale Barock-Malerei der Emporenbrüstungen.

W.-SONNENBERG
Burg Sonnenberg: Um 1200 entstandener fünfgeschossiger Bergfried. Kernburg mit zusätzlichen Türmen. Burgkapelle v. 1384. Heute Ruine.

Jagdschloß Platte: 1822–24 v. Friedrich Ludwig Schrumpf errichtetes quadratisches Gebäude mit v. Pilastern gegliederten Risaliten. Ionische Säulen an der s Frontseite.

Umgebung

Hofheim am Taunus (ca. 9 km ö): Ursprünglich um 40 n. Chr. errichtetes römisches Erdkastell; 1263 erstmals erwähnt. Seit 1352 Stadtrechte. Großer Brand v. 1640. – *Kath. Pfarrkirche St. Peter und Paul:* Spätgot. Chor (⁵/₈-Schluß) und W-Turm, der einen Durchgang mit Kreuzrippengewölbe hat. Kreuzgewölbte Sakristei an der N-Seite. Schiff (v. 1742) durch einen Neubau v. 1926 ersetzt. Hauptportal v. 1748 an der S-Seite. – *Hochaltar* v. 1770.
Schlangenbad (ca. 10 km w): Heilende Quellen (bereits den Römern bekannt) brachten vermutlich die Aeskulapnattern ins Tal, nach denen das Bad benannt ist. Seit 1640 sichere Hinweise auf die Nutzung des Wassers. Seit Anfang 18. Jahrhundert Bade- und Kurort. – *Mittleres Kurhaus:* 1762–1765 (ältestes Badehaus Deutschlands) von Joh. L. Splittdorff angelegter dreigeschossiger, prächtiger Bau. – *Unterkurhaus* im spätklassizistischen Stil.

6444 Wildeck
Hersfeld-Rotenburg

Einw.: 5200   S. 353 □ E 3

W.-BOSSERODE
Ev. Pfarrkirche v. 1699. Spätgot. Altar, dessen erhaltene Teile in einem neuen Gebäude vereinigt wurden.

W.-HÖNEBACH
Eisenbahntunnel v. 1845–48. Pylonenarchitektur an den Einfahrten.

W.-OBERSUHL
Ev. Pfarrkirche mit spätgot. asymmetrischem Chor mit Netzgewölbe v. 1518.

W.-RASSDORF
Burg Wildeck: 1770 angelegt, heute verfallen. Ehem. schöner englischer Garten mit Obelisk.

W.-RICHELSDORF
1460 wird der Richelsdorfer Bergbau erstmals erwähnt.
Ev. Pfarrkirche: Anfang 18. Jahrhundert umgestaltet und ausgemalt. Chorturm und Mauerteile aus dem 14. Jh. vorhanden.

3579 Willingshausen
Schwalm-Eder-Kreis

Einw.: 5000   Höhe: 230 m   S. 353 □ D 3

Seit dem 13. Jh. lebte hier das Geschlecht derer v. Schwetzell. – Berühmtheit erlangte der Ort durch seine Malerkolonie im 19. Jh., der Karl Bantzer, Ludwig Knaus, Wilhelm Thielmann u. a. angehörten. Anreiz war für diese Künstler neben der idyllisch-ländlichen Lage des Orts die Tatsache, daß die Bewohner der Region noch an den traditionellen Trachten festhielten.

Ev. Pfarrkirche v. 1511. Umgestaltung 1810. Grabdenkmal des Schloßherrn Georg v. Schwertzell (gestorben 1578).

Schloß der Herren v. Schwertzell. Dreigeschossiger Bau mit wappenverziertem Eckerker und rundem Treppenturm, Mitte 16. Jh.; 1697 erneuerte Fachwerketage.

Malerstübchen (Merzhäuser Str. 2) mit Bildwerken und anderen Zeugnissen der Malerkolonie um Carl Bantzer (1880 bis 1914).

3430 Witzenhausen
Werra-Meißner-Kreis

Einw.: 18 750   Höhe: 150 m   S. 353 □ E 2

Ausgangspunkt war vermutlich ein befestigter Hof um die Mitte des 8. Jh. Als Reichslehen seit 1180 im Besitz der thüringischen Landgrafen. 1479 verheerender Brand. Bis 1540 lebte hier der berühmte Reformator Antonius Corvinus als Pfarrer. Liegt an der »Deutschen Märchenstraße«. Besonders malerisch zur Zeit der Kirschblüte.

Ev. Liebfrauenkirche: Noch nicht völlig geklärte Baugeschichte; der W-Turm ist noch roman., die unteren Teile weisen Lisenenansätze auf. 4 steinerne Geschosse (12. bis Mitte 13. Jh.) sind v. einem Helm bekrönt. Vermutlich 1232 als drei-

Witzenhausen, Ev. Liebfrauenkirche

schiffige spätroman. Basilika begonnen, im 13. und 14. Jh. als got. Emporenkirche umgebaut. Nach Abbruch als spätgot. Hallenkirche vollendet. Barockes Mansarddach v. 1725. Vorhalle mit Kreuzrippengewölbe (um 1404) an der S-Seite mit blattwerkverzierten Wimpergen an den Innenwänden. Gestaffeltes Portal mit Laubwerk. Im Innern kennzeichnet die n Arkadenwand den ehem. Standort der roman. Mittelschiffswand. Ein Triumphbogen trennt das Emporenjoch v. Langhaus. Harmonische Raumwirkung des Chors. Dienste mit zarten Kapitellen. Fenstermaßwerk. – *Malereien* des 16. Jh. an Gewölbe und Wänden der »Kapelle« (unter der s Empore). Sog. *»Steinerne Kanzel«* v. 1575; *Orgel* mit Schnitzereien, um 1731 (n Seitenschiff); *Grabmal* der Familie v. Bodenhausen (1575).

Ehem. Wilhelmitenkloster St. Nikolaus und Hl. Kreuz: Außerhalb der Stadt 1291 gegründet. Seit 1358 ins nordöstliche

334 Witzenhausen

Stadtviertel übergesiedelt; 1528 aufgehoben. Seit 1898 Kolonialschule, heute *Deutsches Institut für tropische und subtropische Landwirtschaft.* An der s Klosterhofseite liegt die Kirche. Erhalten ist nur ein frühgot. Portal. Ma Klosterflügel im 18.Jh. umgebaut. Refektorium und Kapitelsaal im 1358 angelegten N-Flügel erhalten.

Hospital St. Michael: Kurz nach 1392 entstandene Kapelle. Einfacher Bau mit beherrschendem W-Turm.

Rathaus: Neubau v. 1819 (3. Rathausbau). – Davor der *Kump,* ein *Marktbrunnen.* Im Juli zur Zeit der Kerpeskirmes fließt aus ihm Kirschsaft.

Wohnhäuser: *Steinernes Haus* v. 1584. Fachwerkhaus mit steinernem Unterbau und hübsch verziertem Erker. – *Ermschwerder Str.* mit beeindruckender Fachwerkfront.
Ehemaliger Bergescher Adelshof (Kirchplatz 8), 1585–90 von Hans Wetzel errichtet. – Rokokotür am *Hof derer v. Baumbach* (Oberburgstr. 1). – *Sommermannsches Haus* (Ecke Kirchstr.) v. 1511. Weitere sehenswerte Fachwerkhäuser.

Werrabrücke v. 1608. Umgestaltet 1930 und 1950.

Stadtbefestigung in teilweise gutem Zustand.

Völkerkundliches Museum (Steinstr. 19): Untergebracht ist die Sammlung afrikanischer und ozeanischer Exponate im 1440 erbauten Gutshaus »Kaufunger Hof«.

Veranstaltungen und Brauchtum: Ostereiermarkt im Februar, Frühlingsfest (Ende April/Anfang Mai); Kerpeskirmes mit Wahl der Kirschenkönigin und Altstadtfest, 2. Wochenende im Juli; Kirschblüte April/Mai; Kirschenernte Mitte Juni–Anfang August.

W.-BERLEPSCH-ELLERODE
Burg Berlepsch, 1396 unter Arnold v. Berlepsch angelegt. 1881–94 durch Gustav Schönermark unter Verwendung der alten Teile erneuert.

W.-WENDERSHAUSEN
Burg Ludwigstein: 1415 auf steilem Berg v. Landgraf Ludwig d. Friedsamen gegen den gegenüberliegenden Hanstein angelegt. Um den Innenhof gruppieren sich

Werleshausen (Witzenhausen), Herrenhaus

ein hoher Bergfried und Fachwerkgebäude. 2 Neidköpfe im O und Südosten »schauen« nach dem Hanstein.

W.-WERLESHAUSEN
Herrenhaus (Ortsrand), dreigeschossiger Bau mit Treppenturm und Fachwerkobergeschoß sowie flankierenden Ecktürmchen.

Umgebung

Eichenberg (6 km nö): *Burg Arnstein,* Höhenburg über dem Werratal. Erstmals 1337 erwähnt (vermutlich älter). Ab 1434 hess. Lehen der Familie v. Bodenhausen. Einfaches mächtiges Herrenhaus mit stattlichem Mansarddach, um 1600. Umgestaltung im 18. Jh. – Im Hof stehen Torgebäude (im O eines v. 1615, im W aus dem 19. Jh.). Fachwerkhäuser (18. Jh.) in der Vorburg.
Mollenfelde (9 km n): Inmitten der sog. »Göttinger Schweiz« (bereits im Niedersächsischen) liegt in malerischer Landschaft das *Europäische Brotmuseum,* das über die Kunst des Brotbackens informiert. Originelle Exponate wie Hostien-, Oblaten- und Waffeleisen, Brotstempel und -zeichen, Brotformen verschiedenster Art.

3549 Wolfhagen
Kassel

| Einw.: 13 000 | Höhe: 280 m | S. 353 □ D 2 |

Thüringische Burg, Anfang 13. Jh. gegründet. Der Ort erhielt 1264 Stadtrechte. Ummauerung bis 1302.

Ev. Stadtkirche (St. Anna und Maria): Gotische Hallenkirche mit 3jochigem Langhaus des späten 13. Jh. Schmaler Chor des frühen 15. Jh. Vom Vorgängerbau ist lediglich der Triumphbogen erhalten.
Turmuntergeschoß v. 1303, Turmhaube v. 1561. Fischblasenmaßwerk am spätgot. Chor. Portal v. 1616. Im N am Chor die Sakristei des 14. Jh. Im Innern schmale Seitenschiffe. Gewölbe lasten auf Rundpfeilern mit Rechteckvorlagen. Plastische Gewölbeschlußsteine mit Jüngstes-Gericht-Darstellungen. – *Barockorgel* v. 1725; 2 *Grabdenkmäler* v. 1576 (Andreas Herber?). *Chorfenster* v. Hans v. Stockhausen (1961).

Wendershausen (Witzenhausen), Zweiburgenblick, Ludwigstein und Hanstein

Wolfhagen

Hospitalkapelle Corpus Christi: 1337 geweiht; Bau im spätgot. Stil.

Burg: 1226 v. Landgraf Ludwig angelegt. Verfall seit dem 16.Jh. Unvollendeter Neubau.
Ehem. Forstamt: Sandsteinbau des ausgehenden 17.Jh. *Zehntscheuer* v. 1513. Hier ist das *Regionalmuseum* untergebracht.

Rathaus v. 1657–59. Keller mit Tonnengewölbe. 2 Fachwerkobergeschosse auf massivem Sockelgeschoß.

Alte Wache: Fachwerkbau v. 1667.

Stadtmauer: Der *Kattenturm* aus dem 14.Jh. ist als halbrunder Turm der Stadtbefestigung erhalten.

Schloß Elmarshausen (n der Stadt): Nach 1534 in 3 Bauabschnitten entstanden; W-Flügel bis 1538, S-Flügel bis 1544 und O-Flügel bis 1553. Die Ausstattung war 10 Jahre danach vollendet. N-Flügel v. 1881.
Am Schloß Halbkreisaufsätze in Formen der »Weserrenaissance«. In der Südwestecke des Hofes ein Treppenturm. Im O-Flügel eine barocke Kapelle.

Wolfhagen, Gesamtansicht mit ev. Stadtkirche

*Wolfhagen, >
Ev. Stadtkirche, Portal von 1616*

W.-IPPINGHAUSEN
In der Nähe liegt die **Weidelsburg**, eine gut erhaltene Ruine. Im W ragt der Palas auf.

Umgebung

Naumburg (10 km s): 1170 erstmals erwähnt. Seit Mitte 13.Jh. Stadt. Großer Brand v. 1684. – *Kath. Pfarrkirche St. Crescentius* (bis 1692 St. Maria): Zweijochige, dreischiffige Pseudobasilika (d.h. mit vermauerten Obergadenfenstern) der Gotik. Mauerwerk aus dem 14.Jh., Langhausausbau um 1420/30, Beendigung des stattlichen W-Turms 1512. Wiederherstellung nach Brand, bis 1692. An der s Außenwand Figuren aus der Zeit um 1340/50. Madonnenstatue (3. Viertel des 14.Jh.), die noch aus der Zeit der Marienkirche stammt. Hohes Portal mit Auferstehungsrelief (1577) v. Andreas Herber in der Ummauerung des *Friedhofs*. – *Fachwerkhäuser* des ausgehenden 17.Jh.

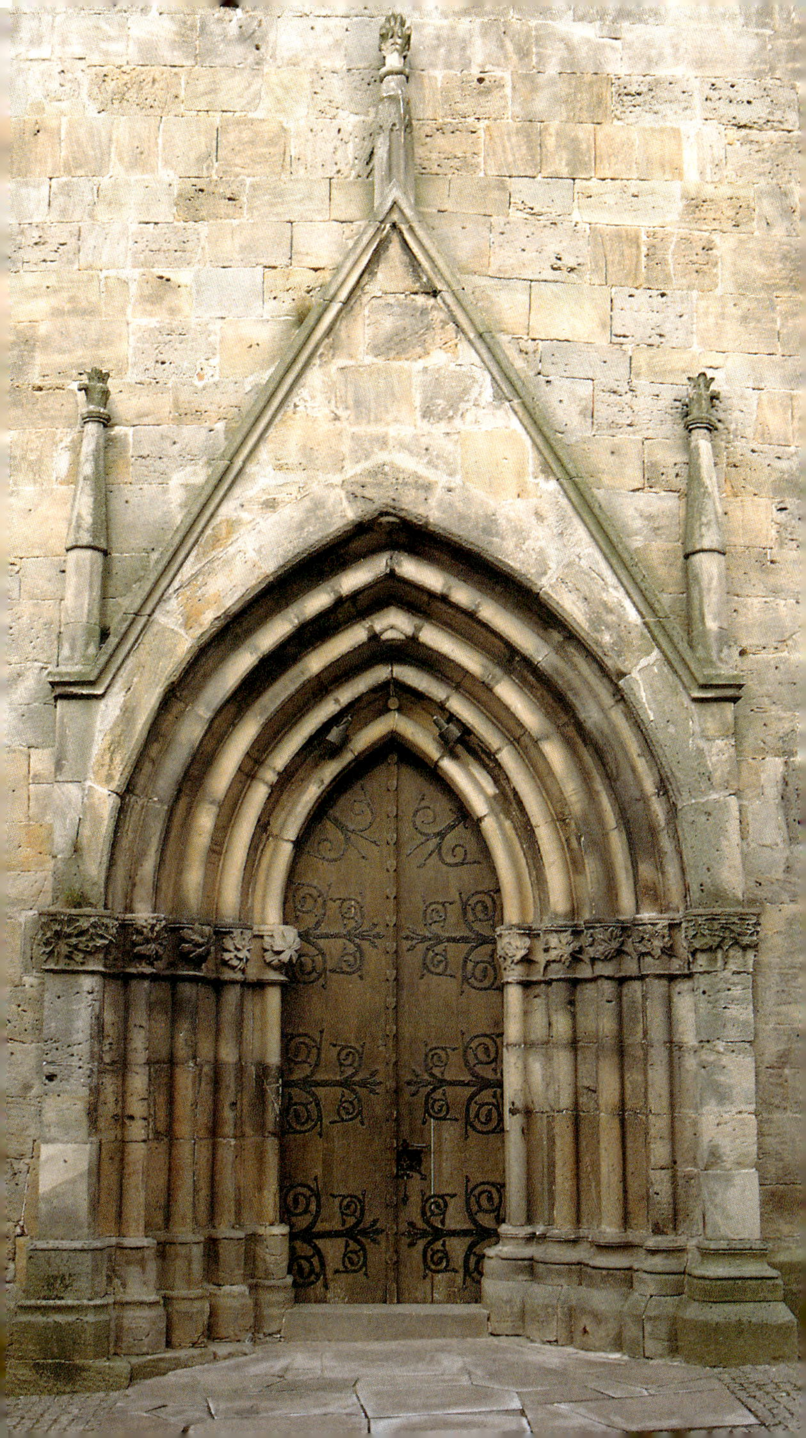

Zierenberg

3501 Zierenberg
Kassel

Einw.: 6900   Höhe: 280 m   S.353 ☐ D 2

Ende 13.Jh. v. Landgraf Heinrich I. gegründet. Mehrmals durch Brände zerstört.

Ev. Stadtkirche: 1293 als Stiftung des Landgrafen begonnen; 1343 fertiggestellt. Chor und mächtiger W-Turm existieren noch. Neubau des Schiffs unter Hans Meynworten 1430. Turmaufbau v. 1586, Haube v. 1711. Hallenkirche mit 2jochigem Chor. Kräftige Rundpfeiler. Interessant sind die got. *Wandmalereien.* Im Chor sind Christophorus, die Apostel und die Heiligen Barbara und Margareta neben Christus in der Mandorla dargestellt. An den Seitenschiffswänden Passionsszenen und Gerichtsdarstellungen. *Orgel* (1757) v. Stephan Heeren.

Rathaus: 1450 von Heinrich Brant errichteter zweigeschossiger Bau, der als ältestes hessisches Fachwerk-Rathaus gilt. Andreaskreuze an der Brüstung. Diele im Innern mit achteckigen Holzstützen.

Zierenberg, Ev. Stadtkirche, >
Gotische Wandmalereien, Hl. Barbara

Umgebung

Dörnberg (4 km sö): *Ev. Pfarrkirche:* W-Turm und Saalbau-Mauern des Schiffes noch roman. Rechteckiger Chor v. 1509 mit Sterngewölbe. Figürliche Schlußstei-

Zierenberg, Gesamtansicht mit Dörnbergmassiv

S·BARBARA

Zwingenberg

ne. – *Wandmalereien* des beginnenden 16. Jh. – *Fachwerkhäuser* mit integriertem Stall und Scheune.

6144 Zwingenberg
Bergstraße

Einw.: 5300   Höhe: 100 m   S. 354 □ C 5

1012 erstmals erwähnt. 1273 erhielten die Grafen v. Katzenelnbogen Stadtrechte. Neustadt im 14. Jh. entstanden.

Ev. Stadtkirche (Altstadt): 1258 gegründet. Häufig umgebaut im 17.–19. Jahrhunder

Alte Burg (Oberstadt): Kellergewölbe (frühes 16. Jh.) des Herrenspeichers erhalten. Sog. *Schlößchen* v. 1520 wurde 1779 verändert. Massiver Winkelbau; Treppenturm mit Giebel. Am Turm Barockportal mit Wappen.

Außerdem sehenswert: *Ehem. Kellerei* (vor ehem. Obertor 9) v. 1561–63 mit Renaissanceformen. – Sog. *»Aul«*, ein Stadtmauerturm v. 1534, steht im NO der Oberstadt. – *Fachwerkhäuser*, nach dem Stadtbrand v. 1693 errichtet.

Register der Fachausdrücke

Ädikula: Wandnische, die zur Aufstellung einer Büste oder Statue dient; meist mit Giebel → Pfeilern oder → Säulen verziert.

Akanthus: Schmuckelement, das sich vor allem am → korinthischen → Kapitell findet und aus der stilisierten Darstellung eines scharf gezackten, distelähnlichen Blattes entwickelt wurde.

Altaraufsatz: Schreinartiger Aufbau über dem Altartisch.

Altarauszug: Oberer, abgehobener Teil des → Altaraufsatzes.

Altarretabel: → Altaraufsatz.

Ambo: Pult an den Chorschranken in altchristlichen und mittelalterlichen Kirchen; Vorläufer der Kanzel.

Anna selbdritt: Darstellung von Anna, Maria und dem Jesusknaben.

Apsis: Abschluß des → Chors, meist halbkreisförmig. In der Regel Standort des → Altars.

Arabeske: Ein stilisiertes Blattwerk, das als Schmuckmotiv verwendet wird.

Architrav: Steinerner Hauptbalken über den → Säulen.

Archivolte: Bogenlauf über romanischen und gotischen Portalen.

Arkade: Bogen, der von → Säulen oder → Pfeilern getragen wird. Mehrere Arkaden werden zu Bogengängen zusammengefaßt. Wenn die Arkaden keine Öffnung haben (und nur aus dekorativen Gründen verwendet werden), spricht man auch von Blendarkaden.

Atrium: Bei den Römern ein zentraler Raum mit einer Öffnung im Dach, durch die das Regenwasser einfallen konnte.
In der christlichen Architektur ein Vorhof, der meist von → Säulen umgeben ist, auch Paradies genannt.

Attika: Eine (meist reich verzierte) Wand, die über das → Gesims oder Säulenreihe gemauert wird und das Dach verdecken soll.

Aula: Halle, Versammlungssaal.

Backsteingotik: Bauten aus Backstein in den Formen der → Gotik.
Vorwiegend in Nord-, Ost- und Süddeutschland zu finden.

Baldachin: Schutzdach über → Altären, Grabmalen, Statuen und Portalen.

Baluster: Kleine bauchige oder profilierte Säule.

Balustrade: aus → Balustern gebildetes Geländer.

Baptisterium: Taufkirche oder Taufkapelle, in der Regel Zentralbau.

Barock: Stilbezeichnung für die Kunst und Kulturepoche ab etwa 1600 bis etwa 1750. Bestimmend sind kraftvoll bewegte, ineinandergreifende Formen.

Basilika: Griechische Königshalle; im Kirchenbau Bezeichnung für eine mehrschiffige Kirche (→ Schiff), deren Satteldach über dem Hauptschiff höher ist als die Pultdächer über den Seitenschiffen. Siehe auch Säulenbasilika und Pfeilerbasilika.

Basis: Fuß einer → Säule oder eines → Pfeilers, meist breit auslaufend und dekorativ gestaltet.

Bergfried: Hauptturm einer Burg, letzte Zufluchtsstätte bei Belagerungen.

Biedermeier: Kunst und Kulturepoche (v.a. im deutschsprachigen Raum) v. ca. 1815 bis ca. 1850.

Blendarkade: → Arkade.

Blende: in die Wand eingetieftes Feld oder der Wand vorgelegtes architektonisches Motiv mit der Wirkung einer Scheinarchitektur.

Blendmaßwerk: → Maßwerk.

Bogenformen: Der Bogen dient zur Überbrückung größerer Spannweiten im Steinbau.

Bogenfries: Ein → Fries in der Form von Rundbogen (häufig bei romanischen Bauwerken).

Bündelpfeiler: In der Gotik beliebte → Pfeilerform. Um Kernpfeiler gruppieren sich kleinere und größere Dreiviertelpfeiler.

Campanile →Kampanile.

Cella: Hauptraum des antiken Tempels mit dem Götterbild.

Chor: Der meist erhöhte und in der Regel östlich gelegene Abschluß des Kirchenraumes. Der Chor hat meist nicht die gleiche Breite wie das → Schiff. Er dient zur Aufnahme des → Altars. Im Mittelalter war der Chor oft durch Schranken zum Kirchenraum abgegrenzt.

Chorumgang: Ein Gang, der durch die Fortführung der Seitenschiffe entsteht und um den →Chor herumführt.

Confessio: Vorform der ma Krypta. Unter dem Hochaltar angelegtes Märtyrer- oder Kirchenheiligengrab; Verehrungs- und Bekenntnisstätte.

Dachformen, *Pultdach*: eine einzige schräg ansteigende Dachfläche. *Satteldach*: zwei schräge, gegeneinander aufsteigende Dachflächen, an den Enden durch einen Giebel begrenzt. *Tätschdach*: flach geneigtes Satteldach. *Walmdach*: Satteldach, bei dem auch die Giebelseiten mit einer Dachfläche (Walm) versehen sind. *Krüppelwalmdach*: Walmdach, bei dem nur der obere Giebelteil abgewalmt ist. *Zeltdach*: vier steil aufsteigende Dachflächen über viereckigem Grundriß, z.B. als Turmabschluß.

Dachreiter: Türmchen über dem Dachstuhl.

Dienste: Dünne Säulen oder Rundstäbe, die einer Wand oder einem Pfeiler vorgelagert sind, meist zur Unterstützung des Gewölbes.

Diptychon: Zusammenklappbare zweiteilige (Altar-)Tafel.

Register der Fachausdrücke

Dorische Säulenordnung: Ordnung, bei der die → Säulen ohne → Basis direkt auf den Boden gesetzt sind und flache, wulstförmige → Kapitelle tragen.
Draperie (franz. drap »Tuch«): Dekoration mit Stoffen, Behänge aus Stoffen und deren malerische Darstellung.

Epitaph: Gedenktafel oder Gedenkstein an Wand oder Pfeiler, oft über dem Grab des Verstorbenen.
Exedra: Apsis, überwölbt mit einem Kuppelausschnitt.
Exvoto: Ein aufgrund eines Gelübdes gestiftetes Bild: Votivbild, -tafel.

Fassade: Haupt- oder Schauseite eines Bauwerks.
Fassung: Bemalung.
Fayence: Töpferwaren mit Glasurüberzug, benannt nach der italienischen Stadt Faënza.
Fiale: Ziertürmchen in der → Gotik; oft als Bekrönung eines Strebepfeilers.
Filigranwerk: Ursprünglich Goldschmiedearbeit, bei der Gold- und Silberdraht ornamentartig auf eine Metallunterlage gelötet werden. Auch auf vielfach durchbrochene Schnitzwerke und Stukkaturen übertragen.
Fischblase: Flammenförmige Ornamentform im gotischen → Maßwerk.
Flügelaltar: Der → Altaraufsatz hat ausklappbare, reich geschnitzte oder bemalte Flügel.
Fresko: Auf den noch feuchten Kalkputz werden Wasserfarben ohne Bindemittel aufgetragen. Beim Trocknen des Mörtels verbinden sich die Farben besonders haltbar mit dem Putz.
Fries: Schmuckstreifen zum Abschluß oder als Untergliederung einer Wand. Der Fries kann flächig oder plastisch sein, er kann aus Figuren oder Ornamenten bestehen.

Galerie: Ein langgestreckter Raum; oft werden Emporen und Arkadengänge auch Galerie genannt.
Gaube: Als Giebelhäuschen ausgebildetes Dachfenster.
Gesims: Ein vorspringender Wandabschluß.
Gesprenge: Abschließende Bekrönung des → Altaraufsatzes.
Gewölbe: Bogen- oder haubenförmiger Abschluß eines Raumes.
Gewölbeformen: *Tonnengewölbe:* Gewölbe mit dem Querschnitt eines Halbkreis-, Segment-, Korb- oder Spitzbogens.
Stichkappengewölbe: Tonnengewölbe, das durch einen seitlich einschneidenden Kappenkranz, meist mit Fensteröffnungen, begrenzt ist. *Kreuzgewölbe/Kreuzgratgewölbe:* rechtwinklige Durchdringung von zwei gleich hohen Tonnengewölben, die Durchdringungslinien heißen Grate. *Kreuzrippengewölbe:* Kreuzgratgewölbe mit tragenden Rippen entlang der Grate. *Sterngewölbe:* sternartig verzweigtes Rippengewölbe.
Gobelin: Bildteppich.
Gotik: Epoche der europäischen Kunst und Kultur, die von der Mitte des 12.Jh. bis ins 16.Jh. reicht.
Grisaille: Malerei in verschiedenen Grauabstimmungen.

Hallenkirche: Im Gegensatz zur → Basilika sind Hauptraum und Seitenschiffe gleich hoch; ohne Querhaus.
Halsgraben: Künstlich geschaffener Graben, der Burgen vom Landrücken trennt. Oft auch Zugang über Zugbrücken.
Helm: Der Abschluß eines Turmes.

Intarsia: Einlegearbeit in Holz, Stuck, Stein etc.
Ionische Säulenordnung: Ordnung, bei der die → Säulen auf einer mehrgliedrigen → Basis stehen und das → Kapitell durch zwei Schneckenbögen charakterisiert ist.

Joch: Grundeinheit des durch → Pfeiler, Säulen oder Gurtbogen gegliederten Raumes.
Jugendstil: Nach der Münchner Zeitschrift »Jugend« benannte Stilrichtung, die sich gegen die Übernahme alter Formen wendet und neue, der Natur entnommene Ausdrucksformen schafft. Schwerpunkt von 1895 bis um 1905.

Kämpfer: Steinplatte zwischen → Säule bzw. → Kapitell und Bogen oder Gewölbe.
Kalotte: Gewölbte Kuppel in Form eines Kugelabschnitts.
Kamee: Stein oder Edelstein mit erhaben geschnittener Darstellung.
Kampanile, *Campanile:* (meist frei stehender) Glockenturm.
Kanon: Regelmäßiges, wiederkehrendes Maß.
Kapitell: Abschließender, kopfartiger Teil einer → Säule. Die Form der Kapitelle ist ausschlaggebend für Stil oder Ordnung.
Kapitelsaal: Versammlungsraum der Klostergemeinde.
Kartusche: Zierrahmen, mit dem Wappen, Initiale oder Inschriften eingefaßt sind.
Karyatide: Gebälk tragende Figur.
Kassettendecke: Diese in rechteckige Felder unterteilte Decke ist durch Ornamente, Bemalung oder anderen Schmuck ausgeprägt.
Kathedrale: Bischofskirche, Dom.
Klassizismus: Von klassisch-antiken Vorbildern ausgehende Stilrichtung, die zwischen etwa 1770 bis etwa 1830 ihren Höhepunkt erreichte.
Klostergewölbe: (Haubengewölbe): Ein kuppelähnliches, waagrecht gerade abschließendes Gewölbe aus Tonnenabschnitten.
Knorpelstil: Die vorbarocke Form des Ornaments, aus dem Beschlagwerk entwickelt, mit ohrmuschelartigen Formen.

Knospenkapitell: Abwandlung des → korinthischen Kapitells in frühgotischer Zeit.
Konche: Halbrunder, sich in einen Nebenraum öffnender Raum, besonders Halbkuppel der Apsis.
Konsole: Wandvorsprung, Balkenstütze.
Korbbogen: Flachgedrückter Rundbogen.
Korinthische Säulenordnung: Reiche Zierformen kennzeichnen bei dieser Ordnung die → Kapitelle. Die → Basis ähnelt der → ionischen Ordnung.
Kragstein: Aus der Mauer herausragender Stein, der als Stütze, als Auflage oder auch nur als Träger für eine Büste dient.
Kreuzgang: Meist gewölbtes, nach innen durch → Arkaden geöffnetes Geviert, das als Umgang im Hof eines Klosters dient und an einer Seite an die Kirche anschließt.
Kreuzgewölbe: Ein → Gewölbe, bei dem sich zwei → Tonnengewölbe rechtwinklig kreuzen. Man unterscheidet das einfache Kreuzgratgewölbe von dem Kreuzrippengewölbe, bei welchem die Schnittkanten durch Rippen verstärkt sind.
Krypta: Unterkirche, Grabraum, meist unter dem → Chor gelegen. Oft sind Kirchen über einer alten Krypta errichtet worden.
Kuppelformen, wichtigste: *Pendentif- oder Hängekuppel:* über quadratischem oder vieleckigem Grundriß gewölbte halbrunde Kuppel mit ausgeschiedenen Seitenflächen. Die von der Kuppelwölbung in den Kuppelansatz überleitenden sphärischen Dreiecke heißen *Pendentifs* oder *Hängezwickel*. *Tambourkuppel:* Pendentifkuppel mit zylindrischem oder polygonalem Zwischenstück (*Tambour, Trommel*), das zwischen Pendentifs und Halbkugel geschoben ist.
Der obere Abschluß einer Kuppel wird meist durch eine → Laterne gebildet.
Langhaus: Hauptteil der Kirche, für die Gemeinde bestimmt (ohne → Chor und → Apsis).
Laterne: Runder oder polygonaler, mit Fenstern versehener kleiner Aufbau über der Scheitelöffnung einer Kuppel oder als Turmbekrönung.
Leibung, Laibung: Fläche des Mauereinschnitts bei Fenstern und Türen.
Lettner: Wand oder Brüstung zwischen → Chor und Mittelschiff, die den klerikalen Bereich vom Laienraum trennt.
Lisene: Schwach aus der Wand vortretender senkrechter Mauerstreifen ohne Basis und Kapitell.
Loggia: Nach außen geöffnete Säulenhalle eines Bauwerks, häufig im Obergeschoß.
Louis-Quatorze: Französischer Kunststil, dem deutschen → Barock vergleichbar; benannt nach Ludwig XIV. (1638–1715).
Louis-Quinze: Epoche des Spätbarock in Frankreich, benannt nach Ludwig XV. (1710 bis 1774). Entspricht in etwa dem → Rokoko in Deutschland und Österreich.

Register der Fachausdrücke 343

Louis-Seize: Beginn des → Klassizismus in Frankreich, benannt nach Ludwig XVI. (1754 bis 1793); eine gemäßigte Form des → Rokoko.
Lüftlmalerei: Malerei an Hauswänden, vornehmlich im süddeutschen Raum.
Lünette: Halbkreisförmiges Feld über Türen und Fenstern, oft mit Malerei oder Plastik.

Manierismus: Kunststil zwischen → Renaissance und → Barock (ungefähr von 1530 bis 1630). Der Manierismus vernachlässigt natürliche und »klassische« Formen zugunsten gewollter Künstlichkeit der Manier.
Maßwerk: Gotische geometrische Zierformen, vor allem für die Ausgestaltung von Fensterbögen oft verwendet. Liegen die Zierbogen direkt auf der Wand, spricht man von Blendmaßwerk.
Mausoleum: Ein prächtiges Grabmal, meist in der Form eines Hauses oder Tempels.
Mensa: Die Deckplatte des Altars.
Mezzanin: Halb- oder Zwischengeschoß.
Miniatur: Kleinformatiges Bild; handgemalte Bilder in alten Handschriften.
Monstranz: Schmuckgerät, in dem (meist hinter Glas) die geweihte Hostie gezeigt wird.
Mosaik: Wand-, Boden- oder Gewölbeschmuck, zusammengefügt aus kleinen bunten Steinchen, Glasscherben oder anderen Materialien.
Münster: Große Klosterkirche bzw. große Stiftskirche, vor allem in Rheinnähe gebräuchlich.
Muschelwerk: Zierornamente, die dem Muschelmotiv nachempfunden sind; vor allem in der späten → Renaissance und im → Rokoko.

Narthex: Vorhalle von Basiliken und Kirchen.
Netzgewölbe: Ein → Gewölbe, bei dem sich die Rippen mehrfach kreuzen. Vor allem zur Zeit der → Gotik anzutreffen.
Neubarock: Reaktion auf den kühlen → Klassizismus.
Die Wiederverwendung der Formen des → Barock entwickelte sich im letzten Drittel des 19. Jh. als ein historisierender Prunkstil mit übertriebenem plastischem Schmuck und auffälligen Farben.
Neugotik (Neogotik): Historisierender Kunststil, mit dem man im 19. Jh. die Bauformen und Schmuckornamente der → Gotik neu beleben wollte.
Nonnenchor: Empore, auf der Nonnen dem Gottesdienst beiwohnen.

Obelisk: Frei stehender Pfeiler mit quadratischem Grundriß und pyramidenartiger Spitze.
Odeon: Meist rundes Gebäude, in dem musikalische und andere musische Aufführungen stattfinden.
Oktogon: Gebäude mit achteckigem Grundriß.
Olifant: Das Wunderhorn Rolands, ein Signal-

Register der Fachausdrücke

und Kriegshorn aus Elfenbein, reich geschnitzt und in Edelmetall gefaßt.
Orangerie: Teil barocker Schloß- und Parkanlagen, ursprünglich für die Überwinterung der während des Sommers im Freien aufgestellten Orangenbäume und anderer südlicher Gewächse gedacht.
Oft erhielten die Orangerien jedoch Festräume für große Hofgesellschaften.
Oratorium: Kleine Kapelle, die in der Regel nicht für die Öffentlichkeit zugänglich ist, oft dem →Chor angegliedert.
Ordensburg: Burgen des Deutschen Ritterordens, vornehmlich in Preußen und Livland. Die vierflügeligen Anlagen sind um einen Innenhof gruppiert und durch sehr starke Befestigungsanlagen geschützt. Kloster, Garnison und Verwaltung sind in den Ordensburgen gemeinsam untergebracht gewesen.
Ottonische Kunst: Kunst aus der Zeit der Könige Otto I., Otto II. und Otto III. (936 bis 1002). Anreger und Finanziers dieser Kunst waren die Könige sowie Würdenträger der Kirche.

Pagode: Süd- und ostasiatischer Reliquienschrein und Tempel.
Pala: Altaraufsatz.
Palas: Wohnbau einer Burg.
Pallium: Ein mantelähnlicher Umhang der Römer, im Mittelalter Krönungsmantel für Könige und Kaiser, später auch bei Erzbischöfen.
Paneel: Brusthohe Holztäfelung.
Pantheon: Den Göttern geweihter Tempel. Nach dem Vorbild des Pantheons in Rom.
Paradies: → Atrium.
Patio: Innenhof des Hauses, vor allem in Spanien.
Pavillon: Meist mehreckiger oder runder Bau in Parkanlagen.
Bei Barockschlössern verbinden sehr häufig Eckpavillons den Hauptbau mit den davon abzweigenden → Galerien.
Pendentifkuppel: → Kuppelformen.
Peristyl: Einen Hof umgebende Säulenhalle, bei profanen wie sakralen Bauten verbreitet.
Pesel: Wohnraum und Zentrum norddeutscher Bauernhäuser.
Pfalz: Wohnstatt für Könige und Kaiser, die im Mittelalter nicht an einem Ort residierten, sondern ihren Sitz regelmäßig wechselten.
Pfeiler: Stützglied wie die → Säule, doch von recht- oder mehreckigem Grundriß.
Piano Nobile: Das wichtigste Geschoß eines Profanbaues, meistens das 1. Obergeschoß z.B. mit Prunk- und Repräsentationsräumen.
Pilaster: → Pfeiler, der aus einer Wand hervortritt (Halbpfeiler), mit → Basis und → Kapitell.
Pinakothek (griech.): Bildersammlung.
polychrom: Vielfarbig ausgeführt; Farben deutlich gegeneinander abgesetzt; Ggs. monochrom.
Polygon: Vieleck.

Polyptychon: Ein aus mehreren Tafeln (Flügeln) zusammengesetztes (Altar-)Bild.
Portikus: Von → Pfeilern gestützte Vorhalle.
Postament: Sockel eines Standbildes.
Predella: Unterbau des → Altars.
Presbyterium: Ursprünglich »Raum der Priester«, heute allgemeine Bezeichnung für den → Chor bzw. die → Apsis einer Kirche.
Propyläen: Die Eingangshalle monumentaler Bauten. Vorbild späterer Bauten waren die Propyläen auf der Akropolis in Athen (entstanden 437 bis 432 v. Chr.).
Pulpitum: Frei stehende Kanzel.
Putten: Nackte engelhafte Kinderfiguren in der → Renaissance, im → Barock und im → Rokoko.

Quader: Behauener Block aus massivem Stein.
Quadriga: Ein vierspänniger Wagen.

Refektorium: Speiseraum in Klöstern.
Régence: Französische Ausformung des → Rokoko.
Relief: Bildhauerarbeit, bei der die Figuren halbplastisch aus der Fläche herausgeschnitten (Holz) oder gemeißelt (Stein) sind. Je nach der Stärke der Erhebung spricht man von Flach-, Halb- oder Hochrelief.
Reliquiar: Behälter, in dem die Reliquien eines Heiligen aufbewahrt werden.
Remter: Speisesaal einer → Ordensburg (→ Refektorium).
Renaissance: Stilbezeichnung für die bildende Kunst ab etwa 1500 bis etwa 1600. Die Renaissance fällt zusammen mit dem Ende des mittelalterlichen Weltbilds und dem Beginn einer neuen, an der Antike orientierten Lebenshaltung (ital. rinascimento = Wiedergeburt).
Risalit: Aus der Fluchtlinie vortretender Teil eines Gebäudes, der dessen volle Höhe erreicht.
Rocaille: Reich gestaltete, muschelähnliche Kartusche, die namengebend für das → Rokoko wurde.
Rokoko: Stilbezeichnung für die Zeit des ausklingenden → Barock (etwa 1720–70), mit eleganten, leichten, oft verspielten, vor allem ovalen Formen.
Romanik: Die zusammenfassende Bezeichnung für die Kunst vom Jahr 1000 bis ins 13.Jh.

In ihren Bauwerken ist die Romanik bestimmt von Rundbogen, ruhigen Ornamenten und einer insgesamt schweren Haltung.
Romantik: Kunstrichtung zu Beginn des 19.Jh., die sich vor allem in der Literatur (Märchen), Malerei und Musik ausbreitete. Sie nimmt Formen und Motive des Mittelalters wieder auf und bedeutet eine Abkehr von den rationalen Normen des → Klassizismus.
Rosette: Rosenartige Dekorationsform, z. B. in Kassetten oder an Friesen.
Rotunde: Rundbau.

Register der Fachausdrücke

Rustika: Mauern aus → Quadern, deren Schauseite absichtlich unbehauen geblieben ist.

Saalkirche: Stützenfreier Kircheninnenraum, also ohne Seitenschiff.
Säkularisation: Umwandlung geistlicher Besitztümer in weltliche, vor allem in der Zeit unter Napoleon (1803).
Säule: Stützglied mit kreisförmigem Grundriß, Gliederung in Basis, Schaft und Kapitell. Säulenordnungen sind durch strenge Maß- und Proportionsregeln gekennzeichnet und kommen in den klassischen bzw. den von der Klassik beeinflußten Stilepochen vor (→ Pfeiler).
sakral: kirchlich, geistlich.
Sakramentshäuschen: Gehäuse zur Aufbewahrung der geweihten Hostien. In der späten → Gotik entstanden zahlreiche große Sakramentshäuschen, die zu bedeutenden Kunstwerken ausgestaltet sind.
Sarkophag: Meist reich verzierter steinerner Sarg.
Satteldach: Von zwei schräg gegeneinander gestellten Flächen gebildetes Dach. Die 2 Giebel befinden sich an den Schmalseiten.
Schiff: Der Raumteil einer Kirche; daraus einschiffige oder mehrschiffige Kirchen; letztere durch → Säulen oder → Pfeiler aufgeteilt.
Sepultur: Für Begräbnisstätten reservierter Kirchenraum.
Sgraffito: Kratzputz.
Sprengwerk: → Gesprenge.
Stabkirche: Holzkirche (in Deutschland fast ausschließlich im Harz) aus senkrecht stehenden Planken und Pfosten.
Stabwerk: Senkrechte Stäbe zur Gliederung gotischer Fenster und Fassaden (→ Maßwerk).
Stichkappengewölbe: Ein von dreieckigen Kugelflächen eingeschnittenes → Tonnengewölbe.
Strebewerk: System von Strebepfeilern und -bögen an Außenwänden zur Abstützung von Mauern und Gewölben; im got. Kirchenbau häufig verwendet.
Stuck: Ein leicht formbarer Werkstoff aus Gips Kalk, Sand und Wasser, der v.a. im 17./18.Jh. zur plastischen Ausschmückung von Innenräumen gedient hat.
Stukkatur: Ornamentale und figürliche Stuck-Dekoration v.a. im Barock.
Synagoge: Jüdisches Gotteshaus.

Tabernakel: Altargehäuse für die Hostie.
Tabor: Befestigtes Lager, Befestigung, besonders in der Steiermark gegen Türkeneinfälle; auch Taborkirche.
Terrakotta: Gebrannte, unglasierte Tonerde.
Tonnengewölbe: → Gewölbe, das einer Tonne gleicht, die in Längsrichtung durchgeschnitten wird.
Triptychon: Dreiteiliges Altarbild.
Triumphbogen: Geschmückter Torbogen.
Tumba: Aufbau über einer Grabstelle.
Tympanon: Das Bogenfeld über dem mittelalterlichen Portal.

Vedute: Gemälde oder Zeichnung mit der genauen Darstellung einer Stadt oder Landschaft.
Verblendung: Verkleidung von Bauteilen, die nicht sichtbar sein sollen.
Verkröpfung: Vorziehen eines Gesimses über einem vorstehenden Bauteil (Wandpfeiler, Pilaster usw.).
Vesperbild: Pieta.
Vierung: Die Stelle, an der sich → Lang- und Querhaus kreuzen.
Vollplastik: Allseits plastisch gearbeitetes Bildwerk (dagegen → Relief).
Volute: Spiralenförmiges → Ornament.
Vorhalle: Ein der Westfassade integrierter Vorraum bei Kirchenbauten.

Wange: Seitlicher Abschluß des Chorgestühls.
Welsche Haube: Geschwungenes Haubendach für Türme, Vorläufer der → Zwiebelhaube.
Westwerk: Monumentaler Westabschluß bei Kirchen aus karolingischer, ottonischer und romanischer Zeit.
Als Kirche für den Herrscher vorgesehen und deshalb oft auch mit einem eigenen Altar ausgestattet.
Wimperg: Giebelartige Bekrönung über got. Portalen und Fenstern, meist aus Maßwerk konstruiert.

Ziborium (auch Ciborium): Großer von Säulen getragener steinerner → Baldachin über dem → Altar.
Zopfstil: Stilrichtung aus der Zeit zwischen → Rokoko und → Klassizismus (etwa um 1760 bis 1780); geprägt von sehr strenger Ausdrucksweise.
Zwerchhaus: Dachhäuschen mit einem Giebel, der quer zum Hauptdach steht.
Zwerggalerie: Gang in der Außenmauer unter dem Dachgesims; nach außen geöffnet und meist reich verziert.
Zwiebelhaube: Dach in der Gestalt einer Zwiebel.
Zwinger: Das Gelände zwischen den inneren und äußeren Mauern der mittelalterlichen Stadtbefestigungen.
Hier wurden oft Tiere gehalten. Im → Barock errichtete man an dieser Stelle dann oft Vergnügungsstätten.

Register zu Kunst und Künstlern

A
Altan 218
Anna selbdritt 162, 236, 243
Appiani, Joseph 136
Archivolten 242
Attika 213

B
Backoffen, Hans von 103, 159, 226, 232
Baltz, Hans 110
Barlach, Ernst 252
Bauhaus 61
Beckmann 131, 331
Behrens, Peter 136
Bellini, Giovanni 131
Belz, J. J. 106
Beuys, Joseph 72, 222
Bill, Max 118
Bingen, Hans von 110
Böcklin, Arnold 72, 131
Bode, Arnold 215, 222
Bonifatius, Mönch 14
Botticelli, Sandro 131
Braque, G. 131
Brueghel, Pieter 72
Bürkel, H. 222

C
Canaletto 131
Carpaccio, Vittore 131
Chagall, Marc 116, 278
Chillida, Eduardo 132
Corinth, Lovis 222, 331
Culmbacher, J. 106
Cuvilliés, François de 223

D
Dannecker, Johann H. 126
Defregger, F. von 222
Degas, E. 131
Dientzenhofer, Johann 152 ff., 160, 289
Dix 131
Dubuffet 131
Dürer, A. 38, 131
Dyck, Antonis van 219

E
Elsheimer, Adam 131

Ettlingen, Hans J. von 305
Eyck, Jan van 131

F
Feuerbach, Anselm 72, 131
Fink, Michael 10
Flachkuppel 104
Flémalle, Meister von 131
Fohr, K. Ph. 131
Fosse, Louis R. de la 113
Frankfurt, Hans von 10
Fröbel, F. 113
Fröhlicher, J. W. 107

G
Gallasini, Andreas 153 f., 156, 161, 172, 318
Gallé, Emile 72
Gallé, Tiffany 72
Gebundenes System 74
Gerhaert, Nicolaus 126
Gerthener, Madern 104, 110, 113, 120
Giacometti 131
Godefroy, Elias 208
Goes, Hugo van der 131
Grünewald, Matthias 131, 299
Guerniero, G. F. 214
Günther, Ignaz 126

H
Hahnenaquamanile 127
Hauben, welsche 196, 240
Hauberisser, Georg 329
Herrlein, Johann A. 153 f., 156, 159, 172 f.
Heß, Johann F. Ch. 104
Heßler, Melchior 108
Hodler 131
Hofer, Karl 208, 222, 331
Holbein d. Ä. 131
Hollein, Hans 128
Houdon, J.-A. 126

J
Jawlensky, Alexej 328, 331
Jordaens, Jacob 219
Juncker, Johann J. 111

K
Kandinsky, W. 331

Kändler, Johann J. 127
Kayser, Daniel 106
Kemény, Z. 116
Kirchner, Ernst L. 131, 222
Klee, P. 131, 278
Klenze, Leo von 211, 213
Kniestockbauweise 48
Kobell, Wilhelm von 222
Kolbe, Georg 123, 132

L
Lalique, René J. 72
Leibl 222
Lemoyne, J.-B. 126
Le Nôtre 210
Lich, Hans von 104
Liebermann, Max 222
Liebestempel 127
Liebhardt, Johann A. 104
Lisenen 68
Loscher, B. 111
Lumière, Gebrüder 122

M
Macke 131
Makart, H. 222
Marc 131
Marcks, Gerhard 172
Marées 131
Marot, D. 14
Matisse 131
Memling, Hans 299
Meurer, Hans 10
Modersohn-Becker 131
Moller, Georg 329
Monet 131
Multscher, Hans 126
Munch, E. 131
Murer, Leonhard 110

N
Nay, Ernst W. 222
Neumann, Balthasar 57, 189
Nolde, Emil 331

O
Olbrich, Josef M. 77
Oldenburg, Claes 211

Östreicher, Jörg 106

P
Pektoral 122
Petel, Georg 126
Pforr, Franz 131
Pforr, Heinrich 188
Picasso 131
Poelzig, Hans 118
Poppe, Georg 106
Poussin, Nicolas 221
Pozzi, Carlo M. 204

R
Ratgeb, Jörg 108, 192
Rauch, Christian D. 32, 71
Rembrandt 72, 219
Reni, Guido 221
Renoir 131
Riemenschneider, Tilman 72, 126
Roeckle, Franz 111
Rose 102
Rothweil, Julius L. 19 ff.
Rousseau 131
Rubens, Peter P. 72, 219
Ruysdael 221
Ry, Paul du 211, 282
Ry, Simon L. du 208, 210, 213, 215, 218, 224, 305, 312

S
Scheienpflug, Gustav 106
Schmidt-Rottluff, Karl 331
Schnorr, Johann D. 104
Schongauer, Martin 133
Schopfheim, Bartholomäus von 104
Schuch 222
Schwanthaler, Ludwig 126, 132, 329
Schwarzenberger, Johann B. 106, 113
Schwind, Moritz von 118
Sckell, Wilhelm von 319, 332
Seladon 221
Simon, Friedrich L. 248
Slevogt, Max 222
Soest, Konrad von 282
Spitzweg, Carl 222
Spranger, B. 106
Steinle, Eduard von 110
Stirling, James 262
Strahlenmonstranz 122
Supraporten 233

T
Tapiès 131
Thoma, H. 274

Thorwaldsen 126
Tiepolo 131
Tintoretto 131
Tischbein, Johann H. 180, 222, 233, 272
Tizian 221
Trübner 222

U
Unger, Matthias 119
Ungers, O. M. 106
Ungewitter, G. G. 14

V
Veit, Philipp 131
Verrocchio, Andrea del 131
Vouet, Simon 221

W
Wagner, Georg H. 13
Warhol, Andy 72
Welsch, Maximilian von 106
Weyden, Rogier van der 131
Winter, Fritz 222

Z
Zero, Gruppe 131
Ziegelstempel 136
Zwerchgalerie 242

Ortsregister

Ortsnamen in **fetter** Schrift bezeichnen Hauptorte, die in normaler Schrift Ortsteile oder Nachbarorte.

A
Abterode →Meißner 260
Adolfseck →Bad Schwalbach 39
Adorf →Diemelsee 74
Albungen →Eschwege 93
Allendorf (Eder)-Battenfeld →Battenberg 45
Allendorf →Bad Sooden-Allendorf 41
Allendorf/Lumda →Gießen 169
Allendorf →Stadtallendorf 305
Alsbach 9
Alsfeld 9
Altenburg →Alsfeld 12
Altenburg →Felsberg 94
Alten-Buseck →Buseck 59
Altenstadt 13
Altmorschen →Morschen 266
Altweilnau →Weilrod 320
Amönau →Wetter 321
Amöneburg 14
Angersbach →Lauterbach 238
Arnsburg 16
Arolsen 18
Assenheim →Niddatal 271
Assmannshausen →Rüdesheim 286
Aue →Wanfried 316
Auerbach →Bensheim 48
Ausbach →Hohenroda 196

B
Babenhausen 21
Bad Camberg 22
Bad Hersfeld 25
Bad Homburg v. d. Höhe 28
Bad Karlshafen 34
Bad König 36
Bad Nauheim 36
Bad Orb 37
Bad Salzhausen →Nidda 271
Bad Schwalbach 38
Bad Soden →Bad Soden-Salmünster 40

Bad Soden-Salmünster 39
Bad Sooden →Bad Sooden-Allendorf 41
Bad Sooden-Allendorf 41
Bad Vilbel 42
Bad Wildungen 43
Battenberg 44
Beberbeck →Hofgeismar 194
Bebra 45
Bellersheim →Hungen 202
Beltershausen →Ebsdorfergrund 77
Bensheim 45
Bergheim →Edertal 78
Berlepsch-Ellerode →Witzenhausen 334
Berneburg →Sontra 303
Biblis 48
Bieberthal 48
Biebrich →Wiesbaden 331
Biedenkopf 49
Bierstadt →Wiesbaden 332
Birkenau 49
Birstein 50
Bischoffen 50
Blankenau →Großenlüder 173
Blankenheim →Bebra 45
Bleidenstadt →Bad Schwalbach 39
Bobenhausen →Ulrichstein 310
Bosserode →Wildeck 332
Braach →Rotenburg 285
Braunfels 52
Breidenbach 52
Breitenbach am Herzberg 52
Breithardt →Hohenstein 197
Breuberg 53
Breungeshain →Schotten 294
Bromskirchen 54
Buchenau →Dautphetal 73
Buchenau →Eiterfeld 82
Büdingen 54
Burghaun 57
Bürstadt 57
Buseck 58

Büßfeld →Homberg a. d. Ohm 200
Butzbach 59

C
Calden →Kassel 223
Caldern →Marburg 258
Carlsdorf →Hofgeismar 194
Christenberg →Wetter 321
Cleeberg →Langgöns 234
Cölbe 61
Cornberg →Sontra 304

D
Dagobertshausen →Melsungen 262
Darmstadt 61
Dauborn →Hünfelden 201
Dautphe →Dautphetal 73
Dautphetal 73
Deisel →Trendelburg 309
Dieburg 73
Diemelsee 74
Diemelstadt 75
Dietkirchen →Limburg 246
Dillenburg 76
Dirlammen →Lauterbach 238
Dorchheim →Elbtal 84
Dörnberg →Zierenberg 338
Dreieich 77
Dreieichenhain →Dreieich 77
Dreihausen →Ebsdorfergrund 78

E
Ebsdorfergrund 77
Echzell →Friedberg 140
Edertal 78
Eibingen →Rüdesheim 287
Eichelsachsen →Schotten 295
Eichenberg →Witzenhausen 335
Eichenzell 81
Eichhof, Schloß →Bad Hersfeld 28
Eiterfeld 82

Ortsregister 349

Elbgrund →Elbtal 84
Elbtal 84
Eltville a. Rh. 84
Emsdorf →Kirchhain 227
Eppstein 90
Erbach 90
Erbach →Eltville 86
Ermenrod →Feldatal 93
Eschwege 91
Ewersbach →Dillenburg 76

F
Falkenberg →Wabern 313
Feldatal 93
Felsberg 94
Flechtdorf →Diemelsee 74
Flörsheim →Rüsselsheim 288
Frankenberg/Eder 95
Frankenstein, Burgruine →Pfungstadt 279
Frankfurt a. M. 98
Fränkisch-Crumbach 136
Frauenberg, Burg →Ebsdorfergrund 78
Fraurombach →Schlitz 290
Freienfels →Weilburg 320
Freienseen →Laubach 237
Freiensteinau 137
Friedberg 137
Friedewald 140
Frielendorf 142
Frischborn →Lauterbach 237
Fritzlar 142
Fronhausen 148
Fulda 149
Fuldatal-Wilhelmshausen →Kassel 223

G
Gedern →Hirzenhain 193
Geisenheim 159
Gelnhausen 161
Gemünden a. d. Wohra →Haina 180
Gensungen →Felsberg 94
Gernsheim 164
Gersfeld (Rhön) 164
Gießen 165
Ginsheim-Gustavsburg →Rüsselsheim 288
Gladenbach 170
Gleiberg →Gießen 169

Gonterskirchen →Laubach 237
Gottsbüren →Trendelburg 309
Götzenhain →Dreieich 77
Grebenau 170
Grebendorf →Eschwege 93
Grebenstein 170
Greifenstein →Wetzlar 326
Großalmerode →Hessisch Lichtenau 188
Großen-Buseck →Buseck 58
Großenlinden →Gießen 169
Großenlüder 172
Groß-Gerau 173
Groß-Rohrheim →Gernsheim 164
Großropperhausen →Frielendorf 142
Groß-Umstadt 173
Grünberg 174
Grüningen →Langgöns 234
Gudensberg 175
Guxhagen 175

H
Hadamar 176
Haiger 178
Haina 178
Hallgarten →Oestrich-Winkel 275
Hanau 180
Hattenheim →Eltville 88
Hatzfeld/Eder 183
Heimarshausen →Fritzlar 148
Helmighausen →Diemelstadt 75
Helmarshausen →Bad Karlshafen 35
Helsa →Hessisch Lichtenau 188
Helsen →Arolsen 21
Hemfurth →Edertal 81
Heppenheim a. d. Bergstraße 183
Herborn 184
Herbstein 186
Herleshausen 186
Hermannstein →Wetzlar 326
Hessenpark →Bad Homburg v. d. Höhe 34
Hessisch Lichtenau 188
Heusenstamm 189

Hilders 191
Hirschhausen →Weilburg 319
Hirschhorn 191
Hirzenhain 192
Hochheim a. M. 193
Höchst →Frankfurt 133
Hofgeismar 193
Hofheim a. Taunus →Wiesbaden 332
Hohenroda 196
Hohensolms →Wetzlar 326
Hohenstein 197
Hohenstein, Burg →Hohenstein 197
Holzburg →Schrecksbach 295
Holzhausen am Hünstein →Dautphetal 73
Holzheim →Langgöns 234
Homberg/Efze 197
Homberg a. d. Ohm 199
Hönebach →Wildeck 332
Hünfeld 200
Hünfelden 200
Hungen 201
Hünstetten-Wallrabenstein →Idstein 204

I
Idstein 202
Ilbenstadt →Niddatal 272
Ilbeshausen →Herbstein 186
Immenhausen 205
Immichenhain →Alsfeld 13
Ippinghausen →Wolfhagen 336

J
Jesberg 205
Johannesberg →Fulda 156
Johannisberg →Geisenheim 160
Jugenheim →Seeheim-Jugenheim 299

K
Kämmerzell →Fulda 158
Kassel 206
Kaufungen 224
Kiedrich 225
Kirberg →Hünfelden 200
Kirchberg →Lollar 247
Kirch-Brombach →Bad König 36
Kirchhain 226

Ortsregister

Kirtorf 227
Klein-Eichen →Grünberg 174
Kleinvach →Bad Sooden-Allendorf 42
Königstein i. Taunus 227
Korbach 228
Kranichstein, Jagdschloß →Darmstadt 73
Kransberg →Usingen 312
Krofdorf →Gießen 170
Kronberg i. Taunus 232
Kubach →Weilburg 319
Küchen →Hessisch Lichtenau 188

L
Laisa →Battenberg 45
Lampertheim 233
Langen →Dreieich 77
Langenhain →Ober-Mörlen 273
Langenselbold 233
Langenstein →Kirchhain 227
Langgöns 234
Langsdorf →Lich 240
Lardenbach →Grünberg 175
Laubach 234
Lauterbach 237
Lehrbach →Kirtorf 227
Leusel →Alsfeld 13
Lich 239
Liebenau →Hofgeismar 194
Limburg 240
Lindenfels/Odenwald 246
Lippoldsberg →Wahlsburg 313
Lohra 247
Lollar 247
Lorch 248
Lorsch 249
Lüderbach →Ringgau 283

M
Mansbach →Hohenroda 196
Marburg 250
Mardorf →Amöneburg 16
Markershausen →Herleshausen 187
Meißner 258
Mellnau →Wetter 321
Melsungen 260
Mengeringhausen →Arolsen 21
Merenberg 262

Michelbach →Marburg 256
Michelstadt 263
Mittelheim →Oestrich-Winkel 275
Mitterode →Sontra 303
Mollenfelde →Witzenhausen 335
Morschen 266
Münster →Ober-Mörlen 273
Münzenberg 266

N
Nanzenbach →Dillenburg 77
Naumburg →Wolfhagen 336
Naurod →Wiesbaden 332
Nauses, Schloß →Breuberg 54
Neckarsteinach 268
Nentershausen 268
Nesselröden →Herleshausen 187
Netra →Ringgau 283
Netze →Waldeck 316
Neu-Isenburg →Offenbach 278
Neuenberg →Fulda 158
Neuhof 270
Neukirchen →Schwalmstadt 296
Neustadt →Breuberg 53
Neustadt →Hanau 181
Neustadt/Hessen 270
Neuweilnau →Weilrod 320
Nidda 271
Niddatal 271
Niederkleen →Langgöns 234
Nieder-Moos →Freiensteinau 137
Niederwalluf →Eltville 90
Nieder-Weisel →Butzbach 60

O
Obbornhofen →Hungen 202
Oberbiel →Solms 302
Oberbimbach →Großenlüder 172
Oberkaufungen →Kaufungen 224
Oberkleen →Langgöns 234
Ober-Mörlen 273
Ober-Ramstadt →Darmstadt 73
Oberreifenberg →Schmitten 292

Oberrieden →Bad Sooden-Allendorf 42
Oberstoppel →Eiterfeld 82
Obersuhl →Wildeck 332
Oberursel i. Taunus 274
Oberweidbach →Bischoffen 52
Odensachsen →Eiterfeld 82
Oestrich →Oestrich-Winkel 274
Oestrich-Winkel 274
Offenbach a. M. 276
Ortenberg 278
Otzberg-Hering →Groß-Umstadt 174

P
Petersberg →Fulda 158
Pfungstadt 279
Philippsthal/Werra 279
Philippstein →Braunfels 52
Pilgerzell →Fulda 159
Plausdorf, Schloß →Amöneburg 16

R
Rachelshausen →Gladenbach 170
Ransbach →Hohenroda 196
Rasdorf 280
Rassdorf →Wildeck 332
Rauenthal →Eltville 89
Rauschenberg 280
Reichelsheim →Fränkisch-Crumbach 137
Reichenbach →Hessisch Lichtenau 188
Reinhardshagen 282
Rengershausen →Frankenberg 98
Rhoden →Diemelstadt 75
Richelsdorf →Wildeck 332
Ringgau 283
Rockenberg 283
Röllshausen →Schrecksbach 295
Rommershausen →Schwalmstadt 295
Romrod →Alsfeld 13
Ronneburg →Büdingen 57
Ronshausen →Bebra 45
Rotenburg a. d. Fulda 283
Rothenkirchen →Burghaun 58
Rüdesheim a. Rhein 285

Ortsregister 351

Rüdigheim →Langenselbold 234
Runkel 287
Ruppertenrod →Feldatal 94
Ruppertsburg →Laubach 237
Rüsselsheim 288

S

Sababurg →Hofgeismar 194
Salmünster →Bad Soden-Salmünster 40
Salzböden →Lollar 247
Schenklengsfeld 288
Schlangenbad →Wiesbaden 332
Schlitz 289
Schlüchtern 290
Schmitten 292
Schönstadt →Cölbe 61
Schotten 292
Schrecksbach 295
Schröck →Marburg 256
Schwalmstadt 295
Schwarzenfels →Schlüchtern 292
Schwebda →Eschwege 93
Schweinsberg →Stadtallendorf 305
Schweinsbühl →Diemelsee 75
Seeheim-Jugenheim 298
Seligenstadt 299
Sellnrod →Laubach 237
Selters →Ortenberg 278
Soisdorf →Eiterfeld 82
Solms 302
Sonnenberg →Wiesbaden 332
Sontra 303
Spangenberg 304
Spieskappel →Frielendorf 142
Stadtallendorf 305
Staufenberg →Lollar 248
Stausebach →Kirchhain 227
Steinau a. d. Straße 307
Steinbach →Michelstadt 264
Steinheim a. M. →Hanau 182

Sternbach →Niddatal 273
Stockhausen →Herbstein 186
Strinz-Margarethä →Hohenstein 197
Stumpertenrod →Feldatal 93

T

Tann/Rhön 307
Tannenberg, Burg →Nentershausen 270
Trebur →Groß-Gerau 173
Treisbach →Wetter 321
Trendelburg 308
Treysa →Schwalmstadt 295
Twiste →Arolsen 21

U

Ulrichstein 310
Ungedanken →Fritzlar 148
Unterhaun →Bad Hersfeld 28
Unterreichenbach →Birstein 50
Unter-Seibertenrod →Ulrichstein 310
Usingen 310

V

Vaake →Reinhardshagen 282
Veckerhagen →Reinhardshagen 282
Viermünden →Frankenberg 98
Volkmarsen 312
Vollmerz-Ramholz →Schlüchtern 292

W

Wabern 312
Wächtersbach 313
Wagenfurth →Guxhagen 176
Wahlsburg 313
Waldeck 315
Wanfried 316
Wartenberg, Burg →Lauterbach 238

Wehen →Bad Schwalbach 39
Weilburg a. d. Lahn 316
Weilrod 320
Weiterode →Bebra 45
Weitershausen →Gladenbach 170
Wendershausen →Witzenhausen 334
Werleshausen →Witzenhausen 335
Wetter/Hessen 320
Wetzlar 322
Wichmannshausen →Sontra 303
Wickstadt, Hofgut →Niddatal 273
Wiesbaden 326
Wieseck →Gießen 169
Wildeck 332
Wilhelmsbad →Hanau 182
Wilhelmsthal →Kassel 223
Willershausen →Herleshausen 187
Willingshausen 333
Windhausen, Schloß →Kassel 223
Winkel →Oestrich-Winkel 275
Wißmar →Lollar 248
Witzenhausen 333
Wolfhagen 335
Wommen →Herleshausen 188

Z

Zeilbach →Feldatal 93
Zell →Alsfeld 13
Ziegenberg →Ober-Mörlen 273
Ziegenhain →Schwalmstadt 298
Zierenberg 338
Züschen →Fritzlar 148
Zwesten →Bad Wildungen 44
Zwingenberg 340

352

NORDRHEIN-WESTFALEN

RHEINLAND-PFALZ

A1 — 8°, Lippe, Werl, Soest, 51°30′
B1 — Lippstadt, Geseke, Wünnenberg
C1 — 8°30′, Borchen

A2 — Menden, Ruhr, Arnsberg, Sorpesee, Plettenberg, Finnentrop, Biggesee
B2 — Möhnesee, Warstein, Meschede, Olsberg, Hennesee
C2 — Helmighausen, Diemels..., Marsberg, Brilon, Adorf, Diemelsee, Flechtdorf, Schweinsbühl, Twis..., Korbach, Ed... Stau...

A3 — Olpe, 51°, Kreuztal, Siegen, Betzdorf, Hachenburg, Rennerod, 49°30′, Dorchheim, Elbgrund, Merenberg, Elbtal, Montabaur, Hadamar
B3 — Winterberg, Schmallenberg, Lennestadt, Bad Berleburg, Hatzfeld, Bad Laasphe, Breidenbach, Ewersbach, Dautphe, Holzhausen am Hünstein, Dautphetal, Frohnhausen, Nanzenbach, Rachelshausen, Weitershausen, Caldern, Haiger, Dillenburg, Bischoffen, Herborn, Hohensolms, Greifenstein, Grube Fortuna, Oberbiel, Hermannstein, Altenberg, Braunfels, Solms, Wetzlar, Hirschhausen, Philippstein, Weilburg, Kubach, Freienfels, Anschluß-Seite 354
C3 — Bromskirchen, Allendorf, Battenfeld, Battenberg, Rengershausen, Viermünden, Frankenberg, Eder, Haina, Gemünden an der Wohra, Christenberg, Biedenkopf, Treisbach, Mellnau, Amönau, Buchenau, Wetter, Schönstadt, Rauschenb..., Ems, Cölbe, Langenstein, S..., Michelbach, Marburg, Stausebach, Kirchhain, Schröck, Amönebu..., Belters-hausen, Rauisch-holzhausen, Ma..., Gladenbach, Lohra, Oberweidbach, Burg, Frauenberg, Ebsdorf, Hachborn, Hesken, Dreihause..., Roßberg, Ebsdorfergrund, Büß..., Fronhausen, Salzböden, Kirchberg, Staufenberg, Allendorf/Lumda, Wißmar, Lollar, Biebertal, Vetzberg, Krofdorf-Gleiberg, Alten-B., Großen-B., Grünb..., Wieseck, Buseck, GIESSEN, Lauba..., Großenlinden, Grüningen, Lich, Rupperts..., Holzheim, Arnsburg, Langsdorf..., Langgöns, Hungen

353

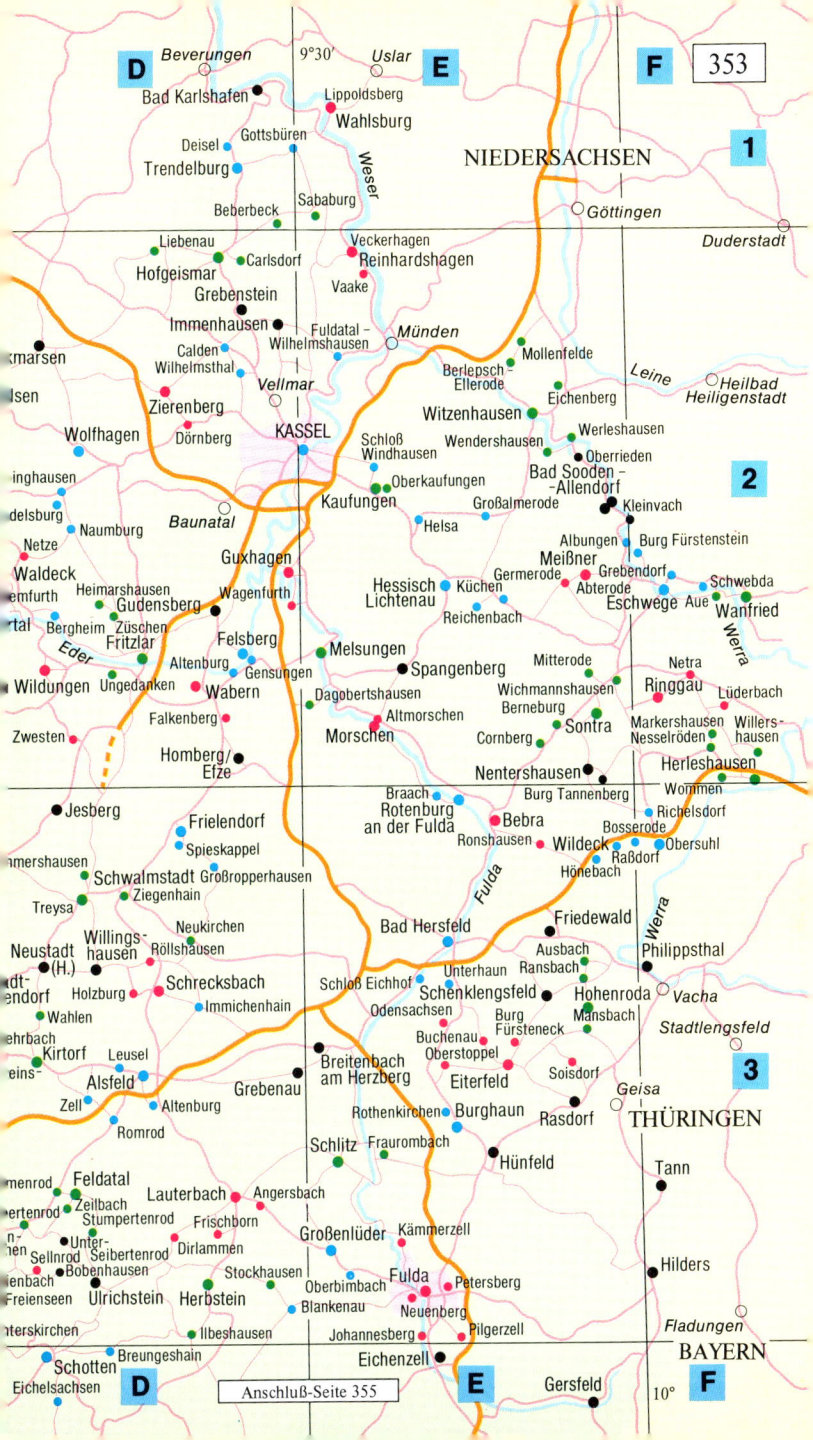

NIEDERSACHSEN

- Beverungen
- Uslar
- Bad Karlshafen
- Lippoldsberg
- Wahlburg
- Deisel
- Gottsbüren
- Trendelburg
- Sababurg
- Beberbeck
- Göttingen
- Duderstadt
- Liebenau
- Carlsdorf
- Veckerhagen
- Reinhardshagen
- Hofgeismar
- Vaake
- Grebenstein
- Immenhausen
- Fuldatal-Wilhelmshausen
- Münden
- Berlepsch-Ellerode
- Mollenfelde
- Calden
- Wilhelmsthal
- Vellmar
- Eichenberg
- Heilbad Heiligenstadt
- Zierenberg
- KASSEL
- Witzenhausen
- Werleshausen
- Wolfhagen
- Dörnberg
- Schloß Windhausen
- Wendershausen
- Oberrieden
- Oberkaufungen
- Bad Sooden-Allendorf
- Kaufungen
- Großalmerode
- Kleinvach
- Baunatal
- Helsa
- Albungen
- Burg Fürstenstein
- Naumburg
- Meißner
- Germerode
- Grebendorf
- Schwebda
- Netze
- Guxhagen
- Hessisch Lichtenau
- Küchen
- Abteroda
- Eschwege Aue
- Waldeck
- Heimarshausen
- Wagenfurth
- Reichenbach
- Wanfried
- Gudensberg
- Bergheim Züschen
- Fritzlar
- Felsberg
- Melsungen
- Spangenberg
- Mitterode
- Netra
- Wildungen Ungedanken
- Wabern
- Altenburg
- Gensungen
- Wichmannshausen
- Ringgau
- Lüderbach
- Zwesten
- Falkenberg
- Dagobertshausen
- Berneburg
- Sontra
- Markershausen-Nesselröden
- Willershausen
- Homberg/Efze
- Altmorschen
- Morschen
- Cornberg
- Herleshausen
- Nentershausen
- Wommen
- Jesberg
- Braach
- Burg Tannenberg
- Richelsdorf
- Frielendorf
- Rotenburg an der Fulda
- Bebra
- Bosserode
- Obersuhl
- Spieskappel
- Ronshausen
- Wildeck
- Schwalmstadt Großropperhausen
- Hönebach
- Treysa
- Ziegenhain
- Neukirchen
- Bad Hersfeld
- Friedewald
- Philippsthal
- Willingshausen
- Röllshausen
- Ausbach
- Neustadt (H.)
- Schrecksbach
- Schloß Eichhof
- Unterhaun
- Ransbach
- Vacha
- endorf
- Holzburg
- Immichenhain
- Schenklengsfeld
- Hohenroda
- Wahlen
- Odensachsen
- Mansbach
- Stadtlengsfeld
- Kirtof
- Leusel
- Burg Fürsteneck
- ehrbach
- Alsfeld
- Buchenau
- Oberstoppel
- eins-
- Zell
- Altenburg
- Grebenau
- Breitenbach am Herzberg
- Eiterfeld
- Soisdorf
- Geisa
- Romrod
- Rothenkirchen
- Burghaun
- Rasdorf

THÜRINGEN

- Schlitz
- Fraurombach
- Hünfeld
- Tann
- nrod
- Feldatal
- Lauterbach
- Angersbach
- ertenrod
- Zeilbach
- Stumpertenrod
- Frischborn
- Kämmerzell
- Hilders
- n-
- Sellnrod
- Unter-Seibertenrod
- Dirlammen
- Großenlüder
- Bobenhausen
- Stockhausen
- Oberbimbach
- Fulda
- Petersberg
- Fladungen
- bach
- Ulrichstein
- Herbstein
- Blankenau
- Neuenberg
- Freiensehen
- Ilbeshausen
- Johannesberg
- Pilgerzell
- Schotten
- Breungeshain
- Eichelsachsen
- Anschluß-Seite 355
- Eichenzell
- Gersfeld

BAYERN

Map 354

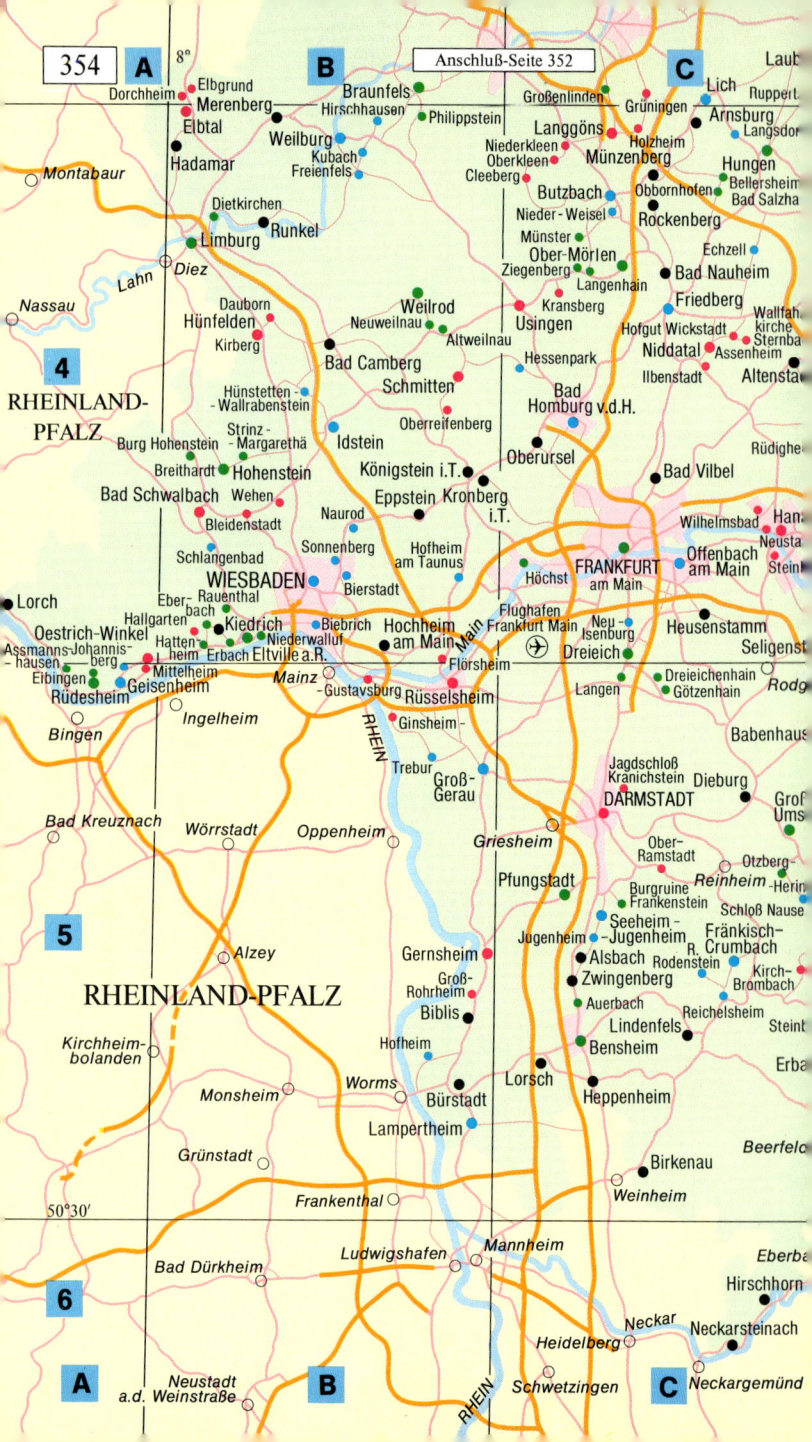

Anschluß-Seite 352

RHEINLAND-PFALZ

Locations shown on map:

- Elbgrund, Dorchheim, Elbtal, Merenberg, Hadamar
- Braunfels, Hirschhausen, Weilburg, Kubach, Freienfels, Philippstein
- Großlinden, Lich, Laubach, Ruppert, Grüningen, Arnsburg, Langsdor
- Dietkirchen, Runkel, Niederkleen, Langgöns, Holzheim, Münzenberg, Hungen, Bellersheim, Bad Salzha
- Limburg, Oberkleen, Cleeberg, Butzbach, Obbornhofen, Rockenberg
- Nassau, Lahn, Diez, Nieder-Weisel, Münster, Ober-Mörlen, Echzell
- Dauborn, Hünfelden, Kirberg, Weilrod, Neuweilnau, Ziegenberg, Langenhain, Kransberg, Hofgut Wickstadt, Bad Nauheim, Friedberg, Wallfahrtskirche Sternba
- Bad Camberg, Altweilnau, Usingen, Niddatal, Assenheim
- Hünstetten-Wallrabenstein, Schmitten, Hessenpark, Ilbstadt, Altensta
- Strinz-Margarethä, Oberreifenberg, Bad Homburg v.d.H.
- Burg Hohenstein, Idstein, Rüdighe
- Breithardt, Hohenstein, Königstein i.T., Oberursel, Bad Vilbel
- Bad Schwalbach, Wehen, Eppstein, Kronberg i.T.
- Bleidenstadt, Naurod, Hofheim am Taunus, Wilhelmsbad, Han
- Schlangenbad, Sonnenberg, Bierstadt, Frankfurt am Main, Offenbach am Main, Neusta
- WIESBADEN, Höchst, Stein
- Lorch, Eberbach, Rauenthal, Hallgarten, Kiedrich, Biebrich, Hochheim am Main, Flughafen Frankfurt Main, Heusenstamm, Seligens
- Oestrich-Winkel, Hatten-heim, Niederwalluf, Erbach Eltville a.R., Neu-Isenburg, Dreieich
- Aßmannshausen, Johannisberg, Mittelheim, Mainz, Flörsheim, Langen, Dreieichenhain, Götzenhain, Rodg
- Eibingen, Geisenheim, Rüdesheim, Gustavsburg, Rüsselsheim, Babenhau
- Bingen, Ingelheim, Ginsheim, Trebur
- Groß-Gerau, Jagdschloß Kranichstein, Dieburg, Grof Ums
- Bad Kreuznach, Wörrstadt, Oppenheim, Griesheim, DARMSTADT
- Ober-Ramstadt, Otzberg, Reinheim, Herin
- Pfungstadt, Burgruine Frankenstein, Schloß Nause, Fränkisch-Crumbach
- Alzey, Seeheim-Jugenheim, Alsbach, Rodenstein, Kirch-Brombach
- Gernsheim, Jugenheim, Zwingenberg, R.
- Kirchheimbolanden, Groß-Rohrheim, Auerbach, Reichelsheim, Steint
- Biblis, Lindenfels, Erba
- Monsheim, Hofheim, Bensheim
- Worms, Lorsch, Heppenheim
- Grünstadt, Bürstadt, Lampertheim, Beerfeld
- Frankenthal, Birkenau, Weinheim
- 50°30'
- Bad Dürkheim, Ludwigshafen, Mannheim, Eberba
- Hirschhorn
- Neustadt a.d. Weinstraße, Neckar, Neckarsteinach
- Heidelberg, Schwetzingen, Neckargemünd

RHEIN

Anschluß-Seite 353

355

BAYERN

BADEN-WÜRTTEMBERG

Legende

● ● ● im Text beschriebene Hauptorte

● ● ● im Text beschriebene Umgebungsorte (farblich dem jeweiligen Hauptort zugeordnet)

━━ Autobahn
━━ Bundesstraße
━━ Straße
⊕ Flughafen

Maßstab 1: 750 000
0   10   20 km

Abkürzungen

bes.	besonders	kath.	katholisch	sächs.	sächsisch
d. Ä.	der Ältere	km	Kilometer	sog.	sogenannt(e)
d. Gr.	der Große	l	links	sorb.	sorbisch
d. h.	das heißt	m	Meter	St.	Sankt
d. J.	der Jüngere	MA	Mittelalter	u. a.	und andere, unter anderem
dt.	deutsch	ma	mittelalterlich		
ehem.	ehemalig(e)	N	Norden, Nord-	urspr.	ursprünglich
eigtl.	eigentlich	n	nördlich	usw., etc.	und so weiter
ev.	evangelisch	O	Osten, Ost-	v.	von
gegr.	gegründet	ö	östlich	vgl.	vergleiche
got.	gotisch	qm	Quadratmeter	W	Westen, West-
griech.	griechisch	r	rechts	w	westlich
Hl., hl.	Heilige(r), heilige(r)	röm.	römisch	z. B.	zum Beispiel
		roman.	romanisch	z. T.	zum Teil
Jh.	Jahrhundert	S	Süden, Süd-		
Jtd.	Jahrtausend	s	südlich		

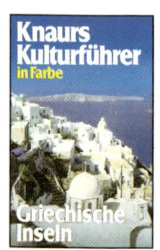

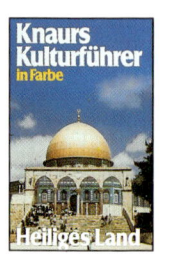

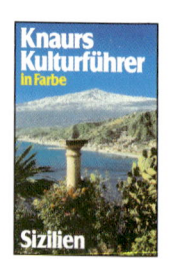

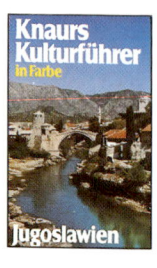

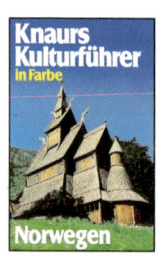

- Knaurs Kulturführer in Farbe: Griechische Inseln
- Knaurs Kulturführer in Farbe: Großbritannien und Irland
- Knaurs Kulturführer in Farbe: London und Umgebung
- Knaurs Kulturführer in Farbe: Heiliges Land
- Knaurs Kulturführer in Farbe: Holland
- Knaurs Kulturführer in Farbe: Italien
- Knaurs Kulturführer in Farbe: Florenz und Toskana
- Knaurs Kulturführer in Farbe: Rom und Latium
- Knaurs Kulturführer in Farbe: Sizilien
- Knaurs Kulturführer in Farbe: Südtirol
- Knaurs Kulturführer in Farbe: Venedig und Venetien
- Knaurs Kulturführer in Farbe: Japan
- Knaurs Kulturführer in Farbe: Jugoslawien
- Knaurs Kulturführer in Farbe: Norwegen
- Knaurs Kulturführer in Farbe: Österreich
- Knaurs Kulturführer in Farbe: Kärnten

Knaurs Kulturführer in Farbe

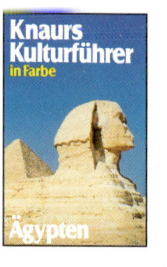

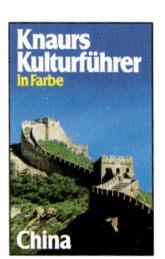

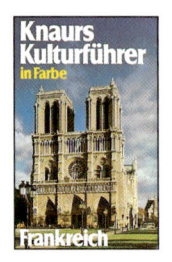

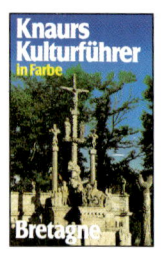

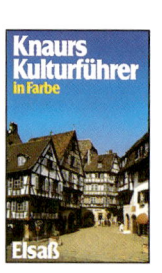

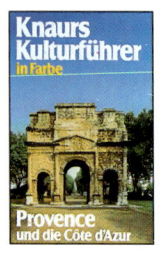

- Schwarzwald
- Thüringen
- Ägypten
- Belgien und Luxemburg
- China
- Dänemark
- Finnland
- Frankreich
- Bretagne
- Burgund
- Elsaß
- Paris und Île de France
- Provence und die Côte d'Azur
- Tal der Loire
- Griechenland
- Athen und Attika